NEUKIRCHENER

Rolf Rendtorff

Der Text in seiner Endgestalt

Schritte auf dem Weg zu einer Theologie
des Alten Testaments

Neukirchener

© 2001
Neukirchener Verlag
Verlagsgesellschaft des Erziehungsvereins mbH, Neukirchen-Vluyn
Alle Rechte vorbehalten
Umschlaggestaltung: Hartmut Namislow
Gesamtherstellung: Breklumer Druckerei Manfred Siegel KG
Printed in Germany
ISBN 3-7887-1821-8

Die Deutsche Bibliothek – CIP-Einheitsaufnahme

Rendtorff, Rolf:
Der Text in seiner Endgestalt: Schritte auf dem Weg zu einer Theologie des Alten Testaments / Rolf Rendtorff. – Neukirchen-Vluyn: Neukirchener 2001
　ISBN 3-7887-1821-8

Vorwort

Auf die »Vorarbeiten zu einer Theologie des Alten Testaments« (1991 unter dem Titel »Kanon und Theologie« erschienen), ist inzwischen der erste Band der »Theologie« selbst gefolgt (1999), der zweite befindet sich in Vorbereitung. Der Weg dorthin führte über viele einzelne Schritte, in denen exegetische, hermeneutische und theologische Fragen zu erarbeiten und zu klären waren. Vieles davon hat sich in Veröffentlichungen niedergeschlagen, manches in weniger beachteten Publikationen oder auch in einer anderen Sprache. Sie sind zugleich Ausdruck eines lebhaften wissenschaftlichen Austausches auch über Grenzen, nicht zuletzt die der Konfessionen und Religionen, hinweg. Eine Anzahl solcher Arbeiten ist hier zusammengestellt, wobei die Sprache der Erstveröffentlichung beibehalten worden ist.

Der Titel dieses Bandes ist zugleich der Titel des frühesten Beitrags aus dem Jahr 1991 (Nr. 6), der aus einer Diskussion im Kreis der Mitarbeiter des Neukirchener »Biblischen Kommentars« hervorgegangen ist. Er zeigt an, daß bei all den verschiedenen Themen und Aspekten stets der biblische Text in seiner uns vorliegenden »kanonischen« Gestalt die Grundlage bildet. Ein anderer wesentlicher Aspekt kommt in der ersten Textgruppe zum Ausdruck: daß das »Alte Testament« zunächst die Bibel Israels ist und daß deshalb die christliche theologische Beschäftigung mit diesem Buch stets in dem Bewußtsein des Zusammenhangs mit dem Judentum geschehen muß.

Die zweite Textgruppe hat es mit hermeneutischen Fragen zu tun. Diese betreffen die Entwicklung der alttestamentlichen Wissenschaft im zurückliegenden Jahrhundert (Nr. 7), den Entwurf einer »Theologie des AltenTestaments« im ganzen (Nr. 5) sowie bestimmte Einzelfragen, insbesondere die nach einem »kanonischen« Zugang zu größeren Textzusammenhängen wie dem Pentateuch, dem Buch Jesaja und dem Buch der Zwölf Propheten.

Zu den umstrittenen Aspekten einer kanonischen Auslegung gehört die Frage, wie sich die Exegese zu den Gestalten der Frühzeit der im Alten Testament dargestellten Geschichte Israels verhält, die als »historische« Gestalten nur undeutlich oder überhaupt nicht erkennbar sind. Einigen damit zusammenhängenden Problemen widmen sich die Beiträge der dritten Textgruppe.

Schließlich sind in der vierten Textgruppe exegetische Aufsätze zusammengestellt, die auf die eine oder andere Weise einen Beitrag zu Fragen leisten, die in der »Theologie« behandelt werden. Dabei zeigt sich sehr deutlich, daß viele Fragen keineswegs abschließend beantwortet worden sind und daß die exegetische und theologische Diskussion offen ist und offen bleiben wird. Deshalb soll diese Aufsatzsammlung vor allem auch zur Fortsetzung der Arbeit am Alten Testament anregen und beitragen.

Frühjahr 2001   Rolf Rendtorff

Inhalt

Vorwort V

I Theologie des Alten Testaments im Kontext des christlich-jüdischen Verhältnisses 1
1 Theologische Vorarbeiten zu einem christlich-jüdischen Dialog 3
2 Christliche Identität in Israels Gegenwart 20
3 Die Bibel Israels als Buch der Christen 30
4 Israel, die Völker und die Kirche 47

II Hermeneutische Grundfragen 59
5 Die Hermeneutik einer kanonischen Theologie des Alten Testaments 61
6 Der Text in seiner Endgestalt. Überlegungen zu Exodus 19   71
7 The Paradigm is Changing: Hopes – and Fears 83
8 Directions in Pentateuchal Studies 103
9 The Book of Isaiah: A Complex Unity. Synchronic and Diachronic Reading (Bibliographie S. 287ff) 126
10 How to Read the Book of the Twelve as a Theological Unity   139

III Biblische Gestalten im kanonischen Kontext . . . 153
11 Noah, Abraham and Moses: God's Covenant Partners . . . 155
12 Samuel the Prophet: A Link between Moses and the Kings   164
13 Sihon, Og und das israelitische »Credo« 174

IV Exegetische Aspekte 181
14 'El als israelitische Gottesbezeichnung. Mit einem Appendix: Beobachtungen zum Gebrauch von הָאֱלֹהִים 183
15 Was verbietet das alttestamentliche Bilderverbot? 201
16 Priesterliche Opfertora in jüdischer Auslegung 213
17 Die Herausführungsformel in ihrem literarischen und theologischen Kontext 226

18 Alas for the Day! The »Day of the LORD« in the Book of the Twelve 253
19 Nehemiah 9: An Important Witness of Theological Reflection 265
20 Israels »Rest«. Unabgeschlossene Überlegungen zu einem schwierigen Thema der alttestamentlichen Theologie 272

Nachweis der Erstveröffentlichungen 291

I
Theologie des Alten Testaments im Kontext des christlichen-jüdischen Verhältnisses

1 Theologische Vorarbeiten zu einem christlich-jüdischen Dialog

Evangelisches Stift Tübingen, 8. November 1996

Prolegomena

Das Thema, zu dem ich für heute abend eingeladen wurde, lautete: »Der jüdisch-christliche Dialog«. Eine solche Themenformulierung bringt mich immer in Verlegenheit. Denn den »jüdisch-christlichen Dialog« gibt es nicht. Was es gibt, ist der Wunsch einiger Christen, daß es ihn geben sollte, und ihre manchmal recht intensive Bemühung darum, die Voraussetzungen dafür zu schaffen. Aber es sind nur wenige Christen, die sich darum bemühen, sehr wenige auf die Gesamtheit der Christen gesehen, und auch sehr wenige Theologen auf die Gesamtheit der Theologen gesehen.

Die Zahlen schrumpfen noch mehr zusammen, wenn wir sie auf die Geschichte der christlichen Kirche insgesamt beziehen. Denn, und damit kommen wir zu einem der wesentlichen Ausgangspunkte unserer Fragestellung, selbst der Wunsch nach einem jüdisch-christlichen oder christlich-jüdischen Dialog war in der Geschichte der Kirche so gut wie nie vorhanden – bis, ja bis zur allmählich entstehenden Einsicht, daß die christliche Kirche und Theologie tief in den Geschehniszusammenhang verstrickt war, den wir mit dem Begriff »Holocaust« zu umschreiben versuchen. Erst die Einsicht in diese Verstrickung hat den Wunsch nach einem christlich-jüdischen Dialog enstehen lassen. Aber diese Verstrickung erweist sich zugleich als eines der großen Hindernisse für einen solchen Dialog.

Wir müssen deshalb zunächst davon sprechen, was einem christlich-jüdischen Dialog entgegensteht und ihn behindert, wo nicht gar verhindert. Ich will das in Kürze tun und ich will die Dinge deutlich bei Namen nennen. Dann möchte ich mich aber der Frage zuwenden, was wir denn tun können und tun müssen, damit der Wunsch nach einem solchen Dialog seiner Verwirklichung ein Stück näher gebracht werden kann. Denn ich möchte mit meinen einleitenden Bemerkungen ja keineswegs diejenigen ins Unrecht setzen, die mich zu diesem Vortrag eingeladen haben. Im Gegenteil, ich möchte versuchen, der in dieser Einladung enthaltenen Intention zu ihrem Recht zu verhelfen und aufzuzeigen, in welchem Kontext sie heute gesehen werden muß.

I

Für die christliche Kirche und Theologie galten durch die Jahrtausende hin, und gelten vielfach noch heute Judentum und Christentum als unvereinbare Gegensätze. Das hat nicht zu allen Zeiten und an allen Orten in aktiver Judenfeindschaft seinen Ausdruck gefunden, wenn dies auch oft genug der Fall war und oft genug im wahrsten Sinne ›mörderische‹ Konsequenzen hatte. Es hat aber unter anderem seinen Ausdruck darin gefunden, daß die christliche Kirche ihr eigenes Selbstverständnis so definierte und formulierte, als gäbe es das Judentum nicht – genauer gesagt: als gäbe es das Judentum nicht mehr. Dies ist in dem Beschluß der Synode der Evangelischen Kirche im Rheinland vom Januar 1980 sehr treffend formuliert worden:

Durch Jahrhunderte wurde das Wort »neu« in der Bibelauslegung gegen das jüdische Volk gerichtet: Der neue Bund wurde als Gegensatz zum alten Bund, das neue Gottesvolk als Ersetzung des alten Gottesvolkes verstanden. Diese Nichtachtung der bleibenden Erwählung Israels und seine Verurteilung zur Nichtexistenz haben immer wieder christliche Theologie, kirchliche Predigt und kirchliches Handeln bis heute gekennzeichnet. Dadurch haben wir uns auch an der physischen Auslöschung des jüdischen Volkes schuldig gemacht. (4.7)

Hier begegnen einige wichtige Aspekte des Problems. Das Verhältnis von »alt« und »neu« wird in verschiedenen Richtungen entfaltet: alter Bund und neuer Bund, altes Gottesvolk und neues Gottesvolk, Ersetzung des Alten durch das Neue, Gegensatz zwischen dem Alten und dem Neuen – bis hin zur Verurteilung des Alten zur Nichtexistenz. Gerade diese letzte Formulierung erscheint mir besonders wichtig: Durch Nichtachtung seiner gegenwärtigen Existenz wurde das Judentum zur Nichtexistenz verurteilt. Das Judentum gehörte für die christliche Tradition der Vergangenheit an. Für die Gegenwart spielt es keine Rolle; es existiert nicht mehr.

Die Gegenüberstellung von »alt« und »neu« hat aber auch eine »aggressive« Seite, um es einmal so zu nennen. Das Neue verdrängt das Alte; das heißt: das Christentum verdrängt das Judentum. Dies drückt sich unter verschiedenen Aspekten aus. Einerseits in der Lehre von der Substitution, der Ersetzung des Alten durch das Neue. Danach ist das Christentum an die Stelle des Judentums bzw. des biblischen Israel getreten. Die Kirche ist das »neue Israel«. (Ich komme darauf zurück.) Aber was ist dann aus Israel geworden? Die Antwort, die die christliche Theologie durch die Jahrhunderte hindurch oft und oft gegeben hat, ist sehr eindeutig: Israel ist von Gott verworfen. Ich will das jetzt nicht näher entfalten; unsere theologischen Bibliotheken sind voll von Büchern, in denen diese Lehre auf die eine oder andere Weise vertreten wird.

Zwischen der Kirche als dem neuen, von Gott erwählten Israel und dem alten, von Gott verworfenen Judentum kann es kein Gespräch und schon gar keinen Dialog geben. An dieser Stelle tritt nun, besonders in der protestantischen Theologie, etwas anderes in Erscheinung: die Judenmission. Es ist eindrucksvoll und erschreckend zu sehen, wie die ersten kirchlichen Äußerungen nach dem Holocaust drei Dinge miteinander verknüpfen: das Schuldbekenntnis der Kirche wegen ihrer Mitschuld am Holocaust, die Lehre von der Verwerfung Israels und die nachdrückliche Aufforderung zur Verstärkung der Judenmission. Den Jüngeren unter Ihnen ist dieser Aspekt unserer theologischen Tradition wahrscheinlich nicht mehr bewußt. Ich möchte deshalb ein paar Sätze aus einem Dokument zitieren, das dies besonders eindrücklich widerspiegelt. Es ist das »Wort zu Judenfrage« vom April 1948. Es wurde beschlossen vom »Bruderrat der Evangelischen Kirche in Deutschland«, also von einem Gremium, das noch nach 1945 die Tradition der Bekennenden Kirche aus der Zeit des Kirchenkampfes repräsentierte. Dort war fast alles vertreten, was damals in Deutschland kirchlich und theologisch Rang und Namen hatte. Dieses Wort enthält die Substitutions- und Verwerfungslehre in geballter Form – eine heute nur noch schwer erträgliche Lektüre! Und dann folgt im Schlußabschnitt ein Aufruf zur Judenmission:

Richtet gegenüber Israel mit besonderer Sorgfalt und mit vermehrtem Eifer das Zeugnis eures Glaubens und die Zeichen eurer Liebe auf. Sagt es ihnen, daß die Verheißungen des Alten Testaments in Jesus Christus erfüllt sind ... Wohl wissen wir uns durch unser Bekenntnis zu dem gekreuzigten Christus von jenem Teil Israels, der in der Verwerfung seines Königs verharrt, schmerzlich getrennt ... Aber wir wollen in der Fürbitte für Israel nicht müde werden und auf die zeichenhafte Bedeutung seines Schicksals achten.

Ich zitiere dies, um bewußt zu machen, daß auch noch in der ersten Phase der Neubesinnung nach dem Holocaust an so etwas wie einen Dialog zwischen Christen und Juden überhaupt nicht zu denken war. Wenn Juden in den Blick kamen, dann bestenfalls als Objekte der Judenmission. Dies fügt sich mit dem schon Gesagten zusammen: Aus dieser christlichen Sicht hat gegenwärtiges Judentum theologisch keine Existenzberechtigung. Juden sind im Grunde potentielle Christen. Sie warten auf ihre Bekehrung, sie wissen es nur noch nicht. Darum müssen wir es ihnen sagen. Es versteht sich von selbst, daß sich kein Jude auf einen solchen »Dialog« einlassen kann und will. Deshalb ist das Aufgeben der Judenmission eine der grundlegenden Voraussetzungen für jedes Gespräch zwischen Christen und Juden. Glücklicherweise ist dies inzwischen schon weithin geschehen (am wenigsten vielleicht noch in Württemberg!).

Von den vielen Aspekten dieses ganzen Problemkreises will ich jetzt noch einen hervorheben, der für uns an den theologischen Fakultäten von besonderer Bedeutung ist: das Verhältnis von Altem und Neuem Testament. In gewisser Weise spiegeln sich hier die bisher genannten Aspekte wider. Es gibt eine breite Tradition christlicher Bibeltheologie, in der die christlichen Theologen das Monopol der Auslegung des »Alten Testaments« für sich beanspruchen. Was »wahr« ist, kann nach dieser Auffassung nur vom Neuen Testament her gesagt werden, und nur was nach diesen Kriterien »wahr« ist, kann innerhalb der christlichen Kirche und Theologie nachvollzogen werden und Geltung haben. Hier zeigt sich wieder das Phänomen der Nichtexistenz des Judentums für die christliche Theologie. Denn in dieser ganzen Diskussion spielte bis vor kurzem die Frage eines eigenständigen jüdischen Bibelverständnisses keine Rolle. Und deshalb wurde auch das Verhältnis zwischen jüdischer und christlicher Bibelauslegung so gut wie gar nicht erörtert. Insbesondere wurde die Frage einer möglichen Kontinuität zwischen dem jüdischen und dem christlichen Bibelverständnis nicht gestellt.

Hier gibt es jetzt erste Anzeichen einer Neubesinnung. Dabei spielt ein Aufsatz des amerikanischen jüdischen Theologen Jon Levenson eine wichtige Rolle, der vor einigen Jahren in deutscher Übersetzung erschienen ist unter dem Titel »Warum Juden sich nicht für biblische Theologie interessieren« (EvTh 1991). Der Titel war nicht eigentlich als Provokation gemeint. Der Verfasser wollte aber nachdrücklich darauf aufmerksam machen, daß »theologische« Auslegung biblischer Texte, also auch solcher des »Alten Testaments«, durchweg unter christlichem Aspekt betrieben werde und deshalb für Juden nicht von Interesse sei. Er meinte offenbar nicht, daß Juden sich überhaupt nicht für eine theologische Auslegung des Alten Testaments bzw. der Hebräischen Bibel interessierten; das zeigen seine übrigen Publikationen sehr eindrucksvoll. Aber er betrachtete die christliche Weise dieser Auslegung als einseitig, und er warf den Christen vor, daß sie sich nicht »der Begrenztheit des Kontextes ihres Unternehmens bewußt« seien, insofern sie einen ganzen Zweig der Bibelauslegung ignorierten.

Sie sind hier in Tübingen in der privilegierten Situation, daß Sie bereits Kunde von einem solchen Neuansatz bekommen haben; denn Herr Kollege Janowski hat sich ja Anfang dieses Jahres in seiner Antrittsvorlesung ausführlich mit dem Konzept von Jon Levenson auseinandergesetzt. Dabei hat er die grundlegende Veränderung deutlich gemacht, die sich mit Notwendigkeit ergibt, wenn man sich auf diese Frage einläßt:

Christliche Theologie muß bei der Frage nach der Einheit der Schrift ... in Rechnung stellen, daß das *Alte Testament* als erster Teil der christlichen Bibel zuvor die Heilige Schrift des Judentums war – und weiterhin ist. Da die christliche Bibel aus zwei Teilen besteht, deren erster Teil als *Tanach* zugleich die Bibel Israels ist, bleibt alles, was zum Thema ›Einheit der Schrift‹ auszuführen sein wird, dem Dialog mit dem Judentum ausgesetzt.

Hier erscheint das Judentum als lebendige und gegenwärtige Größe. Es *hatte* nicht nur den ersten Teil unserer christlichen Bibel als Heilige Schrift, sondern es *hat* ihn noch. Mit dieser Frage muß sich jede christliche Auslegung der Bibel auseinandersetzen – ja ich denke, sie muß damit beginnen. Denn dieser Teil der Bibel war ja schon die Bibel Israels, bevor das Christentum entstand. Und es war die Bibel Jesu und der ersten Christen, weil sie Juden waren. Wenn wir die Fragen vom Neuen Testament her stellen, drehen wir das Problem gleichsam um, indem wir fragen: Wie kann ein Teil der christlichen Bibel zugleich die jüdische Bibel sein? Aber die eigentliche Frage lautet doch umgekehrt: Wie konnte die Bibel Israels zu einem Teil der Bibel des Christentums werden?

So führt auch die Frage des Verhältnisses von Altem und Neuem Testament letzten Endes wieder auf das Problem der »Israelvergessenheit« der christlichen Theologie. Denn nicht nur die Bibel Israels war da, bevor das Christentum entstand, sondern vor allem war Israel da. Hier liegt der entscheidende Ansatz für das notwendige Umdenken im Blick auf das Verhältnis von Judentum und Christentum. Wir müssen bei der Priorität Israels einsetzen. Die Existenz Israels bedarf gegenüber der des Christentums keiner Begründung. Wohl aber bedarf es der erklärenden Beschreibung, wie sich aus dem Judentum heraus eine neue Gemeinschaft entwickeln konnte, | die sich schließlich vom Judentum trennte und eine eigene »Religion« entwickelte.

Ich denke, daß an dieser Stelle die theologischen Vorarbeiten zu einem christlich-jüdischen Dialog einsetzen müssen.

II

Entscheidend ist dabei der Ausgangspunkt. Christliche Theologen versuchen meistens, Israel aus christlicher Sicht zu definieren. Etwas zugespitzt gesagt: Sie versuchen, Israel einen Platz im christlichen Denkgebäude anzuweisen oder einen geeigneten Platz für Israel in diesem Denkgebäude zu finden. Aber wir müssen die Frage umkehren, sie sozusagen vom Kopf auf die Füße stellen. Am Anfang steht Israel. In Israel entsteht eine messianische Bewegung, ausgelöst durch das Auftreten eines Menschen namens Jesus, der von seinen Anhängern als der verheißene endzeitliche Retter betrachtet wird, als der »Messias«. Wir können im Augenblick die Fragen beiseite lassen, ob Jesus selbst sich für den Messias gehalten hat und wieweit der Begriff »Messias« im damaligen jüdischen Kontext angemessen ist. Deutlich ist, daß es nach dem Tod Jesu in Israel eine Anzahl von Juden gab, die sich dadurch von den anderen Juden unterschieden, daß sie an den auferstandenen Jesus als den »Christus« glaubten. Jetzt kann man sagen, daß es Christusgläubige, also »Christen« gab; aber es gab noch kein »Christentum«, denn diese Christen waren Juden, eine

Gruppe innerhalb des Judentums, eine messianische »Sekte«, wobei der Begriff der Sekte rein definitorisch gemeint ist und keinerlei abwertende Bedeutung hat.

Die Frage ist jetzt: Ab wann gab es ein vom Judentum unterscheidbares Christentum? In Apg 11,26 findet sich die Bemerkung, daß man in Antiochia zuerst die Bezeichnung Cristianoi »Christen« für die Jünger (mathetai) verwendet habe. Das ist offenbar ein Rückblick auf den Beginn einer Praxis, die zur Zeit der Abfassung dieses Textes allgemein geläufig war. Es ist nun gewiß kein Zufall, daß sich dieser Sprachgebrauch außerhalb des Landes Israel (bzw. Judäa) herausgebildet hat, d.h. in einem Bereich, in dem gewiß die Mehrheit der als »Christen« Bezeichneten keine Juden waren. Auch die Auseinandersetzung des Paulus in Röm 9-11 läßt ja deutlich erkennen, daß das Problem des Verhältnisses der Christen zu den Juden in einer überwiegend nichtjüdischen Gemeinde, eben in Rom, diskutiert wurde. Damit taucht ein sehr wesentlicher Aspekt des Selbstverständnisses dieser neuen Gemeinschaft auf. Einerseits stand sie durch die Predigt der Apostel ganz in der jüdischen Tradition, und d.h. vor allem auch in der biblischen Tradition. Die jüdische Bibel war auch ihre Heilige Schrift. Andererseits gehörten ihre Glieder nicht zum jüdischen Volk, und gerade Paulus hatte sie ja gelehrt, daß das grundlegende Kriterium der Zugehörigkeit zum jüdischen Volk, die Beschneidung und damit die Verpflichtung zum Halten der ganzen Tora, für sie nicht galt. Sie gehörten zu den ethne, den Völkern.

Dies ist eine Schlüsselfrage für unser Problem. Durch die Ausbreitung der christlichen Botschaft über den Rahmen des jüdischen Volkes hinaus entstand eine neue Gemeinschaft, die nicht mehr als eine Gruppe innerhalb des Judentums verstanden werden konnte und sich auch selbst nicht mehr so verstand. Paulus hat dazu im Galaterbrief einen sehr interessanten biblischen Kommentar gegeben. »Weil die Schrift vorhergesehen hat, daß Gott die Heiden (ethne) durch den Glauben gerecht macht, hat sie dem Abraham im voraus verkündigt: ›In dir sollen alle Heiden (ethne) gesegnet werden.‹« (Gal 3,8, Zitat aus Gen 12,3 par). Jetzt erfüllt sich also, was Gott schon im Sinn hatte, als er zum ersten Mal zu Abraham sprach. Entscheidend ist dabei, daß das Heil *durch Israel* zu den Völkern kommt. Davon ist auch an anderen Stellen in der Bibel Israels die Rede, so wenn es im Jesajabuch vom Gottesknecht heißt, daß er ein »Licht für die Völker« sein soll (or gojim Jes 42,6), oder bei dem letzten Propheten, bei Maleachi: »Vom Aufgang der Sonne bis zu ihrem Niedergang ist mein Name groß bei den Völkern« (Mal 1,11).

Aber wie sollen wir nun diese neue Gemeinschaft definieren? Damit sind wir wieder bei unseren einleitenden Überlegungen. Was wir jetzt nicht mehr tun können, ist, diese neuentstandene Gemeinschaft, die »Kirche«, einfach an die Stelle Israels zu setzen, wie es allzu oft in der christlichen Tradition geschieht. So wird z.B. häufig vom »neuen Israel«

gesprochen, das dem »alten Israel« gegenübergestellt wird und es angeblich abgelöst hätte. Dabei wird oft der Anschein erweckt, als handle es sich hierbei um biblische Terminologie. Unter Theologen wird dieser Anschein noch dadurch verstärkt, daß man die Formeln vom Israel kata sarka und Israel kata pneuma verwendet, so als handle es sich dabei um ein antithetisches neutestamentliches Begriffspaar. Aber weder der Begriff »neues Israel« noch der Ausdruck Israel kata pneuma kommen im Neuen Testament vor, und der Begriff Israel kata sarka hat an der einzigen Stelle, an der er begegnet (1Kor 10,18), zweifellos nicht die ihm in diesem Kontext zugeschriebene Bedeutung.[1]

Es ist interessant zu sehen, wie hier theologisches Wunschdenken Formulierungen produziert hat, die weitreichende Folgen gehabt haben. Demgegenüber ist es jetzt aber unsere Aufgabe, die Identität der christlichen Kirche so zu definieren, daß dabei die Integrität Israels gewahrt bleibt. Nun sind wir hier heute nicht die ersten, die dies versuchen. Gerade im Kontext der Bemühungen um einen christlich-jüdischen Dialog ist dieses Problem natürlich schon lange gesehen worden. Die ersten intensiven Ansätze gab es im Rahmen des Deutschen Evangelischen Kirchentages. Dort besteht seit 1961 eine ständige »Arbeitsgemeinschaft Juden und Christen« – übrigens die einzige Arbeitsgemeinschaft des Kirchentages, die schon so lange kontinuierlich arbeitet. Die Ergebnisse der ersten Kirchentage wurden publiziert, und die Titel der Bücher sind für unsere Frage sehr aufschlußreich. Das erste über den Kirchentag 1961 hieß »Der ungekündigte Bund«. Hier kommt die allmählich unter Christen entstehende Einsicht zum Ausdruck, daß der Bund, den Gott nach biblischer Sicht mit Israel geschlossen hat, weiterhin besteht und daß wir als Christen ihn uns nicht einfach zu eigen machen können. Aber damit stellte sich die Frage, wie denn nun die Identität der christlichen Gemeinschaft bestimmt werden kann. Der Titel des nächsten Bandes hieß: »Das gespaltene Gottesvolk«. Hier wurde zwar die Auffassung festgehalten, daß die Kirche das Volk Gottes sei; aber da dieser Titel Israel nicht streitig gemacht werden sollte, entstand der Gedanke, daß das Gottesvolk jetzt gespalten sei. Damit wurde die Zusammengehörigkeit von Juden und Christen betont und zugleich die Perspektive auf eine künftige Wiederherstellung der jetzt zerbrochenen Einheit in Blick gefaßt.

Einen weiteren Schritt hat dann die rheinische Synode von 1980 vollzogen, die ich schon zu Beginn zitiert habe. Sie macht eine Unterscheidung zwischen den Begriffen »Volk Gottes« und »Bund«:

---

[1] Als eine Art Ersatz für die fehlende Formel wird gern auf Gal 6,16 verwiesen, wo am Schluß des Briefes die Wendung »das Israel Gottes« begegnet; allerdings ist aus dem Zusammenhang nicht erkennbar, wer damit gemeint ist.

Wir glauben die bleibende Erwählung des jüdischen Volkes als Gottes Volk und erkennen, daß die Kirche durch Jesus Christus in den Bund Gottes mit seinem Volk hineingenommen ist (4.4).

Hier wird also sehr bewußt der Titel »Gottes Volk« für das jüdische Volk reserviert. Zugleich wird der Begriff des Bundes nicht als mit dem des Volkes identisch betrachtet, sondern in einem weiteren Sinne verstanden, so daß er die Kirche mit umfassen kann. Diese Frage wird gerade in jüngster Zeit lebhaft diskutiert. Dabei ist vor allem der Bundesbegriff umstritten. Es hat sich gezeigt, daß von der Begrifflichkeit der Hebräischen Bibel her kein direkter Weg zu einer Ausweitung des Bundesbegriffs über den Rahmen Israels hinaus führt. Der neutestamentliche Bundesbegriff wiederum knüpft nicht unmittelbar an den der Hebräischen Bibel an; vor allem bezeichnet er niemals die Gemeinde oder eine Gruppe in ihr.[2] (Interessant ist der Bundesbegriff in den Texten von Qumran, worauf Herr Lichtenberger aufmerksam gemacht hat.) Die weitere Entwicklung in der christlichen Theologie hat sich im übrigen nicht unmittelbar an die biblischen Vorgaben gehalten, wenn man z.B. an die reformierte Föderaltheologie des 16. und 17. Jahrhunderts oder an die Weiterentwicklung des Bundesbegriffs in der Theologie Karl Barths denkt.

So hat sich hier ein Feld für die theologische Diskussion ergeben, das noch ganz offen ist. Das Entscheidende ist aber, daß bei diesen Definitionsversuchen die Priorität und die Integrität Israels gewahrt bleiben. Dies könnte ein Thema für einen christlich-jüdischen Dialog sein. Allerdings zeigt sich dabei dann sehr bald, daß dies eigentlich gar kein Thema für jüdische Gesprächspartner ist. Zunächst ist es zweifellos sehr wichtig für sie, zu erfahren, daß es Christen gibt, die sich bemühen, die alten antijüdischen Klischees zu überwinden und Israel Israel sein zu lassen. Aber die Frage, wie diese nun ihre eigene christliche Identität formulieren wollen und können, liegt außerhalb des Interesses und auch der »Zuständigkeit« von Juden.

Hier zeigt sich ein grundlegendes Problem des christlich-jüdischen Gesprächs. Ganz in den Anfängen unserer Bemühungen hat der Jerusalemer Religionswissenschaftler Zwi Werblowsky einmal die Formel von der »Asymmetrie« des christlich-jüdischen Gesprächs geprägt: Christen *müssen* sich mit ihren Beziehungen zum Judentum auseinandersetzen, denn es ist ein Bestandteil ihrer Identität. Juden müssen dies nicht, denn die Entstehung des Christentums hat für sie die Frage ihrer eigenen Identität nicht grundsätzlich verändert. Es gehört zu den schwierigen Erfahrungen, die jeder Christ machen muß, der sich um ein Gespräch mit Juden bemüht: Das christliche Selbstverständnis ist kein jüdisches Thema. Ge-

---

[2] Vgl. H.Lichtenberger/E.Stegemann, Zur Theologie des Bundes in Qumran und im Neuen Testament, KuI 6, 1991, 134-146, besd. 143.

wiß gibt es immer wieder einzelne Juden, die sich auf ein solches Gespräch einlassen. Aber sie tun es den Christen zuliebe, denn meistens sind es solche Juden, die schon positive Erfahrungen im Gespräch mit Christen gemacht haben und deshalb auch bereit sind, auf spezifisch christliche Probleme einzugehen, die nicht ihre eigenen sind. Herr Janowski hat in seiner Antrittsvorlesung einen von denen genannt, die sich immer wieder auf unsere Probleme einzulassen bereit sind: Michael Wyschogrod. Aber gerade er ist ein Einzelgänger und er ist sich dessen voll bewußt und hat es auch schon öffentlich ausgesprochen. Und es gibt natürlich noch einige weitere Einzelgänger. Aber auch sie werden uns immer wieder bestätigen, daß dies eigentlich nicht ihre Probleme sind.

Übrigens muß man deshalb auch eher vom christlich-jüdischen Gespräch oder Dialog sprechen als vom jüdisch-christlichen. Ich verstehe gut, daß Christen, die in diesen Fragen engagiert sind, den Juden den Vortritt lassen möchten, und ich sehe in der Formulierung auch kein grundsätzliches Problem. Ich möchte aber bewußt machen, daß die Notwendigkeit zu diesem Gespräch oder Dialog eindeutig auf der christlichen Seite liegt.

III

Die Frage der Definition des christlichen Selbstverständnisses ist das eine große Thema, das unser Verhältnis zum Judentum bestimmt. Aber es gibt noch einen anderen Themenkreis, der gewiß von vielen für noch wichtiger gehalten wird: Jesus Christus als zweite Person der Trinität. Ich formuliere absichtlich so, weil damit die Aspekte in den Vordergrund treten, die für Juden besonders schwierig sind. Nicht Jesus als Person ist das Problem; auch die Messiasfrage ist ein Thema, über das sich diskutieren läßt und über das ja auch unter Christen diskutiert wird. Aber die Gottheit Jesu und dann insbesondere die Trinität sind Vorstellungen, die für Juden schlechthin nicht nachvollziehbar sind.

Aber lassen Sie uns schrittweise an diese Fragen herangehen. Zunächst ist von großer Bedeutung, daß es seit dem Beginn dieses Jahrhunderts eine ausgedehnte jüdische Jesusforschung gibt. Sie begann mit dem großen Joseph Klausner, dessen berühmtes Jesusbuch zunächst auf Hebräisch erschien: *Jeshua' ha-Nozri, Zemanno, Chajjaw we-Torato;* dann folgen – um nur ein paar herausragende Namen zu nennen: Samuel Sandmel, David Flusser und der zur Zeit wohl bedeutendste jüdische Jesusforscher Geza Vermes (aus Ungarn stammend, jetzt Oxford)[3]. Es besteht heute fast völlige Übereinstimmung unter den Neutestamentlern, ob Christen

---

[3] Geza Vermes, Der Jude Jesus. Ein Historiker liest die Evangelien, dtsch 1993.

oder Juden, daß Jesus Jude war, als Jude gedacht, gelebt und geglaubt hat. Aber dann stellt sich die Frage: Was hat dieser Jude Jesus mit der Christologie zu tun? Fragen wir Geza Vermes. In seinem neuesten Buch *The Religion of Jesus the Jew* (1993) zitiert er im Schlußkapitel das »Nicäno-Konstantinopolitanum«, das große, grundlegende christliche Glaubensbekenntnis aus dem 4. Jahrhundert mit seinem ausführlichen christologischen Mittelteil und sagt dazu:

Der historische Jesus, der Jude Jesus, würde die ersten drei Zeilen und die letzten beiden Zeilen als vertraut empfunden haben und er würde, obwohl er nicht theologisch dachte, keine Schwierigkeiten gehabt haben, ihnen zuzustimmen,

> Ich glaube an den einen Gott, den Vater, den Allmächtigen,
> der alles geschaffen hat, Himmel und Erde,
> die sichtbare und die unsichtbare Welt ... |
>
> Und ich erwarte die Auferstehung der Toten
> und das Leben der kommenden Welt.

aber er wäre zweifellos verwirrt (*mystified*) durch die übrigen vierundzwanzig Zeilen. Sie scheinen wenig mit der Religion zu tun zu haben, die er gepredigt und praktiziert hat. Aber die Lehren, die sie verkünden: den ewigen göttlichen Status Christi und seine körperliche Inkarnation, die Erlösung der ganzen Menschheit, die durch seine Kreuzigung bewirkt wurde, seine anschließende Erhöhung und vor allem die Dreieinigkeit von Vater, Sohn und Heiligem Geist bilden die Grundlage für den Glauben, als dessen Urheber er betrachtet wird.

Vermes fährt dann fort zu betonen, daß die Grundlagen des christlichen Glaubens nicht so sehr in den Evangelien des Markus, Matthäus und Lukas liegen, sondern vielmehr im Johannesevangelium und in den Briefen des Paulus: »Der Christus des Paulus und des Johannes mit ihrem Weg zur Vergöttlichung hat den Mann aus Galiläa überschattet und verdunkelt.« Diese Position wird wohl mehr oder weniger von allen jüdischen Neutestamentlern geteilt. Für sie ist Jesus ganz und gar Jude – aber eben darum gehört er nicht in die Christologie, weil Christologie ohnehin jenseits dessen liegt, was Juden nachvollziehen können und wollen.

Aber wie steht es nun auf der christlichen Seite? Friedrich-Wilhelm Marquardt hat seiner Christologie den Titel gegeben: *Das christliche Bekenntnis zu Jesus, dem Juden*. Hier hält also Jesus, der Jude, Einzug in die christliche Systematische Theologie. Marquardt erörtert die eben behandelten Fragen und kommt zu einer interessanten Gegenüberstellung: Er vergleicht das »historisch-kritische Minimum christlicher Jesus-Historie« mit dem »synthetischen Maximum jüdischer Jesus-Historie«. Obwohl es charakteristische methodische Unterschiede zwischen beiden gibt, decken sich doch ihre Ergebnisse weitgehend:

Die Ergebnisse des »christlichen« Minimum sind im »jüdischen« Maximum enthalten; in dieser Beziehung gibt es offensichtlich keine Differenzen mehr – ein großes Geschenk für den, dem an einer Erneuerung des jüdisch-christlichen Verhältnisses gelegen ist ... Ein ganzes Erbsystem von Antithesen scheint gefallen zu sein – wenigstens in dem historischen Bild, das man nun von Jesus und von seiner Verkündigung hat. (I,135)

Dies ist gewiß ein erstes, wichtiges Ergebnis des sich anbahnenden christlich-jüdischen Dialogs. Das Bild Jesu ist nicht mehr ein grundlegender Kontroverspunkt. Im Gegenteil, nicht selten sind jüdische Jesus-Historiker von ihren Fragestellungen aus bereit, mehr an der Jesus-Überlieferung der Evangelien für »historisch« zu halten als ihre christlichen Kollegen. Auch im Verständnis der »Jüdischkeit« Jesu gehen jüdische Jesus-Forscher oft weiter als die christlichen. Die meisten von ihnen sind auch der Meinung, daß Jesus ein ganz besonderer Platz in der jüdischen Glaubensgeschichte gebührt.

Aber wie geht es dann weiter? Im traditionellen christlichen Denken stellt sich an dieser Stelle die Frage nach dem Messias ein. Man will die Juden fragen, warum sie nicht erkannt haben, daß Jesus »der Messias« war. Ja mehr noch: Man sagt einfach: »Indem Israel den Messias kreuzigte, hat es seine Erwählung und Bestimmung verworfen.« Dieser schreckliche Satz steht in dem »Wort zu Judenfrage« von 1948, das ich schon zitiert habe. Für mich und viele meiner Generation ist dieser Text auch deshalb so schrecklich, weil es unsere theologischen Lehrer waren, die damals noch so weit von der notwendigen Einsicht entfernt waren, daß sie solches sagen und schreiben konnten und daß sie sich sogar verpflichtet fühlten, dieses Wort zu sagen.

Den zweiten Teil des eben zitierten Satzes werden heute wohl viele nicht mehr nachsprechen wollen: daß Israel seine Erwählung und Bestimmung verworfen habe – oder, wie es später in demselben Text heißt: daß Israel von Gott verworfen sei. Aber was ist mit dem Messias? Für viele Christen ist es doch in der Tat so, daß Jesus der Messias *war* – und daß die Juden dies nicht erkannt haben.

Aber nun ist ja der Satz »Jesus war der Messias« in sich selbst höchst problematisch. Er unterstellt zunächst, daß »der Messias« ein eindeutiger Begriff sei. Es hieße wohl Eulen nach Athen tragen, wenn ich in Tübingen erklären wollte, daß es zur Zeit Jesu im Judentum eine ganze Anzahl von Messiasvorstellungen gab und daß diese höchst unterschiedlich waren und daß in manchen Texten der Gemeinde von Qumran von zwei oder gar von drei Messiassen die Rede ist. Außerdem: Was heißt: Jesus *war* der Messias? War er es? Woher wissen wir das? Und woher konnten es seine Zeitgenossen wissen? Bei Geza Vermes heißt es, daß bei aller Vielschichtigkeit der Messiasvorstellungen im nachbiblischen Judentum eindeutig die Erwartung des Messias aus dem Geschlecht Davids, des *maschiach ben-dawid,* dominiert habe. Er verweist dazu besonders auf die Gebetssprache, die am unreflektiertesten die herrschenden Vorstellungen wiedergibt. So erhoffen die Psalmen Salomos aus dem 1. Jahrhundert v.Chr., welche nach Vermes »die Ideologie der Hauptströmungen jüdischer Religiosität« reflektieren, den Messias als »Sohn Davids«:

Sieh, o Herr, und errichte ihnen ihren König, den Sohn Davids . . . Und gürte ihn mit Stärke, daß er die ungerechten Herrscher erschüttere . . . Mit einem eisernen Stab zerschmettere er all ihr Wesen, vernichte er die Gottlosen mit dem Wort seines Mundes . . . Und er soll ein heiliges Volk versammeln . . . Er soll die heidnischen Nationen unter seinem Joch dienen lassen . . . Und er soll ein gerechter König sein, gelehrt von Gott . . . Und es soll da keine Ungerechtigkeit geben in ihrer Mitte in seinen Tagen, denn alle sollen heilig sein und ihr König der Gesalbte des HERRN (Psalmen Salomos 17f).

Hier zeigen sich sehr deutliche Anklänge an biblische Texte wie Psalm 2, Jesaja 9 und 11 u.a. Dies war also offenbar eine der herrschenden – nach Vermes die vorherrschende – Messiaserwartung jener Zeit, anknüpfend an die biblischen Traditionen.

Die Jünger und Anhänger Jesu dachten offenbar genau dasselbe. So fragen die Jünger den Auferstandenen: »HERR, wirst du in jener Zeit das Reich für Israel wieder aufrichten?« | (Apostelgeschichte 1,6). Besonders aufschlußreich ist die Erzählung von den Emmaus-Jüngern in Lukas 24. Der Auferstandene gesellt sich unerkannt zu den beiden Jesus-Anhängern und läßt sich von ihnen berichten, was geschehen ist. Der Kernsatz ihrer enttäuschten und durch die Ereignisse verwirrten Darstellung lautet: »Wir hofften, er sei es, der Israel erlösen werde« (V.21). Aber Jesus weist sie zurecht:

O ihr Toren, zu trägen Herzens, all dem zu glauben, was die Propheten geredet haben! Mußte nicht Christus dies erleiden und in seine Herrlichkeit eingehen? Und er fing an bei Mose und allen Propheten und legte ihnen aus, was in der ganzen Schrift von ihm gesagt war (V.25-27).

Diese Jünger Jesu erwarteten also auch einen *politischen* »Messias«, der Israel vom römischen Joch befreien würde. Aber ihre Erwartung hat sich nicht erfüllt. Der Auferstandene erklärt ihnen nun, daß ihr Messiasbild falsch war. Jesus entsprach einem anderen Messiasbild: dem des *leidenden* Messias. Es ist höchst aufschlußreich, daß hier innerhalb der christlichen Ostergeschichten eine ausdrückliche Korrektur des Messiasbildes vorgenommen wird. Wenn nun andere Juden, die nicht zum engeren Jüngerkreis Jesu gehörten, auch einen solchen politischen Messias erwarteten und durchaus bereit gewesen wären, Jesus als solchen anzuerkennen, wenn er die römische Fremdherrschaft beseitigt hätte – wäre ihnen dann vorzuwerfen, daß sie nach dem Kreuzigungstod Jesu diese Messiaserwartung als gescheitert ansahen – genauso wie die Jünger auf ihrem Weg nach Emmaus? Wir können aus dieser Geschichte lernen, daß das richtige Verständnis der Messianität Jesu nur von seiner Auferstehung her zu gewinnen ist. Damit vollziehen wir aber den Schritt aus dem möglichen und sinnvollen Gesprächszusammenhang mit den Juden heraus.

Ich denke deshalb, daß es eine fruchtlose und im Grunde sinnlose Diskussion ist, mit Juden darüber zu streiten, ob Jesus »der Messias war« und warum die Juden dies nicht anerkennen. Der entscheidende Grund liegt eben darin, daß es sich dabei um ein Bekenntnis der nachösterlichen Gemeinde handelt. Damit entzieht sich diese Frage aber der Diskussion mit denjenigen Juden, die nicht zu dieser Gemeinde gehören. Von daher ist es übrigens auch höchst problematisch, vom »Messias Israels« zu reden. Der Begriff ist nicht biblisch; er begegnet weder im Alten noch im Neuen Testament. Er ist zudem mißverständlich. Die Rheinische Synode hat ihn in ihrer grundlegenden Erklärung von 1980 sehr betont verwendet:

Wir bekennen uns zu Jesus Christus, dem Juden, der als Messias Israels der Retter der Welt ist und die Völker der Welt mit dem Volk Gottes verbindet (4.3).

Die Synode hat den Begriff offenkundig im Sinne des Messias, der Israel verheißen war und der aus Israel kam, gemeint. Er ist aber sofort in einem anderen Sinne verstanden worden: als Messias *für* Israel. In diesem Sinne ist er im Munde von Christen nicht möglich. Ob Jesus oder irgendein anderer der Messias *für* Israel ist, können nur Juden entscheiden. Wir Christen können nur singen: »Nun komm, der Heiden Heiland«.

IV

Schließlich komme ich jetzt noch einmal zurück zur Frage des Verhältnisses von Altem und Neuem Testament. Dabei will ich mich auf die Frage konzentrieren, wie wir als Christen den ersten Teil unserer Bibel, den wir das »Alte Testament« nennen, lesen und auslegen sollen.

[Ich möchte hier eine kurze Überlegung einfügen über die richtige Benennung des ersten Teils unserer Bibel. Der Begriff »Altes Testament« wird heute von manchen kritisiert und vermieden, weil das Adjektiv »alt« im Sinne von »überholt« verstanden werden kann und natürlich auch oft verstanden worden ist. Auf jeden Fall ist deutlich, daß es ein rein christlicher Begriff ist, der ja seinen Sinn nur dadurch bekommt, daß noch ein »Neues Testament« folgt. Manche haben vorgeschlagen, stattdessen vom »Ersten Testament« zu sprechen; allerdings könnte dieser Begriff dem gleichen Mißverständnis ausgesetzt sein, weil ja noch ein Zweites Testament folgt und weil das erste ohne das zweite als unvollständig betrachtet werden könnte. Deshalb sprechen heute manche von der »Bibel Israels«. Ich habe diesen Begriff auch schon verwendet, weil mir einleuchtet, daß dabei der Name »Israel« im biblischen Sinne verwendet wird und weil dabei ganz deutlich ist, daß dieser Teil unserer Bibel schon die Bibel Israels war, bevor das Christentum entstand. Allerdings denke ich, daß wir auf diese terminologischen Fragen nicht allzuviel Gewicht legen sollten, denn an ihnen fallen nicht die eigentlichen Entscheidungen im Verhältnis von Juden und Christen.]

Gleichwohl ist dies ein guter Ausgangspunkt für unserer Überlegungen. Der erste Teil unserer Bibel ist zugleich die Bibel Israels, und er bleibt die Bibel Israels. Unsere Auslegung »bleibt« also stets »dem Dialog mit dem Judentum ausgesetzt« (Janowski). Ich möchte den Akzent aber noch etwas anders setzen. Die Tatsache, daß die Bibel Israels ein Teil unserer Bibel ist, hält uns ständig im Bewußtsein, daß wir selbst als Christen aus Israel hervorgegangen sind. Wir haben das schon ausführlich erörtert. Jetzt gilt es daraus die Folgerungen für unseren Umgang mit der Bibel zu ziehen.

Ich denke, wir können dabei ganz einfach beginnen, indem wir sagen: Wir lesen den ersten Teil unserer Bibel, weil wir in der Tradition dieser Bibel darinstehen. Wir brauchen keine besonderen hermeneutischen Mittel, um uns einen Zugang zu dieser Bibel zu verschaffen. Dabei ist es wichtig und nützlich, daß wir uns klarmachen, daß für die Menschen der neutestamentlichen Zeit, für Jesus und seine Jünger, für Paulus und die Evangelisten, diese Bibel ihre Bibel war – ihre ganze Bibel, nicht ein erster Teil, zu dem noch etwas anderes hinzukommen sollte. Also stellen wir uns zunächst einfach in diese Kontinuität hinein. Es ist unsere Bibel.

Das bedeutet, daß sich eine »christliche« Auslegung der Bibel nicht durch besondere christliche Auslegungsmethoden legitimieren muß. Wir lesen die Texte, wie sie dastehen. Wir können das tun, weil es unsere Welt, unsere »Glaubenswelt« ist, von der die Texte des ersten Teils unserer Bibel geprägt sind. Allerdings steht eine solche Aussage gegen die theologische Auslegungstradition und auch gegen die Mehrheit der heutigen evangelischen Theologen (auf die ich mich jetzt beschränken will).

Ich will in aller Kürze etwas zu der herrschenden Auslegungstradition sagen. Man kann die verschiedenen Positionen vereinfacht in drei Gruppen einteilen. Die erste vertritt eine radikale Verneinung der Wahrheit des Alten Testaments. Es gehört zu den Absonderlichkeiten der neueren Theologiegeschichte, daß zwei Theologen, die in politischer und kirchenpolitischer Hinsicht so diametral entgegengesetzte Positionen vertraten wie Rudolf Bultmann und Emanuel Hirsch im Blick auf das Alte Testament fast gleichlautende Auffassungen hatten: Das Alte Testament ist Zeugnis des Scheiterns und nur als negatives Gegenbild des Neuen Testaments zu verstehen. Man hätte denken können, daß diese Auffassung der Vergangenheit angehört; aber sie findet sich mit ausdrücklicher Berufung auf Bultmann und Hirsch im Jahr 1993 bei Otto Kaiser in seiner Theologie des Alten Testaments. Er spricht von »Israels Scheitern am Gesetz und an der Geschichte« und fordert den Leser auf, das Alte Testament »gegen den Wortlaut der Texte . . . als Verheißung zu verstehen« (87). Ich hoffe, Kaiser steht mit dieser Auffassung heute allein.

Eine extreme Gegenposition findet sich in der christologischen Auslegung, vor allem bei Wilhelm Vischer in seinem zuerst 1934 erschienenen Buch »Das Christuszeugnis des Alten Testaments.« Er konnte sagen: »Wir, die wir glauben, Jesus sei der Sohn Gottes, . . . und nicht die Synagoge, die seinen Messiasanspruch abgelehnt hat, sind die legitimen Erben des göttlichen Testaments.« In dieser Schärfe wird diese Position seither kaum noch vertreten; immerhin kann man bei Hans Walter Wolff lesen: »Wir vermögen in diesen jüdischen Söhnen (d.h. in der Synagoge) das Zeugnis ihrer Väter nicht in seinem Gesamtsinn wiederzuerkennen. So bleibt denn nur noch die Frage nach jenen anderen Söhnen, die Paulus als das Israel Gottes anspricht.« Hier wird also das Alte Testament insgesamt so positiv betrachtet, daß die Christen es für sich allein beanspruchen und den Juden das Recht darauf verweigern.

Der Einfachheit und Kürze halber fasse ich jetzt alle diejenigen Theologen in einer mittleren Gruppe zusammen, die eine partielle Gültigkeit alttestamentlicher Texte postulieren, wobei sie selbst die Maßstäbe kennen und handhaben, mit denen sie vom Neuen Testament her diese Gültigkeit feststellen. Meinungsführer ist hier wohl nach wie vor Antonius Gunneweg, der seine Auffassung schon 1977 in seiner Hermeneutik des Alten Testaments dargelegt hat und die im wesentlichen unverändert auch seiner 1993 posthum erschienenen »Bibischen Theologie des Alten Testaments« zugrundeliegt. »Über Geltung und Nichtgeltung (des Alten Testaments) kann nur vom Christlichen her, also aufgrund und anhand des Neuen Testaments entschieden werden.« Interessant ist, daß Gunneweg dabei ausdrücklich die historisch-kritische Forschung einbezieht: »Der historisch-kritische Ausleger (ist) darin *Theologe*, daß er den Text am Maßstab des Christlichen zu messen gelernt hat und imstande ist.« Vergleichbare Auffassungen finden sich in vielen Variationen, auch in Tübingen. Allen ist gemeinsam, daß sie beanspruchen, einen christlichen Maßstab zu besitzen, von dem aus sie das Alte Testament beurteilen und bewerten können.

Ich muß leider gestehen, daß ich diesen Maßstab nicht besitze. Ich sehe keine Möglichkeit, von mir aus das Alte Testament zu »bewerten«. Ich sehe aber auch keine Notwendigkeit dazu. Ich kann mir nicht vorstellen, daß einer von den neutestamentlichen Schriftstellern auf den Gedanken gekommen wäre, unterschiedliche Wertungen zwischen den einzelnen Teilen oder Worten seiner Bibel, seiner »Schrift«, vorzunehmen. Vielmehr ist es ja gerade eine aus heutiger Sicht überraschende Tatsache, daß die christliche Gemeinde die jüdische Bibel unverändert als ersten Teil ihrer

Bibel beibehalten hat. Sie hat auch keinen Kommentar dazu gegeben, wie man ihn lesen soll.

Gewiß, im Neuen Testament sind bestimmte Texte des Alten Testaments interpretiert und kommentiert worden. Aber das ist ja ein Vorgang, der sich schon innerhalb des Alten Testaments vielfältig erkennen läßt und ebenso auch innerhalb des Neuen Testaments. Das bedeutet also, daß es eine kontinuierliche Linie des Interpretierens von Texten gibt, die sich vom Alten Testament bis ins Neue hineinzieht.

Hier kommen wir nun an einen Punkt, an dem in sinnvoller Weise von einer »christlichen« Auslegung des Alten Testaments gesprochen werden kann. Das führt uns zugleich noch einmal zur Frage nach dem christlich-jüdischen Dialog zurück. Als christliche Leser werden wir notwendigerweise manches mit anderen Augen und mit anderen Fragestellungen lesen, als es jüdische Leser tun. Wir wissen ja ziemlich viel über die jüdische Auslegungstradition, sofern wir uns dafür interessieren. Wir könnten also mit jüdischen Bibellesern in einen Gedanken- und Erfahrungsaustausch über unsere unterschiedlichen Leseerfahrungen eintreten. Wir könnten dabei vor allem viel über die religiösen und theologischen Traditionen des jeweils anderen erfahren. Aber wir würden doch in einem solchen Gespräch niemals auf den Gedanken kommen, bestimmte Texte für richtig oder für falsch zu erklären. Auch die Frage, was »wahr« ist, könnte in dieser Form in einem solchen Gespräch kaum gestellt werden.

Vor allem würden wir aber feststellen, daß es weite und ganz grundlegende Bereiche unserer gemeinsamen Bibel gibt, in denen sich unsere Auslegung nicht grundsätzlich unterscheidet. Ich bin immer wieder überrascht, wie weit hinten in manchen alttestamentlichen Theologien die Schöpfung rangiert. Im Kanon unserer Bibel steht sie ganz am Anfang, und es gibt auch keinen Zweifel daran, daß sie für den christlichen Glauben am Anfang steht. Nur auf Grund des *ganzen* Kanons der Bibel konnte ja das Bekenntnis zu Gott, dem Schöpfer, zum ersten Artikel unseres christlichen Glaubensbekenntnisses werden. Wenn wir dann weiterlesen und zum Bereich des Exodusgeschehens kommen, dann ist ganz evident, welche Bedeutung dieses Thema z.B. für christliche Befreiungstheologien bekommen hat. Bei großen Bereichen der Propheten, bei den Psalmen oder beim Buch Hiob, ja auch bei Kohelet brauchten wir uns gewiß nicht grundsätzlich zu streiten.

Ich warte jetzt förmlich auf den Zuruf: Aber das Gesetz! Ja, das Gesetz – in welchem Sinne? Meinen wir, was in der Bergpredigt im Matthäusevangelium steht? Das gehört in die Kategorie »Toraverschärfung im Judentum«. Oder was Pau- | lus sagt? Aber ist das so eindeutig? Und ist nicht Vieles von dem, was man gemeinhin für »jüdisch« hält, nur christliches Klischee oder bestenfalls Mißverständnis? Z.B. daß man sich durch Erfüllung der Gebote das Heil erwerben könne oder müsse? Ich denke, daß gerade hier ein fruchtbares Feld für ein christlich-jüdisches oder dann auch jüdisch-christliches Gespräch läge. Dabei könnten wir sorgfältig die Gemeinsamkeiten und Unterschiede herausarbeiten, und gewiß würden die Unterschiede hier ihr Profil gewinnen. Aber gerade dabei würde sich zeigen, daß es überhaupt nicht um Wertungen und schon gar nicht um richtig oder falsch gehen kann, sondern um die verschiedenen Ausformungen der biblischen Tradition in unseren beiderseitigen Glaubensgemeinschaften.

Es gibt also viel an theologischen Vorarbeiten zu einem christlich-jüdischen oder dann auch jüdisch-christlichen Dialog zu tun. Ich denke, daß dies ein nicht unwesentliches Element unseres theologischen Studiums im engeren und im weiteren Sinne sein könnte, und ich kann Sie deshalb nur dazu ermuntern, sich dieser Aufgabe zu stellen.

2 Christliche Identität in Israels Gegenwart

„„Nach Auschwitz' muß die christliche Kirche ... radikal umdenken." Mit diesem Satz von Jürgen Moltmann aus dem Jahre 1975[1] möchte ich beginnen. Ich möchte diesen Satz etwas genauer betrachten und dabei die Frage stellen, ob und in welchem Sinne das hier geforderte Umdenken stattgefunden hat. Ich möchte dann einige Überlegungen zu der Frage anstellen, in welche Richtung dieses Umdenken weiter vorangebracht werden könnte und nach meiner Überzeugung vorangebracht werden müßte.

I

Ich beginne mit einigen Beobachtungen zu der Formulierung „nach Auschwitz". Es zeigt sich immer wieder, daß die Nennung von Auschwitz – oder dem Holocaust oder der Schoa – im theologischen Kontext dem Verdacht der theologischen Illegitimität ausgesetzt wird. Dabei stand die öffentliche Debatte über die christliche Mitschuld an der Judenfeindschaft und Judenvernichtung von ihrem Beginn an unter dem Namen Auschwitz. Die erste große Tagung und die daraus hervorgegangene Veröffentlichung zu diesem Thema fand übrigens keineswegs in Deutschland statt, sondern 1974 (tatsächlich erst 1974!) in New York und wurde von Eva Fleischner unter dem Titel „Auschwitz: Beginning of a New Era?" veröffentlicht.[2] Im deutschen Sprachraum war es dann die Erklärung der Rheinischen Synode vom Januar 1980, die eine Debatte über die theologische Legitimität der Nennung von Auschwitz auslöste.

Dabei lassen sich verschiedene Stoßrichtungen der Kritik erkennen. Den meisten ist gemeinsam, daß sie zwar die christliche Schuld oder Mitschuld an der Judenfeindschaft keineswegs bestreiten, daß dann aber sofort das große theologische „Aber" folgt. Das Hauptargument ist dabei immer wieder, daß hier einem geschichtlichen Ereignis theologische Qualität oder gar Offenbarungsqualität beigelegt würde. Es ist überraschend, daß dieses Argument aus ganz verschiedenen theologischen Lagern kommt. So wurde es in sehr dezidierter Form in einem Sonderheft von „Kerygma und Dogma" anläßlich des rheinischen Synodalbeschlusses von Reinhard Slenczka, Erich Gräßer, Martin Honecker und anderen er-

---

[1] J. Moltmann, Kirche in der Kraft des Geistes. Ein Beitrag zur messianischen Ekklesiologie, München 1975, 156.
[2] New York 1977.

hoben. Schon der Titel signalisierte die Ablehnung: „Theologie nach Holocaust?" (mit Fragezeichen), und Martin Honecker betrachtete den rheinischen Synodalbeschluß als „Symptom einer verbreiteten Wirrnis evangelischer Theologie", der er die These meinte entgegensetzen zu müssen, „daß wissenschaftliche Theologie einer Wahrheitsverpflichtung unterliegt, die sie nicht durch politische Effizienz ersetzen kann".[3] Aber nun taucht das gleiche Argument auch in der jüngsten Debatte in der „Evangelischen Theologie" auf, wo die Argumente des Mitherausgebers Jürgen Seim, der vom rheinischen Synodalbeschluß her argumentiert, von anderen, der Zeitschrift seit langem Verbundenen, als „reine Geschichtstheologie" bezeichnet werden. Der Verdacht einer „Geschichtstheologie" erscheint offenbar unter ganz verschiedenen theologischen Voraussetzungen als besonders bedenklich und verurteilenswert.

Allerdings zeigt sich bei näherem Hinsehen, daß dabei von den theologischen Gegnern Positionen angegriffen werden, die die Angegriffenen selbst gar nicht eingenommen haben. Soweit ich sehe, hat niemand, der etwa im Sinne des rheinischen Synodalbeschlusses argumentiert, jemals Auschwitz als ein Ereignis mit Offenbarungsqualität bezeichnet. Schon wenige Monate nach dem Beschluß der Rheinischen Synode hat Bertold Klappert diese Frage präzise beantwortet: „Der Holocaust ist nicht ein Wendepunkt in der Offenbarung Gottes, aber in der Tat der Wendepunkt im Verhältnis der Christen zu den Juden." Und er hat hinzugefügt: „Ohne die Reflexion auf diesen Wendepunkt und das Bedenken dieses grundlegenden Wendepunktes ist eine neue Verhältnisbestimmung zwischen Christen und Juden nicht möglich."[4]

Klappert nennt in diesem Zusammenhang verschiedene Aspekte der Bedeutung des Holocaust für die Christen.[5] Für die Frage des theologischen Weiterdenkens ist dabei die „hermeneutische" Bedeutung von besonderem Gewicht. Man könnte sie auch die „heuristische" Bedeutung nennen, weil die Schoa uns die Augen für Zusammenhänge geöffnet hat und noch öffnen kann, die bisher ohne sie nicht erkannt worden sind. Hier ist ein Einwand interessant, der von den Bonner Theologieprofessoren gemacht wurde, die sich s. Z. öffentlich gegen den rheinischen Synodalbeschluß ausgesprochen haben: „Das Bekenntnis zur Schuld oder Mitschuld an der mörderischen Judenverfolgung und das Entsetzen über das Geschehene sollten den Blick für klare theologische Erkenntnisse und Distinktionen nicht verwirren, wie es in der Handreichung (sc. dem Synodalbeschluß, R. R.) geschieht." Hier wird also unterstellt, daß die neuen theologischen

---

[3] „Theologie nach Holocaust?", Sonderheft „Kerygma und Dogma", 27/3, Juli/Sept. 1981, 216.
[4] B. *Klappert*, Die Wurzel trägt dich. Einführung in den Synodalbeschluß der Rheinischen Landessynode, in: Ders./H. Starck (Hg.), Umkehr und Erneuerung. Erläuterungen zum Synodalbeschluß der Rheinischen Landessynode 1980 „Zur Erneuerung des Verhältnisses von Christen und Juden, Neukirchen-Vluyn 1980, 23–54, Zitat 38.
[5] Die konfessorische, hermeneutische, historisch-politische und dialogische Bedeutung.

Einsichten, die in dem Synodalbeschluß zum Ausdruck kommen, Folge eines überzogenen Schuldgefühls seien, das die Gemüter verwirrt hat. Die eigenen „klaren theologischen Erkenntnisse und Distinktionen" der Autoren werden dann sogleich im folgenden Absatz deutlich: „Das Bekenntnis zur Schuld oder Mitschuld sollte auch nicht die nationalsozialistische Ideologie und deren Verbrechen als christliche oder von Christen als solchen begangen oder verschuldet mißinterpretieren. Die nationalsozialistische Ideologie war ebenso offen unchristlich und antichristlich wie antijüdisch."[6] Dieser letzte Passus erscheint mir insofern symptomatisch, als er zeigt, daß die Abwehr neuer Einsichten auf Grund der Schoa zugleich zur Rechtfertigung und Verteidigung eigener liebgewordener Überzeugungen dienen kann. Umgekehrt wird aus diesem Zitat deutlich, wie notwendig die heuristische Bedeutung der Schoa für uns alle ist.

II

Damit bin ich wieder bei dem eingangs zitierten Satz Jürgen Moltmanns. Er fordert ein „radikales Umdenken". Vergegenwärtigen wir uns noch einmal den Ausgangspunkt, bei dem dieses Umdenken einsetzen mußte, nämlich die Situation, wie sie vor oder unmittelbar nach dem Ende des Zweiten Weltkrieges und damit der Schoa bestand. Wir besitzen aus diesen Jahren zwei wichtige Verlautbarungen: das „Wort zur Judenfrage" des Bruderrats der EKD vom April 1948 und das „Wort zur Judenfrage" (auch als „Wort zur Schuld an Israel" zitiert) der Synode der EKD in Berlin-Weißensee vom April 1950. Beide Texte waren das Ergebnis intensiver, im ersten Fall auch langwieriger Debatten, die zeigen, wie schwierig es damals war, die Richtung zu erkennen und zu bestimmen, in die sich ein neues Denken der Kirche über ihr Verhältnis zum Judentum und zu den Juden bewegen mußte.[7]

Das erste dieser beiden Dokumente zeigt in einer bestürzenden Weise die theologische Hilflosigkeit, mit der die Mitglieder des damals noch als Übergangsgremium aus der Zeit der Bekennenden Kirche existierenden „Bruderrats" mit der Frage des christlichen Verhältnisses zum Judentum umgingen. Dieser Text ist für uns auch deshalb so beunruhigend, weil es für die meisten von uns unsere theologischen Lehrer waren, die sich dort versammelt hatten. Damit verbindet sich zugleich die Frage, wann und wie ein Umdenken begonnen hat und wohin es bisher geführt hat. Die Formulierungen dieses Wortes sind bekannt. Sie geben die damals herrschende Theologie von Verwerfung, Enterbung, Substitution usw. wieder:

Indem Israel den Messias kreuzigte, hat es seine Erwählung und Bestimmung verworfen ... Die Erwählung Israels ist durch und seit Christus auf die Kirche aus al-

---

[6] Zitiert nach epd Dokumentation Nr. 42/80, 29. September 1980, 16.
[7] Vgl. die ausführliche Darstellung der Entstehungs- und Begleitumstände beider Erklärungen bei S. *Hermle*, Evangelische Kirche und Judentum – Stationen nach 1945 (Arbeiten zur kirchlichen Zeitgeschichte 16), Göttingen 1990, 315–334 und 348–365.

len Völkern, aus Juden und Heiden, übergegangen ... Daß Gottes Gericht Israel in der Verwerfung bis heute nachfolgt, ist Zeichen seiner Langmut.

Zwei Jahre später klingt dann aber in dem Wort der Synode von Weißensee ein anderer Ton an. Dieses Wort war ad hoc entstanden und während der Synode ohne erkennbare Vorarbeiten formuliert worden, offenbar von Heinrich Vogel. Das ist deshalb interessant, weil es zeigt, daß es damals keine theologische Arbeit an dieser Frage gab, daß aber eine spontane Formulierung einen entscheidenden neuen Aspekt zur Sprache bringen konnte:

Wir glauben, daß Gottes Verheißung über dem von ihm erwählten Volk Israel auch nach der Kreuzigung Jesu Christi in Kraft geblieben ist.

Es ist nicht ganz leicht, diese Formulierung mit der von Darmstadt 1948 zu vergleichen, da in den beiden Texten eine unterschiedliche Terminologie verwendet wird.[8] Das Wort „Verheißung", das in Weißensee im Zentrum steht, kommt in Darmstadt nicht vor. Aber wie dem auch sei: Hier ist zum ersten Mal in einer positiven Formulierung von Israel „nach Christus" die Rede.

Von hier aus mußte nun weitergedacht werden. Dies geschah allerdings nur langsam und in kleinen Schritten. Ich nenne einige von ihnen. Im Rahmen des Deutschen Evangelischen Kirchentages hatte sich seit 1961 die Arbeitsgemeinschaft Juden und Christen konstituiert. Ihre erste Veröffentlichung trug den Titel „Der ungekündigte Bund".[9] Darin klingt die Formulierung von 1950 an, daß Gottes Verheißung über Israel in Kraft geblieben ist. Der Titel der nächsten Veröffentlichung dieses Gremiums einige Jahre später brachte dann einen neuen Aspekt zur Sprache: „Das gespaltene Gottesvolk".[10] Im Vorwort wird die in diesem Titel zum Ausdruck kommende Frage formuliert:

Wenn uns die Zusammengehörigkeit von Juden und Christen feststeht, wie ist dann der Glaubensriß zwischen ihnen zu verstehen, zwischen Juden und Christen, die sich gegenseitig als – uneinige und doch zusammengehörige – Teile der einen Gottesgemeinde auf Erden besser erkennen und neu finden könnten?

Dies ist eine neue Frage, deren weitreichende Konsequenzen damals allerdings noch nicht bewußt wurden. Die Frage signalisiert nämlich, daß durch eine neue Bestimmung der jüdischen Identität zugleich auch die christliche Identität berührt wird. In dem Augenblick, in dem die Christen aufhören, den Titel des Gottesvolkes ausschließlich für sich selbst zu beanspruchen, indem sie ihn sozusagen den Juden zurückgeben, stellt sich die Frage: Wer sind denn wir? Mit der Formulierung vom „gespaltenen Gottesvolk" wird die Zusammengehörigkeit von Juden und Christen betont und zugleich die Perspektive auf eine künftige Wiederherstellung

---

[8] Vgl. dazu R. Rendtorff, Hat denn Gott sein Volk verstoßen? Die evangelische Kirche und das Judentum seit 1945. Ein Kommentar, München 1989, 22.
[9] D. Goldschmidt/H.-J. Kraus (Hg.), Der ungekündigte Bund. Neue Begegnung von Juden und christlicher Gemeinde, Stuttgart 1961. 1963².
[10] H. Gollwitzer/E. Sterling (Hg.), Das gespaltene Gottesvolk, Stuttgart 1966.

der jetzt zerbrochenen Einheit, auf eine Heilung des Glaubensrisses eröffnet.
Der Gedanke des auseinandergebrochenen Gottesvolkes findet sich in den folgenden Jahren auch an anderen Stellen. Besonders wichtig erscheint mir ein m. E. viel zu wenig beachteter Text, das sogenannte Bristol Document des Ökumenischen Rates von 1967. Darin wird die Position vertreten, daß die Juden

> jetzt noch Israel, d. h. noch Gottes erwähltes Volk seien ... (und) daß nach Christus das eine Volk Gottes auseinandergebrochen ist; der eine Teil sei die Kirche, die Christus annimmt, der andere Teil Israel außerhalb der Kirche, das ihn verwirft, das aber selbst in dieser Verwerfung in einem besonderen Sinne von Gott geliebt bleibt.[11]

Diese Position ist hier als Gegenposition zu der herrschenden Substitutionstheorie formuliert und bedeutete damals innerhalb der ökumenischen Diskussion einen großen Schritt vorwärts. Zugleich zeigt sich aber, daß es schwierig ist, diese Position im Sinne einer Parität zwischen Israel und der Kirche zu beschreiben. Vielmehr wird hier, bei aller positiven Wertung Israels, die Verwerfung des Christus als der eigentliche Grund für den Bruch betrachtet. Israel ist dennoch von Gott geliebt; aber die Schuld am Auseinanderbrechen des Gottesvolkes liegt bei Israel.

Ich nenne noch zwei weitere Texte, in denen sich dieses Problem in unterschiedlicher Akzentuierung zeigt. Eine geradezu angsterfüllte Formulierung findet sich in einem Jubiläumsband zur 100-Jahrfeier des Evangelisch-Lutherischen Zentralvereins für Mission unter Israel aus dem Jahr 1971:

> Das Judentum versteht sich als der legitime Nachfolger des alttestamentlichen Gottesvolkes. Allein diese Tatsache stellt die Kirche in Frage. Sie muß sich fragen, wie es denn mit ihrer eigenen Legitimität als Gottesvolk steht. Es kann ja nicht zwei Gottesvölker geben! Die Kirche kann ihr eigenes Wesen nur in der Auseinandersetzung mit dem Judentum begreifen lernen.[12]

Hier wird das Verhältnis der Kirche zu Israel geradezu als ein Kampf um die eigene Legitimität gesehen. In der EKD-Studie „Christen und Juden" von 1975 wird diese Frage weniger polemisch formuliert, aber auch als ein Problem, für das die Studie selbst keine Lösung anbieten kann:

> Der Konflikt über die Zugehörigkeit zum Volk Gottes hat das Verhältnis von Juden und Christen durch die Jahrhunderte hindurch aufs schwerste belastet. Bis heute verbindet sich damit die Frage, ob der Anspruch der einen, Volk Gottes zu sein, den gleichen Anspruch der anderen ausschließen müsse.

Auch hier wird das Problem als Alternative formuliert, und zwar als Alternative zwischen zwei konkurrierenden Ansprüchen auf den Titel des

---

[11] *Kommission Glaube und Kirchenverfassung des Ökumenischen Rates der Kirchen*, Bericht „Die Kirche und das jüdische Volk" vom Juli/August 1967, in: R. Rendtorff/H. H. Henrix, Die Kirchen und das Judentum. Dokumente von 1945–1985, Paderborn 1988, 350–363, Zitat 357.

[12] Zeugnis für Zion. Festschrift zur 100-Jahrfeier des Evang.-Luth. Zentralvereins für Mission unter Israel e. V., hg. von R. *Dobbert*, Erlangen 1971, 120.

Gottesvolkes. Die sich hier niederschlagende Diskussion ist nun auch als Hintergrund der Formulierungen im Beschluß der Rheinischen Synode vom Januar 1980 zu sehen:

Wir glauben die bleibende Erwählung des jüdischen Volkes als Gottes Volk und erkennen, daß die Kirche durch Jesus Christus in den Bund Gottes mit seinem Volk hineingenommen ist.

Hier zeigen sich gegenüber den zuvor zitierten Texten zwei grundlegende Unterschiede. Zum einen wird die bleibende Erwählung des jüdischen Volkes nicht nur als Aussage und Anspruch des jüdischen Selbstverständnisses, sondern als Bekenntnis des christlichen Glaubens formuliert. Darum kann es nun gar nicht mehr darum gehen, dies zu bezweifeln oder gar abzulehnen. Zum andern hat die Synode eine deutliche Unterscheidung eingeführt zwischen „Gottes Volk" einerseits und dem „Bund Gottes mit seinem Volk" andererseits. Nach diesen Formulierungen ist also die Kirche nicht in das Volk Gottes hineingenommen, wohl aber in den Bund Gottes mit seinem Volk.

Damit existiert nach diesen Formulierungen der zuvor erörterte Konflikt um den Anspruch auf Zugehörigkeit zum Volk Gottes nicht mehr. Dafür hat sich ein neues Problem aufgetan: die Unterscheidung von „Volk Gottes" und „Bund".

III

Bevor ich dieses Problem weiter erörtere, möchte ich aber zunächst noch von einer anderen Seite an das Thema herangehen. Die Schwierigkeiten, in die wir immer wieder bei der Erörterung dieser Probleme hineingeraten, haben m. E. einen wesentlichen Grund in dem Ausgangspunkt, von dem aus wir an die Fragen herangehen. Wir versuchen meistens, Israel aus der Sicht der christlichen Theologie zu definieren. Etwas zugespitzt gesagt: Wir versuchen, Israel einen Platz im christlichen Denkgebäude zuzuweisen oder jedenfalls den geeigneten Platz für Israel in diesem Denkgebäude zu finden. Solange wir das tun, kann man aber gewiß nicht von einem „radikalen Umdenken" sprechen. Die Radikalität müßte vielmehr in einer Umkehrung der Perspektive liegen: *angesichts des Weiterbestehens des biblischen Israel die Kirche zu definieren.* Denn in dem Augenblick, in dem wir die Fortexistenz des biblischen Israel, des erwählten Gottesvolkes, im nachbiblischen jüdischen Volk anerkennen, muß dies die Ausgangsgröße für alle weiteren Definitionen bilden.

Dies ist zunächst einfach eine historische Frage. Wenn man sagt: Die ersten Christen waren Juden – und diesen Satz darf man ja heute wohl ungestraft aussprechen, dann stellt sich sofort die nächste Frage: Bis wann galt dieser Satz, und was änderte sich und warum? Wir müssen also in unseren Überlegungen zurückgehen an den Punkt, an dem es zwar ein Judentum gab, aber noch kein Christentum. Aber es gab schon Christen, d. h. es gab Juden, die sich in ihrem Glauben an den auferstandenen Jesus als den Christus von den anderen Juden unterschieden. Sie bildeten eine

Gruppe innerhalb des Judentums. Niemand hätte damals diesen Sachverhalt bestritten, weder die christusgläubigen Juden noch die anderen. Darum gab es auch kein Bedürfnis nach Abgrenzungen oder Definitionen.

Es wäre für uns sehr wichtig, wenn wir dieser Tatsache das nötige Gewicht zukommen ließen. Das müßte u. a. dazu führen, daß das Wort „jüdisch" nicht nur nicht mehr automatisch im Sinne von „nicht-christlich" oder gar „anti-christlich" verstanden würde, wie es unserer Tradition entspricht, sondern daß wir „das Jüdische am Christentum" wiederentdecken, um einen Buchtitel von Norbert Lohfink zu zitieren,[13] und daß dies in unserem Sprachgebrauch seinen Niederschlag fände. Christentum ist zwar gewiß nicht eine besondere Form von Judentum (dazu gleich!), aber die jüdische Tradition ist ein integrierender Bestandteil, ohne den das Christentum nicht zu verstehen und nicht zu definieren ist.

Aber die nächste Frage ist nun: Ab wann gab es ein vom Judentum unterscheidbares Christentum, und warum? Bei der Suche nach einer Antwort müssen wir uns dessen bewußt sein, daß die Schriften des Neuen Testaments überwiegend zu einem Zeitpunkt niedergeschrieben wurden, als die Ablösung der christlichen Gemeinschaft vom Judentum faktisch vollzogen war. Sie setzen diese Unterscheidung also schon voraus. In Apg 11,26 findet sich die Bemerkung, daß man in Antiochia zuerst die Bezeichnung Χριστιανοί „Christen" für die Jünger (μαθηταί) verwendet habe. Das ist offenbar ein Rückblick auf den Beginn einer Praxis, die zur Zeit der Abfassung dieses Textes allgemein geläufig war.

Nun ist es gewiß kein Zufall, daß sich dieser Sprachgebrauch außerhalb des Landes Israel (bzw. Judäa) herausgebildet hat, d. h. in einem Bereich, in dem gewiß die Mehrheit der als „Christen" Bezeichneten keine Juden waren. Auch die Auseinandersetzung des Paulus in Röm 9–11 läßt ja deutlich erkennen, daß das Problem des Verhältnisses der Christen zu den Juden in einer überwiegend nichtjüdischen Gemeinde, eben in Rom, diskutiert wurde. Damit taucht ein sehr wesentlicher Aspekt des Selbstverständnisses dieser neuen Gemeinschaft auf. Einerseits stand sie durch die Predigt der Apostel ganz in der jüdischen Tradition, und d. h. vor allem auch in der biblischen Tradition. Die jüdische Bibel war auch ihre Heilige Schrift. Andererseits gehörten ihre Glieder nicht zum jüdischen Volk, und gerade Paulus hatte sie gelehrt, daß das grundlegende Kriterium der Zugehörigkeit zum jüdischen Volk, die Beschneidung und damit die Verpflichtung zum Halten der ganzen Tora, für sie nicht galt. Sie gehörten zu den ἔθνη, den Völkern.

Paulus zitiert in diesem Zusammenhang eine Stelle aus dem Alten Testament, der für diese Frage eine Schlüsselrolle zukommt: Gen 12,3 (und Parallelen). Gott spricht zu Abraham: „In dir sollen alle Völker gesegnet werden" (Gal 3,8; vgl. 3,14).[14] Dieses Zitat steht in einem sehr wichtigen

---

[13] N. Lohfink, Das Jüdische am Christentum. Die verlorene Dimension, Freiburg 1987.

[14] Der Wortlaut des Zitats in Gal 3,8 entspricht genauer der Parallelstelle zu Gen 12,3 in Gen 18,18.

Zusammenhang: „Weil die Schrift vorgesehen hat, daß Gott die Heiden (ἔθνη) durch den Glauben gerecht macht, hat sie dem Abraham im voraus verkündigt: ‚In dir sollen alle Heiden (ἔθνη) gesegnet werden.'" Jetzt erfüllt sich also, was Gott schon im Sinn hatte, als er zum ersten Mal zu Abraham sprach. Diese Stelle ist auch aus der Sicht des Alten Testaments von großer Bedeutung. Sie steht in der ersten Anrede Gottes an Abraham, durch die Gott seine Geschichte mit Israel eröffnet. In dieser ersten Gottesrede an Israel sind die Völker schon mit im Blick. Hier wird also in der Genesis wie auch bei Paulus eine deutliche Unterscheidung zwischen Israel und den Völkern gemacht. Beide sind von Anfang an in Gottes Plänen im Blick, aber sie sind dabei deutlich unterschieden und ihre Rollen sind verschieden. Paulus sieht jetzt das in Erfüllung gehen, was in der Schrift von Anfang an als fernes Ziel ins Auge gefaßt war: daß das Heil zu den Völkern kommt. Auch an anderen Stellen ist dies vorausgesehen, so wenn es vom Gottesknecht heißt, daß er ein „Licht für die Völker" sein soll (Jes 42,6), oder bei dem letzten Propheten, bei Maleachi: „Vom Aufgang der Sonne bis zu ihrem Niedergang ist mein Name groß bei den Völkern" (Mal 1,11).

Dies ist also das Entscheidende: daß das Heil jetzt zu den Völkern kommt. Es kommt *durch* Israel – in mehrfacher Hinsicht. Gott hat seine Geschichte mit Israel begonnen und führt sie nun weiter zu den Völkern. Aber Israel ist daran auch aktiv beteiligt: durch sein Vorbild in der Verehrung des *einen* Gottes, die viele Völker angezogen hat; in dem *einen* Menschen Jesus von Nazaret, der von den Seinen als der von Gott gesandte Messias erfahren wurde; und in der Verkündigung der jüdischen Apostel, die die Botschaft von dem *einen* Gott zu den Völkern gebracht haben. Dabei taucht aber nirgends der Gedanke auf, daß dadurch das Volk selbst, das Gottesvolk, verändert werden könnte oder daß die Völker in das Gottesvolk mit eintreten könnten.

IV

Das führt uns wieder zu den Formulierungen der Rheinischen Synode zurück. Was wir bei unserem Umdenken gelernt haben, ist zweierlei: Daß wir als Kirche aus den Heiden zu den *Völkern* gehören, zu denen jetzt das zuerst Israel verkündigte Heil gekommen ist. Und daß jede Definition der christlichen Identität die *Integrität des jüdischen Volkes als Volk Gottes* wahren muß. Ich möchte hier noch einige Bemerkungen zu einem verbreiteten theologischen Sprachgebrauch machen, der diese Voraussetzung verletzt. Es wird häufig vom „neuen Israel" gesprochen, das dem „alten Israel" gegenübergestellt wird und es angeblich abgelöst habe. Dabei wird oft der Anschein erweckt, als handle es sich hierbei um biblische Terminologie. Unter Theologen wird dieser Anschein noch dadurch verstärkt, daß man die Formeln vom Ἰσραὴλ κατὰ πνεῦμα und Ἰσραὴλ κατὰ σάρκα verwendet, so als handle es sich dabei um ein antithetisches neutestamentliches Begriffspaar. Aber weder der Begriff „neues Israel" noch der Ausdruck Ἰσραὴλ κατὰ πνεῦμα kommen im Neuen Testament vor,

und der Begriff Ἰσραὴλ κατὰ σάρκα hat an der einzigen Stelle, an der er begegnet (1Kor 10,18), zweifellos nicht die ihm in diesem Kontext zugeschriebene Bedeutung.[15]
Wir sind nicht das neue Israel. Wir sind überhaupt nicht Israel. Und wir stehen auch nicht in Konkurrenz zu Israel. In der Geschichte Gottes mit uns Menschen kommen wir *nach* Israel. Israel ist schon vor uns da, und Israel bleibt, was es ist, auch nachdem die Kirche aus den Völkern in die Geschichte eingetreten ist. Aber die Geschichte Gottes mit den Menschen war ja zu keinem Zeitpunkt ausschließlich seine Geschichte mit Israel. Abraham wurde aus der Völkerwelt herausgerufen, und dabei blieben die Völker der Welt im Blick. Der Gottesknecht Israel wurde ausgesandt, um ein Licht für die Völker zu sein; und dieses Wort wurde vom greisen Simeon bei der Darstellung des Jesuskindes im Tempel wiederholt: „... ein Licht, die Heiden zu erleuchten – und zum Preis deines Volkes Israel" (Lk 2,32).
Wir müssen also unsere Identität definieren, ohne dabei die Identität Israels anzutasten. Aber – und das ist die andere Hälfte unseres Problems – wir können unsere Identität nicht abgesehen von Israel definieren. Die Rheinische Synode hat einen Versuch zur Lösung dieses Problems gemacht mit ihrer Formulierung, „daß die Kirche durch Jesus Christus in den Bund Gottes mit seinem Volk hineingenommen ist". Hier ist zum ersten Mal dieses Problem deutlich erkannt und ein Vorschlag zu seiner Lösung vorgelegt worden.[16] Dabei ist der Begriff „Bund" offenbar gewählt worden, um einerseits die Verwendung der Bezeichnung „Volk Gottes" für die Kirche zu vermeiden, andererseits aber die enge Verbindung zwischen dem jüdischen Volk und der Kirche zu betonen. In der Tat muß jede Formulierung der christlichen Identität dieses beides leisten. Ob sich der Begriff „Bund" dabei als der geeignete Terminus erweist, ist m. E. noch offen. Die Diskussion über diese Frage hat sich seither nur wenig weiterbewegt. Eine Verschiebung und Erweiterung zeichnet sich in den Leitsätzen des Reformierten Bundes von 1990 ab. Sie stehen deutlich in der Tradition des rheinischen Synodalbeschlusses, führen aber neu den Begriff „Gottesbund" ein:

---

[15] Als eine Art Ersatz für die fehlende Formel wird gern auf Gal 6,16 verwiesen, wo am Schluß des Briefes die Wendung „das Israel Gottes" begegnet; allerdings ist aus dem Zusammenhang nicht erkennbar, wer damit gemeint ist.
[16] Dies wird im Vergleich mit anderen Texten besonders deutlich. So heißt es in der, in vieler Hinsicht ausgezeichneten, Erklärung der Presbyterianischen Kirche der USA von 1987: „We affirm, that the church, elected in Jesus Christ, has been engrafted into the people of God established by the covenant with Abraham, Isaac and Jacob. Therefore, Christians have not replaced Jews." (Zitiert nach *A. Brockway* u. a., The Theology of the Churches and the Jewish People, Genf 1988, 110.) Hier sind „Volk Gottes" und „Bund" also im wesentlichen identisch.

In Christus Jesus sind wir, Menschen aus der Völkerwelt – unserer Herkunft nach fern vom Gott Israels und seinem Volk – gewürdigt und berufen zur Teilhabe an der Israel zuerst zugesprochenen Erwählung und zur Gemeinschaft im Gottesbund ...
Wir suchen ... den wurzelhaften und bleibenden Zusammenhang wahrzunehmen, in dem Israel und die Kirche in dem einen ungekündigten Gottesbund miteinander verbunden sind.[17]

Für den Begriff „Gottesbund" gibt es bisher in unserer theologischen Sprache keine Tradition, so daß wir darüber miteinander reden müßten (vgl. Bertold Klappert!). Interessant ist an der Erklärung des Reformierten Moderamens aber auch, daß der Begriff „Erwählung" mit einbezogen wird. Von der biblischen Tradition her gibt es m. E. gute Gründe, nicht zu einseitig auf bestimmten Begriffen zu bestehen, zumal wenn sie so schwer genau faßbar sind wie der Begriff „Bund" in seinen hebräischen und griechischen Ausprägungen als $b^e r\hat{\imath}t$ und διαθήκη. In der Hebräischen Bibel stehen zudem gerade die Begriffe „Bund" und „Erwählung" in enger Wechselbeziehung zueinander. Der Begriff „Bund" hat außerdem eine eigene, sehr ausgeprägte Tradition in der Geschichte der christlichen Theologie. Es erscheint mir deshalb sehr wichtig, daß sich auch Theologiehistoriker und Systematiker an dieser Debatte beteiligen.

Worum es uns allen gemeinsam gehen müßte, wäre eine neue Definition unserer christlichen Identität unter voller Wahrung der Integrität des jüdischen Volkes als Gottes Volk und unter gleichzeitiger Betonung der engen Verbindung der Kirche mit dem jüdischen Volk. Ich möchte dazu am Schluß noch einen wichtigen Aspekt hinzufügen. Es geht bei dem allen um eine neue Definition und Beschreibung unserer Identität. Ich denke aber nicht, daß unsere Identität als Christen und als Kirche als solche fraglich geworden ist. Was fraglich geworden ist, ist die Hybris, mit der die Christen und die Kirche sich seit fast zwei Jahrtausenden über das jüdische Volk hinweggesetzt haben und gemeint haben, sich selbst an dessen Stelle setzen zu können. Dieser Haltung müssen wir einen entschlossenen und radikalen Abschied geben. Wir verlieren dadurch nicht etwa unsere Identität, sondern wir wollen sie neu definieren, um den neuen theologischen Anforderungen zu entsprechen, die sich uns „nach Auschwitz" gestellt haben.

---

[17] Leitsatz II. Die Leitsätze sind abgedruckt in: Kirche und Israel, 1990, 88–91 (Lit.). – Hier zeigt sich im übrigen ein interessanter Lernprozeß. In einer früheren Version der Leitsätze von 1984 hieß es, „in dem Israel und die Kirche in dem einen *gespaltenen Gottesvolk* miteinander verbunden sind" (vgl. Rendtorff/Henrix [s. Anm. 11], 617).

3 Die Bibel Israels als Buch der Christen

I

Das wichtigste theologische Ereignis der zweiten Hälfte dieses Jahrhunderts ist die Entdeckung des Judentums für die christliche Theologie. Sie hat sich an verschiedenen Stellen und in unterschiedlicher Weise vollzogen. Manche finden sie schon bei *Karl Barth*, und dafür gibt es zweifellos gewichtige Gründe; aber sie trat von dorther nicht unmittelbar ins allgemeine Bewußtsein, sondern wurde erst im Rückblick erschlossen.[1] Ein weiterer wesentlicher Aspekt war die Entstehung einer neuen Theologie des Alten Testaments. Schon *Walther Eichrodts* Entwurf[2] war theologisch von nicht zu unterschätzender Bedeutung, weil hier nach langer Zeit wieder der Versuch einer theologischen Gesamtdarstellung der "alttestamentlichen Glaubenswelt" unternommen wurde. Allerdings zeigt sich dabei auch, wie weit *Eichrodt* noch von einem angemessenen Verständnis des Judentums entfernt war. Schon im einleitenden Paragraphen spricht er vom "Charakter des Unfertigen", von dem das Alte Testament geprägt sei, während "erst in der Erscheinung Christi...die edelsten Kräfte des Alten Testaments zur Vollendung gelangen...Der negative Beweis dafür ist der Anblick des Torso, den das vom Christentum geschiedene Judentum darbietet" (S.1). Im weiteren Verlauf seiner Darstellung finden sich dann immer wieder Urteile über das Judentum wie diese: "Die lebensvolle Gemeinschaft zwischen Gott und Mensch...schrumpfte zusammen auf die korrekte Erfüllung der gesetzlichen Vorschrift"[3], so daß "die Kraft zu(r)...Bejahung des Gesetzes als der Offenbarung des persönlichen Gotteswillens verloren ging."[4]

---

[1] F.-W.*Marquardt*, Die Entdeckung des Judentums für die christliche Theologie. Israel im Denken Karl Barths, München 1967.
[2] W.*Eichrodt*, Theologie des Alten Testaments, 3 Bde., Leipzig 1933-1939 (Bd. 1 ⁵1957, Bd.2/3 ⁴1961).
[3] *Eichrodt*, Bd.1, 80 (5.Aufl. 103).
[4] Ebd., 1,108 (139). Vgl. dazu J.*Levenson*, Warum Juden sich nicht für biblische Theologie interessieren, EvTh 51, 1991, 402-430, besd. 410.

Gerhard von Rads Theologie⁵ eröffnet eine neue Epoche.⁶ Ihre große Bedeutung liegt vor allem darin, daß sie grundlegende neue Entwicklungen im Bereich der Geschichte Israels und der alttestamentlichen Einleitungswissenschaft aufnimmt und sie in einer neuen theologischen Gesamtschau fruchtbar werden läßt. Dabei zeigt sich zugleich ein ganz anderes Verhältnis zu den Überlieferungen des Alten Testaments. Es wäre für *von Rad* undenkbar gewesen, alttestamentliche Aussagen aus einer christlichen Perspektive heraus abzuwerten oder gar Israel insgesamt als "gescheitert" anzusehen. Im Gegenteil: In einer Auseinandersetzung mit *Gerhard Ebeling* über das alttestamentliche Verständnis des Gesetzes hat er sich ausdrücklich von einer Israel abwertenden Tradition distanziert.⁷ In dem abschließenden Kapitel des zweiten Bandes mit dem Titel "Das Gesetz" heißt es: "Die bekannte, im früheren Luthertum fast zu kanonischer Gültigkeit erhobene Vorstellung von einem Israel, das durch das Gesetz Gottes in einen immer härteren Gesetzeseifer getrieben und das gerade durch diesen Gesetzesdienst und durch die von ihm erweckte Sehnsucht nach dem wahren Heil auf Christus vorbereitet werden sollte, ist aus dem Alten Testament nicht zu begründen."⁸ In einer ausführlichen Anmerkung hierzu distanziert sich von Rad von den Auffassungen *Hirschs* und *Bultmanns*. Hier ist ein wesentlicher Schritt in Richtung auf ein neues Verständnis des Judentums zu erkennen.

Einen "Durchbruch", wenn man es so nennen will, gab es in dieser Frage aber erst, als sich das Bewußtsein von der theologischen Bedeutung der Existenz eines lebendigen Judentums in unserer Gegenwart zu entwickeln begann. Dies geschah im wesentlichen auf zwei Ebenen, die miteinander in vielfältigen Beziehungen stehen. Die eine Ebene war der wachsende Kontakt mit Juden, den es ja für Deutsche nach dem Zweiten Weltkrieg zunächst kaum gegeben hatte. Aus meiner eigenen Erfahrung waren dabei vor allem die Begegnungen mit jüdischen Kollegen auf internationalen Alttestamentlerkongressen von großer Bedeutung. Dabei kam zugleich die andere Ebene mit ins Spiel, wenn man dort z.B. dem früheren Häftling des Lagers Theresienstadt und späteren Professor für Bibel an der Hebräischen Universität Jerusalem, Isac Leo Seeligmann, begegnete. Gegenwärtiges, lebendiges Judentum war zugleich Judentum

---

⁵ *G.v.Rad*, Theologie des Alten Testaments, 2 Bde., München 1957 und 1960.
⁶ Vgl. dazu *R.Rendtorff*, Theologie des Alten Testaments. Überlegungen zu einem Neuansatz, in: Kanon und Theologie (s. Literatur), 8.
⁷ Vgl. schon die kritischen Bemerkungen zu Ebeling in der vierten Auflage des ersten Bandes der Theologie, S.214. Zum Ganzen *R.Rendtorff*, Das Bild des nachexilischen Israel in der deutschen alttestamentlichen Wissenschaft von Wellhausen bis von Rad (s.Literatur), 72-80, besd. 78ff.
⁸ Bd.2, 420 (4.Aufl. 1965, 432).

nach dem Holocaust. So brachte das Wahrnehmen des gegenwärtigen Judentums unausweichlich die Konfrontation mit der Frage des christlichen Anteils am Antisemitismus mit sich.

Das Problem einer angemessenen christlichen Auslegung des Alten Testaments ist eng mit der Frage des Verhältnisses zum Judentum verknüpft. Wenn das Judentum "gescheitert" oder gar, nach früher weithin herrschender christlicher Meinung, von Gott "verworfen" ist, braucht die christliche Auslegung des Alten Testaments auf das Verständnis, welches das Judentum von seiner Bibel hat, keine Rücksicht zu nehmen. Sie kann sich darauf beschränken, das Alte Testament als ersten Teil der christlichen Bibel zu betrachten, wobei sie es als in ihrer eigenen Kompetenz liegend erachtet zu entscheiden, was als theologisch wertvoll und bleibend zu gelten hat. Wenn Christen aber zu entdecken beginnen, welche gefährlichen Konsequenzen eine solche Betrachtung haben kann, werden sie mit Notwendigkeit zu einer Revision dieses Ansatzes geführt.[9]

Entscheidend ist dabei, daß wir die (scheinbar selbstverständliche) Voraussetzung zurückgewinnen, daß unser Altes Testament zuerst die Bibel Israels war und daß es bis heute die Bibel des jüdischen Volkes geblieben ist. Dies ist aber nicht nur eine historische Feststellung. Vielmehr folgt daraus mit Notwendigkeit die theologische Einsicht, daß wir als Christen keinen Ausschließlichkeitsanspruch auf Auslegung des Alten Testaments haben, sondern daß die jüdische Auslegung ihr uneingeschränktes Recht behält. Das schließt zugleich die theologische Anerkennung der jüdischen Religion in ihrem eigenen Selbstverständnis mit ein. So wenig wie wir einen Ausschließlichkeitsanspruch auf Auslegung de Alten Testaments haben, so wenig sind wir auch legitimiert, von außen her Werturteile über die Religion Israels und des Judentums abzugeben und sie als defizitär oder gescheitert zu bezeichnen. Das Alte Testament ist und bleibt ein unaufgebbarer Bestandteil un-

---

[9] Diesen Zusammenhang hat die Synode der Evangelischen Kirche im Rheinland in ihrem Beschluß "Zur Erneuerung des Verhältnisses von Christen und Juden" vom Januar 1980 treffend formuliert: "Durch Jahrhunderte wurde das Wort 'neu' in der Bibelauslegung gegen das jüdische Volk gerichtet: Der neue Bund wurde als Gegensatz zum alten Bund, das neue Gottesvolk als Ersetzung des alten Gottesvolkes verstanden. Diese Nichtachtung der bleibenden Erwählung Israels und seine Verurteilung zur Nichtexistenz haben immer wieder christliche Theologie, kirchliche Predigt und kirchliches Handeln bis heute gekennzeichnet. Dadurch haben wir uns auch an der physischen Auslöschung des jüdischen Volkes schuldig gemacht." (Ziffer 7). Zitiert nach: *R.Rendtorff/H.H.Henrix* (Hrsg.), Die Kirchen und das Judentum. Dokumente von 1945 bis 1985, Paderborn und München, 1988, S.593-596.

serer christlichen Bibel. Es ist und bleibt aber auch, und sogar zuerst, die jüdische Bibel.[10]

II

Diese Spannung bildet das Grundmoment jeder christlichen Theologie des Alten Testaments und jeder Biblischen Theologie, die beide Teile unserer Bibel zu umfassen unternimmt. Die Frage ist, wie wir mit dieser Spannung umgehen. Im Rahmen dieses Bandes ist es nicht meine Aufgabe, mich mit denjenigen Positionen auseinanderzusetzen, bei denen diese Spannung einseitig zugunsten eines ausschließlich christlichen theologischen Ansatzes beseitigt oder überspielt wird. Interessant und wichtig ist demgegenüber die Tatsache, daß es eine ganze Reihe von Theologien des Alten Testaments gibt, die von ausgewiesenen christlichen Theologen geschrieben worden sind, in denen aber die christliche Auslegung des Alten Testaments nicht ausdrücklich als Problem formuliert wird. Dies gilt z.B. von *Walther Zimmerli*[11], dessen sehr ausgeprägtes theologisches Interesse und dessen kontinuierliches, engagiertes Gespräch mit dem Judentum es ihm gleichwohl möglich und sogar notwendig erscheinen ließen, eine Theologie des Alten Testaments zu schreiben, in der den alttestamentlichen Aussagen "ihr geschichtlicher Ort belassen wird".[12] Dies gilt, trotz der oben zitierten Bemerkungen im einleitenden Paragraphen, auch von *Walther Eichrodt*.[13] Ich nenne einige weitere Beispiele, ohne Anspruch auf Vollständigkeit: *Ludwig Köhler*[14], *Edmond Jacob*[15], *H.H.Rowley*[16], *Ronald Clements*[17], *Brevard Childs*[18],

---

[10] Was ich hier kurz skizziert habe, beschreibt meine eigenen Erfahrungen und die anderer Angehöriger meiner Generation. Ich will damit keineswegs sagen, daß der Weg zu einem angemessenen Verständnis des Alten Testaments als der Bibel Israels notwendigerweise diese Erkenntnisschritte durchlaufen muß. Für eine neue Generation ergeben sich, wie ich hoffe, manche Einsichten von selbst, die wir uns mühsam erarbeiten mußten.

[11] W.*Zimmerli*, Grundriß der alttestamentlichen Theologie, Stuttgart 1972.

[12] So in einer Auseinanderstzung mit Gunneweg in *W.Zimmerli*, Von der Gültigkeit der "Schrift" Alten Testamentes in der christlichen Predigt, in: Textgemäß, FS E.Würthwein, Göttingen 1979, 184-202, Zitat 201. Vgl. dazu die Dissertation von *J.Motte*, Gesamtbiblische Theologie nach Walther Zimmerli (Diss. Wuppertal 1992). Motte macht auch auf den interessanten Sachverhalt aufmerksam, daß Zimmerlis Theologie in dem Buch von *M.Oeming*, Gesamtbiblische Theologien der Gegenwart (Stuttgart 1985), nicht behandelt wird (a.a.O., 313).

[13] S.o. Anm. 2.

[14] *L.Köhler*, Theologie des Alten Testaments, Tübingen 1935 (^{4}1966).

[15] *E.Jacob*, Théologie de l'Ancien Testament, Neuchâtel 1955.

[16] *H.H.Rowley*, The Faith of Israel, 1956.

[17] *R.E.Clements*, Old Testament Theology. A Frech Approach, London 1978.

Horst Dietrich Preuß[19]. Schließlich findet man in einigen Fällen einleitende Überlegungen über das Verhältnis des Alten Testaments zum Neuen Testament und zum christlichen Glauben, denen dann aber eine ganz im Rahmen des Alten Testaments bleibende Darstellung folgt, so z.B. bei *Th.C.Vriezen*[20] und *Otto Procksch*[21].

Hier zeigt sich, daß die Mehrzahl der christlichen Theologen, die eine ausgearbeitete Theologie des Alten Testaments vorgelegt haben, ihre Aufgabe in einer Darstellung der alttestamentlichen theologischen Überlieferungen in ihrem geschichtlichen und literarischen Kontext gesehen haben. Man kann gewiß voraussetzen, daß ihnen die oben skizzierte Spannung bewußt war. Es ist aber bedeutsam, daß diese Autoren eine breite Tradition innerhalb der alttestamentlichen theologischen Wissenschaft repräsentieren, für die das Alte Testament selbst in seiner vorliegenden, "kanonischen" Gestalt ohne zusätzliche oder korrigierende christliche Interpretationen ein angemessener und wichtiger Gegenstand theologischer Bemühungen ist. Viele Autoren bringen jedoch auch in mehr oder weniger kurzen Hinweisen am Beginn oder am Schluß ihres Buches zum Ausdruck, daß die Aufgabe der christlichen Theologie damit noch nicht abgeschlossen sei, sondern daß das Verhältnis des Alten Testaments zum Neuen einer selbständigen Behandlung bedürfe. Dabei wird häufig auf eine noch zu leistende Biblische Theologie verwiesen, der diese Aufgabe zufiele.

Zwei Dinge gehören also für die christlichen Verfasser einer Theologie des Alten Testaments zu den Voraussetzungen ihrer Arbeit. Zum einen die zweifelsfreie Zugehörigkeit des Alten Testaments zur christlichen Bibel und zur christlichen Religion. Zum andern die Tatsache, daß das Alte Testament ein theologisches Buch ist, jedenfalls in dem Sinne, daß die in ihm enthaltenen Aussagen einer sinnvollen theologischen Interpretation zugänglich sind. Beides erscheint nicht immer als selbstverständlich. So ist mir vorgehalten worden, daß ich "wie viele im jüdisch-christlichen Dialog Engagierte" die Frage "weithin unbeantwortet" ließe, "was den Gebrauch der Hebräischen Bibel in der Kirche und damit

---

[18] *B.S.Childs*, Old Testament Theology in a Canonical Context, Philadelphia 1986. Childs begründet die gesonderte Abfassung einer Theologie des Alten Testaments: "It is theologically important to understand the Old Testament's witness in its own right in regard to its coherence, variety and unresolved tensions." Inzwischen hat er aber die erste voll ausgearbeitete Biblische Theologie veröffentlicht: Biblical Theology of the Old and New Testaments. Theological Reflection on the Christian Bible, Minneapolis 1993.

[19] *H.D.Preuß*, Theologie des Alten Testaments, 2 Bde., Stuttgart 1991 und 1992.

[20] *Th.C.Vriezen*, Theologie des Alten Testaments in Grundzügen (niederländisch 1949), Neukirchen 1956.

[21] *O.Procksch*, Theologie des Alten Testaments, Gütersloh 1950.

ihre Stellung im christlichen Schriftkanon begründet."[22] Ich habe Schwierigkeiten, diese Frage zu verstehen. Seit die Kirche Marcions Forderung nach dem Verzicht auf das Alte Testament abgewiesen hat, bedarf ihre Zugehörigkeit zur christlichen Bibel m.E. keiner "Begründung". Auch die zweite Voraussetzung, daß das Alte Testament sinnvollerweise als ein "theologisches" Buch verstanden werden könne, wird heute wieder in Zweifel gezogen.[23] Ich sehe aber angesichts der breiten und z.Zt. wieder sehr lebendigen Tradition der Disziplin "Theologie des Alten Testaments" keinen Anlaß zu einer besonderen Verteidigung meiner Position.

III

Als "im jüdisch-christlichen Dialog Engagierter" richtet sich mein Interesse vielmehr auf die Frage, wie das Alte Testament betrachtet wird, wenn man den nächsten Schritt vollzieht. Es gibt bisher nur eine einzige wirklich ausgearbeitete "Biblische Theologie", nämlich die 1992 erschienene von *Brevard Childs*.[24] Aber es gibt eine breit gefächerte Diskussion über die Frage, wie eine Biblische Theologie aussehen *sollte*, bis hin zu einer monographischen Behandlung dieser Frage.[25] Hier kommt nun meine eingangs skizzierte Beurteilung der theologischen Situation in der zweiten Häfte dieses Jahrhunderts zum Tragen: Die erste Voraussetzung jeder theologischen Betrachtung des Alten Testaments muß m.E. heute lauten, daß dieses Buch zunächst die Bibel Israels ist.[26] Das bedeutet nach meiner Auffassung, daß wir das "Alte Testament" in seinem jüdischen, genauer: seinem israelitischen[27] Charakter theologisch ernstnehmen und in seiner Dignität anerkennen. Dies bedarf der Präzisierung und Entfaltung.

---

[22] *C.Dohmen/M.Oeming*, Biblischer Kanon, warum und wozu?, Freiburg 1992, 112.
[23] Vgl. die Diskussion über "Theologie des Alten Testaments oder Religionsgeschichte Israels" auf dem International Meeting der Society of Biblical Literature" in Leuven 1994 (demnächst in JBTh).
[24] S.o. Anm. 18 und dazu meine Rezension in JBTh 9, 1994, 359-369.
[25] *H.Graf Reventlow*, Hauptprobleme der Biblischen Theologie im 20.Jahrhundert, Darmstadt 1983. Dort steht im Vorwort der Satz: "Eine 'Biblische Theologie' ist noch nicht geschrieben." Erst durch das Erscheinen des Buches von Childs ist dieser Satz überholt.
[26] Ich greife hier den von C.Dohmen vorgeschlagenen Begriff "Bibel Israels" auf, ohne damit die in Gang befindliche Diskussion über diese Frage als abgeschlossen zu betrachten. (*C.Dohmen* in: *C.Dohmen/F.Mußner*, Nur die halbe Wahrheit? Für die Einheit der ganzen Bibel, Freiburg 1993, 14f, Anm. 9.)
[27] Dazu s.u.

Es heißt als erstes, daß wir die Aussagen des Alten Testaments nicht mit von außen herangetragenen Kriterien beurteilen, sondern, um noch einmal *Walther Zimmerli* zu zitieren, daß wir ihnen "ihren geschichtlichen Ort belassen". Zum geschichtlichen Ort gehört dabei auch der religiöse und theologische Kontext, in dem die Texte entstanden, gesammelt und kanonisiert worden sind. Das bedeutet nichts anderes, als daß wir das Alte Testament als die "Bibel Israels" lesen. Dies geschieht auch de facto in der exegetischen Arbeit der großen Mehrheit der heutigen christlichen Alttestamentler, und es geschieht bei vielen von ihnen ebenso bei der Darstellung der Theologie des Alten Testaments, wie ich oben in Abschnitt II gezeigt habe.

Diese Betrachtung des Alten Testaments könnte zunächst unter rein historischen Gesichtspunkten unternommen werden, ohne daß dabei die religiösen Voraussetzungen des Auslegers selbst eine Rolle spielen müßten. Faktisch werden aber die meisten Ausleger des Alten Testaments, und noch mehr die Verfasser von alttestamentlichen Theologien, einer der beiden religiösen Traditionen angehören, für die die Bibel Israels "Heilige Schrift" ist, dem Judentum oder dem Christentum. Was bedeutet dies für die Auslegung des Alten Testaments? Was es für die Christen bedeutet, habe ich zu sagen versucht: Das Alte Testament ist ein integrierender und unaufgebbarer Teil unserer christlichen Bibel; aber es ist auch und zuerst die jüdische Bibel. Wenn wir es als Bestandteil unserer christlichen Bibel auslegen, müssen wir uns dessen bewußt sein, daß wir damit die Bibel Israels in einem anderen Kontext auslegen als dem, in dem sie entstanden ist.

Für die Juden gilt ebenfalls, daß die Bibel, der *Tanakh* oder die *Mikra'*, nicht allein und für sich genommen ihre Heilige Schrift bildet, sondern daß sie Bestandteil der größeren, umgreifenden Tradition ist, die als die "schriftliche Tora" (die Bibel) und die "mündliche Tora" (der Talmud) bezeichnet wird. Diese beiden Teile der Tora gehören für die Juden ebenso untrennbar zusammen wie die beiden Teile der Bibel für die Christen. Allerdings besteht ein grundlegender Unterschied: Für die Juden bedeutet der Übergang von der Bibel zum Talmud nicht den Übergang in eine andere Religion. Um es genauer zu sagen: Nach der Zerstörung des Tempels in Jerusalem durch die Römer im Jahr 70 n.Chr. konstituierte sich in Jabne unter der Leitung von Jochanan ben Zakkai das pharisäische Judentum neu zu dem, was man das "Rabbinische Judentum" zu nennen pflegt. Die Hebräische Bibel war schon vor diesem Zeitpunkt abgeschlossen und bildete die unbestrittene Grundlage der weiteren religiösen Entwicklung, die zunächst in der Mischna und schließlich im Talmud ihren Niederschlag fand.²⁸ So ist das "Judentum" deutlich vom biblischen "Israel" unterschieden, und es hat neben der "Bibel Israels" die "mündliche Tora" (die inzwischen auch schriftlich niedergelegt worden ist) als Heilige Schrift. Gleichwohl besteht eine bruchlose Kontinuität zwischen beiden, vor allem deshalb, weil die "mündliche Tora" sich als Auslegung der "schriftlichen Tora" versteht.

Es würde den Rahmen dieses Beitrags überschreiten, den Gemeinsamkeiten und Unterschieden zwischen dem jüdischen und dem christlichen Verhältnis zur Bibel Israels genauer nachzugehen. Ein gewichtiger Unterschied besteht darin, daß der zweite Teil der grundlegenden religiösen Überlieferung im Judentum nicht ein zweiter Teil der "Bibel" ist, sondern deren verbindliche Auslegung. Beide gemeinsam bilden die religiöse Grundlage des Judentums. Eine Isolierung der Bibel von der übrigen Traditionsliteratur ist für das traditionelle Judentum nicht möglich.²⁹ Deshalb kann es im Judentum auch nicht das Problem einer "Biblischen Theologie" geben. Ich zitiere dazu Jon Levenson: "Man kann sich um eine konstruktive jüdische Theologie mit besonderer Beachtung der biblischen Quellen bemühen - und ich glaube, daß eine dringende Notwendigkeit für solche Arbeiten besteht. Aber das steht dem näher, was christliche Fakultäten 'Dogmatik' oder 'Systematische Theologie' nennen als der 'Biblischen Theologie'."³⁰

Als Gemeinsamkeit ist also festzuhalten, daß die Bibel Israels für beide Glaubensgemeinschaften, die jüdische wie die christliche, einen wesentlichen Bestandteil ihrer grundlegenden religiösen und theologischen Traditionen bildet. Bei der Auslegung im eigenen gegenwärtigen religiösen Kontext besteht aber der grundlegende Unterschied darin, daß für die jüdische Tradition die Bibel Israels ein unbezweifelbarer und unbezweifelter Bestandteil der eigenen religiösen Tradition ist, ja daß die "Tora" im engeren Sinne (d.h. der "Pentateuch") sogar den wichtigsten

---

²⁸ Vgl. dazu *G.Stemberger*, Das klassische Judentum. Kultur und Geschichte der rabbinischen Zeit, München 1979.
²⁹ Eine eigenständige jüdische Bibelwissenschaft hat sich nach Anfängen im 18.Jahrhundert (vor allem Moses Mendelssohn) erst im 19. und 20. Jahrhunderts sehr zögernd entwickelt. (Vgl. *EJ* 4, 899ff). Dabei ist die Verbindung mit den Rabbinischen Studien zunächst weitgehend verlorengegangen. Vgl. *M.Goshen-Gottstein*, Christianity, Judaism and Modern Bible Study, VTSuppl. 28, 1975, 69-88, besd. 87. *Levenson* (s.Anm. 4) wendet sich gegen diese Trennung und praktiziert in seinen Veröffentlichungen eine enge Verbindung der biblischen mit der rabbinischen Tradition. Das gleiche gilt für eine Reihe weiterer jüdischer Bibelwissenschaftler. Ich nenne aus meiner begrenzten persönlichen Kenntnis und ohne jeden Anspruch auf Vollständigkeit einige Namen: Michael Fishbane, Moshe Greenberg, Baruch Levine, Jacob Milgrom, Nahum Sarna.
³⁰ *Levenson* (s.Anm. 4), 408.

und am höchsten geachteten Teil der jüdischen Überlieferung von ihren Anfängen bis heute darstellt und daß alle übrigen Schriften letzten Endes Auslegung der Tora sind. Für die christliche Tradition liegen die Dinge ganz anders. Für sie bedarf die sachgemäße Bestimmung der Stellung der Bibel Israels innerhalb ihrer biblischen Tradition sowie im Ganzen ihrer theologischen Tradition sorgfältiger hermeneutischer Überlegungen.

IV

Für den christlichen Ausleger des "Alten Testaments" ergibt sich eine zweifache Aufgabe. Zunächst muß er den ersten Teil seiner Bibel in dessen Charakter als Bibel Israels ernstnehmen und sich bemühen, ihn angemessen auszulegen. Ich möchte noch einmal betonen, daß dies bei dem größten Teil der heutigen christlichen Alttestamentler im Grundsatz durchaus der Fall ist. Allerdings schließt dies keineswegs aus, daß dabei Werturteile mit einfließen, die sich nicht ohne weiteres mit einem einfühlsamen Verständnis der Religion Israels, wie sie sich in der Bibel Israels niedergeschlagen hat, in Einklang bringen lassen. So war, um ein Beispiel zu wählen, die priesterliche Schicht des Pentateuch (die sog. Priesterschrift) in der Literatur vielfach Gegenstand negativer oder herabsetzender Urteile. Hier sind in jüngster Zeit deutliche Veränderungen erkennbar. Dies zeigt sich in übergreifenden Darstellungen des Pentateuch, die sich um ein neues Verständnis der "Priesterschrift" oder der priesterlichen Kompositionsschicht bemühen[31], ebenso wie in Kommentaren[32] und in thematischen Einzelstudien.[33] Ähnliches läßt sich für andere Bereiche der alttestamentlichen Schriften sagen, in deren Beurteilung sich vergleichbare Entwicklungen abzeichnen.

Hier meldet sich nun zugleich ein anderes Problem. Das Alte Testament ist die Bibel Israels in der uns vorliegenden Gestalt. Man kann diese Gestalt die "Endgestalt" nennen, oder auch die "kanonische" Gestalt. Es kann kein Zweifel daran bestehen, daß diese Endgestalt das Ergebnis eines Wachstums-, Sammlungs- und Kompositionsprozesses ist, der bei den einzelnen Schriften von unterschiedlicher Dauer und Komplexität gewesen sein dürfte, der aber wohl für alle in der einen oder anderen

---

[31] Z.B. *E.Blum*, Studien zur Komposition des Pentateuch, BZAW 189, 1990; *J.Blenkinsopp*, The Pentateuch, New York 1992; *F.Crüsemann*, Die Tora. Theologie und Sozialgeschichte des alttestamentlichen Gesetzes, München 1992.

[32] Z.B. *E.Gerstenberger*, Das dritte Buch Mose. Leviticus, ATD 6, 1993.

[33] Z.B. *B.Janowski*, Tempel und Schöpfung. Schöpfungstheologische Aspekte der priesterlichen Heiligtumskonzeption, JBTh 5, 1990, 37-69; *M.Douglas*, In the Wilderness. The Doctrine of Defilement in the Book of Numbers, JSOTSuppl 158, 1993.

Weise angenommen werden muß. Die moderne alttestamentliche Wissenschaft hat seit ihrem Bestehen ihr Hauptaugenmerk auf die Herausarbeitung früherer Stadien der jetzigen Texte gerichtet, ja sie hat ihren eigentlichen Ursprung in Beobachtungen, die zur Unterscheidung verschiedener Textschichten, "Quellen" usw. geführt haben. Dies hat zur Folge, daß in den "klassischen" Bereichen solcher literarkritischen Arbeit wie z.b. dem Pentateuch und dem Buch Jesaja häufig nicht der jetzige Text, sondern eine rekonstruierte Vorform der Auslegung zugrundegelegt wurde und wird.[34]

Es stellt sich aber die Frage, ob es die einzige und auf Dauer auch die vordringliche Aufgabe der wissenschaftlichen Auslegung des Alten Testaments sein kann und muß, Vorstadien des jetzigen Textes zu rekonstruieren. Abgesehen von dem hohen Maß an hypothetischen Un-sicherheiten[35] bekommt man die Bibel Israels auf diese Weise jedenfalls nicht in den Blick. Es fragt sich auch, ob auf diese Weise eine "Theologie des Alten Testaments" geschrieben werden kann, oder ob die gesonderte Behandlung verschiedener Überlieferungsstufen nicht bei einer "Religionsgeschichte Israels" stehen bleiben muß.[36] Deshalb hat sich in jüngster Zeit die Forderung nach einer "kanonischen" Auslegung mehr und mehr Gehör verschafft.

Der Begriff "kanonisch" enthält zahlreiche Aspekte, die in der gegenwärtigen Diskussion lebhaft erörtert werden.[37] Dabei ziehen die Fragen der Entstehung und des Abschlusses des biblischen Kanons in ihren historischen, literarischen und theologischen Aspekten sowie die Frage der kanonischen Verbindlichkeit des Endtextes die besondere Aufmerksamkeit auf sich. Dies sind zweifellos wichtige Fragen, die uns gewiß noch

---

[34] So wurden z.B. die angenommenen Hauptquellen des Pentateuch, der "Jahwist" (und in seinem Gefolge der "Elohist") und die "Priesterschrift" in den Kommentaren zur Genesis von *H.Gunkel* (HK I,1, 1902, ³1910) und *G.v.Rad* (ATD 2-4, 1949-1953, ⁹1972) gesondert abgedruckt und kommentiert, oder sie wurden sogar in Buchform getrennt voneinander gedruckt (*R.Smend*, Biblische Zeugnisse. Literatur des alten Israel, Frankfurt 1967, 24-124). Bei *O.Kaiser*, Einleitung in das Alte Testament (1969, ⁵1984) erscheinen Jes 1-39, Jes 40-55 (Deuterojesaja) und Jes 56-66 (die tritojesajanische Sammlung) als getrennte Bücher.

[35] Man denke nur an die tiefgreifenden Veränderungen in der Beurteilung und Datierung der "Quellen" des Pentateuch in den letzten zwei Jahrzehnten!

[36] So stellt z.B. *von Rad* (s. Anm. 5, 4.Aufl., 302-308) die verschiedenen "Mosebilder" der drei Pentateuchquellen und des Deuteronomiums dar, aber der Mose der Bibel Israels kommt dabei nicht in Blick.

[37] Vgl. u.a. *Dohmen/Oeming* (s. Anm. 22) mit Literatur. Hinzuzufügen wären jetzt u.a. die Artikel "Canon. Hebrew Bible" von *J.A.Sanders* und "Canonical Criticism" von *G.Sheppard* im Anchor Bible Dictionary 1992, Bd.1, 837-852 und 861-866.

lange beschäftigen werden. Mein eigenes Interesse richtet sich jedoch primär auf den exegetischen Aspekt des Problems. Die Fragen, um die es dabei geht, können auch unter den Begriffen der "synchronen" und "diachronen" Auslegung erörtert werden. Meine These ist, daß wir der Bibel Israels besser gerecht werden, wenn wir sie zunächst in ihrer jetzt vorliegenden Endgestalt, also synchron, zu lesen versuchen und die diachrone Betrachtung der synchronen Lesung unterordnen.

Dieser exegetische Ansatz hat vor allem zwei Aspekte. Zum einen geht er davon aus, daß die uns vorliegende Endgestalt des Textes in aller Regel das Ergebnis einer wohlüberlegten Arbeit seiner Autoren ist. Ich benutze hier bewußt den Begriff "Autoren" auch für diejenigen, die für die Formulierung der Endgestalt verantwortlich sind. Zweifellos sind sie in vielen Fällen nicht die Verfasser des jetzt vorliegenden Textes vom Beginn seiner Entstehung an. Aber sie sind es, aus deren Hand wir die Texte entgegennehmen. Auch wenn sie vielfach mit dem meistens im herabsetzenden Sinne gebrauchten Begriff der "Redaktoren" bezeichnet und dadurch von den ursprünglichen "Autoren" unterschieden werden, so hat doch das häufig zitierte Wort von Franz Rosenzweig einen tiefen Wahrheitsgehalt, daß man das Siglum R nicht als "Redaktor", sondern als "Rabbenu" ("unser Meister") lesen solle. Zudem sind frühere oder gar "ursprüngliche" Autoren für uns nur hypothetisch und oft überhaupt nicht erschließbar. Wer ist z.B. der "Autor" des Jesajabuches oder auch nur von Jes 1-39? Jedenfalls kaum der Prophet Jesaja.[38] Hier herrscht auch im Rahmen der traditionellen historisch-kritischen Exegese keineswegs terminologische und sachliche Klarheit.

Zum andern betrachtet der synchrone Ansatz den Text als die Bibel Israels und auch als den ersten Teil der christlichen Bibel. Beide Glaubensgemeinschaften haben ihn durch die Jahrhunderte hindurch in der uns vorliegenden Gestalt gelesen und sind von ihm geprägt worden. Der heutige Ausleger kann sich nicht ohne weiteres über diese Tradition hinwegsetzen. Insbesondere darf er den Text nicht besserwisserisch dadurch verändern, daß er ihn in einzelne Teile zerlegt und diese gesondert oder gar gegeneinander auslegt. Hier bekommt der Begriff "kanonisch" zweifellos einen theologischen Akzent.

---

[38] *O.Kaiser* "rechnet damit, daß der Grundbestand des (Jesajab)uches in den c.1+28-31* zu suchen ist und erst im 6.Jh.v.Chr. seine Verschriftung erfahren hat" (s. Anm. 34, 234). Er schließt auch nicht aus, daß diese Prophetien ursprünglich "namenlos" waren und erst nachträglich "als jesajanisches Traditionsgut...gedeutet wurden" (Das Buch des Propheten Jesaja. Kapitel 1-12, ATD 17, ^{5}1981, 19). Aber auch weniger radikale Exegeten betrachten nur mehr oder weniger große Teile von Jes 1-39 als jesajanisch - und ist er dabei selbst der "Autor"?

Diese beiden miteinander zusammenhängenden Aspekte sind heute oft dem Vorwurf ausgesetzt, fundamentalistisch zu sein oder doch dem Fundamentalismus Vorschub zu leisten. Ich möchte deshalb sehr nachdrücklich betonen, daß ich meine synchrone Lesung der Texte ganz im Kontext der historisch-kritischen Bibelwissenschaft verstehe. Was sich ändert, ist vor allem die Blickrichtung und das "erkenntnisleitende Interesse". Ich gehe von der Endgestalt der Texte aus im vollen Bewußtsein dessen, daß sie in vielen Fällen das Endstadium eines mehr oder weniger langen Entstehungsprozesses darstellen, jedoch mit der Absicht, sie zunächst in der vorliegenden Gestalt zu verstehen und auszulegen. Ich denke, daß mit diesem veränderten Ansatz ein lange vernachlässigter Aspekt der historisch-kritischen Exegese zu seinem Recht kommt. Daß die Notwendigkeit dieser Fragestellung schon früher empfunden wurde, möchte ich durch ein Zitat belegen:

Da... "der fertige Pentateuch das ist, was wir auszulegen haben, und alle literarkritische und überlieferungsgeschichtliche Untersuchung nur als Mittel zur Erfüllung dieser Aufgabe betrachtet werden muß, so muß auch eine Überlieferungsgeschichte des Pentateuch, so wie sie vom Gesamt-pentateuch ausgegangen ist, schließlich wieder beim Gesamtpentateuch enden...

Noch bleibt die Frage übrig, ob ... nicht doch schließlich das Ganze mehr geworden ist als nur die Summe seiner Teile; und da dieses Ganze fortan als heilige Schrift gelesen und gottesdienstlich gebraucht worden ist und also eine geschichtliche Wirkung ausgeübt hat und bis heute das einzige wirklich konkret Gegebene geblieben ist, so ist es eine wissenschaftliche Aufgabe, auch dieses Ganze in seiner überlieferten Gestalt ins Auge zu fassen."[39]

An diesem Zitat ist besonders interessant, daß Noth die beiden von mir zuvor genannten Aspekte hervorhebt: die Auslegung der gegebenen Endgestalt des "fertigen Pentateuch" und seine Bedeutung als "Heilige Schrift", und daß er zudem den Endtext als "das einzige wirklich konkret Gegebene" bezeichnet. Ich will damit natürlich nicht behaupten, daß ich mit meiner Forderung einer synchronen Auslegung genau dasselbe täte, was Noth getan hat. Dieses Zitat zeigt aber, daß hier keineswegs unüberbrückbare Gegensätze bestehen, sondern daß mein Ansatz auch aus Noths Sicht als "wissenschaftliche Aufgabe" zu betrachten ist.[40]

---

[39] *M.Noth*, Überlieferungsgeschichte des Pentateuch, 1948 (^{3}1966), 268 und 270.
[40] Noth unterscheidet sich mit diesen Äußerungen übrigens sehr grundsätzlich von dem, was z.B. *H.Greßmann* (Mose und seine Zeit. Ein Kommentar zu den Mosesagen, FRLANT 18, 1913, 22f) ausgedrückt hat, wenn er die Arbeit des Exegeten mit der eines Archäologen vergleicht, von dem man auch nicht verlangen könne, "daß er seine Ausgrabungen wieder zuschütten, ja sogar daß er den

Die diachrone Betrachtung ist nach meiner Auffassung der synchronen zuzuordnen und unterzuordnen. In vielen Fällen ergeben sich bei der synchronen Lesung Hinweise darauf, daß dem jetzt vorliegenden Text frühere Stadien der Textentwicklung vorausgegangen sind. Im herrschenden Verständnis der historisch-kritischen Exegese ist es dann die Aufgabe, diese früheren Stadien herauszuarbeiten und soweit wie möglich zu rekonstruieren. Dabei geht aber in aller Regel der Blick auf die Endgestalt verloren. Zudem ist jede "Rekonstruktion" früherer Stadien ein äußerst hypothetisches Unterfangen. M.E. gehört es zu dem belastenden Erbe der Tradition der historisch-kritischen Wissenschaft, daß sie bestimmte rekonstruierte Vorstadien der Texte als feste, undiskutierte Gegebenheiten nimmt.[41] Man muß aber sehr deutlich sagen, daß eine Größe wie z.B. der "Jahwist" eine hypothetische Konstruktion der neueren alttestamentlichen Wissenschaft ist und daß man nicht sagen kann, daß es den Jahwisten "gibt".[42]

Die entscheidende Frage ist aber, mit welcher Absicht der Exeget an den Text herantritt. Die diachrone Fragestellung ist und bleibt interessant und wichtig, sofern der Exeget dadurch Einblick in die Vorgeschichte des Bibeltextes und in die Geschichte der israelitischen Religion zu gewinnen versucht. Er muß dabei aber in Kauf nehmen, daß er mit Texten arbeitet, die von ihm selbst oder der "Schule", der er sich zurechnet, rekonstruiert worden sind und daß deshalb seine exegetischen Ergebnisse nur im Kontext eines bestimmten "Paradigmas" aufgenommen und aner-

---

wiederhergestellten Trümmerhaufen würdigen und den Wirrwarr sinnvoll erklären solle! Die Wissenschaft hat mit einer solchen Aufgabe nichts zu tun." Darum ist auch die Forderung, "man solle die Quellenschriften nicht nur in der Vereinzelung betrachten, sondern auch den *jetzigen Zusammenhang* würdigen...prinzipiell abzulehnen, weil sie Unmögliches verlangt." Diese Auffassung Greßmanns wurde gewiß von der großen Mehrheit der Alttestamentler seiner Zeit geteilt und wird auch von vielen heutigen noch anerkannt.

[41] Dazu gehört auch, daß vielfach die historisch-kritische Methode mit einzelnen ihrer Ergebnisse wie z.B. der Quellenscheidung im Pentateuch identifiziert wird, was m.E. ein Mißverständnis und ein Mißbrauch dieser Methode ist, die grundsätzlich für jede neue Erkenntnis offen sein müßte. Vgl. dazu meinen Aufsatz "The Paradigm is Changing: Hopes - and Fears", Biblical Interpretation 1, 1993, 34-53.

[42] Der begrenzte Rahmen dieses Beitrags läßt es nicht zu, auf diese Frage näher einzugehen. Ich muß dazu auf die ausführliche Erörterung in meinem Buch "Das überlieferungsgeschichtliche Problem des Pentateuch" (BZAW 147, 1977) verweisen. Ich füge heute hinzu, daß der "Jahwist", wie ihn etwa John Van Seters in zahlreichen Publikationen dargestellt hat, mit demjenigen Wellhausens kaum noch etwas gemein hat. (*J.Van Seters*, Abraham in History and Tradition, New Haven 1975; *ders.*, Der Jahwist als Historiker, ThSt 134, 1987.)

kannt werden können.⁴³ Zudem ändern sich die Voraussetzungen seiner Arbeit mit dem Wechsel der zugrundeliegenden Hypothesen, was sich in den letzten zwei Jahrzehnten besonders dramatisch im Bereich der Pentateuchforschung gezeigt hat.

Bei einem synchronen Ansatz bildet der Text in seiner Endgestalt, die "das einzige wirklich konkret Gegebene" ist (*Noth*, s.o.), den Ausgangspunkt und den eigentlichen Gegenstand der Auslegung.⁴⁴ Die primäre Aufgabe besteht darin, den Text in dieser uns vorliegenden Form zu verstehen und auszulegen. Wenn sich dabei Hinweise darauf ergeben, daß in dem jetzigen Text frühere Materialien und Textelemente verarbeitet sind, wird sich von Fall zu Fall die Frage stellen, wie man damit umgehen will. Die synchrone Auslegung, wie ich sie verstehe, wird keinesfalls in einer unkritischen Harmonisierung offenkundiger Spannungen in den Texten bestehen. So wird z.B. niemand ernsthaft behaupten wollen, daß die beiden Schöpfungsberichte in Gen 1,1-2,3 und 2,4-25 vom gleichen Verfasser stammen. Die synchrone Frage ist aber, wie sie sich zueinander verhalten und wie der "Verfasser" des Endtextes sie in ihrem jetzt gegebenen Zusammenhang gelesen haben will. Der Gedanke, daß die beiden Texte ohne solche Überlegungen einfach von einem Redaktor nebeneinander gestellt worden seien, scheidet für einen synchronen Ansatz von vornherein aus. Hier kommt dann sofort die Frage ins Spiel, ob die "Quellen" des Pentateuch unabhängig voneinander existiert haben oder ob die "priesterliche" Kompositionsschicht schon für ihren jetzigen Kontext verfaßt worden ist.⁴⁵ Daran zeigt sich, daß die Frage der synchronen Lesung eng verflochten ist mit anderen methodischen Fragen.⁴⁶
Gerade dieses Beispiel kann aber zeigen, daß synchrone und diachrone Auslegung nicht einfach als sich ausschließende Alternativen verstanden werden dürfen. Der entscheidende Unterschied liegt in dem primären Interesse der synchronen Auslegung am Verständnis des jetzt vorliegenden Textes und in der Zuordnung und Unterordnung diachroner Fragen

---

⁴³ Ich benutze den Begriff "Paradigma" in dem von *Th.Kuhn*, Die Struktur wissenschaftlicher Revolutionen (englisch 1962, ²1970) deutsch Frankfurt a.M. 1967, ⁵1981, entwickelten Sinn.
⁴⁴ Textkritische Fragen sind in dem hier erörterten Zusammenhang nur in Ausnahmefällen von wirklicher Relevanz. Man sollte sie ernstnehmen, aber ihnen nicht eine Bedeutung zumessen, von der aus die Rede von der "Endgestalt" in Frage gestellt werden könnte.
⁴⁵ Vgl. dazu *Blum* (s. Anm. 31).
⁴⁶ Wiederum gestattet es der begrenzte Rahmen dieses Beitrags nicht, weitere Beispiele anzuführen. Ich habe schon an anderen Stellen zu zeigen versucht, daß oft bestimmte diachrone Vorentscheidungen die Auslegung bestimmen und in eine entsprechende Richtung lenken. Vgl. z.B. die Beiträge "Jakob in Bethel", "Die Geburt des Retters" sowie mein Buch "Die Bundesformel" (vgl. Literatur).

zu dieser primären Aufgabe. In der gegenwärtigen Situation der alttestamentlichen Wissenschaft werden die wenigen synchron arbeitenden Exegeten gewiß verstärktes Gewicht auf diesen Aspekt legen müssen, zumal die diachronen Fragen in der Vergangenheit schon sehr intensiv bearbeitet worden sind, so daß ein Wechsel des Interessenschwerpunkts gewiß von Nutzen wäre.[47] Ich bin davon überzeugt, daß eine verstärkte synchrone Auslegung einem angemessenen Verständnis des Alten Testaments als Bibel Israels wesentlich zugute kommen wird.

V

Die zweite grundlegende Aufgabe des christlichen Auslegers des Alten Testaments besteht schließlich darin, seinen Beitrag dazu zu leisten, die Bibel Israels als Bestandteil der christlichen Bibel zu lesen. Nach dem bisher Dargelegten kann dieser Beitrag keinesfalls darin bestehen, bei der Auslegung des Alten Testaments selbst christliche Maßstäbe oder Kriterien anzulegen. Vielmehr muß auch hierbei die Integrität der Bibel Israels voll gewahrt bleiben. Der Ausleger des Alten Testaments ist deshalb auf die Zusammenarbeit mit den Auslegern des Neuen Testaments und auch mit den Vertretern der frühen Kirchengeschichte angewiesen. Der erste Schritt muß darin bestehen, das Auftreten Jesu und die Anfänge der christlichen Gemeinde innerhalb des Rahmens des damaligen Judentums zu verstehen. Für Jesus und die ersten Christen war die Bibel Israels ihre Bibel wie für alle Juden ihrer Zeit. Deshalb kann auch für die Anfänge der christlichen Gemeinde nicht von einem Gegenüber von "Judentum" und "Christentum" gesprochen werden, weil die christliche Gemeinschaft zunächst eine messianische Gruppe innerhalb des Judentums war. Wenn dies ernstgenommen wird, dann kann die Frage nicht lauten, wie und warum Jesus und die ersten Christen die Bibel Israels benutzt oder herangezogen haben. Daß sie sie benutzten, war für sie selbstverständlich.[48] Das zeigt sich sehr eindeutig darin, daß sie noch lange nach der Trennung von Judentum und Christentum die Bibel Israels in ihrer griechischen Gestalt als ersten Teil ihrer Bibel beibehielten und ihr die inzwischen entstandene Sammlung christlicher Schriften hinzufügten.

Eine wesentliche Aufgabe besteht deshalb darin, daß Alt- und Neutestamentler gemeinsam das Neue Testament mit den Augen seiner jüdi-

---

[47] Daß man auch das eine tun und das andere nicht lassen kann, zeigt in schöner Weise *W.Thiel*, Zur Komposition von 1 Könige 18, FS R.Rendtorff, Neukirchen-Vluyn 1990, 215-223 (vgl. besonders den letzten Absatz).

[48] Vgl. dazu Childs 1993 (vgl. Anm. 18), 225ff, und *H.v.Campenhausen*, Die Entstehung der christlichen Bibel, BHTh 39, 1968.

schen "Autoren" im weitesten Sinne, d.h. unter Einschluß Jesu selbst, lesen. Dabei geht es zunächst darum, "das Jüdische am Christen-tum" wiederzugewinnen, um einen Buchtitel von *Norbert Lohfink* zu zitieren.[49] Deshalb müßte die erste Frage lauten, wie die Bibel Israels im Neuen Testament als die grundlegende Voraussetzung des Redens und Lehrens präsent ist. Erst auf diesem Hintergrund könnte dann die zweite Frage gestellt werden: wie sich im Verlauf der Entwicklung der nachösterlichen Gemeinde, insbesondere ihrer Ausweitung in den neuentstehenden heidenchristlichen Bereich hinein, sodann in der Auseinandersetzung mit dem sich neu konstituierenden Judentum[50] und schließlich in der Trennung von diesem bestimmte Aspekte des Gebrauchs der Bibel Israels verändert haben. Aber auch dabei ist es entscheidend, festzuhalten, daß die Bibel Israels immer ein wesentlicher Bestandteil der christlichen Bibel geblieben ist, und daß die Christen sie keineswegs nur oder auch nur überwiegend gegen ihren ursprünglichen Sinn gelesen haben.

Die hier skizzierte Aufgabe ist, soweit ich sehe, noch kaum in Angriff genommen worden. Dies führt zu der Feststellung zurück, daß eine "Biblische Theologie" bisher noch fast nie vorgelegt wurde. *Brevard Childs* hat es unternommen, diese Lücke zu füllen, nachdem er sich zuvor selbst tief in die Problematik des Neuen Testaments eingearbeitet hat.[51] Im Grunde hat er mit diesem zeitweiligen Fachwechsel demonstriert, daß diese Aufgabe von einem Autor allein kaum zu bewältigen ist. Er hat dann in seiner "Biblical Theology" noch einen weiteren bemerkenswerten Aspekt hinzugefügt, indem er die theologischen Aussagen des Alten und des Neuen Testaments jeweils in die Dogmatik weitergeführt hat. Dies eröffnet ein ganz neues Feld der Diskussion, in das ich hier nicht eintreten möchte.[52] Ich denke aber, daß es zunächst darum gehen müßte, die bislang noch fehlende Brücke zwischen den beiden Teilen unseres christlichen Bibelkanons gemeinsam herzustellen.

---

[49] *N.Lohfink*, Das Jüdische am Christentum. Die verlorene Dimension, Freiburg 1987 (^{2}1989).
[50] S.o. bei Anm. 28.
[51] *B.S.Childs*, The New Testament as Canon: An Introduction, London 1984.
[52] Vgl. aber meine Anm. 24 genannte Rezension.

Literatur:

Das Alte Testament. Eine Einführung, Neukirchen-Vluyn 1983 (^{4}1992)
Kanon und Theologie. Vorarbeiten zu einer Theologie des Alten Testaments, Neukirchen-Vluyn 1991
darin:
Theologie des Alten Testaments. Überlegungen zu einem Neuansatz   1-14
Rabbinische Exegese und moderne christliche Bibelauslegung   15-22
Zwischen historisch-kritischer Methode und holistischer Interpretation. Neue Entwicklungen in der alttestamentlichen Forschung   23-28
Wege zu einem gemeinsamen jüdisch-christlichen Umgang mit dem Alten Testament   40-53
Zur Bedeutung des Kanons für eine Theologie des Alten Testaments   54-63
Das Bild des nachexilischen Israel in der deutschen alttestamentlichen Wissenschaft von Wellhausen bis von Rad   72-80
"Bund" als Strukturkonzept in Genesis und Exodus   123-131
Die Geburt des Retters. Beobachtungen zur Jugendgeschichte Samuels im Rahmen der literarischen Komposition   132-140
Zur Komposition des Buches Jesaja   141-161
Die "Bundesformel". Eine exegetisch-theologische Untersuchung, SBS 160, 1995
Jakob in Bethel. Beobachtungen zum Aufbau und zur Quellenfrage in Gen 28,10-22, ZAW 94, 1982, 511-523
Old Testament Theology, Tanakh Theology, or Biblical Theology: Reflections in an Ecumenical Context, Bib. 73, 1992, 441-451
The Paradigm is Changing: Hopes - and Fears, Biblical Interpretation 1, 1993, 34-53
Rezension zu: B.S.Childs, Biblical Theology of the Old and New Testaments. Theological Reflection on the Christian Bible, JBTh 9, 1994, 359-369.
"Canonical Interpretation" - A New Approach to Biblical Texts, StTh 48, 1994, 3-14.

4 Israel, die Völker und die Kirche

Christliche Identität

In jüngster Zeit beginnt sich unter Christen die Erkenntnis Raum zu schaffen, daß nach der biblischen Tradition die Bezeichnung Israels als des »erwählten Gottesvolkes« nicht von Israel »weggenommen« und nicht auf die Kirche übergegangen ist. Die Kirchen haben zwar durch die Jahrhunderte hindurch viele der auf Israel bezogenen biblischen Vorstellungen auf sich selber angewendet, aber sie taten dies gegen die mehrheitliche Tradition beider Teile unserer Bibel. Nachdem uns dies bewußt geworden ist, müssen wir neue Wege finden, die christliche Identität zu formulieren in voller Respektierung der Integrität Israels. Wir haben mit der Erörterung dieser Probleme in früheren Beiträgen begonnen[1] und wollen diese Überlegungen hiermit fortsetzen.

I

Mühsamer Lernprozeß

Die Aufgabe, die sich uns damit stellt, ist alles andere als einfach. Sie ist mit einem Umdenkungs- und Lernprozeß verbunden, der oft als mühsam und manches Mal auch als schmerzhaft empfunden werden muß. Dabei ist es besonders wichtig, daß diese Bemühungen nicht mißverstanden werden. Es kann sich keineswegs darum handeln, die christliche Identität als solche in Frage zu stellen. Vielmehr ist es gerade die Voraussetzung der neuen Überlegungen, daß die christliche Kirche besteht und daß ihre Identität nicht in Zweifel gezogen wird. Was neu bestimmt werden muß, ist das Verhältnis der Kirche zum biblischen Israel. Dabei ist die erst in jüngster Zeit wiedergewonnene Einsicht entscheidend, daß das biblische Israel im nachbiblischen Judentum in ungebrochener Kontinuität bis heute weiterlebt. Das macht es nicht mehr möglich, wie bisher die biblischen Aussagen über Israel einfach auf die Kirche zu übertragen. Dies konnte nur geschehen, solange in der herrschenden christlichen Sicht das biblische Israel zu bestehen aufgehört hatte.

Daraus ergibt sich zunächst eine negative Aussage: Wir sind nicht Israel. Die christliche Theologie spricht häufig vom »neuen Israel«, das an die Stelle des »alten Israel« getreten sei. Aber dafür gibt es keine biblische Grundlage. Der Begriff »neues Israel« kommt im Neuen Testament nicht vor, ebensowenig der von Theologen gern gebrauchte Begriff vom »Israel nach dem Geist«, das dem »Israel nach dem Fleisch« gegenübergestellt wird und dieses abgelöst haben soll. Hier hat die theologische Tradition ein Vokabular entwickelt, das nicht biblisch ist.

Wir sind nicht Israel

Wenn die christliche Kirche nicht an die Stelle des Gottesvolkes Israel getreten ist, wie kann sie dann ihre Identität angemessen definieren und beschreiben? Die Selbstbezeichnung der Kirche als neues Gottesvolk sollte ja in erster Linie ihre Kontinuität mit den biblischen Verheißungen zum Ausdruck bringen. Deshalb wird es von vielen Christen als Verlust empfunden, wenn wir diesen Begriff nicht mehr verwenden können. In früheren Beiträgen haben wir die Diskussion über eine Formulierung der Synode der Evangelischen Kirche im Rheinland aus dem Jahr 1980 aufgenommen, in der einerseits der Begriff des *Volkes Gottes* ganz dem jüdischen Volk belassen, andererseits von der Kirche gesagt wird, daß sie in den *Bund Gottes* mit seinem Volk mit hineingenommen sei. Damit sollte die klare Unterscheidung zwischen Israel und der Kirche, zugleich aber auch die enge Zusammengehörigkeit beider zum Ausdruck gebracht werden. Im letzten Heft wurde nun die Frage aufgeworfen, ob der Begriff »Bund« tatsächlich angemessen sei, um die Stellung der Kirche gegenüber Israel zu kennzeichnen. Es wurden vor allem zwei Gegengründe geltend gemacht: zum einen gäbe es in der Hebräischen Bibel keine exegetische Basis für eine Ausweitung des Bundesbegriffs über Israel hinaus, zum andern bestehe bei dieser Ausdrucksweise erneut die Gefahr einer »Enterbung« Israels.² Ich möchte zu diesem Gespräch unter drei verschiedenen Aspekten einen Beitrag leisten: zum ersten mit der Fortsetzung und Ausweitung der Überlegungen zum Bundesbegriff der Hebräischen Bibel; zum zweiten mit Überlegungen zum Verhältnis Israels zu den »Völkern« in der Hebräischen Bibel; zum dritten mit einigen Bemerkungen zum neutestamentlichen Begriff des »neuen Bundes«. Dabei werde ich manches wieder aufgreifen, was schon in den vorhergehenden Beirägen angeschnitten worden ist.

Volk Gottes – Bund Gottes

II

In der Diskussion im vorigen Heft ist das Problem eines »engen« Bundesbegriffs erörtert worden, dessen Übernahme durch die Christen als problematisch angesehen wurde. Hier möchte ich zunächst einset-

Fixierung auf Begriffe

zen. In unserer exegetischen und theologischen Tradition sind wir oft allzusehr auf einzelne Begriffe fixiert. Das hat zwar eine Fülle interessanter und wichtiger exegetischer Studien im Gefolge gehabt, hat aber zugleich auch eine Engführung bewirkt, über die man oft erstaunt ist, sobald man sich ihrer bewußt geworden ist.

Dies gilt für den Begriff »Bund« in ganz besonderer Weise. Der Grund dafür liegt zunächst in der Tatsache, daß die beiden in der Regel mit »Bund« übersetzten Wörter, das hebräische Wort $b^e r\hat{i}t$ und das griechische Wort *diatheke*, an zentralen Stellen der beiden Teile unserer Bibel begegnen. Ich nenne nur einige der wichtigsten: Nach der Sintflut schließt Gott den »Bund« mit Noah (Gen 9), später mit Abraham (Gen 15 und 17), dann mit ganz Israel am Sinai (Ex 24 und 34), und schließlich verheißt der Prophet Jeremia einen »neuen Bund« (Jer 31,31-34). Das »Neue Testament« trägt das Wort »Bund« schon im Titel, denn das lateinische Wort *testamentum* ist die gebräuchliche Wiedergabe des griechischen *diatheke*. Dann spielt es vor allem in den Abendmahlsworten ein zentrale Rolle, insbesondere in denjenigen Fassungen, in denen es heißt: »Dieser Becher ist der neue Bund in meinem Blut« (Luk 22,20; 1Kor 11,25).

»Bund« fehlt bei vielen Propheten

So lag es nahe, den Begriff »Bund« in das Zentrum der theologischen Auslegung des Alten Testaments und ebenso der theologischen Erörterungen über das Verhältnis von Judentum und Christentum zu rücken. Allerdings bestand dabei von Anfang an die Schwierigkeit, daß das Wort $b^e r\hat{i}t$ keineswegs in der ganzen Hebräischen Bibel gebraucht wird und daß es insbesondere im größten Teil der Prophetenbücher nicht vorkommt. Es erweist sich demnach als ein Begriff, der nur in bestimmten, allerdings theologisch bedeutsamen Teilen der theologischen Traditionen Israels eine Rolle spielte.

Dazu kommt ein anderer wichtiger Gesichtspunkt. Es war schon von der Fixierung auf einzelne Begriffe die Rede. Der Begriff »Bund« ist zweifellos von großem Gewicht zur Bezeichnung des Verhältnisses Gottes zu Israel, aber er ist nicht das Ganze. Wenn wir nicht von einem einzelnen Begriff, sondern von der »Sache« des Verhältnisses Gottes zu Israel ausgehen, dann kommen noch andere Weisen in Blick, wie diese Sache ausgedrückt werden konnte: andere Begriffe, aber auch Formulierungen ohne begriffliche Ausformung. Unter den verwandten Begriffen ist besonders der Ausdruck »Erwählung« von Bedeutung. Für unseren theologischen Sprachgebrauch ist dies ein ganz zentraler Begriff. In der Hebräischen Bibel ist er auch durchaus bedeutsam, aber in seinem Gebrauch noch wesentlich begrenzter als der Begriff »Bund«. Interessant ist dabei, daß das Wort »erwählen« im Hebräischen nur als Verbum erscheint (hebräisch *bachar*), daß es aber ein Substantiv »Erwählung« nicht gibt. Erwählen ist immer eine Tat Gottes. So ist davon die Rede, daß Gott bestimmte Menschen erwählt, z.B. David zum König (1Kön 8,16), einen bestimmten Ort, »um seinen Namen dort wohnen zu lassen« (Dtn 12,11 u.ö.), und dann vor allem Israel als sein eigenes Volk unter allen Völkern (Dtn 7,6 u.ö.).

Es ist aber auffallend, daß dort, wo die Erwählung Abrahams zuerst berichtet wird, nämlich in Gen 12,1–3, das Wort »erwählen« nicht erscheint, ja daß dort überhaupt kein geprägter theologischer Begriff gebraucht wird. In einem anderen Text, der wahrscheinlich später formuliert ist, wird dann ausdrücklich gesagt, daß Gott Abraham erwählt hat (Neh 9,7), und dies wird dort als die erste große Tat Gottes nach der Schöpfung (V. 6) dargestellt. Der Prophet Amos redet wiederum mit einem anderen Ausdruck von der Erwählung Israels: »Nur euch habe ich erkannt aus allen Geschlechtern der Erde« (Am 3,2). »Erkennen« ist ein vielseitig gebrauchtes Wort, das u.a. auch die besondere Zuwendung und Nähe zwischen Menschen in der geschlechtlichen Beziehung bedeutet (vgl. Gen 4,1). Amos drückt dadurch also eine besonders enge Beziehung Gottes zu Israel aus. Das Wort »erkennen« erscheint auch in der Gottesrede an Abraham in Gen 18,19 in diesem Sinne. Hier zeigt sich also, daß das Erwählen Gottes ein anderer gewichtiger Ausdruck zur Bezeichnung des besonderen Verhältnisses Gottes zu Israel ist, daß dies aber nicht immer in einer bestimmten Terminologie ausgesagt werden muß.

Erwählen

Eine weitere häufige Ausdrucksweise für das Verhältnis Gottes zu Israel ist die formelhaft gebrauchte Wendung: »Ich will euer Gott sein, und ihr sollt mein Volk sein.« Man nennt sie die »Bundesformel«.³ Sie findet sich in verschiedenen Varianten, wobei manchmal nur der erste Teil dieses Satzes, manchmal nur der zweite erscheint. Nicht selten verbindet sich die Formel mit dem Begriff »Bund«, so z.B. in dem feierlichen Bundesschluß Gottes mit Abraham in Gen 17, wo es heißt, daß Gott einen »ewigen Bund« zwischen sich und den Nachkommen Abrahams aufrichtet und daß der Inhalt dieses Bundes ist: »dir Gott zu sein und deinen Nachkommen nach dir« (V. 7). Später, als die Israeliten in der Unterdrückung in Ägypten zu Gott schreien, ergeht Gottes Zusage an Mose, daß er seines Bundes gedenken will, den er mit den Vätern aufgerichtet hat, und dann heißt es: »Ich nehme euch mir zum Volk, und ich will euer Gott sein« (Ex 6,7). Die Bundesformel begegnet auch im Zusammenhang mit der Aussage, daß Gott Israel erwählt hat: »Dich hat Jhwh, dein Gott, erwählt, sein Eigentumsvolk zu sein« (Dtn 7,6). Darin zeigt sich erneut die enge sachliche Zusammengehörigkeit von Bund und Erwählung. Schließlich kann die Bundesformel aber auch alleine stehen und erweist sich dadurch als ein eigenständiges Element, um das besondere Verhältnis Gottes zu Israel zum Ausdruck zu bringen. So heißt es z.B. bei Jeremia, daß Gott den Israeliten befohlen habe, als er sie aus Ägypten herausführte: »Hört auf meine Stimme, so will ich euer Gott sein, und ihr sollt mein Volk sein« (Jer 7,23).

Bundesformel

Es ließen sich noch weitere Aspekte hinzufügen, unter denen in der

Hebräischen Bibel Gottes Verhältnis zu Israel ausgedrückt wird. Ich nenne die prophetische Metapher vom Ehe- oder Liebesverhältnis Gottes zu Israel, wie sie sich besonders bei den Propheten Hosea (Kap. 1–3), Jeremia (Kap. 2–3) und Ezechiel (Kap.16 und 23) findet, oder die Bilder von den Trauben in der Wüste und den Frühfeigen (Hos 9,10), von der Erstlingsfrucht der Ernte (Jer 2,3) und dem Augapfel (Dtn 32,10), den man nicht antasten darf (Sach 2,12). Diese und viele andere Texte drücken die besondere Beziehung Gottes zu Israel auf vielerlei Weise aus, auch ohne eine feste »theologische« Terminologie. Das bedeutet gewiß nicht, daß die theologischen Begriffe unwichtig seien. Es läßt aber erkennen, daß in diesen Begriffen und Wendungen Gedanken und Glaubenserfahrungen formuliert worden sind, die auch ohne diese ausgedrückt werden konnten. Welche Folgerungen dies für unsere Erörterungen des Bundesbegriffs haben kann, wird später zu fragen sein.

Prophetische Metaphern

III

Zunächst möchte ich die Beobachtung aufgreifen, daß im Umkreis der Rede von der Erwählung Israels, sei es in der geprägten sprachlichen Form oder ohne diese, auch von den »Völkern« die Rede ist. Ganz zentral ist dies der Fall bei der ersten Gottesrede an Abraham in Gen 12,1-3, die man durchaus als einen Akt der Erwählung bezeichnen kann (s.o.). Gott ruft Abraham aus seinen bisherigen Familien- und Sippenbezügen heraus und beginnt mit ihm einen neuen Weg. Am Schluß heißt es dann: „In dir sollen gesegnet werden alle Geschlechter der Erde" (V.3). Die genaue sprachliche Wiedergabe dieses Satzes ist umstritten.⁴ Wahrscheinlich muß man übersetzen: »In dir (oder: mit dir, d.h. mit deinem Namen) sollen sich (gegenseitig) Segen wünschen alle Geschlechter der Erde.« Man kann dazu Gen 48,20 vergleichen, wo den Jakobenkeln Efraim und Manasse verheißen wird, daß man sich mit ihren Namen als einem Paradigma von Gesegneten gegenseitig segnen wird. Entscheidend ist dabei, daß in dem ersten Gotteswort an Abraham, und das heißt zugleich: an Israel, die »Völker« mitgenannt sind. In Gen 12,3 werden sie die »Geschlechter« oder »Familien« der Erde genannt, an anderen Stellen die »Völker« der Welt (Gen 22,18; 26,4). Die Erwählung Abrahams und die damit verbundene Zusage des Segens Gottes (Gen 12,2.3a) wird für sie alle von großer Bedeutung sein.

Aber von den Völkern der Welt ist ja schon vorher im Buch Genesis die Rede, lange bevor Israel überhaupt in Blick kommt. Die Menschheitsgeschichte beginnt mit Adam und seinen Nachkommen, und dann noch einmal nach der großen Katastrophe der Sintflut mit Noah. Damals hat Gott den »Bund« mit Noah geschlossen und in ihm mit

Die »Völker« sind im Blick

der ganzen Menschheit (Gen 9,8–17). Von Israel ist dabei noch keine Rede. Auch in der großen Völkertafel in Gen 10 findet man keinen Hinweis auf Israel, und erst am Ende des langen Geschlechtsregisters des Noahsohnes Sem taucht der Name Abrahams, des Urvaters Israels, zum ersten Mal auf (Gen 11,26). Das Alte Testament kann also durchaus von den Völkern und von Gottes Beziehung zu ihnen reden, ohne von Israel zu reden. *Die Völker sind vor Israel da*

Wenn dann von der Erwählung Israels die Rede ist, sind auch die Völker mit im Blick. Von Gen 12,3 war schon die Rede. Hier hat sich der Blick auf die Völkerwelt wie in einem Prisma auf Abraham, und d.h. auf Israel, konzentriert; die Völker geraten dabei aber nicht in Vergessenheit. In den »klassischen« Texten über die Erwählung Israels heißt es immer wieder, daß Gott Israel »aus allen Völkern« zu seinem Eigentum erwählt (Dtn 7,6; 11,2; vgl. Ex 19,4). Alle Völker gehören zum Herrschaftsbereich Gottes, des Schöpfers des Himmels und der Erde. Darum konnte er unter ihnen eines »auswählen« (Dtn 10,14f). Die anderen Völker sind in die Erwählung Israels nicht mit einbezogen, aber sie bleiben unter Gottes Herrschaft und in seiner Obhut. Sie verehren andere Götter; aber das wird in der Hebräischen Bibel keineswegs immer negativ beurteilt (vgl. Mi 4,5); ja, es kann sogar als Wille Gottes selbst betrachtet werden, wie z.B. in Dtn 4,19, wo zwar Israel verboten wird, die Gestirne anzubeten, zugleich aber gesagt wird: »Jhwh, dein Gott hat sie allen (anderen) Völkern unter dem ganzen Himmel zugewiesen.« Hier zeigt sich, daß der *eine* Gott Jhwh, der zugleich der Gott Israels ist, auch für die anderen Völker sorgt. *Sie bleiben unter Gottes Obhut*

Allerdings besteht die Gefahr, daß durch die Beziehungen zu anderen Völkern die Israeliten selbst von dem Glauben an den *einen* Gott abgebracht werden könnten. Es heißt immer wieder, daß Israel sich nicht »wie die Völker« verhalten soll. Deshalb sollen die Israeliten auch keinen Bund mit anderen Völkern schließen, weil dadurch die Gefahr der Verführung zur Verehrung anderer Götter gegeben ist (vgl. Ex 34,12-16). Die scharfe Trennung zwischen Israel und den Völkern, die in manchen Texten der Hebräischen Bibel zum Ausdruck kommt, hat hierin ihren wesentlichen Grund.

Aber besteht denn nach der Sicht der Hebräischen Bibel für die Völker die Möglichkeit, sich auch ihrerseits diesem einen, wahren Gott zuzuwenden? In der Hebräischen Bibel finden sich verschiedene Texte, die davon sprechen, wie einzelne Angehörige anderer Völker Jhwh, den Gott Israels, als den wahren Gott erkennen und anerkennen. Das beginnt mit Jitro, dem midianitischen Priester und Schwiegervater Moses, der nach dem Bericht Moses über die wunderbare Herausführung Israels aus der ägyptischen Fronknechtschaft ausruft: »Jetzt erkenne ich, daß Jhwh größer ist als alle Götter« (Ex 18,11). Noch volltönender ist das Bekenntnis der Hure Rahab, deren Bericht über die Kunde von den großen Taten Gottes an Israel gegenüber den israelitischen

Kundschaftern in den Worten gipfelt: »Jhwh, euer Gott, er ist Gott im Himmel droben und auf der Erde unten« (Jos 2,11). Von dem aramäischen Feldherrn Naaman, den der Prophet Elisa vom Aussatz geheilt hatte, wird geradezu eine Bekehrung berichtet. Er bekennt: »Jetzt erkenne ich, daß es keinen Gott gibt auf der ganzen Welt außer in Israel« und verpflichtet sich, künftig keinem anderen Gott außer Jhwh mehr zu opfern, wozu er Erde aus Israel mitnimmt, um auf ihr niederzuknien (2Kön 5,15.17). Dies sind sozusagen biblische Beispiele oder Vorläufer von Proselyten, also von Angehörigen der »Völker«, von »Heiden«, die sich der israelitischen Religion zuwandten. Aber sie bleiben einzelne.⁵

Vorläufer der Proselyten

Die Hebräische Bibel spricht jedoch auch immer wieder davon, daß sich »Völker« der Verehrung des einen und einzigen Gottes zuwenden werden, »viele Völker«, ja sogar »alle Völker«. Besonders eindrucksvoll wird dies in dem zweimal überlieferten Text von der »Völkerwallfahrt zum Zion« beschrieben. »Alle Völker« und »viele Nationen« werden zum Zion als dem erhöhten Mittelpunkt der Welt herzueilen und sagen:

> Auf, laßt uns hinaufziehen zum Berg des HERRN,
> zum Haus des Gottes Jakobs,
> damit er uns seine Wege lehre
> und wir auf seinen Pfaden wandeln.
> Denn von Zion wird Weisung ausgehen
> und das Wort des HERRN von Jerusalem (Jes 2,2–5; Mi 4,1–5).⁶

Völker kommen zum Zion

Auch im Gebet Salomos bei der Einweihung des Tempels in Jerusalem wird die Hoffnung ausgesprochen, »daß alle Völker der Welt deinen Namen erkennen, damit sie dich fürchten wie dein Volk Israel und erkennen, daß dein Name über diesem Haus, das ich gebaut habe, ausgerufen ist« (1Kön 8,43).

Aber diese Erwartungen sind nicht nur auf Jerusalem beschränkt. Im Buch Jesaja heißt es:

> Mir wird sich beugen jedes Knie,
> und jede Zunge wird schwören:
> Nur im HERRN ist Heil und Stärke (Jes 45,23f).

Am Schluß des Jesajabuches wird dies noch im Blick auf den israelitischen Festtagskalender konkretisiert:

> Neumond für Neumond
> und Sabbat für Sabbat
> wird alles Fleisch kommen, um vor mir anzubeten,
> spricht der HERR (Jes 66,23).

Und schließlich beim letzten der Propheten:

> Vom Aufgang der Sonne bis zu ihrem Untergang
> ist mein Name groß bei den Völkern.

> An jedem Ort werden meinem Namen Räucheropfer
> und reine Opfergaben dargebracht,
> denn mein Name ist groß bei den Völkern,
> spricht der HERR Zebaoth (Mal 1,11).

Die Texte, in denen ähnliche Erwartungen ausgesprochen werden, lassen sich vermehren. Die Völker waren am Anfang der Geschichte Gottes mit der Welt und der Menschheit da, sie sind niemals aus Gottes Blick und aus seiner Obhut verschwunden, und sie werden am Ende der Tage auch im Kreis derer da sein, die den Namen des *einen* Gottes verehren.

Völker verehren den einen Gott

IV

Die Texte, die von einer künftigen Verehrung des Gottes Israels durch die Völker reden, stehen nicht im Zentrum der Hebräischen Bibel. Sie tauchen aber an verschiedenen Stellen auf und zeigen dadurch, daß solche Gedanken in Israel gegenwärtig waren. Sie haben jedoch nicht in einer geprägten sprachlichen Form, einem bestimmten Begriff oder einer festen Wendung Gestalt gewonnen. Dadurch wird erneut deutlich, daß die Festlegung auf bestimmte Begriffe nicht das Ganze der biblischen Aussagen zu umfassen vermag.

In welcher Beziehung stehen aber nun die Aussagen über die Völker, die den *einen* Gott verehren, zu der besonderen Stellung Israels zu diesem Gott? Die Frage läßt sich in zwei Richtungen beantworten. Zunächst sind es einzelne aus den Völkern oder dann ganze Völker oder gar die Gesamtheit der Völker, von denen gesagt wird, daß sie zu Israel und zu seinem Gott hinzukommen. Das gilt schon für die frühen »Proselyten« wie etwa den Aramäer Naaman (2Kön 5), das gilt sodann für die »Völkerwallfahrt« zum Zion (Jes 2 und Mi 4) und auch für die Erwartung, wie sie im Tempelweihgebet Salomos ausgesprochen ist, daß die Völker erkennen werden, daß der Name des *einen* Gottes über dem Tempel in Jerusalem ausgerufen worden ist (1Kön 8). In Jes 56,6f heißt es im Zusammenhang mit der erwarteten Zulassung von Proselyten zum Tempelkult: »Mein Haus wird ein Bethaus für alle Völker genannnt.« Hier wird also aus unterschiedlichen Blickwinkeln der Weg der Völker zu dem *einen* Gott ins Auge gefaßt.

Daneben steht die andere Richtung, die von Israel her zu den Völkern geht. Sie tritt vor allem in den Kapiteln 40-55 des Jesajabuches hervor. Hier heißt es mehrmals: »Ihr seid meine Zeugen«, nämlich dafür, daß es außer dem Gott Israels keinen Gott gibt (Jes 43,10.12; 44,8, vgl. 55,4). Israel wird andere Völker rufen:

> Siehe, ein Volk, das du nicht kennst, wirst du rufen,
> Völker, die dich nicht kannten, eilen zu dir
> um des HERRN, deines Gottes, des Heiligen Israels willen,
> der dich herrlich gemacht hat (Jes 55,5).

Insbesondere wird diese Zeugenschaft mit dem Titel des »Gottesknechts« verbunden, der in einer Reihe von Texten auf Israel angewandt wird. Er soll zum »Licht für die Völker« werden:

> Es ist zu wenig, daß du mein Knecht bist,
> um die Stämme Jakobs wieder aufzurichten
> und die Verschonten Israels heimzuführen:
> Ich habe dich zum Licht für die Völker gemacht,
> damit mein Heil bis an die Enden der Welt gelangt
> (Jes 49,6; vgl. 42,6).

Israel – Zeuge für die Völker

Israel hat also trotz – oder genauer: wegen – seines besonderen Gottesverhältnisses zugleich eine große Bedeutung für die Völker. Die in der Hebräischen Bibel nur vereinzelt, aber unüberhörbar in Erscheinung tretende Frage, ob auch andere Völker oder gar alle Völker eines Tages zur Erkenntnis des *einen* Gottes gelangen könnten, ist eng mit Israels Existenz als des einzigen Volkes, das diesen Gott schon kennt, verbunden. Die Frage, wann und wie sich die Hinwendung der Völker zu Gott ereignen wird, bleibt genauso offen wie die andere, in welchem Verhältnis die Völker dann zu Israel stehen werden.[7] Der *eine* Gott ist in der Zeit der Hebräischen Bibel nur als der Gott Israels bekannt. Wie wird er sich zeigen, wenn die Völker zu seiner Erkenntnis kommen? Er wird der Gott Israels bleiben. Aber die Völker werden nicht zu Israel werden.

V

Damit sind wir wieder bei unserem Ausgangspunkt angelangt. Aber die Aspekte haben sich verschoben. Die Hebräische Bibel sieht Israel nicht in einer »splendid isolation« gegenüber den »Völkern der Welt«. Israel hat eine Mitverantwortung und einen Auftrag, das Licht der Erkenntnis des *einen* Gottes für die Völker sichtbar zu machen. Doch Israel bleibt Israel, und die Völker bleiben die Völker.

Dritte Größe

Mit dem Entstehen des Christentums kommt aber nun eine dritte Größe ins Spiel, gleichsam zwischen Israel und den Völkern. Innerhalb Israels bildete sich – neben anderen Gruppen jener Zeit wie z.B. den Essenern von Qumran – eine Gruppe von Angehörigen des Volkes, von »Juden« nach dem herrschenden Sprachgebrauch, die der Überzeugung waren, daß mit dem Tod und der von ihnen geglaubten und erfahrenen Auferstehung Jesu ein neues Zeitalter in der Geschichte Gottes mit seinem Volk und mit den Völkern der Welt begonnen habe. Hier müssen wir genau differenzieren: Zu Lebzeiten Jesu gab es keine institutionelle Unterscheidung und kein Gegenüber zwischen »Juden« und »Christen«. Jesus war ein Lehrer und Prediger innerhalb des Judentums, der bei aller Schärfe seiner Kritik, die man in der Nachfolge der Propheten des biblischen Israel verstehen kann, den

Rahmen des Judentums nicht verließ. Durch seine stark eschatologisch geprägte Predigt lenkte er den Blick über die Gegenwart und damit auch über das jetzt bestehende Volk Israel hinaus; aber auch damit blieb er im Rahmen der oben skizzierten Traditionen der Hebräischen Bibel. In der Folgezeit setzte dann eine zweistufige Entwicklung ein. Zum einen entstanden Auseinandersetzungen zwischen der kleinen Gruppe der an Jesus als den bereits erschienenen Messias glaubenden Juden und der Mehrheit der übrigen Juden, die diesen Glauben nicht teilten. Dies führte zu einer wachsenden institutionellen Verselbständigung der »Christen« gegenüber den übrigen Juden. Zum andern entwickelte sich insbesondere durch die Missionstätigkeit des Paulus eine ganz neue Gruppe von Christen, die keine Juden waren, die aber in einer sehr komplexen Weise in die jüdische Tradition mit einbezogen wurden, vor allem dadurch, daß auch für sie die jüdische Bibel zur Heiligen Schrift wurde. Später wurden dann diejenigen Schriften, die in dieser Zeit innerhalb der christlichen Gruppierungen entstanden, gesammelt und als zweiter Teil der christlichen Bibel mit der Bibel Israels verbunden. Hier entstand also eine Gruppe von Menschen aus den »Völkern«, die in einer neuen Weise zugleich mit dem Judentum verbunden und von ihm unterschieden waren.

Institutionelle Verselbständigung der »Christen«

Das Neue Testament spiegelt die verschiedenen, sich teilweise überschneidenden Etappen dieser Entwicklung wider, aber es ist nicht möglich, sie innerhalb der Texte genau voneinander zu unterscheiden.⁸ In seinem kanonischen Endstadium bildet das Neue Testament jedenfalls das Dokument einer christlichen Gemeinde oder „Kirche", die sich vom Judentum getrennt hat und in welcher der Anteil der nichtjüdischen Mitglieder dominiert. So hat in den neutestamentlichen Texten beides seinen Niederschlag gefunden: die Kontinuität mit dem Judentum und die Diskontinuität zwischen der neuen, christlichen Religion und ihren jüdischen Voraussetzungen.⁹

Kontinuität und Diskontinuität

Aber wie verhält sich nun diese »Kirche« zu »Israel«? Es hat offenbar Tendenzen unter den nichtjüdischen Christen gegeben, Israel als von Gott verworfen und die christliche Kirche als Israels legitimen Nachfolger zu betrachten. Dagegen hat Paulus sehr energisch Stellung genommen: »Hat denn Gott sein Volk verstoßen? Das sei ferne!« (Röm 11,1) Und er fügt eine ausdrückliche Bestätigung der bleibenden Erwählung Israels hinzu: »Gott hat sein Volk nicht verstoßen, das er zuvor erwählt hat« (V. 2). Es gehört zu den merkwürdigsten Entwicklungen der christlichen Theologiegeschichte, daß ausgerechnet Paulus immer wieder als Kronzeuge der Verwerfung Israels in Anspruch genommen worden ist. Gewiß war auch er der Überzeugung, daß mit Tod und Auferstehung Jesu etwas ganz Neues begonnen habe, und er wünschte und hoffte, daß ganz Israel in dieses Neue mit einbezogen werden würde (Röm 9,1ff; 11,26). Aber »unwiderruflich sind Gottes Gnadengaben und Berufung« (11,29).

Nun spricht Paulus auch mehrfach vom »neuen Bund«. Aber dieser Begriff ist im Neuen Testament noch weniger als der Bundesbegriff der Hebräischen Bibel (s.o. Abschnitt II) ein Schlüsselwort, das als hermeneutischer Orientierungspunkt dienen könnte. Vor allem ist bemerkenswert, daß niemals die Gemeinde oder Kirche als »Bund« bezeichnet wird und daß deshalb auch nicht von einem Eintreten in den (neuen) Bund gesprochen wird. Daß es sich bei Paulus überhaupt nicht um eine festgefügte »Bundestheologie« handelt, geht schon aus der Tatsache hervor, daß er in ganz unterschiedlicher Weise von zwei »Bünden« sprechen kann. Zum einen findet er schon in der »Schrift«, der Bibel Israels, einen Bericht von zwei Bünden, indem er die Geburt der beiden Söhne Abrahams von zwei verschiedenen Frauen auf zwei Bundesschlüsse deutet: den einen am Sinai, der die »Knechtschaft« unter der Tora bedeutet, den anderen, der auf das »freie« himmlische Jerusalem hinweist, das »unsere Mutter« ist (Gal 4,21-31). Hier geht es also um die Freiheit der Christen vom »Gesetz«.

Zum andern bezeichnet sich Paulus in 2Kor 3,6 als »Diener des neuen Bundes«. Dabei nimmt er das Wort vom »neuen Bund« auf, wie es sich bei den Propheten Jeremia und Ezechiel findet. In Jer 31,31–34 wird verheißen, daß Gott mit Israel einen neuen Bund schließen wird, der sich von dem Bund, den Gott mit den Vätern geschlossen hat, darin unterscheidet, daß Gott den Israeliten die Tora direkt ins Herz geben wird, so daß sie sie nie mehr brechen können. Bei Ezechiel findet sich derselbe Gedanke, wobei noch betont von einem neuen Herzen und einem neuen Geist gesprochen wird, die Gott Israel geben wird, indem er seinen eigenen Geist in sie hineingibt (Ez 11,19f; 36,26f). Beides wird bei Paulus miteinander verbunden. Als Kontrast dazu spricht er vom »alten Bund« (2Kor 3,14ff)[10], über dem bei seiner Verlesung, wie auch über den Herzen der Hörer, bis heute eine Decke liegt. Hier ist aber wichtig, daß dieser »alte Bund« keineswegs abgetan ist, sondern darauf wartet, daß die Decke durch die Bekehrung Israels abgenommen wird (V.16).[11]

Die Rede vom »neuen Bund« ist also im Neuen Testament keine Selbstbezeichnung der christlichen Gemeinde oder Kirche. Sie ist vielmehr eine der vielfältigen Formen, in denen die sich entwickelnde und konstituierende christliche Gemeinschaft ihre Identität in der ambivalenten oder dialektischen Spannung von Kontinuität und Diskontinuität im Verhältnis zum Judentum auszudrücken versuchte. Dies konnte auch unter anderen Stichworten geschehen wie »*ekklesia* (d.h. Kirche), neue Kreatur, neuer Mensch, Gotteskinder, Tempel oder Wohnung Gottes, Himmelsbürgerschaft und Hausgenossenschaft mit Gott« usw.[12] Dies erinnert an die Vielzahl der Aspekte, unter denen in der Hebräischen Bibel die Beziehungen Israels zu Gott ausgedrückt werden konnten (s.o. Abschnitt II). »Alter« und »neuer Bund« sind daher ganz unzureichende und in mehrfacher Hinsicht auch unzutreffende

Begriffe, um das Verhältnis von Israel und christlicher Kirche zu bezeichnen.

Das bedeutet keineswegs, daß die Überlegungen zum Bundesverständnis der Hebräischen Bibel für die Frage der christlichen Identität im Verhältnis zu Israel bedeutungslos wären. Sie dürfen nur nicht in einer Engführung auf den Begriff des Bundes oder überhaupt auf einen einzelnen biblischen Begriff beschränkt werden. Vor allem muß dabei die Einsicht zur Geltung kommen, daß schon in der Hebräischen Bibel das Verhältnis Israels zu den Völkern keineswegs in einer einfachen Alternative gesehen wird, sondern sehr vielfältige Aspekte zeigt (s.o. Abschnitt III und IV). Die Diskussion über diese Fragen hat begonnen und wird weitergeführt.[13]

Anmerkungen

1 Vgl. in Heft 2/1991 die Beiträge von Erich Zenger, Norbert Lohfink, Hermann Lichtenberger / Ekkehard Stegemann und Alan F. Segal sowie in Heft 1/1994 die Beiträge von Rolf Rendtorff, Paul van Buren, Frank Crüsemann, Erich Zenger und Ekkehard Stegemann.
2 Vgl. Crüsemann, KuI 1/1994, 22 und 34.
3 Vgl. dazu jetzt R. Rendtorff, Die »Bundesformel«. Eine exegetisch-theologische Untersuchung, Stuttgart 1995.
4 Die hebräische Form *nibreku* kann neben der passivischen Bedeutung »gesegnet werden« auch bedeuten »sich (gegenseitig) segnen«. Diese letztere Bedeutung ist in den Parallelstellen, die anstelle der Niphalform die Hitpaelform *hitbareku* verwenden (Gen 22,18; 26,4), die einzig mögliche. Allerdings bleibt insofern ein gewisser Unterschied, als in den beiden letztgenannten Stellen das Sich-segnen nicht direkt auf Abraham bezogen ist, sondern auf seine Nachkommen.
5 In Jes 56,6f wird ausdrücklich die Zulassung von Proselyten zum Tempelgottesdienst ins Auge gefaßt.
6 Vgl. dazu N. Lohfink, KuI 6 1991, 117–120.
7 Zu dieser heute lebhaft diskutierten Frage s.o. bei Anm. 1 und jetzt auch N. Lohfink / E. Zenger, Der Gott Israels und die Völker. Untersuchungen zum Jesajabuch und zu den Psalmen, Stuttgart 1994.
8 Vgl. dazu jetzt die eingehende Studie von B. Wander, Trennungsprozesse zwischen Frühem Christentum und Judentum im 1. Jh. n.Chr. Datierbare Abfolgen zwischen der Hinrichtung Jesu und der Zerstörung des Jerusalemer Tempels, Tübingen 1994.
9 Vgl. zum folgenden den Beitrag von H. Lichtenberger / E. Stegemann, Zur Theologie des Bundes in Qumran und im Neuen Testament, KuI 6 1991, 134–146, bes. 138ff, sowie E. Stegemann, Zwischen Juden und Heiden, aber »mehr« als Juden und Heiden? Neustestamentliche Anmerkungen zur Identitätsproblematik des frühen Christentums, KuI 9 1994, 53–69.
10 Die Lutherbibel spricht hier vom »alten Testament«, weil der griechische Begriff *diatheke* auch die Bedeutung der testamentarischen Abmachung hat.
11 An diesem Punkt läßt sich deutlich machen, wie die weithin herrschende christliche Auffassung von dem Ende des »alten Bundes« gegen die Aussagen der biblischen Überlieferungen begründet worden ist. Der Barnabasbrief, der wohl bald nach der Zeit des Neuen Testaments geschrieben worden ist, berichtet, daß Mose beim Herabkommen vom Sinai die Gesetzestafeln zertrümmert habe (Ex 32,19), verschweigt aber, daß Mose im Auftrag Gottes bald darauf neue Tafeln geschrieben hat und daß der Bund erneuert wurde (Ex 34), und stellt statt dessen dem zerstörten Sinaibund den Bund Jesu gegenüber (Barnabas 4,8). Es erscheint nicht unwichtig, daß der Barnabasbrief nicht in das Neue Testament aufgenommen worden ist.
12 Vgl. E. Stegemann, Heft 1/1994, 66.
13 Vgl. dazu jetzt N. Lohfink / E. Zenger (s.o. Anm. 7).

II
Hermeneutische Grundfragen

5 Die Hermeneutik einer kanonischen Theologie des Alten Testaments

Prolegomena[1]

Ich bin über den Streit über »Theologie des Alten Testaments« oder »Religionsgeschichte Israels« verwundert, um es gelinde auszudrücken. Ich sehe nicht, daß die bisherige Situation in der alttestamentlichen Wissenschaft zu diesem Streit Anlaß gibt. Gewiß hat sich die Disziplin der »Theologie des Alten Testaments« in den vergangenen Jahrzehnten nicht gerade glänzend präsentiert, bis sie in den letzten Jahren zu neuem Leben erwacht ist. Aber der »Religionsgeschichte Israels« ging es doch eher noch schlechter, bevor Rainer Albertz sie wiedererweckt hat. Warum also der Streit[2]?
Ich sehe einen wesentlichen Punkt in Albertz' Formulierung[3]: »Das Fach AT braucht eine zusammenfassende Disziplin ...« Hier muß ich schon meinen Dissens anmelden. Ich empfinde keineswegs das Bedürfnis nach einer zusammenfassenden Disziplin. Ich bin vielmehr der Meinung, daß »Theologie« und »Religionsgeschichte« durchaus unterschiedliche Fragestellungen und Aufgaben haben. Deshalb halte ich es auch nicht für sinnvoll, die Fragen, die man in einer »Theologie«, und diejenigen, die man in einer »Religionsgeschichte« behandeln würde, in einer Darstellung zusammenzufassen. Mit dieser Äußerung komme ich auch mit denjenigen in Konflikt, die Albertz' Alternative deshalb ablehnen, weil sie statt des »oder« ein »und« oder ein »sowohl – als auch« setzen, indem sie eine »Theologie des Alten Testaments in religionsgeschichtlicher Sicht«[4] oder eine »Religionsgeschichte Israels in biblisch-

---
1 Vortragsform und Umfang wurden beibehalten.
2 Der Streit erinnert an den Beitrag von O. *Eißfeldt*, Israelitisch-jüdische Religionsgeschichte und alttestamentliche Theologie, ZAW 44 (1926), 1–12. Eißfeldt sah die Existenzberechtigung der Religionsgeschichte bedroht vom Aufkommen der Dialektischen Theologie mit ihrer Forderung nach dem Primat der Theologie auch in der Bibelwissenschaft. Von wem fühlt Albertz sich bedroht?
3 Ich beziehe mich im folgenden auf R. *Albertz'* ausgedehnten »Abstract« im Tagungsprogramm dieses Kongresses, 41f.
4 So die Formulierung des angekündigten Vortrags von B. *Janowski*.

theologischer Sicht«[5] vertreten. In diesen Streit will ich mich aber nicht einmischen, sondern will in Kürze darstellen, wie ich selbst den Unterschied zwischen »Religionsgeschichte« und »Theologie« sehe und wie ich mir selbst das Konzept einer »Theologie des Alten Testaments« vorstelle.

I

Religionsgeschichte des Alten Israel ist der Versuch, das Leben und Denken einer antiken Gemeinschaft zu rekonstruieren, von dem wir keine unmittelbare Kenntnis haben. Für diese Fragestellung sind die Texte der Hebräischen Bibel nur Material, nicht der eigentliche Gegenstand ihrer Bemühungen. Die Textbehandlung ist grundsätzlich diachron, so daß die Texte in ihrer gegenwärtigen Endgestalt nicht in den Blick kommen können und auch nicht in den Blick kommen sollen, weil sie ja durch ihre redaktionelle Bearbeitung das geschichtliche Bild, nach dem gefragt wird, verändert oder gar bewußt verschleiert haben. Ich will jetzt nicht auf die Schwierigkeiten und Probleme eingehen, die sich daraus ergeben, daß bei einer solchen Rekonstruktion allzu vieles im Bereich des Hypothetischen, wenn nicht gar der Spekulation bleiben muß. Dies wird besonders angesichts der geradezu dramatischen Veränderungen in den Datierungsfragen innerhalb der alttestamentlichen Wissenschaft in den vergangenen zwei Jahrzehnten deutlich. Auch die in diesem Symposion versammelten Alttestamentler scheinen mir in ihren Rekonstruktionen der Geschichte und Religionsgeschichte Israels geradezu weltweit voneinander entfernt zu sein. (Man vergleiche z.B. das Konzept von Rainer Albertz mit dem von Niels Peter Lemche!) Dies bedeutet keineswegs, daß ich den Wert einer Religionsgeschichte Israels verkenne oder bestreite. Allerdings habe ich Schwierigkeiten, angesichts der gegenwärtigen Situation der alttestamentlichen Wissenschaft das Vertrauen in die Kontrollierbarkeit der Ergebnisse der »historischen Methode« allzuhoch zu veranschlagen.

Demgegenüber hat die Theologie des Alten Testaments, wie ich sie verstehe, ein ganz anderes Interesse. Sie beschäftigt sich mit der theologischen Auslegung der alttestamentlichen Texte. Dies hat zwei grundsätzliche hermeneutische Voraussetzungen. Zum einen: *Das Alte Testament ist ein theologisches Buch.* Es ist sowohl von denen, die es in seiner Endgestalt geformt haben, als auch von den

---

[5] So der Untertitel des Buches von *A.H.J. Gunneweg*, Biblische Theologie des Alten Testaments, Stuttgart 1993.

Verfassern der großen Mehrheit seiner Texte als theologische Literatur verstanden worden. Mit einer solchen Definition wird ein bestimmter Begriff von »Theologie« angewandt. Dies ist ohne jeden Zweifel berechtigt. Seit Johann Philipp Gabler vor mehr als zweihundert Jahren die »Biblische Theologie« aus der Abhängigkeit von der »Dogmatischen Theologie« befreit hat, ist es Aufgabe der Biblischen Theologie selbst, ihr Verständnis von »Theologie« zu definieren. Ein Satz wie: »Das Alte Testament hat keine Theologie« ist in meinen Augen schlichter Unsinn. So etwas von einem Buch zu behaupten, das mit dem Satz beginnt: »Am Anfang schuf Gott Himmel und Erde«, zeugt nach meiner Sicht von einer Art Blindheit bei dem, der ihn spricht.

Man kann gewiß sagen, daß uns im Alten Testament »Theologie« in sehr unterschiedlichen Gestalten entgegentritt. Es gibt Texte, in denen das theologische Engagement unmittelbar erkennbar ist. Rudolf Smend hat dafür einmal den nützlichen Begriff »Theologie im Alten Testament« verwendet[6]. Aber es wäre m.E. eine unangemessene Einschränkung, wenn wir unser Verständnis von Theologie auf eine bestimmte Art von erkennbar systematisierendem Denken begrenzen wollten. Ich würde die Aufgabe eher umgekehrt sehen: daß wir uns als Ausleger bemühen, die theologischen Intentionen der Texte zu erfassen und dabei zu verstehen versuchen, wie sich in ihnen jeweils theologisches Denken Ausdruck verschafft. Ich verwende dabei also einen sehr weitgefaßten Begriff von »Theologie«. Wie er im einzelnen genauer zu definieren ist, muß sich im konkreten Vollzug der theologischen Interpretation der Texte des Alten Testaments zeigen.

Meine zweite hermeneutische Voraussetzung lautet: *Gegenstand der Theologie des Alten Testaments ist das Alte Testament in seiner Endgestalt.* Hier liegt wohl der entscheidende Unterschied zu einer Religionsgeschichte Israels. Die Fragestellung der Religionsgeschichte ist, wie schon gesagt, grundsätzlich diachron. Sie rekonstruiert Vorstadien des jetzigen Textes, die sich nur durch die Analyse mit etablierten wissenschaftlichen Methoden erschließen lassen. Diese Textstadien existieren nur sozusagen in den Laboratorien der Exegeten. Der jetzt vorliegende Text erscheint von daher als Spätstadium, dem nur begrenzte Bedeutung zukommt. Die Fragestellung der Theologie des Alten Testaments, wie ich sie verstehe, ist dagegen primär synchron. Ihr eigentlicher Gegenstand ist der Text in seiner gegebenen Gestalt. Dabei bin ich mir als wissen-

---

6 *R. Smend*, Theologie im Alten Testament, in: Verifikationen (FS G. Ebeling), hg. von *E. Jüngel u.a.*, Tübingen 1982, jetzt in: *ders.*, Mitte des Alten Testaments. Gesammelte Studien, Bd. 1, München 1986, 104–117.

schaftlich geschulter Alttestamentler natürlich dessen bewußt, daß die meisten der jetzt vorliegenden Texte eine Vorgeschichte haben. Ich ignoriere diese auch keineswegs, soweit nach meiner Sicht der diachronen Betrachtung bei der Auslegung des jetzigen Endtextes eine Bedeutung zukommt. Was ich aber grundsätzlich nicht tun werde, ist zu versuchen, frühere Stadien des Textes zu rekonstruieren und diese hypothetischen Texte als solche auszulegen. Das diachrone Moment wird daher vor allem in der Form der Beobachtung einer geschichtlich gewordenen Dynamik innerhalb des jetzigen Textes zur Sprache kommen.

Natürlich bin ich mir darüber im klaren, daß ich mit diesem Ansatz keineswegs bruchlos in der Tradition der neueren alttestamentlichen Theologie stehe. Aber »die« Theologie des Alten Testaments in einem verbindlichen Sinne hat es nie gegeben, so daß ich darin kein Gegenargument gegen meinen Ansatz sehen kann. Im Gegenteil: Gerhard von Rad hat im Vorwort zu seiner »Theologie des Alten Testaments« im Jahre 1957 ausdrücklich betont, daß sein neuer Ansatz vor allem durch neue Entwicklungen im Bereich dessen, was man damals »Einleitungswissenschaft« nannte, bestimmt war. Insofern liegt es auf derselben Linie, wenn ich heute versuche, bestimmte Überlegungen zu einer »kanonischen« Auslegung der alttestamentlichen Texte für die Theologie des Alten Testaments fruchtbar zu machen. Für mich haben diese neuen Einsichten ebenfalls im Bereich der Einleitungswissenschaft begonnen, insbesondere ausgelöst durch Brevard Childs' berühmte »Introduction to the Old Testament as Scripture« von 1979[7].

II

Aus dieser Diskussion habe ich auch den Begriff »kanonische Auslegung« aufgenommen. Ich möchte ihn beibehalten, obwohl ich mir darüber im klaren bin, daß er zu mancherlei Mißverständnissen Anlaß geben kann. Dabei möchte ich vor allem betonen, daß es sich bei dem Begriff »kanonisch« um einen Methodenbegriff handelt, der von verschiedenen Wissenschaftlern durchaus verschieden gefüllt werden kann. (Ich verweise dazu auf den wichtigen Aufsatz über »Canonical Criticism« von Gerald Sheppard[8].) Deshalb muß ich auch sagen, daß ich im Blick auf eine Theologie des Alten Testaments aus diesem Ansatz durchaus andere Konse-

---

7 B.S. Childs, Introduction to the Old Testament as Scripture, London 1979.
8 G. Sheppard, Canonical Criticism, The Anchor Bible Dictionary, Vol. 1 (1992), 861–866.

quenzen ziehe als Brevard Childs. Aber der knappe Rahmen dieses Vortrags macht es jetzt nicht möglich, darauf einzugehen[9].
Was ich mit »kanonisch« bezeichne, ist in erster Linie die Orientierung an der kanonischen Endgestalt des biblischen Textes. Der besondere Charakter und die besondere Funktion dieses Kanons sind für mich wesentliche Gründe, den Begriff »kanonisch« beizubehalten. Vom methodologischen Standpunkt aus könnte ich auch den Begriff »synchron« verwenden, so wie ich ihn bereits kurz skizziert habe. Eine andere Möglichkeit wäre es, von einer »holistischen« Auslegung zu sprechen, wie es heute auch hier und da geschieht[10]. Dieser Begriff legt sich aber eher dann nahe, wenn man ihn auf die Auslegung eines einzelnen biblischen Buches bezieht. Der Kanon des Alten Testaments insgesamt hat noch andere Aspekte. Er ist seit dem Abschluß der Sammlung der in ihm enthaltenen Schriften als Einheit betrachtet worden, was sich in ihm auch vielfältig widerspiegelt. Vor allem hat er von dieser Zeit an als Heilige Schrift erst der Juden und dann in erweiterter Form auch der Christen gegolten. Childs hat es wiederholt so ausgedrückt, daß der Kanon in seiner Jetztgestalt eine entscheidende und prägende Rolle für die jeweilige »community of faith«, die Glaubensgemeinschaft, gespielt hat und daß es gerade deshalb von Bedeutung ist, ihn in dieser seiner Gestalt ernst zu nehmen und auszulegen. Es ist interessant zu sehen, daß u.a. auch Martin Noth diesen Sachverhalt mit ganz ähnlichen Worten betont hat. Im Blick auf den Pentateuch hat er abschließend geschrieben:

»Noch bleibt die Frage übrig, ob ... nicht doch schließlich das Ganze mehr geworden ist als nur die Summe seiner Teile; und da dieses Ganze fortan als heilige Schrift gelesen und gottesdienstlich gebraucht worden ist und also eine geschichtliche Wirkung ausgeübt hat und bis heute das einzige wirklich konkret Gegebene geblieben ist, so ist es eine wissenschaftliche Aufgabe, auch dieses Ganze in seiner überlieferten Gestalt ins Auge zu fassen«[11].

Ich bringe dieses Zitat, um auf die Kontinuität der Fragestellungen und Erkenntnisse aufmerksam zu machen. Vor allem erscheint es mir bedeutsam, wie Noth von der Wirkungsgeschichte der bibli-

---

9 Vgl. dazu *R. Rendtorff*, Brevard S. Childs, Biblical Theology of the Old and New Testaments. Theological Reflections on the Christian Bible, in: Jahrbuch für Biblische Theologie, Bd. 9 (1994): Sünde und Gericht, Neukirchen-Vluyn 1994, 359–369.
10 Vgl. z.B. *M. Greenberg*, Ezekiel 1–20 (AncB 22), Garden City, New York 1983, 18, wo die Methode ausdrücklich als »Holistic Interpretation« bezeichnet wird.
11 *M. Noth*, Überlieferungsgeschichte des Pentateuch, Stuttgart (1948) ³1966, 270.

schen Texte als Heilige Schrift spricht und von der daraus erwachsenden Aufgabe für die heutige wissenschaftliche Auslegung. Dies ist auch für mich ein ganz wesentlicher Aspekt meines kanonischen Ansatzes für die Theologie des Alten Testaments.

III

Für die Durchführung einer kanonisch orientierten Theologie des Alten Testaments ergeben sich gleichsam von selbst einige Grundsätze. Zum ersten: *Die Darstellung folgt soweit wie möglich der kanonischen Struktur der Texte.* Hierfür kann ich wiederum bei Gerhard von Rad ansetzen. Es war ja eine der großen Überraschungen, als seine Theologie erschien, daß er nicht bei dem von ihm selbst ermittelten »Kleinen geschichtlichen Credo« einsetzte, d.h. also beim Exodus, sondern bei der Schöpfung. Er hat diesen Einsatz damit begründet, »daß wir uns der Abfolge der Ereignisse, wie sie der Glaube Israels gesehen hat, überlassen müssen«[12]. Ich werde nun, konsequenter als von Rad, dem kanonischen Text des Pentateuch folgen. Ich werde mich dabei an sein Wort erinnern: »Die legitimste Form theologischen Redens vom Alten Testament ist deshalb immer noch die Nacherzählung«[13].

»Nacherzählen« heißt nun aber nicht, sich auf das Niveau von Kindergottesdienstgeschichten zu begeben. Vielmehr müssen jetzt die theologischen Profile der Texte herausgearbeitet werden. Beim Pentateuch werden dabei zugleich die offenkundigen Spannungen zwischen der priesterlichen bzw. deuteronomistischen Komposition und den von ihnen aufgenommenen und verarbeiteten Texten zur Sprache kommen. Sie werden aber nicht nur in ihren Unterschieden und womöglich Gegensätzen dargestellt, sondern es wird insbesondere die Frage gestellt, wie die Autoren der jetzt vorliegenden Komposition die Texte in ihrer Endgestalt gelesen wissen wollten. Gewiß werden wir das nicht in allen Fällen feststellen können, zumal uns darin auch noch die exegetische Tradition fehlt, während wir ja bei der Herausstellung der Unterschiede auf eine jahrhundertealte Forschungsgeschichte zurückgreifen können.

Ich bin mir deshalb darüber im klaren, daß es in vielen Fällen nur erste Versuche sein können, den kanonischen Texten zu verstehen. Manches habe ich schon in Einzelstudien zu erarbeiten versucht, so etwa die Struktur der Urgeschichte und der Bundesschlußszene

---

12 G. von Rad, Theologie des Alten Testaments, Bd. 1, München (1957) ⁴1962, (126) 134.
13 Ebd.

vom Sinai[14]. Für anderes kann ich auf neuere Arbeiten zum Pentateuch zurückgreifen, die diesen ebenfalls in seiner Endgestalt in Blick fassen, so besonders die grundlegenden Bücher von Erhard Blum[15] und Frank Crüsemann[16]. Aber auch Arbeiten, die von ganz anderen methodischen Voraussetzungen ausgehen, führen oft weiter, wenn sie sich ganz in die Struktur der Texte vertiefen, wie z.B. die beiden großen Aufsätze von Bernd Janowski über die Schekina-Theologie[17] und über »Tempel und Schöpfung«[18]. So entsteht, wie ich hoffe, ein Bild des Pentateuch in seiner Jetztgestalt, das ihn als bewußte und gewollte Einheit versteht, ohne die in ihm enthaltenen und ihn in vielfältiger Weise prägenden Spannungen zu überspielen.

Für die übrigen Teile des Kanons der Hebräischen Bibel ergeben sich analoge, aber teils auch sehr andersartige Probleme, die zu entfalten den Rahmen dieses Vortrags sprengen würde. Ich möchte nur in Kürze andeuten, daß dabei die vielfältigen neuen Ansätze zur Erfassung der kanonischen Strukturen im Bereich der Prophetenbücher[19] und der Psalmen[20], die z.Zt. in verschiedenen Kreisen erprobt werden, von großem Interesse und Nutzen sind. Gerade diese Arbeiten zeigen mir, daß die Frage nach dem Verständnis der biblischen Texte in ihrer kanonischen Gestalt heute in der alttestamentlichen Forschung an vielen Stellen lebendig ist. Und so-

---

14 Vgl. *R. Rendtorff*, »Bund« als Strukturkonzept in Genesis und Exodus, in: *ders.*, Kanon und Theologie, Neukirchen-Vluyn 1991, 123–131.
15 *E. Blum*, Studien zur Komposition des Pentateuch (BZAW 189), Berlin / New York 1990.
16 *F. Crüsemann*, Die Tora. Theologie und Sozialgeschichte des alttestamentlichen Gesetzes, München 1992.
17 *B. Janowski*, »Ich will in eurer Mitte wohnen«. Struktur und Genese der exilischen *Schekina*-Theologie, in: Jahrbuch für Biblische Theologie, Bd. 2 (1987): Der eine Gott der beiden Testamente, Neukirchen-Vluyn 1987, 165–193.
18 *B. Janowski*, Tempel und Schöpfung. Schöpfungstheologische Aspekte der priesterschriftlichen Heiligtumskonzeption, in: Jahrbuch für Biblische Theologie, Bd. 5 (1990): Schöpfung und Neuschöpfung, Neukirchen-Vluyn 1990, 37–69.
19 Vgl. z.B. für das Buch Jesaja die seit einer Reihe von Jahren laufende Arbeit des Seminars »Formation of the Book of Isaiah« im Rahmen der Society of Biblical Literature (SBL) und dazu meinen Forschungsbericht: *R. Rendtorff*, The Book of Isaiah: A Complex Unity. Synchronic and Diachronic Reading, in: SBL 1991 Seminar Papers, 8–20 (erscheint demnächst in überarbeiteter Form in Semeia); ferner auch den Beitrag von *R. Melugin* auf diesem Kongreß: »Amos as Artistic Unity«. Auf der Jahrestagung der SBL im November 1994 in Chicago trat zum ersten Mal eine »Formation of the Book of the Twelve Consultation« in Erscheinung, bei der Jörg Jeremias das Eröffnungsreferat hielt.
20 Für die Psalmen gibt es zahlreiche neue Ansätze; vgl. u.a. *M. Millard*, Die Komposition des Psalters. Ein formgeschichtlicher Ansatz (FAT 9), Tübingen 1994.

weit ich sehe, ist dabei in der Mehrzahl der Fälle ein theologisches Interesse im Spiel, das jedenfalls sehr viel eher in Richtung einer Theologie des Alten Testaments als in die einer Religionsgeschichte Israels weist.

IV

Eine kanonische Theologie des Alten Testaments kann sich aber nicht damit begnügen, die Aussagen der Texte in ihrem kanonischen Zusammenhang zu entfalten. Sie muß auch das Alte Testament als ganzes unter thematischen Gesichtspunkten in Blick fassen. Die Mehrzahl der Themen, die von theologischer Relevanz sind, begegnen nicht nur in einem biblischen Buch, sondern finden sich an verschiedenen Stellen, die in ihren Zusammenhängen betrachtet werden müssen. Insofern ergibt sich für diesen (zweiten) Teil der Theologie die Notwendigkeit einer gewissen Systematik. Es ist aber entscheidend, woher die Kriterien für diese Systematik genommen werden. Traditionellerweise werden Theologien des Alten Testament entweder nach der klassischen Systematik der christlichen Theologie aufgebaut oder nach eigenen Konzepten ihres jeweiligen Verfassers. Die kanonische Theologie wird anders verfahren. Sie wird sich die Themen aus der Behandlung der Texte selbst geben lassen.

Dabei ergibt es sich wiederum ganz von selbst, daß der erste Abschnitt im systematischen Teil dem Thema »Schöpfung« gewidmet sein wird. Die Aussagen über die Schöpfung und den Schöpfer in der Urgeschichte werden mit anderen Schöpfungsaussagen innerhalb der Hebräischen Bibel in Beziehung gesetzt. Eine solche Betrachtung wird natürlich auch diachrone Aspekte enthalten, da das erkennbare geschichtliche Gefälle innerhalb der biblischen Bücher keineswegs ignoriert werden soll. Zudem wird die Betrachtung auch bestimmte religionsgeschichtliche Aspekte mit einbeziehen, jedoch wiederum unter dem leitenden Gesichtspunkt, wieweit sie zur Erhellung der in den biblischen Texten selbst gegebenen Aussagen dienen können. (Hier zeigt sich die Notwendigkeit einer Religionsgeschichte Israels neben der Theologie des Alten Testaments, um die Verbindungen bestimmter Aspekte der israelitischen Religion mit den übrigen Religionen des Alten Orients darzustellen[21].)

---

21 Hier zeigt sich allerdings auch ein Mangel der Religionsgeschichte, weil sie bestimmte theologisch zentrale Texte nicht angemessen behandeln kann. So weist z.B. das Register in Albertz' Religionsgeschichte aus, daß das Kapitel Gen

Bei einer solchen kanonischen Zusammenschau bestimmter Themen ergeben sich immer wieder Veränderungen der Fragestellung. Ich will das an einem Beispiel verdeutlichen. Das zweite Kapitel des systematischen Teils wird dem Thema »Bund« gewidmet sein. Dies ergibt sich daraus, daß ברית in Gen 9 das zweite große Thema ist, das die Bibel als ganze betrifft. Geht man die damit angesprochene Thematik innerhalb der Hebräischen Bibel im einzelnen durch, so stellt man fest, daß die bisherigen begriffsgeschichtlich orientierten Untersuchungen Themen voneinander getrennt haben, die zusammengehören. Die Begriffe »Bund«, »Erwählung« und die sogenannte »Bundesformel« werden in aller Regel getrennt voneinander behandelt, zudem überwiegend ohne genauere Berücksichtigung ihres jeweiligen Kontextes. Betrachtet man sie aber innerhalb des Ganzen der Hebräischen Bibel, so zeigen sich vielfältige Zusammenhänge, die immer wieder die begriffsgeschichtlichen Grenzen überschreiten. Die sogenannte Bundesformel erscheint in sehr charakteristischen Verbindungen sowohl mit dem Wort ברית als auch mit בחר[22]. Außerdem muß man Texte mit einbeziehen, die keine unmittelbare terminologische Verbindung mit diesen Begriffen haben, wie z.B. den Anfang der Abrahamgeschichte in Gen 12,1–3. Innerbiblisch ist klar, daß es sich hier um die »Erwählung« Abrahams handelt. Dies wird auch sehr deutlich in Neh 9 ausgesprochen, wo es im Gebet heißt »Du hast Abram erwählt« (בחרת באברם, V. 7). Dies ist ein sehr schönes Beispiel dafür, wie man durch »späte« Texte auf Zusammenhänge geführt werden kann, die einem bis dahin verborgen geblieben waren. Gerade Neh 9 ist ein zu Unrecht weithin vernachlässigter Text, der in einer kanonischen Theologie des Alten Testaments zu Ehren gebracht werden sollte[23].

Ich muß hier abbrechen. Ich habe versucht, in einer knappen Skizze darzustellen, wie ich mir diejenige »Theologie des Alten Testaments« vorstelle, an der ich selbst arbeite. Ich weiß, daß dabei die verschiedensten Voraussetzungen zugrunde liegen, die von vielen Fachkollegen nicht geteilt werden. Ich erhebe deshalb keinerlei

---

1 als ganzes überhaupt nicht behandelt wird, sondern nur die Verse 2, 26, 28 und 31, und zwar im wesentlichen unter der Überschrift »Das Ringen um die Identität des Gemeinwesens« (531–533). Einer der großen Schöpfungstexte wie Ps 104 erscheint überhaupt nicht. Im übrigen ist von Schöpfung unter anderem als Thema Deuterojesajas die Rede. »Schöpfung« als selbständiges Thema kommt in dieser »Religionsgeschichte Israels« jedoch nicht vor!
22 Vgl. dazu *R. Rendtorff*, Die »Bundesformel«. Eine exegetisch-theologische Untersuchung (SBS 169), Stuttgart 1995.
23 Ein Beitrag von mir zu Neh 9 wird demnächst in einer Festschrift erscheinen.

Anspruch darauf, »die« Theologie des Alten Testaments zu konzipieren. Ich will auch nicht versuchen, die Leitfrage dieses Symposions: »Theologie oder Religionsgeschichte« in irgendeinem Sinne zu entscheiden. Ganz im Gegenteil hoffe ich, daß mit meinem Versuch eine Stimme hörbar wird, die in dem vielfältigen Chor der Meinungen einen nützlichen Beitrag leisten kann.

6 Der Text in seiner Endgestalt
Überlegungen zu Exodus 19

Klaus Koch und ich sind durch eine lange Wegstrecke miteinander verbunden, die schon im Sommersemester 1947 im Psalmenseminar von Hellmuth Frey in Bethel begann und im gemeinsamen Lehrkurs des Deutschen Palästinainstituts 1959 einen ihrer Höhepunkte hatte. Als Schüler von Gerhard von Rad haben wir uns manches Mal in unseren Publikationen gegenseitig angeregt und aufeinander reagiert[1]. In jüngster Zeit gab es dann auch Kontroversen, so insbesondere über die Probleme der literarischen Entstehungsgeschichte des Pentateuch[2]. Die Diskussion darüber wurde auch im Kreis der Mitarbeiter des Neukirchener Biblischen Kommentars geführt. Der folgende Beitrag geht auf diese Diskussion zurück.

---

[1] So z.B. R. RENDTORFF, Die Gesetze in der Priesterschrift (FRLANT 44), 1954 (²1963), und K. KOCH, Die Priesterschrift von Exodus 25 bis Leviticus 16 (FRLANT 53), 1959, sowie DERS., Alttestamentliche und altorientalische Rituale, in: Die Hebräische Bibel und ihre zweifache Nachgeschichte (Fs R. Rendtorff), hg. von E. Blum / Chr. Macholz / E.W. Stegemann, 1990, 75–85; in umgekehrter Reihenfolge: K. KOCH, Der Tod des Religionsstifters, KuD 8 (1962) 100–123 = DERS., Studien zur alttestamentlichen und altorientalischen Religionsgeschichte, 1988, 32–55, mit Nachträgen und Berichtigungen 55–60 (das mir gewidmete Exemplar des Sonderdrucks aus KuD trägt den handschriftlichen Vermerk: »Als Beitrag zum gemeinsamen Neubau der Geschichte Israels«), und R. RENDTORFF, Mose als Religionsstifter?, in: DERS., Gesammelte Studien zum Alten Testament, 1975, 152–171.

[2] R. RENDTORFF, Das überlieferungsgeschichtliche Problem des Pentateuch (BZAW 147), 1977, und K. KOCH, P – kein Redaktor! Erinnerung an zwei Eckdaten der Quellenscheidung, VT 37 (1987) 446–467. Daß diese Kontroverse die Freundschaft nicht zerstören kann, hat Klaus Koch öffentlich kundgetan durch die gedruckte Widmung »Rolf Rendtorff, dem Freund, als Diskussionsbeitrag«.

I

Zunächst sind einige Vorbemerkungen notwendig. Meine kritische Auseinandersetzung mit der klassischen »Urkundenhypothese«, die seit dem Ende des vorigen Jahrhunderts die Pentateuchforschung fast unbestritten beherrscht hat[3], erhielt neue Impulse durch die Diskussion um eine »kanonische« Auslegung der Texte der Hebräischen Bibel, die insbesondere durch das grundlegende Buch von Brevard Childs[4] seit Ende der siebziger Jahre auch außerhalb der USA Aufmerksamkeit erregte[5]. Es zeigt sich inzwischen, daß damit eine ganze Fülle von neuen Fragen aufgeworfen worden ist und ganz neue methodische Aspekte in Blick zu treten beginnen.

Ich möchte mich hier auf einen Aspekt beschränken, der mir für die Arbeit am konkreten Text von grundlegender Bedeutung zu sein scheint. Die Frage lautet: Wie gehe ich als Exeget mit einem Text um, der einerseits eine (diachrone) Komplexität erkennen läßt, die auf eine u.U. längere und mehrschichtige Vorgeschichte hinweist, der aber andererseits im jetzigen (synchronen) Kontext in seiner vorliegenden Gestalt eine deutlich erkennbare Funktion hat? Es geht dabei nicht um eine Alternative, schon gar nicht um die Frage, was »richtig« oder »falsch« sei. Vielmehr stehen hier verschiedene »*Wahrnehmungen* der Texte zur Debatte..., deren Voraussetzungen, Möglichkeiten, Grenzen und vor allem Korrelationen noch sorgfältig erörtert und abgeklärt werden müssen«[6]. Gerade die Korrelationen der verschiedenen Wahrnehmungsweisen zueinander erscheinen mir wichtig. Denn

---

[3] Vgl. vorige Anmerkung.
[4] B.S. CHILDS, Introduction to the Old Testament as Scripture, 1979.
[5] Vgl. dazu R. RENDTORFF, Zur Bedeutung des Kanons für eine Theologie des Alten Testaments, in: Wenn nicht jetzt, wann dann? (Fs H.-J. Kraus), hg. von H.-G. Meyer / J.M. Schmidt / W. Schneider / M. Weinrich, 1983, 3–11. Zur Entwicklung der amerikanischen Diskussion vgl. besonders den instruktiven Beitrag von P.D. MILLER, Der Kanon in der gegenwärtigen amerikanischen Diskussion, JBTh 3 (1988) 217–239.
[6] Vgl. E. BLUM, Studien zur Komposition des Pentateuch (BZAW 189), 1990, 3f.

auch eine synchrone Interpretation, welche »die berechtigte methodische Herausforderung eines ganzheitlichen Zuganges zu den Texten« annimmt, wird, zumal im Kontext der neueren alttestamentlichen Forschung, nicht einfach »die diachrone Dimension a limine ausblende(n)/ausklammer(n)« können, ohne »ihr eigenes Ziel zu verfehlen«. Umgekehrt steht aber »das übliche Primat der diachron-analytischen Fragehinsichten und Voreinstellungen schon im Ansatz einer Textwahrnehmung im Wege, die sich zunächst einmal und vorbehaltlos auf eine gegebene Sinngestalt einzulassen sucht«[7].

Die folgenden Bemerkungen sollen versuchen, ein begrenztes Textstück unter einer primär synchron orientierten Fragestellung zu betrachten, die sich zugleich der diachronen Komplexität des Textes bewußt bleibt.

II

Mit dem Kapitel Ex 19 beginnt der größte zusammenhängende Abschnitt des Pentateuch, der den Aufenthalt Israels am Sinai behandelt (Ex 19,1–Num 10,10). Der häufig gebrauchte Begriff »Sinaiperikope«[8] isoliert diesen Abschnitt in mehrfacher Hinsicht gegenüber seinem Kontext. Zunächst bezieht er sich in der Regel nur auf den »vorpriester(schrift)lichen« Textbestand, d.h. auf die Kapitel Ex 19–24 und 32–34, während das Übrige kaum oder überhaupt nicht in Blick kommt. Sodann stehen bei dieser Abgrenzung die überlieferungsgeschichtlichen Fragen und damit eine dezidiert diachrone Betrachtungsweise im Vordergrund. Schließlich findet der erzählerische Kontext, in den die Ereignisse am Sinai jetzt eingebettet sind, dabei kaum Beachtung.

---

[7] Ebd. Ein interessantes Beispiel für eine solche Korrelation bietet jetzt W. THIEL, Zur Komposition von 1 Könige 18. Versuch einer kontextuellen Auslegung, in: Fs R. Rendtorff (s. Anm. 1), 213–223, bes. auch die abschließenden methodischen Bemerkungen S. 223.
[8] Vgl. vor allem G. VON RAD, Das formgeschichtliche Problem des Hexateuch(s), 1938 = Gesammelte Studien zum Alten Testament I, 1958 (^{4}1971), passim.

Der einleitende V. 1 lenkt aber den Blick gerade auf den größeren Erzählungszusammenhang. Er bezieht die Ankunft am Sinai zurück auf den Auszug aus Ägypten, muß also mit Ex 12,2f.40f (und 16,1) zusammengesehen werden, wo das Datum des Aufbruchs genannt wird. Die nächste Datumsangabe in Num 10,11 ist nicht mehr auf den Auszug, sondern auf die Ankunft am Sinai bezogen. Demnach beginnt in Ex 19,1 die zweite große Etappe der Zeit zwischen dem Auszug aus Ägypten und dem Einzug ins Land Kanaan. (Zur Beziehung auf den Auszug vgl. auch V. 4, s.u.)

Das Ankunftsdatum wird in V. 1b durch die Wendung בַּיּוֹם הַזֶּה betont hervorgehoben. Damit wird deutlich, daß mit חֹדֶשׁ in V. 1a der Neumondstag gemeint ist[9]. Zugleich wird noch einmal die Beziehung zu Ex 12 sichtbar, wo das Auszugsdatum mit בְּעֶצֶם הַיּוֹם הַזֶּה unterstrichen wird (V. 41). Im letzteren Fall hat diese Betonung zweifellos mit dem Datum des Passa zu tun. Dementsprechend könnte sich das Datum des dritten Neumonds in 19,1 auf das Wochenfest beziehen. (Der dritte Neumond eröffnet nach zwei Wochen Nissan und vier Wochen Iyyar die siebente Woche nach Passa). In der jüdischen Tradition gilt das Wochenfest mit ausdrücklichem Bezug auf Ex 19,1 als »die Zeit der Gabe der Tora« (ומן מתן תורה). Allerdings ist diese Tradition erst im 3. Jh. sicher belegt (bPesachim 68b)[10]. Gleichwohl zeigt die Hervorhebung, daß dieses Datum als wichtig galt[11].

Auf einen anderen Aspekt des größeren Erzählungszusammenhangs hat Utzschneider aufmerksam gemacht[12]. Er spricht von einer »Wanderungserzählung«, die er mit Ex 13,17−22 beginnen läßt, d.h. mit dem Verlassen des Kulturlandes und dem Beginn »einer neuen Existenz, die geprägt ist vom Wandern der Gruppe von Lagerplatz zu Lagerplatz« − bis hin zu den »Steppen Moabs«

---

[9] Vgl. M. NOTH, Das zweite Buch Mose. Exodus (ATD 5), ³1965, z.St.
[10] Vgl. L. Jacobs, Art. Shavuot, EJ XIV (1971) 1319−1322, hier 1320f.
[11] NOTH, Exodus, z.St.
[12] H. UTZSCHNEIDER, Das Heiligtum und das Gesetz. Studien zur Bedeutung der sinaitischen Heiligtumstexte (Ex 25−40; Lev 8−9), 1988, 76ff. Utzschneider spricht von »Makrostrukturen«, wobei er »...die Texte aus größerer Entfernung und gleichsam mit leicht zugekniffenen Augen beobachtet (hat), so daß nur die markantesten Grenz- und Verbindungslinien hervorgetreten sind« (83).

(Num 22,1) und schließlich bis Gilgal, wo es zum letzten Mal heißt, daß Israel »das Lager aufgeschlagen« habe (Jos 4,19; 5,10). In Jos 5,10f wird auch das Passa gefeiert בְּעֶצֶם הַיּוֹם הַזֶּה, wie in Ex 12,41. Außerdem wird das Aufhören des Manna festgestellt, womit ein Rückbezug auf den ebenfalls datierten Text Ex 16,1ff gegeben ist.

Diese verschiedenen Beobachtungen zur »Makrostruktur« stehen durchaus nicht in Gegensatz zueinander, zumal Utzschneider noch zahlreiche weitere Momente für seine Betrachtungsweise anführen kann. Vielmehr zeigt sich darin auf der Ebene des jetzt vorliegenden Textes ein ganzes Geflecht von Querverbindungen, deren Entdeckung z.T. auch mit der unterschiedlichen Wahrnehmungsweise des jeweiligen Exegeten zusammenhängt.

III

Israel kommt in die »Wüste Sinai« (מִדְבַּר סִינָי V .1). Es wird ausdrücklich betont, daß Israel »in der Wüste« lagerte (V. 2a), und zwar »gegenüber dem Berg« (נֶגֶד הָהָר V. 2b), oder, wenn man Raschi folgen will, östlich des Berges (למורחו וכל מקום, שאתה מוצא נגד פנים למורח). Mose steigt dann auf den Berg (V. 3, s.u.), aber Israel kommt nie auf den Berg. Auch die 70 Ältesten, mit denen Mose später »hinaufsteigt« (24,1), sollen »von ferne anbeten«, während Mose allein »sich nähert« (V. 2). In V. 2b wird ausdrücklich betont, daß das Volk nicht »hinaufsteigt«, daß also auch dieser teilweise Aufstieg den Ältesten vorbehalten bleibt. Diese »sehen« dann später die glanzvolle Gotteserscheinung von unten (V. 10).

Diese Unterscheidung zwischen dem Berg und der Wüste wird noch einmal ausdrücklich am Abschluß der Opfergesetzgebung betont (Lev 7,37f): Jhwh hat Mose die Opfervorschriften »auf dem Berg Sinai« gegeben, damit Israel seine Opfer »in der Wüste Sinai« darbringt.

Mose steigt nun auf den Berg. Die scheinbare Redundanz des Textes, der zweimal vom Lagern der Israeliten spricht, erweist sich als Stilmittel: Israel lagert unten (V. 2b), während Mose – betont vorangestellt – »zu Gott« (אֶל־הָאֱלֹהִים) hinaufsteigt (V. 3a). Es erscheint zunächst überraschend, daß Mose so zielbewußt hinaufsteigt, ohne daß der »Gottesberg« ausdrücklich eingeführt und ohne daß Mose von Gott zum Hinaufsteigen aufgefordert wird. Allerdings besteht diese Überraschung bei einer synchronen Lesung des Buches Exodus kaum. Denn in Ex 3,1 war Mose ja schon am »Gottesberg« (הַר הָאֱלֹהִים). Damals ist ihm auch als »Zeichen« für Gottes Mit-Sein angekündigt worden, daß er, nachdem er das Volk aus Ägypten herausgeführt haben wird, auf diesem Berge Gott (אֶת־הָאֱלֹהִים) dienen werde (V. 12)[13].

Dieser Zusammenhang wird noch dadurch unterstrichen, daß es in 3,12 heißt, daß Mose »auf diesem Berg« (עַל הָהָר הַזֶּה) Gott dienen werde, und daß dann in 19,3b Jhwh von »dem Berg« (הָהָר) aus zu Mose spricht. Die Formulierung הָהָר mit Artikel kommt im Buch Exodus nur in 3,12 und dann gehäuft in 19f; 24 und 32–34 vor.

Im übrigen bleiben einige oft diskutierte Fragen offen. Wer ist in Ex 3,12 mit dem Plural in תַּעַבְדוּן gemeint? Wird dies durch Ex 24,1.9–11 eingelöst[14]? Dienen die Ältesten Gott »auf dem Berge«? Aber ungeachtet dieser Schwierigkeiten, für die es durchaus diachrone Gründe geben kann, erscheint mir die bewußte und gewollte Wechselbeziehung zwischen Ex 3 und 19+24 unzweifelhaft.

---

[13] Eigenartigerweise fehlt bisher eine Untersuchung über die Besonderheiten des Gebrauchs von הָאֱלֹהִים (mit Artikel) als Bezeichnung für Gott bzw. Jhwh. W.H. SCHMIDT (Exodus 1,1–6,30 [BK II/1], 1988, 17) kann dazu nur auf eine Fußnote bei Eduard Meyer (1906!) verweisen, wonach der Gebrauch des Artikels beim Gottesnamen in Ex 3 »regellos ... schwankt«. Ich könnte mir denken, daß sich hier einige Einsichten erzielen ließen, wenn man dabei die »Quellen«frage beiseite läßt. Ich habe hier einmal den Gebrauch von הָאֱלֹהִים im Buch Exodus zusammengestellt, wobei jedenfalls interessante Streuungen bzw. Ballungen erkennbar werden. (Bei einigen der Genitivbildungen sind grammatische Notwendigkeiten im Spiel, doch habe ich hier zunächst alle Belege aufgeführt.) הָאֱלֹהִים allein: 1,17.21; 2,23; 3,6.11.12.13; 18,12.19(bis); 19,3.17.19; 20,20.21; 21,6.13; 22,7.8; 24,11; הַר הָאֱלֹהִים: 3,1; 4,27; 18,5; 24,13; מַטֵּה הָאֱלֹהִים: 4,20; 17,9; מַלְאַךְ הָאֱלֹהִים: 14,19; כָּל־הָאֱלֹהִים: 18,11; חֻקֵּי הָאֱלֹהִים: 18,16.
[14] So jetzt mit Nachdruck E. BLUM, Studien, 53.

IV

Ein besonders wichtiges Element bildet nun die Gottesrede in Ex 19,4–6. Sie stellt Verbindungen nach rückwärts und nach vorwärts her.

Der Beginn der Gottesrede weist zunächst auf die Herausführung aus Ägypten zurück, genauer auf die große Tat Gottes an den Ägyptern (V. 4a). Dabei klingt die Formulierung »Ihr habt gesehen« (אַתֶּם רְאִיתֶם) an die Schilfmeererzählung in Kap. 14 an, wo das Wort ראה zunächst in V. 13 dreimal begegnet: »Fürchtet euch nicht! Stellt euch hin und *seht* die Hilfe Jhwhs, die er euch heute tun wird. Denn wie ihr die Ägypter heute *seht* (רְאִיתֶם), werdet ihr sie niemals wieder *sehen*«. In V. 30f wird ראה noch zwei weitere Male gebraucht: »Israel *sah* die Ägypter tot am Ufer des Meeres liegen. Und als Israel die große Machttat *sah*, die Jhwh an den Ägyptern getan hatte...« Daran wird Israel nun erinnert.

In V. 4bα wird Gottes Führung Israels auf dem Wege in Erinnerung gerufen. Die Metapher vom Adler, der seine Jungen auf den Flügeln trägt, erinnert an Dtn 32,11. Die zentrale Aussage dieses ersten Redeabschnitts enthält dann V. 4β: »und ich habe euch zu mir gebracht«. Die machtvolle Führung Israels aus Ägypten und durch die Wüste hat hier am Sinai ihr eigentliches Ziel. Hier ist Israel bei Gott. Dadurch wird die Sonderstellung des in Kap. 19 beginnenden Abschnitts in der Geschichte Gottes mit Israel nachdrücklich hervorgehoben.

In V. 5 beginnt ein neuer Abschnitt mit der rhetorischen Markierung וְעַתָּה, die hier aus der Vergangenheit in die Zukunft überleitet: »Wenn ihr auf meine Stimme hört« – damit sind gewiß zunächst die bald folgenden Worte der göttlichen Toraverkündigung gemeint. Es wäre aber reizvoll, die Beziehungen zu den verschiedenen Manifestationen des קוֹל bzw. der קוֹלֹת Jhwhs (19,16.19; 20,18) näher zu bedenken, vor allem im Zusammenhang mit Stellen wie Dtn 4,12f.36; 5,22–26; 18,16, in denen die machtvollen Naturerscheinungen und die Toraverkündigung sowie die Furcht Israels miteinander verknüpft sind.

»Und wenn ihr meinen Bund haltet« (V. 5aβ). Hier taucht das Schlüsselwort בְּרִית auf. Noch ist die בְּרִית nicht geschlossen; aber das Folgende zielt auf die Bundesschlußzeremonie in 24,3−8 (סֵפֶר הַבְּרִית V. 7, דַּם־הַבְּרִית V. 8), mit der die einleitende Gottesrede eine Klammer um den Komplex der Gottesoffenbarung am Sinai bildet.

In V. 5b wird die Folge der Bewahrung des Bundes formuliert: Israel wird für Gott סְגֻלָּה מִכָּל־הָעַמִּים sein. Der Ausdruck steht hier »als (bedingte) Verheißung«[15]. Er begegnet auch in zentralen Stellen der Erwählungstheologie des Deuteronomiums[16] (Dtn 7,6; 14,2), dort jedoch nicht als Verheißung, sondern als nähere Entfaltung des Begriffs der Erwählung (בחר). Dtn 26,18 blickt auf die in Ex 19 noch bevorstehende Selbstverpflichtung Israels zum Bewahren der göttlichen Gebote zurück. Dort ist besonders deutlich die Zweiseitigkeit der Bundesverpflichtung herausgestellt: Jhwh als Israels Gott − Israel als Jhwhs Eigentumsvolk.

V. 6a weitet nun die Definition Israels als Volk Gottes ins Kultische hinein aus. Israel soll für Gott ein »Königreich von Priestern« (מַמְלֶכֶת כֹּהֲנִים) und ein »heiliges Volk« (גּוֹי קָדוֹשׁ) sein. Wie ist das zu verstehen? Blum hat in sehr einleuchtender Weise den Zusammenhang zwischen Ex 19 und 24 auch an diesem Punkt aufgezeigt. Israel entspricht in der Bundesschlußszene in 24,3−8 »*in concreto* der vermeintlich abstrakt-theologischen Titulatur von 19,6: .... Denn was bedeutet es − im Lichte von 19,5f.! − anderes, daß Mose die נערי בני ישראל, die ›jungen Leute‹, mit dem Darbringen von עלת und זבחים שלמים beauftragen kann (v. 5) und daß er die nicht für den Altar verwendete Hälfte des Opferblutes ›auf das Volk‹ sprengt (v. 8)? ... Ohne Frage, in dieser Situation am Sinai *ist* Israel tatsächlich eine ממלכת כהנים, ein גוי קדוש«. Und auch der folgende Abschnitt in Kap. 24 ist in diese Sicht mit einbezogen: »Aber wenn schon ›die

---

[15] L. PERLITT, Bundestheologie im Alten Testament (WMANT 36), 1969, 171.
[16] Vgl. dazu R. RENDTORFF, Die Erwählung Israels als Thema der deuteronomischen Theologie, in: Die Botschaft und die Boten (Fs H.W. Wolff), hg. von J. Jeremias / L. Perlitt, 1981, 75−86.

Jungen‹ als Priester amtieren, wessen werden erst ›die Alten‹ gewürdigt? Wie 24,9–11 zeigen, ist eine Steigerung noch möglich«[17]. So bestätigt sich hier wiederum die Zusammengehörigkeit von Ex 19 und 24 in ihrer jetzigen Textgestalt.

Zu dem singulären Ausdruck גּוֹי קָדוֹשׁ ist noch die Beobachtung wichtig, daß in den folgenden Versen wiederholt davon die Rede ist, daß Mose das Volk »heiligen« (oder: »sich heiligen lassen«) soll (קדשׁ pi. V. 10.14, hitp. für die Priester V. 22; in V. 23 pi. auch für die Tabuisierung des Berges, zusammen mit גבל hi.). Dies ist das erste Mal, daß Israel selbst als »heilig« oder »geheiligt« bezeichnet wird. Im weiteren Kontext des Sinaikomplexes geschieht dies dann noch zu wiederholten Malen in der sehr betonten Formulierung »Ihr sollt heilig sein, denn ich bin heilig«. Bei ihrem ersten Auftreten in Lev 11,44f wird diese Formel mit dem Verbum קדשׁ (hitp. mit Jhwh als Subjekt) verbunden (V. 44), und die ganze Aussage wird ausdrücklich – wie in Ex 19,4–6 – in den Zusammenhang mit der Herausführung aus Ägypten gestellt: »Denn ich bin Jhwh, der euch aus dem Land Ägypten heraufgeführt hat, um euer Gott zu sein; und ihr sollt heilig sein, denn ich bin heilig« (V. 45). Vgl. weiter 19,2; 20,7f.26; 21,6–8.15.23; 22,9.16.32.

An die Gottesrede und ihre Weitergabe durch Mose an die Ältesten (V. 7) schließt sich die Antwort des Volkes an: »Alles, was Jhwh gesagt hat (oder: sagt), wollen wir tun« (V. 8a). Diese zustimmende Antwort wird wiederum in Kap. 24 aufgenommen und verstärkt. In V. 3 heißt es, daß das Volk diese Erklärung »mit einer Stimme« abgegeben habe, und bei ihrer nochmaligen Wiederholung in V. 7 wird zum Tun noch das Hören hinzugefügt (נַעֲשֶׂה וְנִשְׁמָע). Dabei ist wichtig, daß diese Wiederholung der Erklärung »in *Kenntnis* des Gotteswillens« geschieht[18].

Ein für den weiteren Kontext wichtiges Element bildet schließlich die Zusage Gottes an Mose, daß er sich ihm aus der Wolke heraus vor den Ohren des Volkes kundtun werde: »Dann werden

---

[17] E. BLUM, Studien, 51f.
[18] Ebd., 51.

sie auch an dich glauben für alle Zeit« (V. 9). Es ist offenkundig, daß hier ein Rückbezug auf Ex 14,31 vorliegt. Der Zusammenhang wird noch durch das »auch« (גַּם) hervorgehoben, dessen Bedeutung überhaupt erst durch den Rückbezug verständlich wird. In 14,31 heißt es: »Da glaubten sie an Jhwh und an seinen Knecht Mose«. Das Glauben an Mose wird in 19,9 zu dem durch die zustimmende Antwort des Volkes schon zum Ausdruck gekommenen Glauben an Jhwh noch hinzugefügt.

V

Das Kapitel Ex 19 enthält noch zahlreiche weitere Probleme, die jedoch vorrangig »interne« Spannungen und (scheinbare) Widersprüche betreffen und deshalb von der hier behandelten Fragestellung der Lektüre des Kapitels in seinem jetzigen größeren Kontext nicht unmittelbar betroffen werden.

Ich möchte hier nur noch einen Einzelaspekt nennen, von dem aus sich zugleich noch einmal das Problem von synchroner und diachroner Auslegung beleuchten läßt. Als besonders problematisch wird von vielen Exegeten der Abschnitt V. 20–25 empfunden. Nun hat Blum, im Anschluß an W. Rudolph, diese Verse als »Midrasch« erklärt, d.h. »als weiterführende und korrigierende *Auslegung* von 19,10–19«[19]. Für die Einzelheiten verweise ich auf seine Darlegungen. Methodisch wichtig sind mir dabei vor allem zwei Gesichtspunkte. Zum einen wird mit der Annahme einer Auslegung innerhalb eines Textzusammenhanges ein diachroner Gesichtspunkt eingeführt, der für Fälle dieser Art über die Notwendigkeit der Annahme von »Fragmenten« hinausführt und die spannungsreichen Beziehungen innerhalb des Textes als durchaus gewollt versteht. Zum andern wird damit zugleich für die synchrone Betrachtung des jetzigen Zusammenhangs von dem Postulat eines glatten, widerspruchsfreien Textes abgegangen. Vielmehr ist dann »grundsätzlich mit der Möglichkeit zu rechnen,

---

[19] Ebd., 48f.

daß eine Überlieferung in ihrer internen (diachronen) Komplexität keineswegs selbstverständlich auf eine vereinheitlichende/harmonisierende Sinnkonstitution hin angelegt ist, ja sogar, daß (diachrone) ›Widersprüche‹ mit zur synchronen Bedeutung eines Textes gehören«[20].

Dies führt uns zum Anfang unserer Überlegungen zurück. Es geht mir um den Versuch einer synchronen Interpretation, die sich der methodischen Herausforderung eines ganzheitlichen Zugangs zu den Texten stellt, ohne dabei einer harmonisierenden Sicht zu verfallen, bei der die (diachronen) Spannungen und Widersprüche des Textes ignoriert werden. Dies bedeutet aber durchaus eine Veränderung der Wahrnehmung der Texte, oder, anders ausgedrückt, eine Änderung der Prioritäten im Verständnis der exegetischen Aufgabe. »Analyse« des vorliegenden Textes und »Rekonstruktion« der ihm vorausliegenden, womöglich der »ursprünglichen« Texte oder Überlieferungen ist eine mögliche Aufgabe, die sich der Exeget stellen kann; Auslegung des jetzt vorliegenden Textes als einer sinnvollen und von seinen »Autoren« beabsichtigten Größe eine andere. Beide sind bestimmt durch die Definition der Aufgabe, die sich der Exeget stellt. Seit dem Beginn der neuzeitlichen Bibelwissenschaft war die erstgenannte Aufgabe die im wesentlichen herrschende und allgemein anerkannte. Darüber wurde leicht vergessen, daß dies weder die einzig mögliche Form von Auslegung noch auch der einzig mögliche wissenschaftliche Zugang zu den Texten war. Im internationalen Bereich ist diese Dominanz längst aufgegeben, vor allem unter dem Einfluß der modernen Literaturwissenschaft, aber auch dem der modernen jüdischen Exegese, die die klassischen Traditionen der jüdischen Auslegung für die moderne Bibelwissenschaft fruchtbar gemacht hat. Die ganzheitliche, »holistische« Fragestellung hat, unter ganz

---

[20] Ebd., 3f. In ähnlicher Richtung gehen die Überlegungen von UTZSCHNEIDER (s. Anm. 10), der von einer »spannungsreichen Kohärenz« spricht (106 u.ö.). Sie kommt u.a. durch den Vorgang einer »›Überbauung‹ eines jeweils älteren durch den jeweils jüngeren Text« zustande, wobei in den sinaitischen Heiligtumstexten die jüngeren, »priesterschriftlichen« Texte die »Überbauungsschicht« darstellen (258).

unterschiedlichen methodischen Voraussetzungen, längst ihr eigenes Feld erobert.

Eines der Probleme in der gegenwärtigen Forschungssituation ist die weitgehende Beziehungslosigkeit der verschiedenen methodischen Ansätze zueinander. Daran läßt sich z.Zt. auch wenig ändern, zumal regionale und sprachliche Barrieren hinzukommen. Meine Bemühung geht deshalb dahin, eine auf die jetzige Textgestalt gerichtete Auslegung zu betreiben, die nicht den Zusammenhang mit der Tradition aufgibt, in der ich aufgewachsen bin und der ich die Grundlagen meiner Einsichten in die alttestamentlichen Texte verdanke. Dazu soll der vorliegende Text einen Beitrag leisten, dem Freunde gewidmet, mit dem ich seit den Anfängen auf diesem Wege verbunden bin.

7 THE PARADIGM IS CHANGING: HOPES – AND FEARS

This has been a great century in Old Testament scholarship. At its dawn we find a number of names that have left their stamp on the whole century, and the ideas of these scholars still serve as guidelines in many areas of Old Testament studies. I name three of them: Julius Wellhausen, Bernhard Duhm, and Hermann Gunkel.

Wellhausen, in a sense, represented the conclusion of one epoch of research and, at the same time, the opening of a new one. The question how to interpret the history of the origins of the Pentateuch was discussed throughout the whole of the nineteenth century, and different models were proposed and applied. Now one model gained the upper hand: the "newer documentary hypothesis". It was not invented by Wellhausen. His own contemporaries, for example, Heinrich Holzinger in his famous *Einleitung in den Hexateuch* (1893), called it the "Graf Hypothesis", because Karl Heinrich Graf was the first to publish the new hypothesis.[1] But Wellhausen was so fascinated by it, and his impact on Old Testament scholarship of his time was so overwhelming, that during the following decades it became more and more the Wellhausen hypothesis, as it is to this day.

Let us consider for a moment what happened when, after a short while, this new theory became commonly accepted. In a more technical sense, it was the victory of the "documentary hypothesis" over the earlier "fragment hypothesis", and in particular over the "supplementary hypothesis" that had been widely accepted in the decades before Wellhausen. But it is obvious that the main reason for this victory was not the purely literary question of dividing sources. Wellhausen himself explained quite clearly the main reason for the fascination with this new theory. In the introduction to his famous *Prolegomena to the History of Israel*,[2] he told the reader how, as a young

---

[1] K.H. Graf, *Die geschichtlichen Bücher des Alten Testaments: Zwei historisch-kritische Untersuchungen* (Leipzig: T.O. Weigel, 1866).
[2] J. Wellhausen, *Geschichte Israels* (Berlin: G. Reimer, 1878); 2nd edn: *Prolegomena zur Geschichte Israels* (1883); English translation from the 2nd edn: *Prolegomena to the History of Israel* (Edinburgh: Adam & Charles Black, 1885) =

scholar, he had loved the stories about Saul and David, Ahab and Elijah, and the early prophets, but how he had felt it to be impossible to understand the Pentateuchal law as the basis of all this literature. Then, "in the summer of 1867 [when he was 23 years old], I learned ... that Karl Heinrich Graf placed the Law later than the Prophets, and, almost without knowing his reasons for the hypothesis, I was prepared to accept it: I readily acknowledged to myself the possibility of understanding Hebrew antiquity without the book of the Torah."[3]

That was what fascinated Wellhausen, and then the majority of European Protestant Old Testament scholars: to liberate Hebrew antiquity from the burden of the later Jewish law. Therefore it becomes clear that the acceptance of the "newer documentary hypothesis" included a particular view of the history of Israelite religion. This view was not new. Already De Wette had divided his "Biblical Dogmatics" (1813) into two parts which he called "Hebraism" and "Judaism". The latter he viewed as "the unsuccessful restoration of Hebraism ...: a chaos which is longing for a new creation" (§ 142).[4] Together with this concept Wellhausen inherited from De Wette an emphatic romantic view of earlier Israelite history: "the history of the ancient Israelites shows us nothing so distinctly as the uncommon freshness and naturalness of their impulses. The persons who appear always act from the constraining impulse of their nature, the men of God no less than the murderers and adulterers: they are such figures as could only grow up in the open air".[5] In contrast, the Torah belonged to the era of Judaism: "the warm pulse of life no longer throbbed in it to animate it ... The soul was fled; the shell remained, upon the shaping out of which every energy was now concentrated".[6]

This new hypothesis had fundamental consequences for the reconstruction of the history of Israel. And this was Wellhausen's leading interest, as the title of his foundational book, *History of Israel*, demonstrates, and as is apparent from the second edition, *Prolego-*

Prolegomena to the History of Ancient Israel (New York: Meridian Books, 1957).

[3] English edition, pp. 3–4.

[4] With this view of post-exilic Israel, compare R. Rendtorff, "The Image of Post-exilic Israel in German Bible Scholarship from Wellhausen to von Rad", in *Sha'arei Talmon: Studies in the Bible, Qumran, and the Ancient Near East Presented to Shemaryahu Talmon* (Winona Lake: Eisenbrauns, 1992).

[5] English edition, p. 412.

[6] English edition, p. 78.

*mena to the History of Israel.*⁷ It is thus only half the truth to call Wellhausen the representative of the "newer documentary hypothesis". For him, and for his adherents in the following decades, the question of the sources of the Pentateuch was indissolubly connected with their respective historical settings. Dividing sources and dating sources were two sides of the same coin. Dating meant, however, relating the sources to a certain point in Israel's history, in particular in the history of its religion. And that constituted the fundamental difference between the older sources, the Yahwist (J) and the Elohist (E), on the one hand, and the later Priestly Code (P), on the other.⁸

This was true until one or two decades ago, and in a sense it still is. Viewed as a whole, Old Testament scholarship still lives in the era of Wellhausen. This brings me to a question of definition. In the title of this paper, I use the word "paradigm". I mean it in the sense of Thomas Kuhn's famous analysis of *The Structure of Scientific Revolutions.*⁹ According to Kuhn, a paradigm is, to simplify it somewhat, a methodological model that, for a distinct scholarly field, has won common acceptance, with the result that scholarly research and discussion in this particular field is performed inside the frame established by the paradigm and dependent on the paradigm. This is exactly what happened in Old Testament scholarship.¹⁰ For decades everybody could use the abbreviations "J" or "P" without explaining them, and without explicitly mentioning the implications with regard to the dating and setting of the texts labeled by these letters. The connotations of "early" and "late", and even of "Hebrew" or "Israelite", and "Jewish" were always tacitly implied. Of course, the whole thing continued to be a pure hypothesis. But common acceptance made it a quasi fact. Nobody had to give reasons for building upon this theory, but to question it was, and still is, almost like denying a fact.

The case is similar with some of the main theses of Bernhard

---

⁷ See the interesting volume, *Julius Wellhausen and His Prolegomena to the History of Israel* (ed. D.A. Knight; *Semeia* 25 [1982]).

⁸ Wellhausen originally called the Priestly Code "Q" from "quattuor" (four), because he saw it as the "book of the Four Covenants" (*Vierbundesbuch*).

⁹ T. Kuhn, *The Structure of Scientific Revolutions* (Chicago: University of Chicago Press, 1962; 2nd edn, 1970).

¹⁰ I am aware of Kuhn's reservations about using his concept for fields other than the sciences, as expressed in the postscript of the 2nd edn. But I find the parallelism too striking, in particular with regard to the period of crisis, so that I gratefully accept his understanding for such a use.

Duhm. Most of what he published and what was of great influence in his time is now more or less forgotten. But in the interpretation of the book of Isaiah, we still find today two key terms that were coined by Duhm: the one is "Trito-Isaiah", the other, "The Servant Songs".[11] Duhm invented the term "Trito-Isaiah" in 1892, when he declared chs. 56–66 of Isaiah to be the work of an author different from that of chs. 40–55. Time and again there was some discussion of this thesis, but in general it was accepted, and today it is still used with a self-evidence similar to that of the Pentateuchal sources. And again, as in the Pentateuch, by the positing of a Trito-Isaiah, the book of Isaiah represents the two main epochs of Israelite history: the "early" Isaiah, characterized by the spirit of the Hebraic times, and the "late", Jewish Trito-Isaiah, showing all the signs of this "unsuccessful restoration of Hebraism", to quote De Wette again.

Between these two contrasting elements of Israelite history, we find the second key term introduced by Duhm's commentary, the "Servant Songs" in Deutero-Isaiah. Again it was Duhm who ascribed this group of texts to a separate author. It is interesting to see how, in the scholarship of the following century, there appeared an overwhelming flood of literature on the question who this ^{c}ebed might be. Yet, until recently, almost no one questioned, or even discussed, the literary independence of this group of texts from the rest of Deutero-Isaiah.[12] Duhm belongs therefore to the great figures that shaped Old Testament scholarship in this century. And perhaps even today his hypotheses are less questioned than Wellhausen's. (In the framework of the Society of Biblical Literature there is now a seminar on these questions first raised by Duhm.)

Hermann Gunkel's case is different. A younger contemporary of Wellhausen and Duhm,[13] he published his first fundamental book, *Schöpfung und Chaos*, in the last decade of the previous century (1895).[14] This book gave him an honorable place in the ranks of the *Religionsgeschichtliche Schule*. But his impact on the whole century was

---

[11] B. Duhm, *Das Buch Jesaja* (Göttinger Handkommentar zum Alten Testament III. 1; Göttingen: Vandenhoeck & Ruprecht, 1892; 4th edn, 1922).

[12] But see, now, T.N.D. Mettinger, *A Farewell to the Servant Songs: A Critical Examination of an Exegetical Axiom* (Lund: Gleerup, 1983).

[13] Wellhausen (1844–1918); Duhm (1847–1928); Gunkel (1862–1932).

[14] H. Gunkel, *Schöpfung und Chaos in Urzeit und Endzeit: Eine religionsgeschichtliche Untersuchung über Gen 1 und Ap Joh 12* (Göttingen: Vandenhoeck & Ruprecht, 1895).

based on the establishment of the new methodological approach to the texts of the Hebrew Bible that he himself first called *Literaturgeschichte* or *Gattungsforschung*, and that later developed under the name of *Formgeschichte* or "form criticism".

Possibly some non-German readers might find it a bit strange to rank Gunkel so high in the scholarship of our century. I must explain, therefore, why, in my view, he deserves that distinction. At first glance, Gunkel belongs to the majority of Old Testament scholars at the beginning of this century, who, without hesitation, followed the principles of the "newer documentary hypothesis". His commentary on Genesis (first edition 1901) seemed to be in full accord with the spirit of that age. But it only seemed to be so. My first thesis is that, from the outset, Gunkel's approach actually was incompatible with the idea of literary "sources" or "documents". The introduction to his Genesis commentary, which in the revised edition from 1910 covers almost a hundred pages, is entitled, *Die Sagen der Genesis* (the sagas of Genesis). Here Gunkel explains the different kinds of sagas (*Arten der Sagen*), their artistic form (*Kunstform der Sagen*), and their oral transmission, and only then does he finally reach their literary stage. Here he mentions the documents or sources in the commonly accepted form, with a polite bow towards Wellhausen. But then he goes on to tell the reader that these documents are collections of oral traditions, and that their authors were not individuals but schools of narrators (*Erzählerschulen*).

Possibly Gunkel was too much a child of his time to realize the basic difference between the two approaches. But others already felt it in his own time. In a review of Gunkel's Genesis commentary in the same year (1901), Friedrich Giesebrecht expressed his amazement that Gunkel, along with his own new approach, continued as well to divide sources.[15] Some decades later, in 1934, in a report on literature on Genesis, Paul Humbert declared that "Gunkel by his methodological effort to dissolve the larger contexts and to go back to the smaller circles of sagas and to the single sagas as the primary units, is responsible for the downfall of the documentary hypothesis".[16] I believe that there are good reasons for such a thesis. The further development of Old Testament scholarship, in my view, shows clearly that Gunkel inaugurated a methodological approach

---

[15] F. Giesebrecht, Review of H. Gunkel, *Genesis*, *Deutsche Literaturzeitung* 22 (1901), pp. 1861–1866.
[16] P. Humbert, "Die neuere Genesis-Forschung", *TRu* NF 6 (1934), p. 208.

that moved into a direction quite different from that established by Wellhausen. In order not to be blamed for too limited a Germanophile view, I quote from a well-known American book, *The Hebrew Bible and Its Modern Interpreters*: "It would be fair to say that Gerhard von Rad and Martin Noth have offered the most significant comprehensive work on the Pentateuch in modern biblical scholarship".[17] It is obvious that both von Rad and Noth were deeply influenced by Gunkel. Von Rad, in 1938, used the term *Formgeschichte* in a broader sense (*Das formgeschichtliche Problem des Hexateuchs*),[18] while Noth, in 1943, introduced the term *Überlieferungsgeschichte* (history of transmission).[19] Both declared explicitly that their work was a consistent, further development of Gunkel's approach. To the readership of this journal there is no need to explain the work of these two authors. My question is how it is related to the Wellhausen paradigm.

At first glance, both authors seemed to be good Wellhausenians. They seemed to agree to the ruling system of sources and to work with it. But again, as was the case with Gunkel, it only seemed to be so. Like Gunkel, both von Rad and Noth used the results of the newer Documentary Hypothesis in the commonly accepted way. But actually, they asked questions that Wellhausen never would have asked, so that their main field of concern lay beyond the area of Wellhausen's hypotheses. Their leading common interest was the question of the origin of the Pentateuchal material. Noth, in particular, dealt mainly with the earliest pre-literary stage of the traditions, before they became shaped as narratives or as other genres. One could almost call it a pre-Gunkel stage, because in the main part of his book Noth never spoke about actual texts, but only about "themes" and "narrative materials" (*Erzählungsstoffe*). But then, in

---

[17] D.A. Knight and G.M. Tucker, *The Hebrew Bible and Its Modern Interpreters* (Philadelphia: Fortress Press, 1985), p. 265.

[18] G. von Rad, *Das formgeschichtliche Problem des Hexateuchs* (Stuttgart: Kohlhammer, 1938); reprinted in *Gesammelte Studien zum Alten Testament* (München: Kaiser, 1958), pp. 9–86; English translation: "The Form-Critical Problem of the Hexateuch", *The Problem of the Hexateuch and Other Essays* (Edinburgh and London: Oliver & Boyd, 1966), pp. 1–78.

[19] M. Noth, *Überlieferungsgeschichtliche Studien: Die sammelnden und bearbeitenden Geschichtswerke im Alten Testament* (Halle: Niemeyer, 1943); *Überlieferungsgeschichte des Pentateuch* (Stuttgart: Kohlhammer, 1948); English translation: *A History of the Pentateuchal Traditions* (Englewood Cliffs, NJ: Prentice-Hall, 1972; reprinted: Chico, CA: Scholars Press, 1981).

a highly surprising move at the end of his book, he jumped over to the "sources". And here he was more orthodox than many of his predecessors by declaring that the authors of the sources had been individuals. In my view, this is a classic example of the working of the paradigm. Obviously Noth thought bona fide that he worked within the Wellhausenian system, simply because he had no alternative way of thinking. What he did had nothing to do with sources and the like, but he felt the need to put his own work in the commonly accepted framework of source criticism. Here he had the interesting idea of an earlier source, a kind of pre-source, that he called "G" (*gemeinsame Grundlage*, "common base"); but he never explained in what sense the authors of the later sources, the "real" sources J and E, could be called "authors", after everything had been shaped before they began to work. This only shows that for Noth the whole matter of sources was an *opus alienum*. In the core of his book,[20] he dealt with matters beyond the field of source criticism.

Von Rad shared with Noth an interest in the early stage of Pentateuchal traditions. Actually, he was the first to ask this question by positing an early "creed" that Noth developed further (and changed, in my view) into what he called "themes". Von Rad's main concern, however, was the growth of the Pentateuch as a whole, up to its final form. In this process, according to von Rad, mainly one major collector, narrator, and theological interpreter was at work. Von Rad called him "J", the Yahwist. But what kind of Yahwist was that? Was he one of a number of authors of sources? At the end of his book, von Rad, like Noth, turned to the question of sources. Unlike Noth, he did not claim to have an overall concept. On the contrary, he admitted that he did not understand the matter:

> Not that the conflation of E and P with J would now appear to be a simple process, nor one which could be altogether explained to one's satisfaction! The problem of the origin and purpose of these two works, their derivation, and the readers for whom they were destined, is as much an open question now as it was before, and will probably remain so. But these problems are generically different from the ones we have been dealing with in our present study.[21]

Again, the paradigm worked, and von Rad paid his tribute to it.

---

[20] In his book on the Pentateuch (see n. 19), in particular §§ 6 to 10, in a broader sense also §§ 11 to 14.

[21] G. von Rad, *The Problem of the Hexateuch and Other Essays*, p. 74.

But in passing, he declared that this was not his problem. I feel that even the choice of the name "Yahwist" for the great theologian who, according to von Rad, shaped the Pentateuch, was a tribute to the paradigm, if only an unconscious one. Von Rad could as well have taken another name. Thus my second thesis is that von Rad and Noth confirm my first thesis, namely that Gunkel opened a way of reading Old Testament texts different from Wellhausen's and finally leading in a different direction. But like Gunkel, von Rad and Noth were not aware—in the case of von Rad I would prefer to say, not fully aware[22]—of the fundamental tension between the purely literary analysis of source criticism and their own intentions, which they explicitly related to Gunkel's work.

Von Rad, in particular, drew the line beginning with Gunkel much further; namely, to the final stage of the shaping of the Pentateuch (or Hexateuch, as he called it, or Tetrateuch, according to Noth). I believe that this was not only a logical further development but, at the same time, a fundamental change in Gunkel's approach. Gunkel's interest was concentrated on the smallest units, and at most on some larger units that could be understood as collections of originally smaller ones. He never looked at those larger entities that had to be explained as the result of some kind of literary process, however, and that means he never discussed the way that eventually led to the book or books as we have them before us. Precisely this was von Rad's starting point. His question was: how did the Pentateuch (or Hexateuch) reach its final form? His theory is well known and need not to be explained here in detail. Von Rad saw the development in four stages: first the basic credal connection of Israel's exodus from Egypt and its settlement in the promised land; then the insertion of the Sinai tradition; thirdly, the unfolding of the patriarchal story; and, finally, the placement of the primeval history at the beginning of the whole edifice.

The main achievement of this new approach was—or at least could have been—to shift the focus from the internal literary problems to an understanding of the organizing structures and ideas of the books. And I believe it is not a mere coincidence that only a few years after von Rad's book on the Hexateuch (1938), Noth put

---

[22] In his last essay, on Exod. 1–14, he pleaded for a much more holistic approach: "Beobachtungen an der Moseerzählung Exodus 1–14", *EvT* 31 (1971), pp. 579–588; reprinted in *Gesammelte Studien* II (München: Kaiser, 1973), pp. 189–198.

the same question to the historical books (or former prophets in the Hebrew canon) in his *Überlieferungsgeschichtliche Studien* (1943). That was the hour another quasi paradigm was born, the "Deuteronomistic Work". It is extremely interesting to see how, at this very moment, the assumption of a deuteronomistic redaction of the books from Joshua to Kings, that had been generally accepted for decades, was turned into the question of the organizing structure of this whole series of books as one huge literary and theological work. From now on the Deuteronomistic Work could be seen as the second great literary entity alongside the Pentateuch.

It is also interesting that in the following years, and even decades, there was almost no methodological relation between the observations made about the Pentateuch and those made about the Deuteronomistic Work. Apparently scholars felt the starting points of both hypotheses to be too far apart. In other words, the paradigm worked again. The problems of the Pentateuch are not to be mixed with those of any other part of biblical literature.

The parallelism is evident, however. Noth declared that the Deuteronomist "was not only a 'redactor', but the author of a historical work that combined the transmitted tradition materials, which were of very different character, stringing them according to a definite plan. In doing so, Dtr generally gave the final word to the sources he had at his disposal, and only linked the individual pieces by a connecting text".[23] According to some scholars, myself included,[24] this is exactly what could be said about the so-called "P" stratum, at least in some parts of the Pentateuch. Several years ago, I tried to discuss this similarity with scholars of my teachers' generation, with Noth, von Rad, Zimmerli and others, who regularly met in the framework of the *Biblischer Kommentar* series. I received no response. The uniqueness of the Pentateuchal sources was still a taboo. Nevertheless, looking back, it is obvious that here the Wellhausen paradigm had been undermined in a far-reaching manner. Thus my third thesis is that the traditio-historical approach, as an offspring of form criticism, consistently led to the question of the final shape, be it of a book, or even of a larger entity like the Deuteronomistic Work. Again, not many were aware of this fact, and new impulses

---

[23] M. Noth, *Überlieferungsgeschichtliche Studien*, [p. 11], p. 53.
[24] See R. Rendtorff, *Das überlieferungsgeschichtliche Problem des Pentateuch* (BZAW 147; Berlin: de Gruyter, 1977); English translation: *The Problem of the Process of Transmission in the Pentateuch* (Sheffield: JSOT Press, 1990).

from other sides were needed to develop this new approach to the final shape. Now, however, as we reach this era of discussion, I feel these connections to be evident. Let me quote from the first paragraph of von Rad's book on the Hexateuch:

> A process of disintegration on a large scale has taken its course [that has a] deep corroding effect. Almost everywhere the final form of the Hexateuch has become only a point of departure that itself is not regarded as worth any specific discussion, but the debate has to get away from that as quickly as possible in order to arrive at the real problems lying behind it.

It is interesting that von Rad, here in 1938, used the term *Letztgestalt*, that in the current discussion is used for "final form" or "final shape". His complaint about the disregard of the *Letztgestalt* could even have been formulated today.

I have sought to demonstrate that Old Testament scholarship in this century was, and still is, deeply determined by the methods of *Literarkritik*, in the form of the Documentary Hypothesis. At the same time, this paradigm was continually undermined by form criticism and its continuation in tradition criticism and, in a certain sense, in redaction criticism—a development that finally led to a new interest in the final form of books, and even larger entities, within the Old Testament. There is a continuity with the present discussion about the final shape of the text, canon criticism, and the like. This is where I would locate my own scholarly interests and endeavors. But I think it would be an inappropriate harmonization of the history of research to draw too straight a line from Gunkel through von Rad and Noth to the present discussion, because there are obvious elements of discontinuity, in particular since the midseventies.

In what follows, I will not mention names. On the one hand, I will speak mainly about developments and tendencies that are represented by more than one specific name. On the other hand, I want to avoid being accused of mentioning some names and not mentioning others (some names may be found in the footnotes). In the chapter on the Pentateuch of the book quoted earlier, *The Hebrew Bible and Its Modern Interpreters*, D.A. Knight writes that there "occurred a serious departure from the Wellhausen/von Rad/Noth schema".[25] Indeed, these three names belong together particularly in one central

---

[25] P. 271.

point, the dating of the sources, especially the date of the so-called Yahwist. Until the mid-seventies the dating of "J" in the period of the early monarchy had been widely accepted. But since then, scholars have begun to question that dating and to vote for a much later date for the "Yahwist", such as even the exilic period.[26] The existence of a "Yahwist" seemingly is kept up, but actually one of the basic elements of the Wellhausen hypothesis, the setting of "J" in the early monarchic period, is given up. I believe this late dating does at least as much harm to Wellhausen's ideas as the general denying of the existence of sources. An exilic "Yahwist", in my view, has nothing to do with Wellhausen's position—and even less with that of von Rad. Such a Yahwist loses his meaning for a reconstruction of Israel's history in the time of the monarchy, and, even worse, the temporal gap between the "Yahwist" and the "Priestly code" dwindles away, and with it one of the main arguments for the deep discrepancy between the earlier "Israel" and the later "Judaism" that had been of such great importance for Wellhausen.

I believe that the traditional Documentary Hypothesis has come to an end. Of course, there are still attempts to save the Yahwist, and even the Elohist, whose existence had been questioned much earlier. But I do not see any new arguments that could turn back the wheel. Therefore I think that, in the terminology of Thomas Kuhn, Old Testament scholarship at present is "in crisis". The Wellhausen paradigm no longer functions as a commonly accepted presupposition for Old Testament exegesis. And, at present, no other concept is visible that could replace such a widely accepted position. On the contrary, the shift in dating texts makes it obvious that the shaking of this paradigm is part of a more far-reaching shaking of the centuries-old fundamentals of Old Testament scholarship. Von Rad and Noth could still ask whether a certain text was pre-amphictyonic or post-amphictyonic. Today not only is the amphictyony dead, but the question is rather whether the texts are pre-exilic or post-exilic. Almost half a thousand years have faded away.

In this respect, the problems of interpreting the Pentateuch are closely connected to the general problems of reconstructing Israel's

---

[26] In particular are to be named J. van Seters, *Abraham in History and Tradition* (New Haven: Yale University Press, 1975), and H.H. Schmid, *Der sogenannte Jahwist: Beobachtungen und Fragen zur Pentateuchforschung* (Zürich: Theologischer Verlag, 1976); cf. also the discussion in *JSOT* 3 (1977).

history and the history of its religion. The late dating of texts is an indication of the loss of confidence in their historical credibility. The later the texts are, the farther remote they are from the events they are talking about, and the less they can be expected to provide historical information. It is therefore no accident that one of the most fundamental changes occurred with the hypotheses about the origins of Israel. In the fifties, there was the great fight, or even war, between the Albright school and the Alt school. It was a fight that touched certain basic elements of scholarship and even of credibility when, for example, Noth was called by some Albrightians a "nihilist". But in spite of all that, a common basis existed for all of these scholars—a basis founded on the biblical account that the Israelites had been nomads who, within a certain historical period, entered the land of Canaan to settle there, be it by conquest or by *Landnahme*. Today, any consensus is gone. It is not only questioned when and how the Israelites came into the land, but whether or not they came at all. The theory of an internal social revolution or upheaval in Canaan not only added a third model to those offered earlier by the two great schools, it also questioned certain basic assumptions of the generally accepted view of Israel's history.

One of the main points of uncertainty is the question of Israel's identity. Of course, the political and national structure of premonarchic Israel has always been subject to discussion. But now the Israelites themselves have become a matter of dispute. Who were the Israelites? Are they distinguishable from the Canaanites? And how? And what about Israelite religion? In the Old Testament, the religious distinction from other people, not only from the Canaanites, is the main criterion for Israelite identity. Is that an original element of Israel's history—or is it only a late development, or even a priestly construct? In recent years an increasing number of scholars declare that Israel's religion did not differ from the type of religion common to other peoples or groups in Canaan. Originally it was polytheistic; Yнwн was a god of the Baʿal- or Hadad-type, or even identical with the Canaanite Baʿal, and, of course, he had a spouse, who, however, was not always the same—sometimes Asherah, but sometimes even Anat, who for that purpose had to be fetched from afar.[27] Only

---

[27] Cf. M. Weippert, "Synkretismus und Monotheismus: Religionsinterne Konfliktbewältigung im alten Israel", in *Kultur und Konflikt* (ed. J. Assmann and D. Harth; Frankfurt/M: Suhrkamp, 1990), pp. 143–173, esp. pp. 156–157.

later some people had the idea of differentiating this god from other Ba'als, which led to a struggle against the worshippers of other gods and finally to a rigorous monotheism.[28]

One of the main characteristics of those hypotheses is that in certain cases they maintain exactly the opposite of what the biblical texts say. That this is in fact the intention of some scholars becomes clear by the recent remark of one of them. "The biblical (and scholarly) 'dogma' that Yahweh never had a *paredros* has been nullified by the finds from Kuntillet 'Ajrûd"; that is, from inscriptions from "a desert station in northern Sinai dating from about 800 BCE" asking for a blessing from "Yahweh of Shomeron (Samaria) and his Ashera/ashera" and from "Yahweh of Teman and his Ashera/ashera".[29] Of course, these are interesting inscriptions, and they need careful interpretation. But, in my view, they have to be interpreted, not against biblical texts but in relation to them, in order to determine their specific value for reconstructing the history of Israel's religion, in particular the quite unique development that led to a religion without parallels in the ancient Near East. I doubt that inscriptions like those from Kuntillet 'Ajrûd and Khirbet el-Qom are able simply to "nullify" the broad and unanimous biblical testimony.

In this particular case some new sources could be quoted. This is, however, a rare exception. For the rest, the sources are the same as they have always been. What has changed is the scholarly attitude to the sources, in particular to the main core of sources, namely the texts of the Old Testament itself. The change becomes particularly

---

[28] One of the books frequently quoted in this context is M. Smith, *Palestinian Parties and Politics that Shaped the Old Testament* (New York and London: Columbia University Press, 1971; reprinted, London: SCM Press, 1987). But it is interesting that in the preface to the second edition the author writes: "I must call the readers' attention to one important book, J. Tigay's *You Shall Have No Other Gods* (Atlanta, Scholars Press, 1986). By collection of epigraphic and other data Tigay has shown that from monarchic times on Yahweh was by far the most often mentioned god of the Israelites. Worship of other gods has left comparatively little evidence. How Tigay's facts relate to those set out in this book is a problem for further research". One wonders whether all those quoting and translating Smith have been aware of this warning. Cf., e.g., B. Lang (ed.), *Der einzige Gott: Die Geburt des biblischen Monotheismus* (München: Kösel, 1981), where parts of Smith's book are translated; however, this book appeared before the reprint of Smith's book.

[29] G. Ahlström, "The Role of Archaeological and Literary Remains in Reconstructing Israel's History", in *The Fabric of History: Text, Artifact and Israel's Past* (ed. D. Edelman; Sheffield: JSOT Press, 1991), pp. 116–141, esp. p. 127.

obvious in a recent debate about the question, "Is it possible to write a history of Israel without relying on the Hebrew Bible?"[30] In this case, again, the members of the great schools of the fifties and sixties would have been unified: they would not have understood the question. On what else should one rely if not on the Hebrew Bible? And what else could be the purpose of studying the history of Israel if not to increase the understanding of the Hebrew Bible? All these scholars of the fifties and sixties understood themselves first of all as Bible scholars, critically using all kinds of methods and information to reconstruct Israel's history. Therefore one of the basic changes in the field seems to be the separation of the history of Israel from the Hebrew Bible by some scholars relying exclusively on archaeology.[31] I have a high regard for archaeology, and I try to follow its main developments. But I do not understand the *raison d'être* of a history of Israel that is not carried out in close contact with the Hebrew Bible, whose very existence in my view is now, as before, the main, if not the only reason to study the history of ancient Israel at all.

The subtitle I have given this essay is "Hopes—and Fears". I suppose that my readers have realized that, in the meantime, I have entered the chapter on "fears", in particular because I have the feeling that some of the discussions in the area mentioned above are unnecessarily polemical. Sometimes representatives of this new kind of history writing declare their own method to be the only correct one, and accuse other people who still work with the Bible when doing history of being biblicists or even fundamentalists. I do not think that this is the right field in which to declare each other heretics. There are many scholarly approaches and methods, in Bible studies as well as in history writing. Nobody will forbid any scholar or group or school to believe their own method to be the best one. Many will be interested in seeing the results and checking their validity and usefulness. But in scholarship, by definition, there is no heresy. We should rather practise and accept methodological pluralism.

---

[30] J.M. Miller, in Edelman (ed.), *The Fabric of History*, pp. 93–102.
[31] See, e.g., T.L. Thompson, *The Origin Traditions of Ancient Israel: I. The Literary Formation of Genesis and Exodus 1–23* (Sheffield: JSOT Press, 1987), p. 40: "The following chapters make abundantly clear the necessity of separating biblical interpretation from modern historiography. This, once achieved, ends the crisis in biblical scholarship which we have discussed in the pages of this chapter". The reader will be aware that this is a different view of the character of the present crisis, and therefore of the appropriate means for its solution.

Let me return to the problem of the late dating of biblical texts. This tendency has taken possession of great parts of Old Testament exegesis. It would go far beyond the scope of this paper to go through all the problems involved. Therefore I want to single out two main points. The first one seems, at first glance, to be only a question of terminology. Since Martin Noth redefined the term "deuteronomistic", it became more and more common practice to label by this expression any text or formulation that seems to be somehow dependent on the ideas of Deuteronomy. Now, the more texts are dated in post-Deuteronomic times, the more texts are called "deuteronomistic". As a result, this term loses its concreteness and tends to become a rather vague expression for post-Deuteronomic, post-exilic, or simply for "late" as compared to assumed older texts. Some scholars ironically coined the word "deuteronomisticism", and when written with "y", it expresses something of the mystic darkness of texts of a late time. Indeed, Deuteronomy played a fundamental role in the history of biblical thought and biblical literature. But I suspect that in post-exilic times the ideas and the language of this school of thought became widely accepted and used, while in many cases there is no immediate relation to Deuteronomy or to a certain group of deuteronomistic theologians or writers. This is particularly evident in texts whose language contains certain deuteronomistic elements, together with other elements that are characteristic, for example, of the priestly layer in the Pentateuch, of Ezekiel, or of Isaiah 40–66, to name just some of the peculiar language or styles of late pre-exilic or exilic times that every trained biblical scholar can easily recognize. In my view this kind of "mixed" language is a characteristic element of certain texts formulated in post-exilic times. To avoid making the term so broad as to be meaningless, we should restrict the use of the term "deuteronomistic" mainly to the so-called Deuteronomistic History.

It is not only a question of terminology. The more texts are dated in post-exilic times, the more differentiated we have to imagine the spectrum of Israel's life, thinking, and belief in this time. Calling texts of this period "deuteronomistic" means seeing them as dependent on an earlier piece of literature instead of trying to understand them as independent and original expressions of their own time. I see a possible danger of all this late dating: it threatens to make a great deal of Old Testament literature non-original and even second-rate. I wonder to what degree scholars still have in mind the traditional hierarchy of "early" and "late", or even of "Israelite" and "Jewish", as it dominated the thought of Wellhausen and his followers. I have to confess that I am in a permanent conflict, because although I see good reasons for dating certain texts in post-exilic times, I also suspect that this could easily entail a diminution of their value.

The latter aspect is related to my second point. Dating texts in the post-exilic period means dating them in a dark period. From the rebuilding of the temple in Jerusalem in 515 BCE until the appearance of Alexander the Great in the Near East around 333 BCE, the only information we have about Israel (or Judah) is to be found in the books of Ezra and Nehemiah. Of course, these books provide very interesting information; but they are so isolated from the murky periods before and after them, that with regard to the life of the Jewish people in the land of Israel during the time of the Persian empire, more questions are raised than can be answered. I am always amazed by the sureness, not to say boldness, of some scholars, who feel able to date with precision all kinds of texts within this period, even within specific decades. It is even more amazing when certain historical events are mentioned in texts that, according to their interpreters, were written much later. One interesting example is the interpretation of the first part of the book of Isaiah by some recent commentators who do not believe that any of the material in Isaiah 1–12 was written in the period of Isaiah, let alone by the historical prophet himself. That means that texts like Isaiah 7 and others mentioning the so-called Syro-Ephraimite War are only expressions of the ideas of certain post-exilic people, dependent on deuteronomistic war-theology, and have nothing to do with the historical situation of that war.[32] Here the interpreters create a whole series of new problems, whose solution would need a detailed knowledge of post-exilic times. How can we know what people thought and believed in this dark period? Perhaps we can learn something by a reconstruction based on scrutinizing the image we get from the texts that we believe to be dated in this period. This would mean working in an almost classical hermeneutical circle of dating texts and using the same texts for reconstructing the time in

---

[32] So, e.g., O. Kaiser, *Das Buch des Propheten Jesaja: Kapitel 1–12* (ATD 17; Göttingen: Vandenhoeck & Ruprecht, 5th edn, 1981; English translation: London: SCM; Philadelphia: Westminster Press, 1983); cf. also J.J. Vermeylen, *Du prophète Isaïe à l'apocalyptique*, II (Paris: Gabalda, 1977–78).

which they are dated. I hope that scholars familiar with this period will take up the challenge of this task. Then we will have to redesign our image of Israel's history and the history of its religion. This brings me back to some of my earlier remarks about the reliability of biblical texts for reconstructing history. The value of texts can no longer depend on their early dating, as it did for Wellhausen and many others, or on their usefulness as historical sources, as some modern scholars claim. We have to learn to take biblical texts seriously for their own sake, from whatever period and in whatever context they appear.

Let me add a remark on a certain Christian attitude toward the later parts of the Old Testament. There is a widespread practice of moving as fast as possible from the prophets to the New Testament, from Deutero-Isaiah to Jesus. Now, the more texts are dated in postexilic times, the more we will have to deal with the centuries in between; and the more we will realize that the Old Testament is not so much "Israelite", in the Wellhausenian sense, as "Jewish". Here another wide and fruitful hermeneutical field is opening.

In conclusion, I want to return to hope. I have tried to show that some reasons for fear lie in certain consequences of dating texts. Of course, in some cases dating will be useful in order to understand a particular text better. But sometimes one has the feeling that dating becomes an end in itself. And in some cases one might ask what benefit all the efforts at dating will have for an appropriate understanding of the respective text. There are many texts in the Old Testament whose meaning and message are not dependent on information about their dating.

There are also methods of reading and interpreting biblical texts that are not concerned with problems of dating. This is true for the whole range of approaches related to the newer literary criticism. It is, I might add, sometimes disturbing for a German scholar today to feel unable to use the classical word *Literarkritik* in its English translation as "literary criticism" without running the risk of being misunderstood. In the language of German Old Testament scholarship there is, however, no word for the newer literary criticism, because the methods coming from more recent general studies of literature have not yet been taken up by German Old Testament scholars. One could see this as a specifically German problem, arguing that the Germans are behind international scholarship. In a sense that would be true. But there is another reason for the divergence between German and American, or even Anglo-Saxon scholarship, namely the fact that in Germany study of the Bible is conducted almost exclusively in the framework of Theological Faculties or Schools. This situation brings German Bible scholars much less in contact with scholars of other fields of literature, and the same is true for students. One could complain of this isolation, which remains a fact.

I mention this divergence mainly for two reasons. One is simply to say that in this field I am only an observer and reader, but not an active participant. Nevertheless, some of the developments in this area contain for me signs of hope. (I shall return to this point.) The other reason is that the different developments in our countries result in different relations to the scholarly tradition. By taking up new methods from other disciplines, some scholars seem not to feel the need of maintaining a relationship to older methods used earlier in their field. When reading books and articles on Old Testament topics based on new literary methods, I sometimes ask myself whether there is any continuity with classical Old Testament scholarship at all. I believe that it would be harmful to our common scholarly endeavours not to acknowledge the relation of newer approaches to the history of modern Old Testament scholarship. Therefore our somewhat old-fashioned German Bible scholarship might have the positive function of maintaining a certain continuity.

Let me say now why I see some hope in some of these new approaches. It is because here the text is taken as it is. I do not want to enter into a theoretical discussion of "the text itself" or the like. But looking from the point of view of traditional Old Testament scholarship, I realize that interpreters using these new approaches do not begin by analyzing the text from a diachronic point of view according to its different levels or sources and the like, as the majority of scholars trained in the older methods still do. On the contrary, they want to interpret the text as we have it before us, in its given form. Some of these new approaches could thus offer real alternatives to the traditional methods of Old Testament exegesis that, in a sense, have come to an end. Again, the question would be whether or not and how we could establish connections between new approaches and the tradition of Old Testament exegesis. I believe that not too many scholars trained in the older methods would be ready just to jump over the ditch and to begin anew. And who knows how long the current methods will be in vogue?

What will continue, I hope, is the attitude of taking the text seriously in its given form, in its final shape. In this respect there are close connections between some of the new literary approaches and so-called canon criticism. It would require another paper to explain in detail how I see the similarities as well as the differences between these approaches. But, first of all, I want to stress that taking a synchronic approach to the text in its given shape is a task Old Testament scholarship has neglected too long and too intentionally. Scholars still seem to be proud of knowing things better than the final redactors or compilers. This is a kind of nineteenth-century hubris we should have left behind us. The last writers, whatever we want to call them, were, in any case, much closer to the original meaning of the text than we can ever be. From time to time we should remember what Franz Rosenzweig taught us: that the letter "R", as usually taken for the "redactor", actually should be read as "Rabbenu", "our master". For we receive the text from the hands of these last writers, and they are the ones whose voice and message we have to hear first.

At this point I want to say again that we should try to relate new, mainly synchronic aspects, to older, mainly diachronic insights, for what was observed in careful studies during the last two centuries was not entirely wrong. It is obvious that some, or even many, of the observations that led to diachronic decisions had a certain validity. The question is how to handle those observations and what consequences to draw from them. Even the most committed synchronic exegete today would not argue that the first two chapters of the book of Genesis were written by the same author. But how to read them in their interrelation and in their wider context needs a much more sophisticated approach than just dividing them into two different sources. Moreover, the consequences for reading the book of Genesis as a whole, the Pentateuch as a whole, and the canon of the Hebrew Bible as a whole will be more fascinating if we go beyond the diachronic observation of diversity to the search for the inner, or even overarching unity. Such a unity in some cases might appear to be full of tensions. But even this tension was surely not hidden from the later writers, so that we can try to follow their guidance in reading their texts.

The paradigm is changing. I believe it has changed already. But the field is open. Many new and fruitful approaches are visible that will lead Old Testament scholarship into the twenty-first century. At the moment there is no new model that could be expected to achieve common acceptance as a paradigm, and there will probably be none in the near future. This will give considerable freedom to those who are looking for new approaches and who are ready to move ahead. They are many, and therefore there will be hope.

8 DIRECTIONS IN PENTATEUCHAL STUDIES

Introductory Note

The editor of *Currents in Research: Biblical Studies*, Alan Hauser, asked me to build this contribution on my article 'The Paradigm is Changing: Hopes—and Fears' (1993). Prior to that article I had some opportunities to deal with current pentateuchal problems. I am listing those titles in the bibliography. The purpose of this article will be to ask in what direction—or directions—pentateuchal studies have moved or developed in the last two decades and what might be the future directions. In order to clarify certain developments, I will begin with a brief reflection on the situation during the time when the 'newer documentary hypothesis' was commonly accepted.

When the Paradigm Worked

It has become almost a truism to say that pentateuchal studies are 'in crisis'. What really is in crisis, of course, is not those studies themselves, but the foundation on which they were built. Until two decades ago, that foundation, the 'documentary hypothesis', was commonly accepted and seldom questioned. According to the 'documentary hypothesis', the Pentateuch was formed from a number of originally independent 'sources', which only at the end of their transmission were brought together by certain 'redactors'. Notwithstanding all kinds of variations, the great majority of scholarly work done in the field of pentateuchal studies took the main elements of that hypothesis as its foundation and starting point for certain new observations and for refinements of the hypothesis. The basic hypothesis remained unchallenged. Thus, the documentary hypothesis worked as a 'paradigm' according to Kuhn's definition (1962: beginning on p. 43; see also Rendtorff 1993: 36).

Of course, there have been some divergent positions, held by scholars who belonged to minority groups in one sense or another. To mention two of them: Cassuto and Jacob, two outstanding Jewish scholars, argued for a reading of the Pentateuch that took it as a unity. It would go beyond the scope of this article to describe the differences between Jewish and Christian Bible scholarship in the early decades of this century. But it is obvious that these Jewish scholars took the 'classical' (source critical) approach to the Bible and in particular to the Pentateuch as a specifically Christian—strictly speaking, Protestant—way of reading. Jacob even considered source criticism to be a kind of destruction of the text:

> By rashly dismembering a meaningful organism in which all parts are related to each other it [i.e. the method, R.R.] becomes totally unable to understand the coherence and to comprehend the real mode of composition of the book... Genesis is *a homogeneous work*, planned in *one* spirit, reasoned out and worked through (1934: 9-10).

Another Jewish authority, Kaufmann (1960), did not reject source criticism as such, but opposed one of the pillars of the documentary hypothesis since its redefinition by Wellhausen: the late dating of the 'Priestly Code' ('P', see below). This was indeed a crucial point because Wellhausen himself had declared that the late dating of this source had become his most fundamental insight in pentateuchal studies. He reported the moment when he learned (in 1867) 'that Karl Heinrich Graf placed the Law later than the Prophets... I readily acknowledged to myself the possibility of understanding Hebrew antiquity without the book of the Torah' (1883: 3-4). This shows quite clearly that taking 'P' to be the latest of the sources of the Pentateuch was of fundamental relevance for the whole hypothesis. I will follow up on this question later.

Another minority group that did not accept the majority position was the 'Uppsala School'. With regard to the Pentateuch it was Engnell in particular (1960) who developed a concept of 'oral tradition' of the biblical texts. According to Engnell, the biblical traditions were transmitted orally for a long time, and were brought together in written form only near the end of that process. This led Engnell to the claim 'that the break with the literary-critical method must be radical; no compromise is possible' (p. 21). Nevertheless, he accepted the existence of a 'P-work' as being the last tradent and 'publisher' of these materials. Obviously there is a certain relationship to Noth's understanding of the function of 'P' (see below); but because Engnell abandoned the rest of the sources, his concept remained an outsider position which could not be integrated into the scholarly debate within the framework of the documentary hypothesis.

Internal Inconsistencies

Looking back, it is obvious that at no time has the documentary hypothesis been a consistent theory unanimously accepted by all of its adherents. Actually, it has been a rather loose frame embracing all kinds of different views and opinions. The main element of this frame, as mentioned above, was the conviction that the Pentateuch was not a literary unity, but was composed of a number of 'sources' that originally existed independently of each other in written form and were later brought together by one or more 'redactor(s)'. In the framework of this hypothesis the 'redactors' were taken as less important—and sometimes even less intelligent—than the authors of the 'sources'. That means that the Pentateuch as a whole in its present form usually did not come in view.

The postulated number of sources differed among scholars and schools. Leaving aside the generally accepted separation of Deuteronomy (D), there was actual agreement only on two points: first, that there were one or more source(s) from an earlier period in the history of Israel; and second, that there was one source from a later period. Wellhausen's main insight had been that those pentateuchal texts showing 'priestly' characteristics belonged to this later source which therefore soon would be called 'Priesterschrift' or 'Priestly Code' or the like (P). Wellhausen himself made a distinction between the main narrative part of this priestly source, which he called 'Q' (for *quattuor* 'four': the book of the four covenants) and the collection of priestly laws, beginning with Exodus 25 and running through Leviticus and Numbers, which he called 'Priestercodex' (Wellhausen 1899: 1, 134). This distinction is of particular interest because it reappeared in different forms in some more recent approaches (see below).

Aside from the generally accepted separation of Deuteronomy, the only element of the documentary hypothesis that was actually accepted by all adherents of the hypothesis was the general definition and singling out of 'P'. The number and character of the rest of the sources has been a field of wide disagreement. Wellhausen himself had defined one earlier text corpus which he called 'JE' (*das jehovistische Geschichtswerk*, 'the Jehovistic history work'); within that work he distinguished two earlier sources, namely 'J' (the 'Yahwist') and 'E' (the 'Elohist'). Nevertheless, he insisted that they did not run independently parallel to each other, but, rather, the 'Elohist' 'had been preserved only as an ingredient of the Jehovistic work' (1883: 8), and that therefore the two sources are often not clearly distinguishable from each other.

The majority of Wellhausen's successors were much more rigid in their attempts to separate sources. They launched many variations of the basic concept in the following decades. On the one hand, the 'Yahwist' was split into two (or even more) sources. Smend Sr (1912), Wellhausen's colleague in Göttingen, divided this source into 'J1' and 'J2'; Eissfeldt (1922) called the former 'L' (*Laienquelle*, 'layman's source') keeping 'J' for the latter, while Fohrer (1965) called the former 'N' (*Nomadenquelle*, 'nomad's source') and the latter 'J' as well. Those subdivisions were not widely accepted, but for decades the two standard textbooks on 'Introduction to the Old Testament' in German by Eissfeldt (1934) and Fohrer (1965) presented this understanding of the older Pentateuchal sources in opposition to Wellhausen's rather sceptical definition of 'JE'.

The pendulum could also swing in the opposite direction, as when Volz and Rudolph (1933; Rudolph 1938) questioned the existence of the 'Elohist' altogether. Thus, in the first half of this century the German Bible student had to learn that there were one or two or three earlier sources in the Pentateuch and that it was very difficult to be precise about the number of sources, but that nevertheless the documentary hypothesis was beyond any doubt.

With regard to the *character* of the sources there were also considerable variations. In Wellhausen's concept the 'Jehovist' as a combination of two sources could by definition not be a clearly definable author. Other scholars like Gunkel (1910) and Gressmann (1913) went further and would not consider the earlier sources as the work of individual authors at all, but rather as the work of *Erzählerschulen* ('schools of narrators'). The work of von Rad (1938) brought a basic change.

He was interested in the *theology* of the earlier layer of Pentateuchal traditions—a question that had not previously been raised within the framework of the documentary hypothesis. The impetus for such a question did not arise out of the exegetical discussion itself, but was stimulated by a newly arisen theological interest in the Bible in the time after the First World War. Von Rad called the assumed main theologian, who in his view had collected and reformulated the earlier Pentateuchal traditions, the 'Yahwist', but he declared explicitly that the question of why and how other sources had been added to that work was beyond his scope (p. 68; ET: 74). Thus, von Rad's 'J' was not really one 'source' among others, but its author was the great theologian who had formed the basic structure of the Pentateuch. Other scholars tried to find specific theological conceptions in 'E'. Procksch (1906) wrote a whole book on this source. Later authors felt able to speak only about 'the Elohistic fragments' (Wolff 1969, followed by Smend Jr 1978: 82). Westermann, in his commentary on Genesis (1981), came to the conclusion that there was no definable source 'E', while McEvenue (1984) found in the 'trilogy' of Genesis 20–22 a particular 'Elohist' theology. In these studies the point of view shifts from literary analysis to theological interpretation.

There was considerable discussion about the relationship between the two earlier sources: did one of them depend on the other (mostly 'E' on 'J'); or were they totally independent from each other? Noth (1948) claimed that both of them were built on a *gemeinsame Grundlage* ('common basis') which he called 'G' (pp. 41-42), thereby inventing a kind of pre-source, as others did before him. His proposal did not find wide acceptance.

Another point of discussion and disagreement was the question of where the 'J' source ended. This included the issue of whether there had been a 'Pentateuch', a 'Hexateuch' or only a 'Tetrateuch'. Proposals concerning where the 'J' source ended ranged from Num. 14.8a through Joshua 11, Joshua 24, Judg. 1.26, 1 Kings 2, 1 Kings 12 up to 1 Kgs 14.25 (see de Pury 1992: 1016). This is a particularly strong indication of the uncertainty and fragility of the whole hypothesis, because each of those decisions included a different idea of the character and intentions of 'J' and even of the Pentateuch.

As mentioned above, the singling out of 'P' was accepted by all adherents to this theory. But this is only half the picture. What was generally accepted was simply the distinction of 'priestly' texts from the rest on the basis of their language and topics. But what is 'P'? Wellhausen had defined it as a twofold work: the narrative parts, which he called 'Q', and the collection of priestly laws. Later scholars called these two parts 'P^g' (*Grundschrift*, 'basic source') and 'P^s' ('secondary parts'), or used even more letters for further distinctions. In opposition to this, Noth insisted that, since 'P' was a purely narrative work, it was therefore misleading to use terms such as 'P^s' or the like for the law elements. It would be better to designate these parts 'with any neutral term' (1948: 9). That means that, according to Noth, large parts of the Pentateuchal texts did not belong to any of the sources at all.

Nevertheless, the hypothesis of several originally independent sources seemed to be unquestioned. But how did the sources come together to form the present text of the Pentateuch? One extreme position was held by Eissfeldt. In a brief chapter of his *Introduction* (1956), he argued that the sources had been composed step by step, always by one redactor. Including the two main collections of laws, the *Bundesbuch* ('B') 'Covenant Code', and the *Heiligkeitsgesetz* ('H'), 'Holiness Code', his list of 'sources' reads: L, J, E, B, D, H, P. The redactor who combined L with J is called R^J and so forth, so that the full list of redactors reads: R^J, R^E, R^B, R^D, R^H, R^P. Eissfeldt adds that this list is 'to a large extent hypothetical as the whole Pentateuchal criticism is a hypothesis, if indeed one based on weighty arguments' (p. 288).

Noth's concept represents the other extreme. His idea was that the two main elements, the already combined sources J and E on the one hand, and P on the other hand, had not been joined with one another in toto, but that the 'redactor' took P as the literary frame into which he inserted at fitting points certain elements from JE (1948:11). Thus, P became the basis of the whole pentateuchal narrative. One could speak about a maximalist (Eissfeldt) and a minimalist (Noth) conception of the work of the 'redactor(s)'. What held them together was again the basic assumption of one or more earlier, and one later 'source'. Finally, the thesis of Cross (1973) must be mentioned: that 'the priestly strata of the Tetrateuch never existed as an independent narrative document' but 'framed and systematized JE with Priestly lore, and... greatly supplemented JE' (pp. 324-25).

Something Happened

In the mid-1970s something happened. In retrospect two decades later, the situation could be summarized as follows:

After nearly twenty years of debate about the composition of the Pentateuch, in which sometimes the only consensus has seemed to be that the old four-source theory will no longer do, there are signs that substantial agreement has now been reached around the following theses:

1. The earliest major composition extending from the patriarchs to the beginnning of the settlement in Canaan (or, more modestly, the earliest one we can now detect) was produced in a deuteronomistic environment, not earlier than the seventh century BCE, and probably not before the sixth century BCE.

2. The priestly (P) material comprises a supplement (or series of supplements) to this composition, not an independent account of Israel's origins that once existed separately from it and was secondarily combined with it by a redactor (Davies 1996: 71).

When compared with the earlier given characterization of the basic elements of the documentary hypothesis, this summary makes it quite clear that the main pillars of that theory are no longer taken as valid. First, there is no longer any clear-cut difference between 'earlier' and 'later' sources, and secondly, 'P' is no longer taken as an originally independent source.

The movement that led to the present situation did not begin at once, and there were quite different approaches and starting points at work. One major change was based on a reevaluation of the 'Yahwist'. Schmid (1976) interpreted this source not as a document from the times of the (early) kingdom, but saw it as 'very closely related to the style and the theological preoccupations of Deuteronomistic literature', as de Pury describes his reading (de Pury 1992: 1016). This line was subsequently developed by Rose (1981). The late dating of 'J' was actually an undermining of the foundations of the documentary hypothesis. Neither author explicitly denies a source critical approach, but their work makes it clear that the whole documentary hypothesis needs a thorough re-examination. In particular, Schmid no longer takes J as a work written or composed by one single author. Schmid rather proposes 'an (inner-)yahwistic process of redaction and interpretation' (1976: 167).

Almost at the same time, Van Seters (1975) developed a new understanding of the 'Yahwist', building on earlier brief accounts by Winnett (1965) and Wagner (1967). On the basis of a study of the Abraham tradition he came to the conclusion 'that the Yahwistic version of the tradition dates to the exilic period' (Van Seters 1975: 310). With regard to the discernible different layers of tradition he concluded 'that the literary sources are not independent developments of the tradition, which were only combined by a series of later redactors. Instead, each succeeding source is directly dependent upon, and supplements, the earlier tradition' (p. 311). With regard to Genesis, Van Seters presented the following series of literary steps: 1. pre-Yahwistic first stage; 2. pre-Yahwistic second stage ('E'); 3. Yahwist A and B; 4. priestly A and B; 5. post-priestly.

In his later works Van Seters interpreted the Yahwist as a historian or historiographer whom he compared with historiographers in other parts of the ancient world (1983, 1986-87, 1992, 1994). Here he demonstrates a high interest in the personality of the Yahwist, comparable with von Rad. Van Seters explicitly mentions the relationship of his own concept with that of von Rad, and through von Rad also with Wellhausen: 'For von Rad the Yahwist is according to his form a historiographer, according to his intention a theologian' (1987: 15). 'With regard to the Yahwist von Rad actually against Gunkel returns to Wellhausen' (p. 30). However, the difference between von Rad and Van Seters is even more obvious than the similarity. For von Rad the work of the Yahwist belonged to the Solomonic period, which in, von Rad's view, was a time of high creativity and spirituality; for Van Seters the Yahwist worked under totally different circumstances in the exilic period. What made these two scholars comparable is their interest in the personality of the Yahwist as an author of high capacity. At this point it is evident that Schmid had a completely different view of the 'Yahwist'. He did not see the 'Yahwist' as an individual author, but rather saw 'an (inner-) yahwistic process of redaction and interpretation' at work (1976: 167). Nevertheless, these scholars worked in the same general direction by denying the antiquity of the 'Yahwist', thereby undermining a crucial element of the documentary hypothesis.

In the mid-1970s I had the opportunity to contribute to the pentateuchal discussion. In a paper at the Eighth Congress of the International Organization for the Study of the Old Testament in Edinburgh 1974 (Rendtorff 1975) and later in a book (1977b), I presented a basic critique of the documentary hypothesis. My main intention was to show that from the point of view of tradition history there are no continuous 'sources' to be found in the Pentateuch. Instead, I tried to define a number of 'larger units', each of which has its own respective profile and history and which were brought together at a later stage. In that stage 'deuteronomistic' elements are discernible. Likewise, the 'priestly' texts are not to be seen as an independent 'source' but rather as a

Bearbeitungsschicht, 'layer of reworking'. At this point the final shape of the Pentateuch came into view.

I was aware that at that time I could only ask some questions and that my observations needed elaboration. This was done in the following years by Blum. On the basis of my initial questions he developed his own methodology and presented in two thoroughgoing books (1984, 1990) an alternative concept for understanding the composition of the Pentateuch. The choice of the word 'composition' is significant for his approach in general. The intention is not to 'divide' the texts into supposed earlier parts ('sources' or the like), but to understand their given shape as the result of a deliberate compository work. This shows an interrelation between synchronic and diachronic aspects. Blum is not interested in diachronic analyses as such, but he pays careful attention to the obvious signs of diachronic elements in the texts, and he tries to understand the ways in which the texts or the elements of tradition have been brought together.

In Blum's view the composition of the Pentateuch is mainly the result of two compository activities: one close to deuteronomistic traditions ('KD'—'K' because of the German *Komposition*), and one with priestly characteristics ('KP'). The latter was the final one that integrated the earlier. In this concept there are no 'sources' which had existed independently from each other before they had been brought together. Blum is, however, fully aware of the diachronic complexity of the given text of the Pentateuch and tries very hard to answer all kinds of questions related to that complexity. With regard to dating, Blum assumes that 'KD' already knew the Deuteronomistic History work but that 'KP' is not much later. Thus, both of them belong to the early postexilic period. Blum develops the interesting thesis that the Pentateuch had been authorized by the Persian government as the official law for the Jewish ethnos within the Persian empire (1990: 356).

Beginning in the mid-1970s alternative views of the emergence of the Pentateuch have been developed. These views clash strongly with the documentary hypothesis. Notwithstanding their differences in many details, the new approaches have two major points of agreement: first, the major 'source' or 'composition' of the Pentateuch is to be dated not earlier than the late preexilic period; secondly, the priestly layer is not taken as an independent 'source', but is understood in the context of the development and composition of the Pentateuch as a whole.

Reactions

These new approaches to the pentateuchal problems were not totally unexpected for the scholarly community. There had been a number of earlier signs of a certain uneasiness with the state of discussion in the field of source criticism. Nevertheless, the accumulation of attacks directed towards the documentary hypothesis not only caused many scholars to speak of a 'crisis', but also caused some to fear a period of 'anarchy' (Vermeylen 1981: 329) or to look for rescue (North 1982). However, as I noted above, the state of pentateuchal research prior to these new developments was anything but unified, or even clear. The documentary hypothesis was accepted as a theory in whose frame all kinds of approaches could be practised. Now the field is open to try new approaches even beyond the iron curtain of source criticism.

Of course, there was—and still is—a wide range of reactions. Some welcomed this crossing the borders as a liberation and opening of new horizons (e.g. McKane 1978). Others even asked with regard to the first elaborated new concept by Blum whether this might be *Un nouveau Wellhausen* (Ska 1991). Many took up the new proposals carefully and gradually. It seems to me impossible to make an inventory of the present situation in this field of Old Testament scholarship, especially because, in many cases, scholars mention their agreement or disagreement only in brief remarks or in footnotes. My own opinion is that Davies is correct in his above quoted statement that 'there are signs that substantial agreement has now been reached around th[os]e theses' (1996: 71).

There are still a number of different kinds of reactions to the new developments. In the following I will characterize some that are more or less representative. I will not try to achieve completeness (which would be impossible), but I hope to mention at least the major dominant positions.

I shall begin with *The Anchor Bible Dictionary*. In the article 'Torah (Pentateuch)', Friedman presents the traditional source critical conception, giving broad arguments, in particular for the 'Elohist', and just mentioning the names of Van Seters and Rendtorff in one or two sentences, declaring that 'arguments for exilic or postexilic provenances cannot be substantiated' (1992: 619). (The bibliography contains less than half a column for an article of 30 columns.) The article 'Elohist', by Jenks, also presents the traditional view, though he quotes

Van Seters and Schmid and at least admits that a hypothesis 'still needs constant testing and is always subject to revision' (1992: 479). With the article 'Yahwist ("J") Source', by de Pury (1992: 1012-20), the reader enters a different world. The author gives a detailed record of the history of research with a broad paragraph on von Rad and Noth, and than goes into an explanation of 'The Calling in Question of J' and 'J in the Current Debate', where he discusses in detail the most recent developments in Pentateuchal research. Finally, he shows the open questions to be discussed in the future. An excellent bibliography is attached. These articles represent two extreme positions in present Old Testament scholarship: on the one hand a total denial of any significant changes; and on the other hand a taking up of the challenge and a careful working out of the directions for further research. (On the article 'Priestly ("P") Source', see below.)

There are, of course, many variations between these two extreme positions. In order to get a general idea of contemporary approaches I follow the useful classification given by de Pury (1992: 1017). He labels a first group 'Defense of the Classical Concept'. A number of scholars are named who expressed their defense of that position in books or articles, either as the main topic of those publications, or in the context of exegetical studies: L. Schmidt (1977; 1983: 90-95); W.H. Schmidt (1981; 1988; 1991); Scharbert (1983; 1986; 1989); Kohata (1986a; 1986b); Kreuzer (1989: 114-17); Berge (1990); Ruppert (1992). To this list I add some authors who defended particularly 'P' as a source in the framework of the classical conception: Koch (1987); L. Schmidt (1993); Campbell (1993); Otto (1995); Schwartz (1996). All these scholars—and, of course, many others—are convinced that the documentary hypothesis, with its main pillars 'J' and 'P' (and more or less as traditionally dated) still remains the basis for Pentateuchal research. Some scholars have written books on 'J' (Coote and Ord 1989) and 'E' (Coote 1991) as if nothing had changed. Recently a textbook was published that even presented the 'sources' as separated from each other, for seminary studies (Campbell and O'Brien 1993).

Other scholars developed new ideas, remaining partly in the framework of the documentary hypothesis even though in some cases explicitly discussing the new approaches described above. It is not the intention of this article to deal with those positions in detail, yet I want to mention some of them in order to show how the scholarly field is broadening and how many interrelationships and overlappings are possible. Some scholars are concerned with a new definition of the 'Yahwist'. One position de Pury calls 'A Solomonic J with a Reduced Substance' (1992: 1017). Here he lists Weimar (1977; 1980), Zenger (1982; 1985), Vermeylen (1981; 1989) and Peckham (1985). I add Zenger (1989), who rejects the 'model Heidelberg' (including Rendtorff, Blum and Crüsemann) in favour of the 'model Wellhausen', but explicitly declares that 'the texts attributed to J have to be reduced' (pp. 327-28). Recently, Zenger presented a combination of an *Erzählkranzmodell*, 'model of narration circles' (instead of 'sources') and, for the later period, a *reduziertes Quellenmodell*, 'reduced source model' (p. 74). Here the letter 'J' assumes a new meaning. Zenger interprets the 'pre-priestly' Pentateuchal texts as a *Jerusalemer Geschichtswerk*, 'Jerusalem History Work', which he calls 'JG'. This he understands more or less like Wellhausen's *Jehovistisches Geschichtbuch*, including elements of the traditional 'J' and 'E' sources. According to Zenger this earliest 'source' got its shape 'around 690 BCE in Jerusalem' (p. 112).

A third position could be called 'An Exilic or Postexilic J'. Here, Schmid, Rose and, especially, Van Seters must be mentioned. Whybray (1987), following Van Seters, also believes that there was *one* author of the Pentateuch and that he was a 'historian'. A quite different view is developed by Levin (1993). He sees the Yahwist as a redactor who composed a work of history out of different sources, writing in the diaspora with an anti-deuteronomic tendency against the restriction of worship to one sanctuary. De Pury also adds Vorländer (1978), who speaks about a 'Jehowist' whom he dates to the time of the exile, and Schmitt (1980), who sees in J a postexilic redaction of an earlier 'Elohistic' version of the Pentateuch. The last two positions had actually been worked out before the challenge of the mid-1970s. This demonstrates that already in the framework of the documentary hypothesis positions were emerging which, in my view, by their late dating of the pre-priestly sources undermined the basis of that hypothesis. Schmitt (1982) is still working in the framework of the documentary hypothesis, but is interested in relating his results to those of Van Seters, Schmid and Rendtorff (Schmitt 1982; see esp. pp. 185-87). Boorer (1992) also enters a discussion with some of the recent positions and concludes that the investigated texts in her view are pre-deuteronomistic and that only the 'paradigms' of Wellhausen and Noth 'retain credibility' (p. 437). McEvenue (1994), after discussing the concept of Blum and Rendtorff, sees at present 'the absence of a trustworthy hypothesis', but believes that 'it is still possible to pursue trustworthy interpretation' (p. 389). Also, Nicholson (1991) calls for 'a time of caution'.

The fourth and final position de Pury calls 'A Nonexistent J'. It should be emphasized that in the view of the scholars mentioned here (Rendtorff, Blum) there are no 'sources' at all as explained above, because these scholars organize the field of Pentateuchal research differently, with the main emphasis on the latest layers or compositions of the texts. This brings us to an important point. I mentioned above that in the period of the unquestioned documentary hypothesis the distinction of the 'P' texts from the rest was the only aspect that was generally accepted by all scholars. Actually, the same is true today even beyond the framework of this hypothesis. The question is rather whether the 'P' texts had been part of an individual source that existed independently from the other texts before being combined with them. Blum has shown that there is no simple alternative, but that 'P' is 'neither "source" nor "redaction"' (1990: 229). In many cases, 'P' texts are formulated with an obvious reference to the 'pre-priestly' texts with which they are now combined. In other cases they show a certain independence from those. Carr (1996), in an ongoing dialogue with Blum, emphasizes the aspect of independence and even reconstructs a 'P source' (pp. 117-40). He admits, however, that in many cases 'P' texts are reworked to fit into their current context. He defines his own approach as 'replacement of the source model for non-P materials with a mixed tradition and composition model' (p. 150). In my view this is an interesting example of a new orientation of pentateuchal research, in which a scholar can find his or her own way without being dependent on an all-dominating paradigm.

Excursus: A Special Kind of 'P'?

Looking at *The Anchor Bible Dictionary*'s contribution on the Priestly ('P') Source (Milgrom 1992), the reader is confronted with a great surprise. The 'P' treated in that article seems to have no significant relationship to the other 'sources' of the Pentateuch. Almost none of the problems discussed thus far in this essay are mentioned, and almost none of the names central to our discussion are quoted. Instead, the relation between 'P' and 'H' is discussed throughout (the latter meaning the 'Holiness School', according to Knohl's doctoral dissertation [1988]).

Therefore only those texts dealing with cultic and holiness questions are discussed. The rest of the texts belonging to the 'P' source (according to the history of pentateuchal research) are not mentioned, nor is the relation of 'P' to other sources discussed. Thus, this is a restricted view on one sharply defined segment of pentateuchal texts, beyond any relation to contemporary discussions on problems of pentateuchal research. The background of this isolated treatment of the cultic elements of 'P' is the discussion on the dating of 'P' in the school of Kaufmann (1960, see above p. 44) that has been linguistically refined by Hurvitz (1982). Milgrom's voluminous commentary on Leviticus 1–16 (1991) shows the same restricted view of 'P'. When I asked this question some years ago at an SBL meeting (1993), Milgrom answered: 'I feel pinned to the wall' (1993: 83), admitting the relevance of the question but not reacting to it in substance. The Israeli scholar, Schwartz (1996), discusses at length the interpretation of 'P' as a 'source' in the framework of the traditional Documentary Hypothesis without mentioning the problems of 'H' and its relation to 'P'. One might hope that in the near future the place of these 'P' and 'H' texts within the Pentateuch as a whole will be discussed; however, in the framework of this article on contemporary directions in pentateuchal studies I have to leave these questions aside.

The Pentateuch as a Whole

One of the most obvious results of the discussion of the last two decades is the tendency to date the 'pentateuchal' composition not earlier then the Babylonian Exile. At first glance, the weakening of confidence in a higher age of Pentateuchal texts may seem to be a loss. But at the same time it is a gain to understand that important texts of the Hebrew Bible got their final shape in exilic and postexilic times. Of course, this includes a farewell to the old-fashioned classification of early 'Israel' versus later 'Judaism', in which the latter (in the view of Wellhausen and others) was a mere degeneration that lost all the values of earlier Israel and did not have any spiritual strength of its own. Yet today, even independently from pentateuchal problems, there is quite a new awareness of the intellectual and spiritual vitality and creativity of this 'late' period of Israel's history (see e.g. Eskenazi 1993).

The Pentateuch itself contributes abundantly to a rediscovery of the richness of the religious and social life during this period. In recent scholarly literature we often find terminology like 'the priestly Pentateuch' or a distinction between the 'priestly' and the 'pre-priestly' or 'non-priestly' Pentateuch and the like. Whatever the particular approaches of the individual scholars might be, this terminology shows that the Pentateuch as a whole is viewed from the final stage of its development, giving that stage a high rank in the evaluation and interpretation of this important literary work. When some scholars emphasize more strongly the importance of the somewhat earlier 'deuteronomistic' stage of composition, they thereby express a high esteem for the rather late compository work that shaped the Pentateuch, and of necessity envisage the last step which leads to the comprehensive work that begins with the creation of the world and ends with the death of Moses.

When von Rad asked the question about the main theological concept of the Pentateuch (1938), he complained that among Bible scholars too little attention was given to the *Jetztgestalt*, 'present shape' or *Letztgestalt*, 'final shape' of the Pentateuch (p. 9). His intention was to take a step in the direction of getting the Pentateuch as a whole in view. Now, as scholars leave behind the documentary hypothesis and put the emphasis on the 'composition' of the texts, this is exactly what has come about. The question of the composition of the Pentateuch necessarily leads to a new interest in the final form(s) of the text.

One significant indication of this new interest is the fact that there are now books written on 'the Pentateuch' as a whole. (Earlier there had been very few, as e.g. Clines 1978). These books show an interesting combination of literary and theological aspects (Blenkinsopp 1992; Blum 1990; Crüsemann 1992). They demonstrate that the new interest in the Pentateuch includes both an intensive study of the literary structure and history of the texts that form the Pentateuch, and a not less intensive search for the theological concepts that guide the texts. In particular, the books by Blum and Crüsemann strongly focus on the final shape of the Pentateuch. In Crüsemann's book this intention is clearly expressed in the title of the final chapter 'The Pentateuch As Torah' (pp. 381-425). This chapter ends with a paragraph on 'The Unity of God and that of the Torah—an Approach for a Christian Reception of the Torah' (pp. 423-25). In my view this interest in the 'message' of the Pentateuch, however multivoiced it might be, is one of the most important achievements of pentateuchal studies in the last two decades. Other studies interested in the theology of the Pentateuch in general or its latest layer include Schmid (1989) and Janowski (1987, 1990).

I think the goal of all endeavours in studying the literary history and structure of the Pentateuch should be to understand it as a whole, especially as a theological whole. In my view this implies a 'canonical' reading of the biblical text. 'Canonical', as I understand it, means, not to ignore the diachronic depth-dimension of the texts, but rather to try to understand the text in its given form as a deliberately composed final unity, which should be taken seriously by the reader and interpreter. I believe that discussions of the relationship of diachronic and synchronic readings of biblical texts should be more thoroughgoing and nonbiased. The two approaches should not be taken as alternatives but as two interrelated, necessary ways of studying the texts.

For further reading on the recent history of Pentateuchal research see Knight (1985), de Pury and Römer (1989), Blenkinsopp (1992), Utzschneider (1994), Römer (1996), and Carr (1997).

BIBLIOGRAPHY

Berge, K.
1990 *Die Zeit des Jahwisten: Ein Beitrag zur Datierung jahwistischer Vätertexte* (BZAW, 186; Berlin: de Gruyter).

Blenkinsopp, J.
1992 *The Pentateuch: An Introduction to the First Five Books of the Bible* (Garden City, NY: Doubleday).

Blum, E.
1984 *Die Komposition der Vätergeschichte* (WMANT, 57; Neukirchen–Vluyn: Neukirchener Verlag).
1990 *Studien zur Komposition des Pentateuch* (BZAW, 189; Berlin: de Gruyter).
1991 'Gibt es die Endgestalt des Pentateuch?', in Emerton (ed.) 1991: 46-57.

Boorer, S.
1992 *The Promise of the Land as Oath: A Key to the Formation of the Pentateuch* (BZAW, 205; Berlin: de Gruyter).

Briend, J.
1989 'La "crise" du Pentateuque', *Revue de l'Institut Catholique de Paris* 29: 49-62.

Campbell, A.F.
1993 'The Priestly Text: Redaction or Source?', in G.Braulik, W. Groß and S. McEvenue (eds.), *Biblische Theologie und gesellschaftlicher Wandel: Festschrift Norbert Lohfink, SJ* (Freiburg: Herder) 32-47.

Campbell, A.F., and M.A. O'Brien
1993 *Sources of the Pentateuch: Texts, Introductions, Annotations* (Minneapolis: Fortress Press).

Carr, D.M.
1996 *Reading the Fractures of Genesis: Historical and Literary Approaches* (Louisville, KY: Westminster/John Knox Press).

| | 1997 | 'Controversy and Convergence in Recent Studies of the Formation of the Pentateuch', in *RelSRev* 23:22-31. |

Cassuto, U.
- 1961   *The Documentary Hypothesis and the Composition of the Pentateuch* (trans. I. Abrahams; Jerusalem: Magnes [Hebrew, 1941]).
- 1961/64   *A Commentary on the Book of Genesis* (2 vols; trans. I. Abrahams; Jerusalem: Magnes [Hebrew, 1944 and 1949]).
- 1967   *A Commentary on the Book of Exodus* (trans. I. Abrahams; Jerusalem: Magnes [Hebrew, 1951]).

Clines, D.J.A.
- 1978   *The Theme of the Pentateuch* (JSOTSup, 10; Sheffield: JSOT Press).

Coote, R.B., and D.R. Ord
- 1989   *The Bible's First History* (Philadelphia: Fortress Press).

Coote, R.B.
- 1991   *In Defense of Revolution: The Elohist History* (Minneapolis: Fortress Press).

Cross, F.M.
- 1973   'The Priestly Work', in *Canaanite Myth and Hebrew Epic* (Cambridge, MA: Harvard University Press) 293-325.

Crüsemann, F.
- 1981   'Die Eigenständigkeit der Urgeschichte', in J. Jeremias and L. Perlitt (eds.), *Die Botschaft und die Boten: Festschrift H.W. Wolff* (Neukirchen–Vluyn: Neukirchener Verlag) 11-29.
- 1989   'Le Pentateuque, une Tora: Prolégomènes à l'interprétation de sa forme finale', in de Pury (ed.) 1989: 339-60.
- 1992   *Die Tora: Theologie und Sozialgeschichte des alttestamentlichen Gesetzes* (München: Kaiser).

Davies, G.I.
- 1996   'The Composition of the Book of Exodus: Reflections on the Theses of Erhard Blum', in Fox *et al.* (eds.) 1996: 71-85.

Eissfeldt, O.
- 1922   *Hexateuch–Synopse* (Leipzig: Hinrichs).
- 1934   *Einleitung in das Alte Testament* (Tübingen: Mohr [Paul Siebeck]; 2nd edn, 1956, 3rd edn, 1964); ET: *The Old Testament: An Introduction* (trans. P.R. Ackroyd; Oxford and New York: Basil Blackwell, 1965).

Elliger, K.
- 1966   *Leviticus* (HAT 1.4; Tübingen: Mohr [Paul Siebeck]).

Emerton, J.A. (ed.)
- 1991   *Congress Volume: Leuven 1989* (VTSup, 43; Leiden: Brill).

Engnell, I.
- 1945   *Gamla Testamentet: En traditionshistorisk inledning*, I (Stockholm: Svenska Kyrkans Diakonistyrelses Bokförlag).
- 1960   'Methodological Aspects of Old Testament Study', in G.W. Anderson *et al.* (eds.), *Congress Volume: Oxford 1959* (VTSup, 7; Leiden: Brill) 13-30.
- 1969   *A Rigid Scrutiny* (Nashville: Vanderbilt University) = *Critical Essays on the Old Testament* (London: SPCK, 1970).

Eskenazi, T.C.
- 1993   'Current Perspectives on Ezra–Nehemiah and the Persian Period', *CR:BS* 1: 59-86.

Fohrer, G.
1965   (E. Sellin), *Einleitung in das Alte Testament* (Heidelberg: Quelle & Meyer), 10th edn; ET: *Introduction to the Old Testament* (trans. D. Green; Nashville: Abingdon Press, 1968).

Fox, M.V. *et al.* (eds.)
1996   *Texts, Temples, and Traditions: A Tribute to Menahem Haran* (Winona Lake: Eisenbrauns).

Friedman, R.E.
1992   'Torah (Pentateuch)', *ABD*, VI: 605-22.

Gressmann, H.
1913   *Mose und seine Zeit: Ein Kommentar zu den Mosesagen* (Göttingen: Vandenhoeck & Ruprecht).

Gunkel, H.
1910   *Genesis übersetzt und erklärt* (Göttingen: Vandenhoeck & Ruprecht, 3rd edn).

Gunneweg, A.H.J.
1983   'Anmerkungen und Anfragen zur neueren Pentateuchforschung', *TRu* 48: 227-53; 50: 107-31.

Holzinger, H.
1893   *Einleitung in den Hexateuch* (Freiburg i.B. and Leipzig: Mohr [Paul Siebeck]).

Hurvitz, A.
1982   *A Linguistic Study of the Relationship between the Priestly Source and the Book of Ezekiel: A New Approach to an Old Problem* (Paris: Gabalda).

Jacob, B.
1934   *Das erste Buch der Tora: Genesis* (Berlin: Schocken).

Janowski, B.
1987   ' "Ich will in eurer Mitte wohnen": Struktur und Genese der priesterlichen Schekina-Theologie', in I. Baldermann *et al.* (eds.), *Der eine Gott der beiden Testamente* (JBTh, 2; Neukirchen–Vluyn: Neukirchener Verlag) 165-93.

1990   'Tempel und Schöpfung: Schöpfungstheologische Aspekte der priesterschriftlichen Heiligtumskonzeption', in I. Baldermann *et al.* (eds.) *Schöpfung und Neuschöpfung* (JBTh, 5; Neukirchen–Vluyn: Neukirchener Verlag) 37-69.

Jenks, A.W.
1992   'Elohist', *ABD*, II, 478-82.

Kaufmann Y.
1960   *The Religion of Israel: From its Beginnings to the Babylonian Exile* (trans. and abr. M. Greenberg; Chicago: University of Chicago Press; Tel Aviv: Bialik Institute-Dvir [Hebrew,1937–1948]).

Knight, D.
1985   'The Pentateuch', in D.A. Knight and G.M. Tucker (eds.), *The Hebrew Bible and Its Modern Interpreters* (Philadelphia: Fortress Press) 263-96.

Knohl, I.
1988   'The Conception of God and Cult in the Priestly Torah and in the Holiness School' (PhD dissertation, Hebrew University); ET: *The Sanctuary of*

Koch, K.
1987

Silence: The Priestly Torah and the Holiness School (trans. J. Feldman and P. Rodman; Minneapolis: Fortress Press, 1995).

'P—kein Redaktor! Erinnerung an zwei Eckdaten der Quellenscheidung', *VT* 37: 446-67.

Kohata, F.
1986a   *Jahwist und Priesterschrift in Exodus 3-14* (BZAW, 166; Berlin: de Gruyter).
1986b   *Quellenschriften im Pentateuch? Konsequenzen aus Textbeobachtungen in Exodus 3-14*, *AJBI* 12: 3-28.

Kreuzer, S.
1989   *Die Frühgeschichte Israels in Bekenntnis und Verkündigung des Alten Testaments* (BZAW, 178; Berlin: de Gruyter).

Kuhn, T.
1962   *The Structure of Scientific Revolutions* (Chicago: University of Chicago Press, 2nd edn with a postscript, 1970).

Langlamet, F.
1977   'Recension: R. Rendtorff, *Das überlieferungsgeschichtliche Problem des Pentateuch*', *RB* 84: 609-22.

Levin, C.
1993   *Der Jahwist* (FRLANT, 157; Göttingen: Vandenhoeck & Ruprecht).

Lohfink, N.
1992   'Deutéronome et Pentateuque: Etat de la recherche', in P. Haudebert (ed.), *Le pentateuque: Débats et recherches. XIVe congrès de l'ACFEB* (Paris: Cerf) 35-64; German version: 'Deuteronomium und Pentateuch: Zum Stand der Forschung', in N. Lohfink, *Studien zum Deuteronomium und zur deuteronomistischen Literatur*, III (Stuttgart: Katholisches Bibelwerk) 13-38.

McEvenue, S.
1984   'The Elohist at Work', *ZAW* 96: 315-32.
1994   'A Return to Sources in Genesis 18,10-22?', *ZAW* 106: 375-89.

McKane, W.
1978   'Review of: R. Rendtorff, *Das überlieferungsgeschichtliche Problem des Pentateuch*', *VT* 28: 371-82.

Milgrom, J.
1991   *Leviticus 1-16* (AB, 3; Garden City, NY: Doubleday).
1992   'Priestly ("P") Source', *ABD*, V: 454-61.
1993   'Response to Rolf Rendtorff', *JSOT* 60: 83-85.

Nicholson, E.W.
1991   'The Pentateuch in Recent Research: A Time for Caution', in Emerton (ed.) 1991: 10-21.

North, R.
1982   'Can Geography save J from Rendtorff?', *Bib* 63: 47-55.

Noth, M.
1948   *Überlieferungsgeschichte des Pentateuch* (Stuttgart: Kohlhammer).

Otto, E.
1977   'Stehen wir vor einem Umbruch in der Pentateuchkritik?', *Verkündigung und Forschung* 22: 82-97.

1995   'Kritik der Pentateuchkomposition', *TRu* 60: 163-91.
Peckham, B.
1985   *The Composition of the Deuteronomistic History* (HSM, 35; Atlanta: Scholars Press).
Procksch, O.
1906   *Das nordhebräische Sagenbuch: Die Elohimquelle* (Leipzig: Hinrichs).
Pury, A. de
1992   'Yahwist ("J") Source', *ABD*, VI: 1012-20.
Pury, A. de and T. Römer
1989   'Le Pentateuque en question: Position du problème et brève histoire de la recherche', in de Pury (ed.) 1989: 9-80.
Pury, A. de (ed.)
1989   *Le Pentateuque en question: Les origines de la composition des cinq premiers livres de la Bible à la lumière des recherches récentes* (Geneva: Labor et Fides).
Rad, G. von
1938   *Das formgeschichtliche Problem des Hexateuch* (Stuttgart: Kohlhammer; repr. in *Gesammelte Studien zum Alten Testament* [Munich: Kaiser 1958]) 9-86; ET: Dicken, in *The Problem of the Hexateuch and Other Essays* (trans. E.W.T. Dicken, Edinburgh and London: Oliver & Boyd, 1966) 1-78.
Rendtorff, R.
1975   'Der "Jahwist" als Theologe? Zum Dilemma der Pentateuchkritik', in G.W. Anderson *et al.* (eds.), *Congress Volume: Edinburgh 1974* (VTSup, 28; Leiden: Brill) 158-66; ET: 'The "Yahwist" as Theologian? The Dilemma of Pentateuchal Criticism', *JSOT* 3: 1977, 2-10.
1977a   'Pentateuchal Studies on the Move', *JSOT* 3: 43-45.
1977b   *Das überlieferungsgeschichtliche Problem des Pentateuch* (BZAW, 147; Berlin: de Gruyter) ET: *The Problem of the Process of Transmission in the Pentateuch* (trans. J.J. Scullion; JSOTSup, 89; Sheffield: JSOT Press, 1990).
1983   *Das Alte Testament: Eine Einführung* (Neukirchen–Vluyn: Neukirchener Verlag), esp. 166-74; ET: *The Old Testament: An Introduction* (Philadelphia: Fortress Press, 1986), esp. 157-64.
1984   'The Future of Pentateuchal Criticism', *Henoch* 6: 1-15.
1989   'L'histoire biblique des origines (Gen. 1-11) dans le contexte de la rédaction "sacerdotale" du Pentateuque', in de Pury (ed.) 1989: 83-94.
1993   'The Paradigm is Changing: Hopes—and Fears', *BI* 1: 34-53.
Römer, T.
1996   'La formation du Pentateuque selon l'exégèse historico-critique', in C.-B. Amphoux and B. Outtier (eds.), *Les premières traditions de la Bible* (Lausanne: Zèbre), 17-55.
Rose, M.
1981   *Deuteronomist und Jahwist: Untersuchungen zu den Berührungspunkten beider Literaturwerke* (ATANT, 67; Zürich: Theologischer Verlag).
Rudolph, W.
1938   *Der 'Elohist' von Exodus bis Josua* (BZAW, 68; Berlin: Töpelmann).

Ruppert, L.
1992	*Genesis: Ein kritischer und theologischer Kommentar.* I. *Gen. 1,1–11,26* (Würzburg: Echter).
Scharbert, J.
1983	*Genesis 1–11* (Die Neue Echter Bibel, 5; Würzburg: Echter).
1986	*Genesis 12–50* (Die Neue Echter Bibel, 16; Würzburg: Echter).
1989	*Exodus* (Die Neue Echter Bibel, 24; Würzburg: Echter).
Schmid, H.H.
1976	*Der sogenannte Jahwist: Beobachtungen und Fragen zur Pentateuchforschung* (Zürich: Theologischer Verlag).
1989	'Vers une théologie du Pentateuque', in de Pury (ed.) 1989: 361-86.
Schmidt, L.
1977	'Überlegungen zum Jahwisten', *EvT* 37: 230-47.
1983	'Pentateuch', in H.J. Boecker *et al.* (eds.), *Altes Testament* (Neukirchen–Vluyn: Neukirchener Verlag) 80-101.
1993	*Studien zur Priesterschrift* (BZAW, 214; Berlin: de Gruyter).
1995	'Zur Entstehung des Pentateuch', *Verkündigung und Forschung* 40: 3-28.
Schmidt, W.H.
1981	'Ein Theologe in salomonischer Zeit? Plädoyer für den Jahwisten', *BZ* NS 25: 82-102; ET: 'A Theologian of the Solomonic Era? A Plea for the Yahwist' in T. Ishida (ed.), *Studies in the Period of David and Solomon and Other Essays* (Tokyo: Yamakawa-Shuppansha, 1982) 55-73.
1988	'Plädoyer für die Quellenscheidung', *BZ* NS 32: 1-14.
1991	'Elementare Erwägungen zur Quellenscheidung im Pentateuch' in Emerton (ed.) 1991: 22-45.
Schmitt, H.-C.
1980	*Die nichtpriesterliche Josephsgeschichte: Ein Beitrag zur neuesten Pentateuchkritik* (BZAW, 154; Berlin: de Gruyter).
1982	'Redaktion des Pentateuch im Geiste der Prophetie', *VT* 32: 170-89.
1985	'Die Hintergründe der "neuesten Pentateuchkritik" und der literarische Befund der Josefsgeschichte Gen 37-50', *ZAW* 97: 161-79.
Schwartz, B.J.
1996	'The Priestly Account of the Theophany and Lawgiving at Sinai', in M. Fox *et al.* (eds.) 1996: 103-34.
Seebass, H.
1982	'Elohist', *TRE* 9: 520-24.
1987	'Jahwist', *TRE* 16: 441-51.
1989	'Que reste-t-il du Yahwiste et de l'Elohiste?', in de Pury (ed.) 1989: 199-214.
1996	'Pentateuch', *TRE* 26: 185-209.
Ska, J.L.
1989	'Quelques remarques sur Pg et la dernière rédaction du Pentateuque', in de Pury (ed.) 1989: 95-125.
1991	'Un nouveau Wellhausen?', *Bib* 72: 253-63.
Smend, R., Sr
1912	*Die Erzählung des Pentateuch auf ihre Quellen untersucht* (Berlin: Reimer).
Smend, R., Jr
1978	*Die Entstehung des Alten Testaments* (Stuttgart: Kohlhammer).

Utzschneider, H.
1994 'Die Renaissance der alttestamentlichen Literaturwissenschaft und das Buch Exodus: Überlegungen zu Hermeneutik und Geschichte der Forschung', *ZAW* 106: 197-223.

Van Seters, J.
1975 *Abraham in History and Tradition* (New Haven: Yale University Press).
1983 *In Search of History: Historiography in the Ancient World and the Origins of Biblical History* (New Haven: Yale University Press).
1986 'The Yahwist as Historian', in Kent Harold Richards (ed.), *SBLSP* 37-55.
1987 *Der Jahwist als Historiker* (Zürich: Theologischer Verlag).
1991 'The So-called Deuteronomistic Redaction of the Pentateuch', in Emerton (ed.) 1991: 58-77.
1992 *Prologue to History: The Yahwist as Historian in Genesis* (Louisville: Westminster/John Knox).
1994 *The Life of Moses* (Louisville: Westminster John Knox).

Vermeylen, J.
1981 'La formation du Pentateuque à la lumière de l'exégèse historico-critique', *RTL* 12: 324-29.
1989 'Les premières étapes littéraires de la formation du Pentateuque', in de Pury (ed.) 1989: 149-97.

Vervenne, M.
1994 'The Question of "Deuteronomic" Elements in Genesis to Numbers', in F. García Martinez *et al.* (eds.), *Studies in Deuteronomy: In Honour of C.J. Labuschagne* (Leiden: Brill): 243-68.

Volz, P., and W. Rudolph
1933 *Der Elohist als Erzähler: Ein Irrweg der Pentateuchkritik?* (BZAW, 63; Giessen: Töpelmann).

Vorländer, H.
1978 *Die Entstehungszeit des jehowistischen Geschichtswerkes* (Frankfurt/a.M. Lang).

Wagner, N.E.
1967 'Pentateuchal Criticism: No Clear Future', *CJT* 13: 225-32.

Weimar, P.
1977 *Untersuchungen zur Redaktionsgeschichte des Pentateuch* (BZAW, 146; Berlin: de Gruyter).
1980 *Die Berufung des Mose* (OBO, 32; Fribourg: Universitätsverlag).

Wellhausen, J.
1883 *Prolegomena zur Geschichte Israels* (Berlin: Reimer) ET: *Prolegomena to the History of Israel* (Edinburgh: A. & C. Black, 1885).
1899 *Die Composition des Hexateuchs und der historischen Bücher des Alten Testaments* (3rd edn; Berlin: Reimer).

Westermann, C.
1981 *Genesis. II. Genesis 12–36* (BKAT, 1.2; Neukirchen–Vluyn: Neukirchener Verlag).

Whybray, R.N.
1987 *The Making of the Pentateuch: A Methodological Study* (JSOTSup, 53; Sheffield: JSOT Press).

Winnett, F.V.
1965 'Re-Examining the Foundations', *JBL* 84: 1-19.
Wolff, H.W.
1969 'Zur Thematik der elohistischen Fragmente im Pentateuch', *EvT* 29: 59-72 (repr. in *Gesammelte Studien zum Alten Testament* [Munich: Kaiser, 2nd edn, 1973] 402-17).
Zenger, E.
1982 'Auf der Suche nach einem Weg aus der Pentateuchkrise', *Theologische Revue* 78: 353-62.
1985 *Israel am Sinai: Analysen und Interpretationen zu Exodus 17–34* (Altenberge: CIS/Oros, 2nd edn).
1989 'Le thème de la "sortie d'Egypte" et la naissance du Pentateuque', in de Pury (ed.) 1989: 301-31.
1995 'Die Bücher der Tora/des Pentateuch', parts I, II, IV, V, in E. Zenger (ed.), *Einleitung in das Alte Testament* (Stuttgart: Kohlhammer) 34-75, 89-123.

9 The Book of Isaiah: A Complex Unity. Synchronic and Diachronic Reading

Today scholars are beginning to move from analysis to synthesis in the interpretation of the Book of Isaiah. The established practice of separating the book into several discrete parts, each of which is viewed in isolation from the whole, is giving way to exploratory efforts to understand the overall unity and the theological dynamic of the Isaiah tradition. Indeed, it is an illuminating experience to lay aside most of the commentaries of the past and read through in one sitting the Book of Isaiah with a kind of ›second naiveté‹ (Anderson, 17).

This quotation expresses some of the basic elements that built the starting point of the consultation (now a seminar) on ›The Formation of the book of Isaiah‹ in the framework of the Society of Biblical Literature in which for a number of years scholars have attempted to develop a new reading of this important book of the Hebrew Bible.[1] As one of the inaugural papers, Marvin Sweeney presented a lecture on ›The Unity of the Book of Isaiah in the History of Modern Critical Research‹ in which he showed how ›current discussion of the unity of the book is rooted in earlier discussion of its disunity. The intention of this essay is first of all to review the contributions to the ongoing discussion with regard to their methodological approaches, and to highlight some of the questions that seem to be the major topics now to be dealt with.

›The question of the unity of the book of Isaiah was reopened by Brevard Childs's canonical approach in *Introduction to the Old Testament as Scripture*‹ (Anderson 1988: 35n.1), in which book ›Childs's most spectacular success is with the book of Isaiah‹ (Brueggemann 1984: 89). Almost at the same time, and independently one another of Childs, Peter | R. Ackroyds article, ›Isaiah I-XII: Presentation of a Prophet‹ (1978), appeared which could be characterized as the other fundamental and influential contribution to this newly reopened debate. The comparison of these two works shows important basic agreements between the two scholars, in particular in the pronounced interest in the final form of the text; on the other hand each of them approaches this question in a totally different way. In his powerful claim for the canonical unity of the Book of Isaiah, Childs concentrates on the book as a whole and on the canonical interrelation between its three commonly assumed parts. Ackroyd on his part scrutinizes the question ›Why is there so substantial a book associated with the

---

[1] This is a revised and updated version of my paper ›The Book of Isaiah: A Complex Unity. Synchronic and Diachronic Reading‹ (SBLSP, 1991; Atlanta: Scholars Press, 1991), 8-20.

prophet Isaiah?‹ (1978: 19) and finds ›the clue . . .in the actual structure of i-xii‹ (27) which he elaborates in detail.

Here a number of methodological problems appear which since then have been much more diversified by the contributions of several other scholars. In addition, in retrospect it is apparent that through the years time and again the question of the unity of the book of Isaiah had been raised by individual scholars, some of whose observations and reflections are now taken up in the new broader framework.[2]

I

The common starting point among scholars interested in the formation of the book of Isaiah is the conviction, or at least the assumption, that the present shape of the book is not the result of more or less accidental or arbitrary developments but rather that of deliberate and intentional literary and theological work. Apart from details, the general question arises as to how to define the leading methodological interest in exploring this work and its results. Childs speaks of ›The Canonical Shape of the Book of Isaiah‹ (1979: 325). Other scholars, too, explicitly use the terms ›canon‹, ›canon-criticism‹, ›canonical critical‹ and the like.

All of them are aware of certain possible misunderstandings or misinterpretations. Ackroyd writes: ›I do not for one moment fear that anyone will suppose that I am thereby disclosing myself as a biblical fundamentalist, though I may have to accept the dubious distinction of being misquoted as having abandoned one of the key points of critical scholarship‹ (1978: 17). And he later sums up:

Canon-criticism, as a distinct area of discussion, involves a sensitive appraisal of both the final stages of the according of authority to the biblical writings, and the awareness of the different levels at which this has operated in the eventual determining of the texts which have come down to us, stamped with the hallmark of experiential testing in the life of the community to which they belonged (1978: 47-48).

It is indeed of particular importance to emphasize ›the sensitive appraisal of both‹ instead of playing off the awareness of the different levels against the keen interest in the final stage or stages. Childs writes, ›To hear the different notes within the one book is an essential part of taking seriously the canonical shape‹ (1979: 330), and similarly other scholars using canon

---

[2] I refer in particular to the works of Jones (1955), Liebreich (1955-57), Eaton (1959), Schreiner (1967), Becker (1968), Lack (1973), and Melugin (1976). For the history of research see also Vermeylen 1989: 11-27.

terminology are expressing their ›indebtedness to historical analysis . . ., which seeks to locate the text at prior historical moments‹ (Seitz 1988:, 105).

Clements raises an objection against this terminology: ›Our problem is a literary and theological one of redaction-criticism, not the larger and more problematic one of canon criticism, which we may set aside for discussion in the realm of hermeneutics‹ (1985: 97). He argues that ›the reasons why the book of Isaiah acquired its present shape‹ have nothing to do with the final ›canonization‹ of the Hebrew Bible, and he even declares that ›it appears to be methodologically wrong to attempt to resolve these problems [i.e. of the book of Isaiah] by an all-embracing hermeneutical appeal to the perspective of the canon‹ 1985: 112, n. 10). The question raised here has two different aspects. One is the understanding of the term ›canonical‹. In the framework of the current debate on the book of Isaiah (as well as on other books of the Hebrew Bible) the term is mainly applied to the final shape of the respective book in which it eventually became part of the canon as a whole. Therefore, it might be possible to discuss several aspects of the formation of the book of Isaiah without using the term ›canonical‹. Yet the more fundamental aspect of the question is that of the intention of scholars who try to understand the final form of a biblical book, in particular of such a central one as the book of Isaiah, the entirety of which is extremely complex. For a number of scholars it is even the ›canonical‹ question that led them to this kind of exegetical work. For them it would not make sense to set this question aside and to make such a strict distinction and even separation between exegesis and hermeneutics as Clements proposes. Therefore, the relevance and function of the ›canonical‹ aspect has to be discussed further.

II

The next set of questions concerns the three main parts of the book of Isaiah as they have been accepted by most of the Old Testament scholars of the last century. Even today the exploration of the formation of the book of Isaiah almost always starts from a point where the existence of (Proto-)Isaiah (ch. 1-39), Deutero-Isaiah (ch. 40-55) and Trito-Isaiah (ch. 56-66) is either taken for granted or explicitly discussed. This problem, again, has two major aspects. One is concerned with the prophetic figure behind each of the three parts of the book; the other with the literary unity and independence of the parts. Both aspects are interrelated to each other.

At this point the above mentioned methodological differences between Childs and Ackroyd are particularly obvious. Childs does not question the original existence of the three parts of the book of Isaiah (calling them

First, Second, and Third Isaiah). With regard to Second Isaiah he assumes that there originally existed certain elements showing the historical context of this prophecies, which later had been eliminated so that these chapters lost ›their original historical particularity‹. Here Childs's canonical approach did not touch the classical assumption of the earlier existence of several (at least two) independent parts of the book of Isaiah. Childs sees changes happening only at the level where ›the canonical editors of this tradition employed the material in such a way as to eliminate almost entirely those concrete features and to subordinate the original message to a new role within the canon‹ (1979: 325-26)[3] Accordingly, he views the canonical editing of First Isaiah as a ›coupling of collections‹ after which ›a large amount of later material is scattered throughout the entire collection. Moreover, both its older and newer elements have been structured into a clear theological pattern which is integrally connected with Second Isaiah‹ (1979: 330-31).

Ackroyd's approach is different. From the outset he questions the independent existence of chs. 1-39, in particular as a collection of sayings of a prophet of the eighth century who was primarily a prophet of doom. In chs. 1-12 he finds ›a presentation of the prophet‹, ›the messenger of doom, now fulfilled, as he is also presented as messenger of salvation‹ (1978: 45). These chapters are composed of smaller units such as 1.2-2.5; 2.6-4.6; 5.1-11.16 (including 6.1-9.6), each of them containing oracles of doom and salvation. The psalm in ch. 12 ›provides an interpretative comment on what precedes, drawing out in a final poetic statement the broadest significance of the prophet's person and message‹ (1978: 34-40). In his conclusion Ackroyd declares,

It is not my intention to try to sort out either the genuine from the non-genuine, or the possible situations . . . to which this or that passage may belong, or in which reapplication has been made . . . ›Whether the prophet himself or his exegetes were responsible, the prophet appears to us as a man of judgement and salvation (45).

The comparison of these two approaches shows a basic methodological problem with regard to the formation of the book of Isaiah: Is the final form to be seen as the result of connecting or merging two (or three) originally independent parts (or books) by (one or more) redaction(s) – or is the originally independent existence of those parts no longer to be taken for granted? Among scholars working towards an understanding of the book of Isaiah as a whole both positions are clearly represented.

---

[3] I do not fully understand the relation between the above quoted and Childs's question of whether ›the material of Second Isaiah in fact ever circulated in Israel apart from its being connected to an earlier form of First Isaiah‹ (1979: 329).

With regard to the first position some qualifications are necessary. The question of Trito-Isaiah has again recently become a subject of discussion (see below). Therefore, some scholars would rather speak of relations between chs. 1-39 and 40-66. With regard to the first part, some scholars set aside chs. 36-39 as a later addendum, speaking of chs. 1-35. But also ch. 35 is taken by some scholars as never having been part of the original collection of Proto-Isaiah but added as a redactional bridge between First and Second Isaiah.

The common conviction of these scholars is that a collection of First-Isaiah sayings containing major parts of chs. 1-39 had existed before having been combined with chs. 40-66. For most of them this conviction includes a redactional reworking of certain parts of chs. 1-39, be it in one or more redactional stages, even before their combination with chs. 40-66. Widely accepted is the thesis of one (or two) redaction(s) in the time of Josiah and later after the fall of Jerusalem (Barth 1977; Clements 1980b; Clements 1980c). For Clements this is an important stage in the redactional history of the book of Isaiah:

Once the connection between the prophecies of Isaiah and the destruction of Jerusalem is recognized as a factor in the way the Book of Isaiah came to be developed, we have the single most essential clue towards | understanding why the prophecies of chapters 40 and following came to be incorporated into the book‹ (Clements 1982: 127).

Steck (1985) identifies ch. 35 as another crucial point for the connection between the two formerly independent collections. In a scrutinizing exegesis he shows this chapter's interrelations into both directions, forward to ch. 40, and backward to ch. 32-34. He concludes that chapter 35 had been formulated in order to be written in ›at the join between the end of the complex of sayings of First Isaiah (Isa. *1-34) and the beginning of those of Second Isaiah (Isa. *40-62).‹ He emphasizes that until then both parts had been independent from each other and that each of them had been formulated in an unalterably fixed form (1985: 101).[4]

Both scholars represent characteristic examples of an approach to the book of Isaiah that on the one hand strongly emphasizes the deliberate formation of the book as a whole, and on the other hand firmly holds to the original independence of the first and the second part of the book from each other. From this point of view the final shape of the book is the result of a redactional process. The original parts are not touched themselves by a ›canonical‹ idea.

The most pronounced counterexample is given by Seitz (1988). His

---

[4] Similarly Clements 1982: 121, who calls ch. 35 ›a summarized »digest« of the main content of the prophecies of chapters 40-55*‹.

provocative thesis is that ›The whole notion of Second and Third Isaiah depends in no small part on there being a clear First Isaiah. Such an Isaiah is not to be found‹ (1988: 111). He emphasizes that ›Isaiah 1-39 is an extremely complex collection of material, with a diverse background‹, and he claims that this has already been shown by several recent studies that ›demand a complete rethinking of the relatively simple formulation 1, 2, 3 Isaiah‹ (1988: 125 n. 14). Indeed, the extremely complex character of chs. 1-39 is conceded by almost all exegetes. The question is whether these divergent materials have been brought together before and independently from the joining of chs. 1-39 with chs. 40ff.

Steck, for example, declares explicitly that the main corpus of chs. 1-39 before its connection with the following chapters did exist in a fixed form whose formulation no longer could be touched (›in der Formulierung nicht mehr antastbar‹ [1985: 101]). According to his view, ch. 35 had been carefully worked in so that it could build the bridge between the two now preceding and following parts of the book. Some | more texts share this bridging function with ch. 35, such as Isa. 11.11-16 and 27.13(12 (as well as 62.10-12 in the second part), by expressing ›the same redactional view‹.[5]

Clements also mentions texts in chs. 1-39 that express the ideas of chs. 40ff. Similar to Steck he finds, in addition to ch. 35, in Isa. 11.12-16; 19.32; 27.12-13 ›summarizing assurances of the return of Yahweh's people to Zion . . . which are based upon the prophecies from chapter 40 on‹ (1982: 121). Chapters 36-39, according to Clements, also have been added to chs. 1-35 ›at a time when much of the material of chapters 40 and following had already been joined to this earlier prophetic book‹ (1982: 123). Chs. 24-27 are ›a very late section‹ which should ›not be . . . read in isolation from the rest of the book‹ (1982: 122). Those observations lead him to the suggestion ›that the linking of the prophecies of chapters 40 and following with the tradition of Isaiah's prophecies belongs more fundamentally to the structure of the book‹ (1982: 123). That means that the junction of chs. 1-39 and 40-66 appears not merely as one act of redaction at one certain point, but rather as a process by which elements of an earlier tradition (›Isaiah‹) had been intertwined with those of exilic and postexilic traditions.

From this point of view the difference between the positions of Clements and Seitz seemed to be reduced to the question of whether there remains an identifiable ›First Isaiah‹ when it lacks all the elements that belong to the structure of the book as a whole. Here, of course, the discussion has to go into detail. In particular, Ackroyd's concept of a ›presentation of

---

[5] See the chart in Steck 1985: 80.

the prophet‹ has to be taken into account as questioning the existence of a definable ›First Isaiah‹.

Another important point in Seitz's argumentation is the fact that ›The literary boundaries between 1, 2, 3 Isaiah are not marked in any special way‹ (1988: 109). Indeed, in Isaiah 40 no hint is given that now a new chapter begins and that it is a different prophet who is speaking from that point; and there is no evidence of a loss of any superscription or introduction. This problem is related to the question, Which text had been read immediately before ch. 40 at the time when the two supposed collections had been combined? One argument for the presence of a clear beginning in ch. 40 is the change of tone and content from doom to comfort. This would appear to be true if ch. 40 was preceded by chs. 36-39. But many scholars believe that these chapters had been inserted much later into the book of Isaiah, probably as ›one of the latest steps to | occur in its formation‹ (Clements 1980: 277), ›thereby separating the different collections‹ (275). But if it is ch. 35 that has to be read before ch. 40, there is no change in tone and content. The close relationship of ch. 35 to, or even its dependence upon, Deutero-Isaiah has been noted by many scholars. For Clements the argument is reversed: Not the difference, but the similarity between the end of First Isaiah (now ch. 35) and the beginning of Second Isaiah (ch. 40) made the connection possible or even more plausible.

Here again chs. 36-39 have to be taken into account. Ackroyd (1982) has convincingly shown a number of interrelations between these chapters and chs. 1-12, in particular 6.1-9.6. ›Both these narrative or partly narrative sections . . . are evidently concerned with themes of judgement and of deliverance‹ (1982: 19). And these sections ›alone in the book provide a full contextual setting for the activity and message of Isaiah‹ (1982: 19), so that not only chs. 1-12 but also chs. 36-39 could be called ›presentation of a prophet‹ (16). From ch. 39 it is obvious that God's words of judgement against Israel will not become a reality through the Assyrians in the days of Hezekiah; but the last words of the chapter make it clear to the reader that there will be only a sparing of Hezekiah and his generation and that the judgement will come in the days of the Babylonians.[6] Seitz summarizes his reading of chs. 36-39 as follows:

A theological and a readership problem are solved in one fell swoop by the inclusion of chapters 36-39. God's word of judgement over Israel's sins, declared in the Assyrian period by Isaiah, is to be fulfilled in the Babylonian period. At the same time, the reader is prepared for the words of comfort that appear in Isaiah 40ff., words that only make sense once the sentence of judgement, the ›time of service‹ of Isa. 40:2, has been carried out‹ (1988: 111; cf. also Seitz 1990).

---

[6] Cf. already Melugin, 1976: 177.

In the meantime the connections between chs. 36-39 and other parts of the book have also been studied by Conrad (1988 and 1991) and more in detail by Seitz himself (1991).

III

This discussion shows a changing approach to the question of earlier collections of material now combined in the book of Isaiah. For some scholars the starting point still is the more or less unquestioned existence|of two or three ›books‹ that had been brought together by redactional work. With regard to chs. 1-39 this includes a mainly diachronic reading of the texts led by the question at which stage of the redactional history a specific text had been formulated, reformulated, inserted and the like. Other scholars are developing a different approach reading the texts within chs. 1-39 in its given form as parts of the book as a whole (Ackroyd; Seitz).

The latter reading, which I am sympathetic with, does not imply a denial of diachronic questions but a change – and perhaps a reversal – of scholarly priorities. The first and main question is no longer, What was the ›original‹ meaning of this text?, and also not, When and how had this text been incorporated into its present context?, but, What is the meaning of the text in its given context? This does not exclude the first two questions to be asked for additional information and clarification. But the priority is now clearly given to the interpretation of the text in its given context.

This changed approach in the book of Isaiah has its first and most fundamental influence on the reading of chs. 1-39. Most scholars would agree that ›Isaiah 1-39 is an extremely complex collection of material‹ (Seitz 1988: 111). Up to now most scholars would try to find out the original words of Isaiah, or the texts that formed the first, original collection of words by Isaiah, and then continue to define the stages of redaction through what other texts had been added to it. But if one reads chs. 1-12 as deliberately composed ›presentation of a prophet‹, the direction of view changes. Chapters 1-12 will then be understood as a meaningful composition in itself comprising materials of different types and from different times depicting Isaiah as a prophet of judgement and salvation (Ackroyd 1978: 45). The diachronic question is not at all to be excluded but can help in understanding the interrelations between some of the texts that are now part of this composition.

Another example of results of a changing view is the understanding of the oracles against other nations in chs. 13-23. Particularly important is the fact that this composition begins with an oracle against Babylon in chs. 13-14. This shows that Yhwh's words of judgement spoken in times of the Assyrian rule will be realised by the Babylonians. Thereby, already at this point the borders from the times of First Isaiah to that of Second Isaiah are crossed (cf. Seitz 1988: 112). From now on the reader is aware that the prophetic message of the book of Isaiah is not restricted to the times of Assyrian rule but embraces a time span going beyond|that period into the Babylonian era. Then the transition from ch. 39 to ch. 40 does not come as a surprise to the reader. And even the further step from exile to return – that is, from the Babylonian to the Persian era – has now been prepared.

Actually, this reading of the book of Isaiah as embracing a long period of time with changing political events and experiences begins in the first chapters of the book. It has long been observed that ch. 1 forms a composition representing a summary of the prophetical message of ›Isaiah‹ (Fohrer). This chapter contains elements that – at least by later readers – can be understood as speaking from a point *after* the divine judgement had come on Israel. Verse 1.9 is taken by many interpreters ›to be a late, exilic, addition in which the condition of Jerusalem after 587 was read back into Isaiah's prophecy of 701‹ (Clements 1980a: 32). It is now a question of approach as to whether this ›reading back‹ is taken as a late addition or as an integral element of the canonical presentation of the prophet. The same holds for the word on Jerusalem's fate in 1.21-28, in particular for its ending in vv. 27-28 that ›evidently supposes that Jerusalem had suffered severe setbacks‹ (Clements 1980a: 35); and it holds, of course, for the vision of the eschatological role of Mount Zion in 2.1-5. Ackroyd summarizes his reading of 1.2-2.5 ›as an appeal and a promise: Jerusalem the unfaithful and judged city of God, over which the lament of 1.21ff. is pronounced, is to be the true and faithful city, the centre of the religious life of the world‹ (1978: 42).

This kinds of observations and reflections must necessarily lead to a new definition of ›First Isaiah‹. In this context it has to be taken into account that the person of the prophet appears rather rarely and not before ch.6. Compared with a number of other prophetic books, such as Jeremiah and Ezekiel, but also Amos and Hosea, the person of the prophet Isaiah remains elusive, as ›Second Isaiah‹ and ›Third Isaiah‹ do as well (cf. Seitz 1988: 120). The consequences of this peculiarity of the book of Isaiah have to be reflected, together with the other aspects mentioned before.

IV

The impact the changing approach has to Isa. 40-66 is different from that it has to chs. 1-39. At the first glance, there seems to be no influence from chs. 1-39 into the later parts of the book. Yet already the beginning of ›Second Isaiah‹ in 40:1ff. poses questions | that are not to be answered without looking back to what precedes. The opening of this chapter without any introduction or superscription, and with the call for comfort referring back to Jerusalem's ›service‹ and her sins, obviously addresses readers that know something of what had been said in the preceding part of the book. In addition, the well-known parallels between Isa. 40.1-8(11) and 6.1-11 have been recently re-examined by different scholars particularly looking for interdependences between these two texts pivotal in either part of the book (Melugin 1976: 83-84; Ackroyd 1982: 5-6; Rendtorff 1989: 79-81[ET 177-79]; Albertz 1990:242-48; Seitz 1990). Albertz is mainly interested in the adoption and continuation of Isaianic motifs in Deutero-Isaiah, and he recalls the idea of an ›Isaiah-school‹ as it had been raised earlier by Mowinckel and others. Other scholars reflect the possibility of a reciprocal influence on the level of composition or redaction (Rendtorff, Seitz). In any case, the opening verses of chs. 40-66 have to be read in the context of the book of Isaiah as a whole.

The same is true for other texts and motifs. Childs emphasizes that the ›former things‹ in Deutero-Isaiah in the context of the book as a whole ›can now only refer to the prophecies of First Isaiah‹ (1979: 328-29; cf. Seitz 1988: 110). But then the question arises as to what this expression might have pointed to in an earlier stage when chs. 40-66 had not yet been combined with chs. 1-39. Would the ›former things‹ then have meant anything different from earlier prophecies of judgement? And if not, which prophecies had they referred to? So the question remains a to whether there could or should be assumed in chs. 40-66 conscious references to chs. 1-39. This question is also dealt with by Clements who mentions several topics by which he wants ›to show that the evidence that the prophecies of »Second Isaiah« reveal a conscious dependence on earlier sayings of Isaiah of Jerusalem is firm and reliable‹ (1985: 109).

Finally, in the course of looking at the book of Isaiah as a whole the interrelations between ›Second‹ and ›Third Isaiah‹ are re-examined under different aspects. The most decisive step has been taken by Steck (1989) who, in the context of broad methodological reflections, denies the existence of a prophet or author ›Trito-Isaiah‹ and sees chs. 56-66 as literary texts that never existed as a separate collection but have gradually been added to chs. 40-55 (so chs. 60-62) or to a ›Greater Isaiah‹ (*Großjesaja*), that is, to the now emerging collection that included | great parts of chs. 1-39 and of chs. 40-55. The question of the juxtaposition of chs. 1-39 and 40-55 is related to Steck's earlier assumption (1985) that ch. 35 had been formulated in order to build the bridge between chs. 1-39 and 40-55 at the time that they were first combined (see above). 7 (The existence of an independent ›Trito-Isaiah‹ is also denied by Vermeylen [1989: 42-44], though his concept of the history of chs. 40-55 is totally different from Steck's.]

Beuken's approach is different. He is also interested in Third Isaiah's relations to First and Second Isaiah which he describes as ›Isaianic legacy‹ (1986). But he sees in Trito-Isaiah ›a literary and theological personality in his own right‹ (1986: 64), who is the successor of Deutero-Isaiah and, in a certain sense, also of Proto-Isaiah, and who ›has used the prophecies of F(irst)I(saiah) and S(econd)I(saiah) for his particular message, in a situation that was quite different‹ (ibid.). Beuken's conviction of the unity and originality of Trito-Isaiah finds its specific expression in the developing of ›The Main-Theme of Trito-Isaiah‹, that of ›the servants of YHWH‹, that he finds as a ›theme‹ throughout the whole of chs. 56-66, even where the expression itself does not appear (1990).

These two approaches differ under two main aspects: 1) the unity of chs. 56-66 and personality of the ›prophetic‹ author, and 2) the relation of chs. 56-66 to the book of Isaiah as a whole. Beuken's position with regard to the book as a whole is only touched on in his articles, while for Steck this is one of his main concerns. With regard to chs. 56-66 this concern leads him to a principal denial of one of the basic hypotheses of classical *Literarkritik* in the field of prophetical literature: the existence of ›Trito-Isaiah‹. Steck's own answer is mainly orientated towards a growth of the book of Isaiah as a whole. The later stages of redaction in chs. 56-66, after the first combination of chs. 1-39 with 40-62, he sees interrelated to certain stages in the redactional history of ch. 1-39.

Here a new and interesting debate is beginning, and we expect further work in this field. With regard to the book of Isaiah as a whole, of particular interest would be the question of how developments in chs. 40-66 are related to those within chs. 1-39. For example, certain interrelations between chs. 1 and 66 have been observed by several scholars. And could it be possible that ›those responsible for the last forming of the third part also contributed to the composition of the final shape of the book‹? (Rendtorff 1984: 319).

V

Several contributions to the topic of the book of Isaiah as a whole have not yet been mentioned in this essay, in particular those which are not built up on questions of the structure of texts but on certain themes, topics, expressions and so on. My own first article in this area (1984) tried to show a number of topics and themes that are characteristic of the book of Isaiah and at the same time appear in all – or at least in more than one – of the different parts of the book. My approach was basically influenced by Melugin and Ackroyd, and many of the observations and questions of that article have been absorbed in the following discussions. My more recent article (1991) discusses the different meanings of the word $ṣ^e dāqâ$ in the context of the book of Isaiah as a whole, including chs. 56-66.

Another contribution to be named here is that of Anderson. He approaches the book of Isaiah as a whole, but writes that ›Instead of reading the Isaiah tradition forward from the standpoint of the seminal preaching of Isaiah of Jerusalem ... I propose to consider it from the viewpoint of its final apocalyptic *relecture* or rendering‹ 1988: 18). That brings texts from all parts of the book in relation to each other in a new and often surprising way. Anderson keeps the diachronic aspects in mind so that his essay easily and fruitfully can be related to questions of the redactional or compositorial history of the texts.

In general, I believe that a changing view on the book of Isaiah should allow, and even require, studies on topics, themes, expressions, and even ideas characteristic for the book as a whole or considerable parts of it, without at the same time discussing questions of redaction or composition. A synchronic reading, if carried out with the necessary sophistication, should have its own rightful place.

VI

In sum, the discussion of the last decade has revealed the unity of the book of Isaiah. Of course, it is not a simple unity but a highly complex one. Yet scholars have now begun to realize this complexity of this unity and to interpret it.[7] The methodological approaches are different, as explained in detail in this essay. But it seemed to me to be remarkable|that nevertheless on certain crucial points a basic agreement can be reached.

In my view, one such crucial point is the question of an independent book or collection of ›First Isaiah‹, containing major parts of chs. 1-39. The scholarly discussion shows that there is broad agreement on the ›secondary‹ character of elements like chs. 13-23; 24-27, and also of smaller units like 2.1-5; 4.2-6; 12.1-6 and others. This makes it nearly impossible to read the ›original‹ parts (in whatever sense) of chs. 1-39 as a continuous ›book‹. Nevertheless, some scholars continue to speak of a ›First Isaiah‹ thereby including some of the ›secondary‹ elements.[8] Other scholars prefer to read the non-uniform and composed chapters 1-39 from the outset as a part of the book of Isaiah as a whole.

---

[7] See, for example, Carr 1993.
[8] The commentary by J.H.Hayes and S.A.Irvine (1987) is one recent example of interpreting almost the whole of Isaiah 1-39 as deriving from the eighth-century BCE prophet. The authors mention explicitly the impact of Y.Gitay's work, ›who has pioneered in the rhetorical analysis of prophetic speeches‹ (15). In the meantime Gitay's book appeared (1991) in which he presents his view with regard to ch.1-12. He also holds that Isaiah 1-12 in its entirety derives from the prophet Isaiah and is to be understood as a series of oratorical reflections. Therefore, the problem of how the complex|unity of the Book of Isaiah came into being, as discussed in this essay, for him does not exist. It would go beyond the scope of this essay to discuss Gitay's rhetorical theories. Future research will have to show whether and how it would be possible to relate these different approaches to each other.

The first mentioned position is led by a consistently diachronic interest. Many of these scholars try to define a number of redactional stages, some of which are to be dated before the combination of chs. 1-39 with chs. 40-66, others after this point. In my view, many of these stages, and in particular their datings, are highly hypothetical. In addition, these scholars have to assume a number of anonymous redactors, editors and so on whose intentions they try to understand. The result is, on the one hand, an extremely complicated hypothetical redactional history, from the prophet Isaiah in the eighth century through to the Hellenistic era. On the other hand, it is no longer possible to read the book of Isaiah in its continuity at any point before the final (›canonical‹) shape of the text.

The other position reads the book of Isaiah mainly in its given ›canonical‹ shape, though in full awareness of its (diachronic) complexity. In my view, it is the great advantage of such a sophisticated synchronic reading that the interpreter is able to read the text in its given continuity. To choose one example, Ackroyd (1978) reads chs. 1-12 as a complex unity, while according to Steck (1985: 80) 4.2-6; 11.11-16 and 12.1-6 were added at different times – 12:1-6 only ›after 302/1‹. It is the text in its present form which the reader now possesses.

The main difference between these two approaches might be expressed by the following two questions: 1) (Synchronic) What does the text (in all its complexity) mean in its given final shape? 2) (Diachronic) In what stages did the text reach its final form? Certainly, these two questions oversimplify the complex character of the problems. Yet by this simplification I am intending, on the one hand, to point to a crucial difference between these two approaches, on the other hand to stimulate a discussion on the agreements and disagreements between these two positions.

Therefore, I want to give another example in order to show an important agreement between scholars of different positions. Steck's interpretation of Isa. 35 as written with the explicit function to connect chs. 1-39 and 40-66 (in Steck's view: 40-62) with each other, in my view is one of the most important contributions towards an understanding of the book of Isaiah as a whole. As shown above, Steck takes a strictly literary-critical position with regard to chs. 1-39 which seems to be hardly compatible with that of Ackroyd, Seitz and others, including myself. Nevertheless, I believe that his study of Isa. 35 will be appreciated by most scholars as a milestone in the research into the problems of the book of Isaiah as a whole.

By these examples I want to show that there are clearly definable differences between the methodological approaches that should be studied seriously, but that at the same time the common progress in the understanding of the book of Isaiah as a whole as made during the last decade is remarkable and promising.

Die Bibliographie zu diesem Beitrag finden Sie auf den Seiten 267ff.

10 How to Read the Book of the Twelve as a Theological Unity

I am glad to be invited to participate in the Formation of the Book of the Twelve Seminar. Actually, it is the third time that I have the opportunity to participate in a SBL seminar on the formation of a complex part of the canon of the Hebrew Bible: first on the Pentateuch, then on the Book of Isaiah, and now on the Book of the Twelve. In addition, in the 1994 SBL International Meeting I was involved in the discussion on the formation of the Book of Psalms.[1] In my view it is a very important and promising development in biblical studies, not to be satisfied with more and more sophisticated analyses of biblical texts but to try to understand the texts in their given form and to find out what intention and message they would have in this very shape.

It has often been noted that the Book of the Twelve has been taken as one book from the earliest time of the formation of the canon of the Hebrew Bible.[2] But only recently have scholars begun to study the formation of this book.[3] Most of them are concerned with the development of the book in its different stages through a certain period of time up to the final shape. In this paper I shall try to do the next step,

---

[1] My involvement in this topic is also demonstrated by the doctoral thesis of my student Matthias Millard, *Die Komposition des Psalters. Ein formgeschichtlicher Ansatz* (FAT 9; Tübingen: Mohr-Siebeck, 1994).

[2] See in particular Sir 48: 10; Baba batra 14b/15a.

[3] See P.R. House, *The Unity of the Book of the Twelve* JSOTSup 97; Sheffield: JSOT Press, 1990); Terence Collins, *The Mantle of Elijah: The Redaction Criticism of the Prophetical Books* (The Biblical Seminar 20; Sheffield: JSOT Press), 1993, ch.3; R.C. van Leeuwen, "Scribal Wisdom and Theodicy in the Book of the Twelve", *In Search of Wisdom: Essays in Memory of John G. Gammie* (ed. L.G. Perdue, et al; Louisville, KY: Westminster/John Knox) 1993, p. 31-49; J.D. Nogalski, *Literary Precursors to the Book of the Twelve* (BZAW 217; Berlin, et al: de Gruyter) 1993; id., *Redactional Processes in the Book of the Twelve* (BZAW 218; Berlin, et al: de Gruyter) 1993; R.J. Coggins, "The Minor Prophets—One Book or Twelve," *Crossing the Boundaries: Essays in Biblical Interpretation in Honour of Michael D. Goulder* (Biblical Interpretation Series 8; ed. S.E. Porter, et al; Leiden, et al: Brill) 1994, p. 57-68; A.Schart, *Die Entstehung des Zwölfprophetenbuchs: Neubearbeitungen von Amos im Rahmen schriftenübergreifender Redaktionsprozesse* (Habilitationsschrift Philipps-Universität Marburg) 1995.

namely to read the Book of the Twelve as a unity taking such development for granted.⁴

I

Nevertheless, at the beginning we will have to look at some obvious elements of shaping that have been left to the reader to give him a certain access to the book. First of all, the superscriptions of the different parts of the book, or "writings",⁵ obviously serve particular functions. First, they preserve a certain identity for each particular writing. This is, by the way, one of the basic differences between the Book of the Twelve and the Book of Isaiah. In the latter no other name of a prophet except that of Isaiah is mentioned. Of course, even in the Book of Isaiah the reader is confronted with a number of hints to obvious differences in time and circumstances within the book; but these are not linked to different prophetic personae.

This is the second point: The superscriptions give the Book of the Twelve an explicit chronological framework. A number of writings are precisely dated, and by that they are closely linked to certain historical and political periods. It begins in the period when the kingdom of Israel still exists, and two of the prophets, Hosea and Amos, were acting in this framework. The third of those prophets whose writings are dated, Micah, was active at the same time in the kingdom of Judah. Thus, the three of them cover one period, more or less the same as Isaiah does. The next prophet with a dated superscription, Zephaniah, acted during the last decades of the kingdom of Judah. In this case the dating is of particular relevance because immediately after Zephaniah there is the great chasm between the end of the independent Israelite or Judean political existence and the life under Persian rule including the Babylonian Exile. Nothing of that is mentioned in the texts, but the reader understands it when the next two prophets, Haggai and Zechariah, are dated according to the Persian king Darius. And the reader will be confronted with certain new problems.

But what about the writings that are not dated? Of course, it would be too simple to say that those who put the individual writings together had no information about the

---

⁴This is explicitly also the approach of E.W.Conrad, "The End of Prophecy and the Appearance of Angels/Messengers in the Book of the Twelve", *JSOT* 73 (1997) 6579.

⁵In this paper I will use the expression "book" only for the Book of the Twelve while calling the individual "writings" by the name of the prophet associated with that work (e.g., Hosea, Joel, etc.). When it is necessary to refer to the prophet, as opposed to the literary product, I will indicate this specifically (e.g., "the prophet Hosea," "the prophet Joel," etc.).

time of the activity of these prophets. From that point of view the question would be even more urgent why the undated writings have been put just at the places where they now stand. Seemingly in most cases there were no particular chronological reasons. But what other reasons could there have been?

Only recently have scholars begun to ask these kinds of questions. It is obvious that some of the writings are dealing with central topics that do not at all appear in certain other writings. One of these topics is the "day of the LORD." This day is once mentioned in Amos (5:18-20). Here the reader gets the impression that it is well known to Amos' audience what kind of day this would be. But from where do they know? The present reader of the Book of the Twelve knows it from the writing that precedes Amos, from Joel, where the "day of the LORD" is the main and central topic. But then it is again the central topic in the writing that follows after Amos: Obadiah. That means that these three, Joel, Amos and Obadiah, form a group of writings in which the "day of the LORD" is of central importance. Now, Joel as well as Obadiah are undated. They could have been put at any place where they would fit for other than chronological reasons. Therefore it would make sense to see their actual position based on the common topic of the "day of the LORD." Since Amos' position in the book is given by its dating, Joel and Obadiah might have been incorporated to surround, or even to frame, Amos.[6] But now from this group of writings almost at the beginning of the Book of the Twelve the theme of the "day of the LORD" has a strong impact on the whole book up to its very end (Mal 3:23[4:5]). Below I will discuss this question in detail.

Let us continue to ask the question of the position of the other undated writings within the Book of the Twelve. Why does Jonah follow Obadiah? Some scholars see it from a chronological point of view because of the assumed identification of the Jonah of the Twelve with the one of 2 Kgs 14:25. But if the authors (or "redactors" or whoever) of the final text wanted to emphasize this identification and wanted to use it as an argument for Jonah's placement, why did they not say it explicitly? The reader cannot find on his own any relationship between the actions and the message of the two Jonahs. But are there any relationships between Jonah and Obadiah? The main topic of Jonah is the question whether rescue from the divine judgment is possible. This is also one of the central questions of Joel with regard to the "day of the LORD." But for Obadiah this is not a problem because for him only Judah will

---

[6]This idea is to be found in A. Schart (see note 3), chap. 8: "Die Rahmung der Amosschrift durch Joel und Obadja."

be saved. In opposition to that, Jonah's message says: On the contrary, even Nineveh can be saved if it really will repent.

Related to this question is the next one: What about the position of Nahum? How is the relation between Jonah and Nahum to be understood? Their common theme is the fate of Nineveh. Now the reader might ask: Did Nineveh repent or not? These questions will also have to be discussed below. Together with this, we have to ask about the position of Habakkuk. In this case a rather clear chronological reason seems to be obvious. Habakkuk speaks about the enemy that only appeared in the last period of Israel's or Judah's pre-exilic history: the Chaldeans, i.e. Babylon. This brings Habakkuk close to Zephaniah which is dated into that period. Finally, Malachi belongs quite obviously in the post-exilic era and could not have been put anywhere else.

II

Before following certain main lines that run through the Book of the Twelve some remarks of caution are in order. Even if we hope to understand something of the internal coherence of the different writings which are assembled in this book we have to be aware that the individual writings have preserved their specific profiles. In one case or the other we might find explicit quotations or references between different writings, but the coherence will mainly be recognizable by certain interrelations in themes and terminology. We have to imagine that those responsible for the given composition of the Book of the Twelve assume that the reader has read what is written in the preceding writings and relates it to what he or she reads later.

In this respect, let us follow the first main line that runs almost through the whole Book of the Twelve: the "day of the LORD."[7] Joel, where this topic appears first, is something of a collection of different views of that day. At first the "day of the LORD" befalls Israel (chs. 1-2), at the end it is a divine judgment against Israel's enemies (ch.4[3]) where Israel is just a bystander, and in between a great cosmic event affects "all flesh" (ch.3 [2:28-32]). Of particular importance is the question how Israel, or any human being, might escape the threatening danger of this day. At the peak of the events in the first description of the coming of the LORD' s day God's voice is heard: "Yet even now, turn back to me (*šubû ʿāday*) with all your hearts" (2:12). There is a chance to turn, to repent—even now! The prophet adds, quoting

---

[7]See also my article "Alas for the day! The 'Day of the LORD' in the Book of the Twelve" (forthcoming in a *Festschrift*).

one of the most fundamental confessions of God's grace and mercy: "For he is gracious and merciful, slow to anger and abounding in kindness" (2:13, cf Exod 34:6). But the prophet knows that there will be no guarantee that God himself will turn away (*yāšûb*) from his plans; there can only be a fearful hope: *mî yôdēa'* "Who knows?" (v.14). But when the people assemble and the priests pray: "Spare your people, O LORD!" (vv.16-17), God hears the prayer. He gives the people back what they had lost, makes the country fruitfiul and assures them of peace and joy (vv.19-26). For the people this is not only the end of the disaster but more than that: "You shall know that I am in the midst of Israel, and that I am the LORD, your God, and there is no other' (v.27).

In the following chapter the appearance of the "day of the LORD" is quite different. It is an eschatological event in a rather strict sense. It will happen "after that" (3:1[2:28]) which obviously means "at the end of the days" or the like.[8] Neither Israel nor its enemies are mentioned, but the events will affect "all flesh." Portents of different kinds will occur which will also have dangerous sides, like blood and darkness, and the "day of the LORD" is called "the great and terrible" day (vv. 3-4[30-31]). Therefore again the question must arise, "Who will be saved?." This time the prophet answers: "Everyone who calls on the name of the LORD shall be saved" (v.5[321]). This is not too far from the first answer that there must be return, or repentance, to be saved. Just at this point it becomes clear that all this will not happen in a vacuum far from any reality, "for on Mount Zion and in Jerusalem there shall be the assembly of those who escape(*pělêta*)." All this is insolubly connected with God's relation to all mankind that has its center in Zion. And even more: God himself will call those who survive.[9] This expresses a very important interrelation between "to call on (*qārā'*) the name of the LORD" and the LORD's "calling (*qārā'*)" the survivors, the latter appearing as a kind of divine reaction to the first. If I understand this passage correctly, it announces the existence of a very limited group of survivors after the "day of the LORD", a group not exclusively comprised of Israelites, but all those who, under the impact of the divine spirit (v.1-2[28-29]), will call on his name in the days of need. They are also the ones whom he will call into the group of survivors.

---

[8]In Acts 2:17 this text is quoted: *kai estai en tais eschatais hemerais*.

[9]Some commentators have difficulties with the last words of this verse; also the JPS Bible says: "Meaning of Heb. uncertain."

The last chapter of Joel (ch.4[3]) again shows a different view of the "day of the LORD." Now Israel's (or Judah's) enemies are punished by God. Israel is not affected. And even when "the sun and the moon are darkened and the stars withdraw their shining" (v.15) and "the LORD roars from Zion" (v.16) he will be a "refuge" and a "stronghold" for his people. They shall know that he dwells in Zion and that Jerusalem shall be holy (v.17). This depiction of the "day of the LORD" seems to be incompatible with the two foregoing views in several respects. In particular the question "Who will be saved?" does not arise here, because "God's people" (v.16) seems to remain untouched. But this is not the message of Joel as a whole. At the beginning of the first appearance of the LORD's day (chs. 1-2) Israel was far from being saved and had deeply to repent in order to escape the threatening events.

Joel shows that the "day of the LORD" can be experienced under quite different aspects. In some cases Israel itself feels threatened by that day, and therefore the question of escape and survival will be in the center. In other cases Israel is just looking at events that happen to other people without being affected itself. Finally Israel is involved in the events of that day being a part of the whole mankind ("all flesh"). Here, only individuals can survive, no matter whether Israelites or not. Therefore we have to read Joel not as one consistent message of one prophet but as a kind of collection of different and in certain respects divergent views of what could be meant by the term "the day of the LORD." When studying the Book of the Twelve in its continuation we have to keep in mind that the potential reader is aware of these different aspects of the "day of the LORD."

III

Turning to Amos, the reader is confronted again and again with descriptions of disastrous events in which the LORD himself is acting. When it is told that "the LORD roars from Zion" (Am 1:2) the reader will be reminded of the last chapter in Joel where this threatening sound does not endanger Israel but only its enemies (Joel 4:16[3:16]). Indeed, in Amos, a series of words of divine judgment against Israel's neighbors follows immediately, and the LORD's acting is described as "day of battle" (Am 1:14). But then it becomes clear that Israel will be included in the divine judgment as well (2:4-5, 6-16). At the last point of the disaster when even the most courageous of the warriors flees away naked it is said that this will happen "on that day" (2:16). This is not too far from the expression "the day of the LORD." Later the LORD's punitive action is announced by "on the day of my punishing Israel" (3:14). In these cases the reader coming from Joel cannot hear the word "day" as simply indicating a certain point in time. It is the day when the LORD acts.

When it comes to the explicit discussion about the "day of the LORD" (5:18-20) the reader is fully aware of the context of this expression. The people whom Amos is addressing like the view of this important future day as explained in the last chapter of Joel (4[3]) as God's punishment of Israel's enemies. They might even have understood —or rather misunderstood— Amos' repeating the words from Joel (Am 1:2=Joel 4:16 [3:16]) in that sense. But now Amos warns them of the other side of the "day of the LORD" that is also explained in Joel: that it is darkness and not light. In Joel this is particularly threatening where the "day of the LORD" affects Israel itself (Joel 2:2). This is actually the difference between Amos' audience and Amos himself in their respective expectations with regard to the "day of the LORD." Amos can only expect this day to come as a judgment over Israel.

Immediately before this discussion Amos has sharply criticized the social and legal behavior of his audience (Am 5:7-12) and has named the present time an "evil time" (v.13). He called his audience to turn around, to do the opposite of what they have done before: "Seek good and not evil...Hate evil and love good, and establish justice in the gate", and he added: "Perhaps (*ûlay*) the LORD, the God of hosts, will be gracious to the remnant of Joseph" (vv.14-15). This recalls again Joel where at the peak of the endangering events of the "day of the LORD" God himself called the people to return, and the prophet added: "Who knows but he may turn and relent" (Joel 2:12-14). Amos' *ûlay* comes quite close to Joel's *mî yôdēa'*. And then Amos begins to describe a situation of wailing and mourning culminating in the words "Then I pass through your midst, says the LORD" (vv.16-17). All these are signs of a coming of God to judgment and punishment of his people. Therefore, if this really would be the "day of the LORD" it would obviously be directed against Israel, and the only chance to escape would be to turn away from evil and repent.

Reading Amos that way, the passage about the "day of the LORD" would not at all be as isolated in its context as some commentators see it. The preceding description of God's coming to judge Israel as well as the call to "seek good and not evil", i.e. to turn and repent, belong to the context of the "day of the LORD" in Joel and establish the wider context for Amos. One could add some other points. In the long poem in Amos 4 the prophet describes several ways by which God punished his people, always ending with "yet you did not return to me, says the LORD" (v.6, 8, 9, 10, 11). One of God's punishments are the locusts (v.9). The reader will remember that in Joel just in the case of a locust plague the people *did* return and were saved and restituted (Joel 2:15-27). So the Joel text can serve as a contrast to the bad situation Amos has to criticize. And when God is "forming locusts" (Am 7:1) it would again remind the reader of Joel. Another point might be the mention of Zion in Am 6:1. Are those "who are at ease in Zion" again those who took the wrong conclusions from Joel where at the end it is said that God dwells on Zion (Joel 4:17, 21[3:17, 21]), and already earlier that on Zion "there shall be those who escape (*pəlêṭā*)" (3:5[2:32])?

When read sequentially to Joel, the features of the "day of the LORD" are present almost everywhere in Amos.[10] But then the reader continues to Obadiah. Again the "day of the LORD" is the central topic. But this time this day is expected only to come over Israel's (or Judah's) closest enemy: Edom/Esau. This reminds of Joel 4[3] where also only Israel's enemies are the target of the divine punishment on that day. Also the extension of the day to "all nations" (Ob 15) is in accordance with Joel. Finally the expectation that on Mount Zion "there shall be those who escape (*pəlêṭā*)" (v.17) sounds like a quotation from Joel 3:5[2:32]). But there is one remarkable difference: In Joel the remnant will consist of the believers from all nations who called the name of the LORD and whom he himself calls. In Obadiah it is only the house of Jacob (or house of Joseph), who shall rule from Mount Zion over their enemies, and there will be no survivor of the house of Esau (Ob 18). But the reader still remembers Amos' words: "Why do you want the day of the LORD? It is darkness, not light" (Am 5:18). Therefore the reader has to read Obadiah with this critical question in mind. And when finally it is said: "The kingdom shall be the LORD's" (Ob 21) it makes it clear that the ultimate rulership is with God and not with humans, be it Israel or anyone else. Anyhow, Obadiah is best read in the critical light of Amos.

Continuing to Jonah with these questions in mind the reader will be confronted with an almost contradictory message. Obadiah seems to say that only Judah will be saved. Jonah explains that on the contrary also the gentiles have a chance to be saved when they turn back and repent. Read that way Jonah is another critical warning towards the position of Obadiah—and, of course, not only toward Obadiah but also toward this kind of thinking among people in Judah and among the potential readers of the Book of the Twelve. There is always a chance to be saved, for every human—if they turn back. The people in Nineveh did, and God reacted to their behavior (Jonah 3). They did what, according to Amos, the Israelites did not (Am

---

[10] It would be worthwhile to study the use of the term "day" in such a wider sense because the studies on the "day of the LORD" tend to be too technical under "formula critical" aspects. In this context it would be interesting to study the term "on that day" (*bayyôm hāhû'*), cf. e.g., Amos 2:16; 8:3, 9, 13. Of course, this formula can also express a positive expectation as e.g. in Amos 9:11. But how is that related to the complexity of the idea of the "day of the LORD"?

4). At the decisive point the king of Nineveh speaks like the prophet did in Joel 2:14: "Who knows (*mî yôdēa*) but God may turn and relent." Above we have compared this with Amos' "perhaps (*ûlay*)." Here again it can be seen that the different aspects of turning back, of repentance, are among those elements running through the Book of the Twelve and opening different views on prophetic preaching within this book.

IV

Before following up the further development of the topic of the "day of the LORD" we meet another interrelation within the Book of the Twelve. In Nahum, Nineveh appears again (Nah 1:1 etc.), but this time not as a repentant city like in Jonah but as one that is terribly punished by God. The city or its representative are said to do (or to be) *bēliyya'al* "wickedness" (or "a wicked one" 1:11; 2:1), and nothing is to be heard about a willingness or a chance to repent. The end of Nineveh will be a cause for joy for Nahum's audience (2:1[1: 15]). How can this be related to the message of Jonah?

In my view, Jonah does not portray Nineveh as a real political power. Nineveh is not primarily seen as a danger for Israel and Judah but as the prime example of a gentile city which is particularly sinful on the one hand (thus deserving divine judgment). On the other hand, in spite of its sinful nature, it has the chance to repent and to survive. Neither Israel nor Judah appears at all in all of Jonah. There is just the prophet Jonah who has to explain in narrative form a theological problem, namely whether God's grace will also embrace repentant gentiles.[11] The message is, that even an extraordinary sinful gentile city like "Nineveh" can repent and be saved. Nahum, however, is much closer to the experience Judah had with the real Nineveh. They felt it to be a dangerous and not at all a God-fearing power which is acting in a way that does not show any signs of repentance. Reading Nahum after Jonah the message can only be: "Nineveh" as the representative of gentile powers would have had a chance to repent and to be saved, yet the real Nineveh did not seize this chance but on the contrary acted like a "city of bloodshed" (Nah 3:1). Therefore it will be punished by God.

The divergence or even contradiction between Jonah and Nahum is in a sense comparable with the relation between Joel and Obadiah. Nahum as well as Obadiah

---

[11]There is an additional problem involved: that of the 'false prophet' whose predictions will not be fulfilled; but this does not touch our present discussion.

show a very one-sided view being seemingly untroubled by any idea of Israel's or Judah's sins. As shown above, in the case of Obadiah the reader of the Book of the Twelve is served with several other views that can help him to correct Obadiah's view by putting it into a wider framework. Habakkuk follows Nahum. Habakkuk is basically concerned with the lack of justice within his own people. The Chaldeans appear as the successors of the Assyrians (i.e., of Nineveh) as the leading power of the world surrounding Israel. They come to punish Israel, and only later does the tide turn so that the Chaldeans are judged by God as well. In Zephaniah Nineveh is mentioned again as being destroyed by God (2:13), but after that Jerusalem is punished as well (3:1-8). Judah's and Jerusalem's sins are one of the main themes of Zephaniah. Thus both, Habakkuk and Zephaniah are offering a framework to counteract Nahum's one-sidedness.

In Zephaniah the topic of the "day of the LORD" is again the dominating theme. The day is coming over the whole world and humankind, but first of all over Judah (1:4-6). Yet there is one characteristic difference between Zephaniah and all the former writings dealing with the "day of the LORD." At the very beginning Zephaniah names the reason why this disaster is coming: because of Judah's sins, in particular in the cultic field but also in the exploitation of their neighbors (v.11-13). This is not only another counterbalance to Nahum but its effect is also tied back to Obadiah. It adds a specific element to the whole theme of the "day of the LORD." When it comes upon Israel it is the divine reaction to Israel's sins. Even Joel did not say this explicitly. But now, looking back from the end of the series of prophetic writings about the "day of the LORD," it is evident that the judgment for Israel's sins is one of the decisive reasons for the coming of that disaster.[12]

Another important point is the prophet's call to gather and "Seek the LORD..., seek righteousness, seek humility...!" with its continuation: "Perhaps you will find shelter on the day of the LORD's wrath" (2:1-3). These wordings are close to Amos 5:14-15: "Seek" (*biqqěšû*, Amos: *diršû*), and then the hopeful *ûlay* looking forward to a gracious divine reaction. As mentioned above, these words of Amos again are close to those of Joel where God himself calls the people to return (*šubû 'aday*), and the prophet adds: "Who knows (*mî yôdēa'*) whether he may turn and relent" (Joel

---

[12]Zephaniah has his own terminology. Alongside the term *yôm yhwh* (1:7, 14; 2:2, 3) he uses the expanded terms *yôm 'ebrat yhwh* (1:18) end *yôm 'ap-yhwh* (2:2, 3), he calls the day *gādôl, mar, yôm sārāh ûměsûqāh, yôm šō'āh ûměšō'āh, yôm hošek wa'ăpēlāh, yôm 'ānān wa'ărpel, yôm šôpar ûtěrû'āh* (1:15-16). This kind of expressions should be included in a broader study of the terminology of the "day of the LORD" (see note 11).

2:12-14). When reading the Book of the Twelve in its continuity the reader will realize that these three prophets—Joel, Amos and Zephaniah—are very close to each other in relating the "day of the LORD" to the call to repent or to "seek" and in expressing a very reticent and even fearful hope that God might listen and react to a change in the behavior of the people. This is important for the understanding of the Book of the Twelve as a whole, because these three prophets cover the entire span within which the topic of the "day of the LORD" appears, except Malachi (see below). Thus, in a certain way, they mark the message of the whole book.

V

The last chapter of the Book of the Twelve[13] speaks again of the "day of the LORD." The full title *yôm yhwh* is only mentioned at the very end (Mal 3:23[4:5]) where the day is called again "the great and terrible day of the LORD." But that day is announced already at the beginning of this chapter. God will send his messenger, "but who can endure the day of his coming?" (3:1-2) This recalls the first appearance of the "day of the LORD" in the Book of the Twelve where the same question was asked (Joel 2:11). It seems to be a kind of an inclusio between the first and the last appearance of this term: The question "who can endure?" is always to be presumed present when the "day of the LORD" is near.

This time the "day of the LORD" will first be a time of internal scrutiny within Israel, a refinement and judgment with regard to cultic and social behavior (Mal 3:2b-5). But then God will write in a book those who fear him and value his name, and "on the day that I am preparing" they will be his special possession (*sĕgullâ*) (v.16-17). Again the reverence for the name of the LORD plays an important role like previously in Joel 3:5[2:23] and Zeph 3:9, 12. Finally the day will come "burning like an oven" and will burn all the evildoers like straw (Mal 3:19[4:1]). In Obadiah 18 the house of Esau was the straw and the house of Jacob the flame, but now in Malachi the judgment is based upon an internal distinction: The evildoers will burn like straw, while for those who revere the name of the LORD, the sun of righteousness shall rise (3:20[4:2]); and they shall tread down the wicked under their feet (v.21[3]).

The last verses of Malachi (3:22-24[4:4-6]) are simultaneously the last paragraph of the *nĕbî'îm*. Here the "day of the LORD" appears in a remarkable context. The naming of Moses at the end of the collection of prophetical writings alongside Elijah

---

[13]In the Hebrew Bible Mal 3 is the last chapter, including ch.4 in the English Bible.

obviously serves the function of connecting the first two main parts of the canon of the Hebrew Bible, Torah and *nĕbî'îm*, to each other.[14] The second coming of Elijah will happen "before the day of the LORD comes." This wording recalls Joel 3:45[2:31-32]. But what is the meaning of the last verse Mal 3:24[4:6]? God "will turn the hearts of parents to their children and the hearts of children to their parents." That means he will bring reconciliation among those who are split in several respects according to the discussions previously reflected in Malachi. This reconciliation will be necessary in order to avoid the eschatological judgment. Again, this recalls Joel where it is said that those who call on the name of the LORD shall escape. The parallelism is obvious: Certain fundamental elements of behavior in the face of God are essential to be blessed with eschatological salvation.

VI

Just a brief summary. In this first attempt I tried to find out whether there are definable lines running through the Book of the Twelve indicating certain common themes or conceptions. It is obvious that the topic of the "day of the LORD" is one of the dominating themes in the book. The question is, whether there are deliberate interrelations between the different writings that deal with this theme within the Book of the Twelve. Here, the observation about the compositional relationships of the three writings of Joel, Amos, and Obadiah has proven to be very fruitful.[15] In following the insights gained by the study of the highly complex interrelationships of these writings, many more common elements appeared throughout the book. I mention in particular the whole complex of repentance and salvation in the face of the "day of the LORD." I think that those observations should not be limited to certain terms but should rather pay attention to similar ideas expressed by different words as e.g. *šûb*, *biqqeš*, *dāraš* etc., and, of course, *ûlay* and *mî yôdēa'*. The same is true with regard to the term "day of the LORD" itself. It is my impression that in many cases where the term "day" appears, be it alone or in certain combinations, the reader of the Book of the Twelve should associate something like the "day of the LORD." Of course, the outcome is far from being unified. On the contrary, in the Book of the Twelve we find a number of controversies, and even contradictions, that are characteristic for the Hebrew Bible in general.

---

[14]See J.Blenkinsopp, *Prophecy and Canon: A Contribution to the Study of Jewish Origins* (Notre Dame: University of Notre Dame Press) 1977, 120-123.

[15]See note 6.

Finally I want to point out that in studying the Book of the Twelve as a whole there cannot be a simple alternative between "diachronic" and "synchronic" reading. The diachronic features are not only obvious but are explicitly marked by the different datings of a number of writings within the book. On the other hand those who put the different writings together in their given shape (however we want to call them) obviously want the reader to read the writings in their continuity and to reflect upon their different messages. I think it is a challenging and fascinating exegetical task to follow their advice.

III
Biblische Gestalten
im kanonischen Kontext

11 Noah, Abraham and Moses: God's Covenant Partners

In the first chapter of his book *Old Testament Theology: A Fresh Approach* Ronald Clements deals with the topic ›The Old Testament as Canon‹. He explains the fundamental relevance of the fact that ›the Old Testament forms a canon, and is not simply a collection of ancient near Eastern documents‹. This insight includes the point that

> where, as is supremely the case in the Pentateuch, there is evidence that a great multitude of sources have been used to create the extant whole, then we are in a real way committed to trying to understand this whole, rather than to elucidating the separate parts.

Furthermore, ›the concern with canon forces us to realise that the Old Testament has a distinctive, and in many ways unexpected, shape.‹[1]

The first and basic element of this shape is the Pentateuch, the *Torah*. None of the other parts of the canon contains so many fundamental elements of the religious identity of Israel. And none of them has been worked on and shaped in such an intensive way. Because of this history of its emergence the Pentateuch shows in a surprising way not only tensions and even contradictions but also an impressive unity and consistency. Obviously the Pentateuch was the earliest part of the canon that achieved its final shape. This shows the importance that was attached to the traditions contained in it. At the same time the Pentateuch is of major importance for the rest of the Hebrew Bible. Many other books would not be fully understandable without knowledge of the Pentateuch to which they often refer directly or indirectly.

I.

The period the Pentateuch covers is a time with very specific relevance. This is expressed in a quite simple but impressive way. God says: ›My servant Moses is dead‹ (Josh. 1.2). These three words (τμ ημ ψδβ) mark the turn of an era. Nothing is any longer as it was before, and everything that follows will be considered according to the criteria laid down in this foundational era. It is very important to keep this in mind when looking at the canon as a whole. The Pentateuch is not only the first of three parts of the

---

[1] R.E. Clements, *Old Testament Theology: A Fresh Approach* (London: Marshall, Morgan and Scott, 1978), p. 15

original Hebrew canon, but it essentially constitutes the canon as a whole. Everything that follows is in one way or the other dependent on and related to the Pentateuch.

The dominating figure in the Pentateuch is Moses. Four of the five books of the Pentateuch deal with him. Yet he is not present in the Book of Genesis. There are two very important epochs prior to the appearance of Moses. Gerhard von Rad emphasized this more than half a century ago by explaining the traditio-historical emergence of the Pentateuch in three steps. The basis was, according to von Rad's theory, the ›Credo‹ of Israel's deliverance from Egypt. Then the first step was *Der Einbau der Sinaitradition*, the second one *Der Ausbau der Vätergeschichte*, and the third one *Der Vorbau der Urgeschichte*.[2] The last two, the patriarchal history and the primeval history, are the fundamental periods in which Moses is not present.

It is not by chance that in each of these two periods there is one central human figure of great importance for the future of the story and for the canon as well: Noah and Abraham. Noah represents the humanity in general, Abraham is the father of the people Moses later had to lead out of Egypt. But there is one fundamental difference between Moses and the other two. Noah and Abraham are portrayed as individual figures, standing by themselves before God. Moses, however, stands from the outset between God and Israel.[3] He is the leader of the people in all kinds of aspects, and he represents the people before God. In the overall conception of Israel's history in biblical times Moses is Israel's first leader. More than that: he is Israel's first ruler, a ruler without any institutional sovereignty, but precisely therefore without any restriction of his rulership. And that is why he is more than any ruler after him could ever be.

The precondition for Moses' leadership is the emergence of Israel as a people. This came about during the time of Israel's captivity in Egypt. The word (is first used with regard to Israel in Exod. 1.9 λογψ ψνβ). But it is obvious that this development could not have happened--and could not have been recorded--without the previous stories about Abraham and his family, culminating in the 70 persons of Jacob's descendants (Exod. 1.5). The narrative connections are clearly established when Jacob/Israel moved with his family from Canaan (Gen. 37.1) to Egypt (Gen. 46). When God spoke for the first time to Moses he identified himself as the ›God of the father(s)‹ (Exod. 3.6, 13-15). But the God of the fathers is

---

[2] G. von Rad, *Das formgeschichtliche Problem des Hexateuchs* (BWANT, 4. Folge, Heft 26, Stuttgart: Kohlhammer, 1938), ET: *The Problem of the Hexateuch* . . .

[3] There are also certain canonical relations between these figures. See R. Rendtorff, ›Some Reflections on the Canonical Moses: Moses and Abraham‹, in E.E. Carpenter (ed.), *A Biblical Itinerary. In Search of Method, Form and Content. Essays in Honor of George W. Coats* (JSOTSup 240; Sheffield: Sheffield Academic Press, 1997), pp. 11-19.

11 Noah, Abraham and Moses: God's Covenant Partners   157

now concerned with the misery of ›my people‹ (3. 7) and entrusts Moses with the task of bringing the people out of Egypt.

Reading further back it is seen that the story of the liberation from Egypt had begun already when God first spoke to Abraham and promised to give the land he just had arrived in to Abraham's offspring (Gen. 12.7). In varying ways the land is a subject through the whole story of Abraham and his descendants (see, e.g., chs. 13; 15; 23 etc.). But they do not possess the land, so that the book of Genesis finishes open-ended. A continuation is necessary.

This is one of the points where the tension between the unity and the disunity of the Pentateuchal texts is clearly visible. At the beginning of the Moses story there is no hint either of the previous stories in the book of Genesis or of the following events. Moses grows up as a foundling at the Egyptian court (Exod. 2). His Israelite parents are not mentioned any more. And when Moses many years later went out to his ›brethren‹ (v.11 why did he think that they were his brethren, and what did he know about them?) nothing is said about the land where they came from or the like. Then Moses has to flee, and he is taken by the Midianites as an Egyptian refugee who looks for a place to live and a new family; an outcome that will take years (v.16-22).[4]

The bridge is built not on the narrative level but by a brief remark of the final, ›canonical‹ author (Exod. 2.23-25). After a long time God heard the groaning of the Israelites, and he ›remembered‹. Only now God enters the scene, but at the same moment the theological commentator constructs a long arch back to the first mention of the decisive key word: ›covenant‹ (τψϱβ). God remembers his covenant as he first promised to Noah in respect of the covenant with all humanity and all living creatures (Gen. 9.15-16), and as he will soon promise Moses with reference to the covenant with the fathers (Exod. 6.5).

From this point on Moses is brought back step by step into the story of his people. At first, when he heard a voice out of the miraculously burning bush he had no idea what kind of deity (ψηλη 3.7) might be speaking to him. Then God identifies himself as »the God of your father« (v.6), and finally because of Moses' insistence he also reveals his name YHWH (v.15). At this point Moses has reached the level of knowledge of God that was present in the patriarchal stories.

---

[4] See in more detail Rendtorff, ›Reflections‹, pp. 12-14.

II.

Back to Abraham. In Genesis many times the ›seed‹, the offspring of the patriarchs, is mentioned, to whom God will finally give the land (see, e.g., Gen. 12.7; 13.15; 15.5). The readers would understand this as referring to the Israelites now living in the promised land, including themselves. They are those who live in the land that God promised to Abraham and finally gave to a later generation. Because nowhere else in the Hebrew Bible is the land itself the focus in such a way, the reader can walk through it together with Abraham and Sarah, Isaac and Rebekah, Jacob, Leah and Rachel and their families. And because the figures in the patriarchal stories are human beings of flesh and blood with their often very human problems the reader can identify events and places of their lives, as the visitor of the country can still do today.

On the other hand, nowhere else are the events in such an immediate way influenced by God›s words and by his own actions. Therefore the possibility of identification for the reader is limited. The figures of the patriarchal stories are examples in several ways, but at the same time they are very far from the real life of the reader. It is just this tension between their closeness and their remoteness that makes the patriarchal figures still so fascinating for the reader today.

But the promise of the land was only one element in God's first speaking to Abraham. The fact that God spoke to him at all singled him out from the majority of humankind: God ›elected‹ Abraham.[5] The reader has that in mind when he or she reaches the beginning of the Moses story. What God said to Moses out of the bush would not make any sense without the previous stories about God's dealing with the patriarchs. Notwithstanding the peculiar beginning of the Moses story, it is only understandable as a whole as the continuation of the patriarchal story. According to the Pentateuch it is not enough to say that God delivered Israel from slavery in Egypt without first saying what God did with the Patriarchs and also what he promised to do with their descendants. By the way: even von Rad's ›Credo‹ in its ›classic‹ version (Deut. 26.5-9) begins with the mention of the (Aramean) ›father‹.

Abraham's election singled him out of the rest of the ›families of the earth‹ (Gen. 12.3). But it does not in any sense isolate him. The chronologies make it quite clear that Abraham is one of the descendants of Noah, in particular one of the descendants of Shem (Gen.10; 11.10-30). He is not at all a particularly important figure in the framework of the worldwide Noachian humanity. His name appears only late in the chronologies (Gen. 11.26), and it could be said about Israel that it is ›the fewest of all

---

[5] The *terminus technicus* בחר is used of Abraham only in Neh. 9.7.

peoples‹ (Deut. 7.7). On the other hand, God's new beginning with Abraham will be to the benefit of all the ›families of the earth‹ (Gen. 12.3). God singles out one person and through him one people in order to be in an immediate relation to one group of humans, to the benefit and blessing of the rest of humanity that will finally be enclosed in the world-wide family of those who praise the name of the one and only God (Mal. 1.11; Ps 113.3).

Abraham's election is confirmed by the covenant that God establishes with him. This fundamental event is recorded in two different versions showing different aspects of the covenant. The first is concentrated on God's promise to give the land to Abraham's offspring (Gen. 15.18). The second has a much broader view of the covenant: not only will Abraham's offspring possess the land (17.8); Abraham himself will become the primogenitor of many nations (v.2, 4-6), and finally the covenant shall be an ›everlasting covenant‹ (λω τψρβ) as a solemn confirmation that God will be the God of Abraham and his descendants forever (v.7). The establishing of the covenant includes also an obligation for Abraham as God's covenant partner: to circumcize every male member of Abraham's family and offspring throughout their generations (v.9-14). All these aspects are referred to in later books of the Hebrew Bible and would remain obscure without a previous knowledge of the Pentateuch, and Genesis in particular.

III.

The history of humanity does not begin with Abraham, and so does not God's relation with humankind. The earlier relation as recorded in the ›Primeval History‹ is of great dramatic complexity. The first pair of human beings created by God ›in the beginning‹ (Gen. 1.1, 26-28) violated God's commandments (ch. 3), and then sin grew and spread until God decided to destroy his own creation (6.5-8, 11-12). Only his own regret prevented him from destroying it totally, and finally he established a covenant with the only one who found favour in his sight, Noah. This covenant builds the basis and the precondition for any life on the earth. Human sinfulness continues to exist, but nevertheless God promised never to destroy his creation (ch. 9).

These dramatic events make us aware of a double fundamental precondition of human life on the earth: humans do not live in an uncorrupted creation; and they live only because of God's patience and grace. The sign of his grace is the covenant God established with Noah and through him with all humanity and also with all living creatures. Viewed from this angle it is Noah who is the primogenitor of all living humankind: Noah the reprieved. He is the archetype of all human beings: they all – *we* all – live only because we are reprieved. The sign of this is the covenant God established with Noah.

The worst thing that could happen would be for God to forget his covenant. This is impressively voiced in the Book of Isaiah:
For a brief moment I abandoned you,
but with great compassion I will gather you.
In overflowing wrath for a moment
I hid my face from you,
but with everlasting love
I will have compassion on you
says the Lord, your Redeemer.
This is like in the days of Noah to me:
Just as I swore that the waters of Noah
would never again go over the earth,
so I have sworn that I will not be angry with you
and I will not rebuke you.
For the mountains may depart
and the hills may be removed,
but my steadfast love shall not depart from you,
and my covenant of peace shall not be removed,
says the Lord, who has compassion on you. (Isa. 54.7-10)

This quotation shows the fundamental relevance of the Pentateuchal traditions for the Hebrew Bible as a whole, and that means for Israelite thinking and faith as a whole. As fundamental as God's covenant with Noah is for the existence of the world in general, so is God's covenant of peace for Israel's existence.

IV.

One remark on the term tyrb ›covenant‹. The concept of covenant ›stands as the most widely used of the concepts, or analogies, to express the nature of the relationship between‹ God and Israel.[6] It is mainly used with regard to the three points in God's history with humanity and with Israel in particular that are recorded in the Pentateuch: with Noah, with Abraham, and with Israel represented by Moses. But the Hebrew Bible is not strictly systematic in a modern sense in its use of terminology (as we are not either, in the use of certain theological terms!). The covenant with Israel is mainly connected with the events at Mt Sinai (Exod. 24 and 32). Yet sometimes the expression ›covenant with the fathers‹ is related to the Exodus from Egypt and even brought together with the Sinai ceremony (1 Kgs. 8.21; cf.

---

[6] Clements, *Old Testament Theology*, p.96.

Deut. 29.24; Jer. 31,32). But it is important that the word tyrb is never used in the plural. There is only one covenant, even if in different contexts and different shapes.

The Moses story begins as the story of Israel's deliverance from the Egyptian slavery. The final goal of the exodus is the ›land‹. Surprisingly in this context it is not mentioned that Israel's forefathers had already lived in that land but it is introduced as ›a good and broad land, a land flowing with milk and honey‹ (Exod. 3.8). Yet there is still another goal prior to the land: ›When you have brought the people out of Egypt, you shall worship God on this mountain‹ (v.12). Later in the context of the installation of the sanctuary God says: ›And they shall know that I am the Lord their God, who brought them out of the land of Egypt that I might dwell among them‹ (29.46). This is the first goal: the Sinai where God could live in the midst of Israel in his newly-erected sanctuary.

At the foot of Mt Sinai there is also the place of the most important covenant scene. But it is much more than one scene. Rather it is a sequence of the most dramatic and most momentous events in the relationship between God and Israel. It is very important to read these texts in their given ›canonical‹ shape and not to separate the individual chapters and scenes from each other. The section begins with the declaration of the Ten Commandments as the summary of God's will (Exod. 20.1-17), followed by a collection of more detailed laws (20.22-23.33). On the basis of these commandments and laws there is celebrated a solemn ceremony of establishment of the covenant (24.3-8). Of course, this was meant to be the definitive inauguration of the covenant between God and Israel. The relation to God's covenant with Abraham is not mentioned, but whatever the history of the individual traditions might have been there is no tension between them. The Sinai covenant has two additional preconditions: Israel has become a nation, and the commandments are declared. So it would be necessary to re-establish the covenant.

After the covenant ceremony Moses has to go up the mountain in order to receive the tablets with the divine commandments and also the blueprints for the sanctuary that has to be built (24.12-18). He stayed there 40 days and 40 nights. That was too long for the people. Already before they had demonstrated that they had actually no idea why it was good to have left Egypt: just to die in the wilderness? (16.3; 17.3). The same happened now when they said: ›As for this Moses, the man who brought us up out of the land of Egypt, we do not know what has become of him‹ (32.1). In a sense this is a prefiguring of what later is reported again and again about the behaviour of the Israelites, be it in the books of Kings or in the prophets: they do not understand.

Under the half-hearted leadership of Aaron, the Israelites started an action that was strictly against the first of the Ten Commandments which had just formed the basis for the newly-confirmed covenant with God:

they made ψηλ, a deity (or: deities?). Aaron tried to veil the fact that the ›Golden Calf‹ he produced was not in any way an image of the God who brought Israel up out of the land of Egypt (32.4). But actually the covenant was broken. That is what God felt when he saw all this. He was willing to let the flame of his wrath blaze against the people to destroy them (v.10). He wanted only Moses to survive and to make a great nation of him.

Moses' situation is on the one hand comparable with that of Noah: he should be the only one to survive God's destructive judgement. On the other hand, according to God's conception he would become a new Abraham, the forefather of a great nation. But even this parallelism evokes Moses' protest. He beseeches God to remember again as he did previously when he remembered his covenant with the fathers (32.13, cf. 2.24). He asks him not to establish a new nation but to act according to the promise he had given to the fathers of the now-existing nation. Moses did not want to become a new Abraham but to continue to be a member of the people of Abraham's descendants that lived because of God's promise and covenant.

By his intervention Moses became in a certain sense something like a new Noah. God regretted what he had planned to do as he had done before in the time of Noah when he established a new beginning (Gen. 6.6-7; 8.21-22). The parallelism between Moses and Noah really exists in one central point: The establishing or re-establishing of the covenant.[7] God had established the covenant with Noah as a sign ›that never again shall all flesh be cut off by the waters of a flood, and never again shall there be a flood to destroy the earth‹ (Gen. 9.11, 15, cf. 8.21). God did this in spite of his insight that »›the inclination of the human heart is evil from youth‹ (8.21, cf. 6.5). The situation at Mt Sinai is quite parallel with that. God realized that Israel is still, and ever will be, a ›stiff-necked people‹ (Exod. 32.9; 34.9), but nevertheless he declared: ›I hereby make a covenant‹ (34.10). He is thereby re-establishing the covenant he had previously made with Israel (24.3-8), which Israel had broken. Just as humanity does not live in an uncorrupted creation but only because of God's grace, so also Israel no longer lives in its original, uncorrupted covenant with God, but in a covenant re-established by God in spite of Israel's continuing sinfulness.

---

[7] Cf. R. Rendtorff, ›»Covenant« as a Structuring Concept in Genesis and Exodus‹, *JBL* 108 (1989), pp. 385-93 (reprinted in Rendtorff, *Canon and Theology: Overtures to an Old Testament Theology* [OBT; Minneapolis: Fortress Press, 1993], pp. 125-34).

V.

The covenant at Sinai is the last and definitive covenant between God and Israel. It is indissolubly connected with the personality of Moses. There are still more peculiar aspects in the image of Moses each of which makes him a unique figure. Moses received from God the Torah for Israel. Moses built the first sanctuary where Israel could worship the one and only God. Moses installed the cult which Israel has to follow in its service of God forever. Moses led Israel out of Egypt and up to the border of the promised land; his successor had only to make the last step.

In all of this Moses is depicted as *the* leader of Israel. But he is a leader of a totally unique kind. This becomes particularly clear if one compares Moses with the kings of Israel and Judah. The kings have exclusively political sovereignty, while they are totally without any specific religious functions. The story of the beginning of kingship in Israel expresses this clearly by the fact that only a prophet like Samuel could install the first king (or kings: 1 Sam. 9-12; 16). In that respect Samuel is a successor of Moses, but he had to hand over the political power to the kings.[8]

From that point of view Moses was the ideal leader or even ruler of Israel, because Israel could only be ruled appropriately through a close connection of political and spiritual leadership. Therefore it is not surprising that Moses is called a prophet.[9] It would be interesting to look from here at the way prophecy is presently dealt with in Old Testament scholarship. For some scholars the prophets are a kind of outsider, well respected, of course, but just in ›total opposition‹.[10] Indeed, also Moses was in ›opposition‹ to his people as far as they did not understand the way God was leading them and did not follow the instructions of the Torah. But this was not an opposition from the outside; on the contrary, Moses, as well as the prophets after him, were speaking out of an intimate relationship with God and a deep understanding of God's will and of God's way with Israel. But to explore this would take another study.

---

[8] Cf. R. Rendtorff, ›Samuel the Prophet: A Link between Moses and the Kings‹, in C.A. Evans and S. Talmon (eds.), *The Quest for Context and Meaning: Studies in Biblical Intertextuality in Honor of James A. Sanders* (Leiden: E.J. Brill, 1997), pp. 27-36.

[9] See R. Rendtorff, ›Kontinuität und Diskontinuität in der alttestamentlichen Prophetie‹, *ZAW* 109 (1997), pp. 169-87.

[10] Cf., e.g., R. Albertz, *Religionsgeschichte Israels in alttestamentlicher Zeit*, 2 vols. (Göttingen: Vandenhoeck & Ruprecht, 1992), pp. 255-80. R.E. Clements, *Old Testament Theology: A Fresh Approach* (London: Marshall, Morgan and Scott, 1978), p. 15

12 SAMUEL THE PROPHET
A LINK BETWEEN MOSES AND THE KINGS

"In those days there was no king in Israel; everyone did what was right in his own eyes." The last sentence of the Book of Judges sums up what had happened in those dark days. The reader knows that "what was right in one's own eyes" could also mean what was "wrong in the eyes of the LORD," as expressed at the very beginning of that period (Judg 2:11). "No king" means no one who would tell the people how to do "what was right in the eyes of the LORD."

In Israel's story as told in the canonical books of the Hebrew Bible the time of the Judges was an intermediate period. Earlier Israel had been guided by Moses who had appeared on the scene at the moment when Israel became a people. Then Joshua continued to lead Israel as Moses' successor and in his name. He knew from Moses' torah what was "the right in the eyes of the LORD." The torah had been all the time his own guide, and at the end of his lifetime he had admonished Israel "to observe and do all that is written in the book of the torah of Moses" (Josh 23:6). But after the whole generation had died that had lived under the guidance of Joshua and of the torah "another generation grew up after them, who did not know the LORD or the work that he had done for Israel" (Judg 2:10; cf. Josh 24:31). Looking from the last sentence of the Book of Judges one might add: They did not know because there was no one to tell them and to guide them.

Then the Book of Samuel begins with the announcement of a particular birth that will be a special gift of God. Reading this in continuity with what has been told before, the reader would expect that now this bad intermediate time will be brought to an end and the impending birth will bring forth a new leader of the people.[1] When

---

[1] See R. Rendtorff, "The Birth of the Deliverer: 'The Childhood of Samuel' Story in Its Literary Framework," in Rendtorff, *Canon and Theology: Overtures to an Old Testament Theology* (Minneapolis: Fortress, 1993) 135-45.

Hannah prays her psalm she speaks like a prophetess[2] about the king and the מָשִׁיחַ (1 Sam 2:10). But when the child is born and grown up he does not become a king but a prophet. Of course, the praying Hannah was not simply wrong. Yet the king could not come by himself but only by the mediatorship of someone else. If he shall be the מָשִׁיחַ, the anointed one, there must be someone to anoint him. Therefore, the first step to overcome the bad situation must be the birth of the one who will be entitled to anoint a king.

The first definition given about Samuel's office says that "all Israel recognized that Samuel was attested as a prophet of YHWH" (1 Sam 3:20). What makes him a prophet is the "word (or words) of YHWH" that Samuel received and that did not "fall to the ground" (v. 17, 20). But Samuel is "more than a prophet." He is depicted as the leader of the people who acts in different capacities and is generally accepted as the only authority. It is said that he "judged Israel all the time of his life" and that he executed this function in several places around the country (7:15-17). "To judge" obviously means to decide law cases; this is quite clear when Samuel later installs his two sons as judges and they "take bribe and pervert justice" (8:1-3). At that time this seems to be the only office with a nation-wide function and acceptance so that it gave Samuel a corresponding authority. It is also related that Samuel helps Israel when it is oppressed by the Philistines (7:2-14). Obviously he is the only one to whom the people could turn to ask for help. And he does help, but not by military means but by prayer and sacrifice (v. 5, 9).

Samuel's undisputed leading role becomes particularly obvious when the "elders of Israel" come to him and ask him to install a king to govern them "like all the nations" (8:4-5). This is a very ambiguous situation. Samuel is the accepted leader, but at the same moment he is the only one who would have the authority and the power to change the political structure of the nation into a form of government that is common to "all the nations" but had never existed in Israel.

Samuel enters in a discussion with God about whether to accept the request of the people or not (8:6-9). This is of particular importance because in the biblical tradition no one had this kind of immediate encounter with God since Moses. The parallelism between Samuel and Moses will be seen at other points as well (see below). God's

---

[2] Cf. *b. Meg.* 14a.

answer is highly ambivalent. On the one hand he sharply criticizes the desire of the people to have a king, declaring: "they have not rejected you, but they have rejected me from being king over them" (v. 7). That shows that the king is not at all what God wants. On the other hand it also stresses that Samuel's leading position, as high as it is, is not independent but is given by God. To contest Samuel's leadership means to question God's own authority. Here the first time the word "king" appears in this context (except in Hannah's prayer). But it is God himself who claims this title.

On the other hand God tells Samuel to accept the people's request (vv. 7a, 9), and by that he opens a new chapter in Israel's history. Kingship is not according to God's original plans. It will be established with his explicit agreement, but it will remain under the condition formulated in Samuel's final admonition: "If" and "if not." If the people and its king will fear and serve and follow the LORD, the kingdom will be lasting; otherwise "the hand of the LORD will be against you and your king" (12:14-15). Obviously the king is not the one to tell the people what is "the right in the eyes of the LORD." He belongs on the side of the people and has to listen and to obey.

It would go beyond the scope of this paper to discuss the problems of the relationship of the two (or three) stories in 1 Samuel 9–11 that relate the beginning of Saul's kingship.[3] In our context the main point is that Samuel is always the acting figure. In chaps. 9–10 there happens what was to be expected from the "prophetic" words of Hannah: Samuel anoints Saul according to God's explicit advise (10:1).[4] In this context Samuel is introduced as "man of God" (9:6-10) and as "seer," with the latter term being explained as an older term for "prophet" (v. 9). Thus the prophet anoints the king, and this is the beginning of kingship in Israel. But also in the other stories in this framework Samuel is the acting one: in 10:17-27 as well as in 11:12-15.

The information we get from these texts is twofold. First, kingship came into being by prophetic activity. Without the prophet there

---

[3] See F. Crüsemann, *Der Widerstand gegen das Königtum: Die antikönig- lichen Texte des Alten Testamentes und der Kampf um den frühen israelitischen Staat* (WMANT 49; Neukirchen-Vluyn: Neukirchener, 1978) 54-84.

[4] Here the word נָגִיד is used instead of "king." This problem cannot be discussed here. In the context it is obvious that Saul becomes king, see 10:16, 24; 11:15.

would be no king. Second, Samuel, the prophet who anointed the first king, had been the leader of the people before that time. The figure of Samuel is badly neglected in scholarly literature.[5] Usually scholars complain that it would be difficult to define what office Samuel had in historical reality. Was he a priest, a prophet, a judge, a charismatic leader, or something else? It is true that the texts label his office or his activities differently. But what unites the different aspects is the great authority that is ascribed to Samuel in all his functions. He is *the* leader of the people.

* * *

Let us stay here for a moment. The leading position unanimously ascribed to Samuel by 1 Samuel 3–12 is very unusual in Israel's history as reported in the Hebrew Bible. Samuel's position is grounded in two factors: the office of a judge for all Israel, and his individual divinely decreed legitimacy. The authority coming from the first factor may not have been that unusual. We are not informed about the authority that earlier persons enjoyed who are said to have "judged Israel" (Judg 3:10; 10:2, 3; 12:7, 8-9, 11, 13-14; 15:20; 16:31). A number of them followed one upon the other, in particular those mentioned in chaps. 10 and 12. Some of them held the office for decades; but nothing is reported about their official activities and their reputation.[6] Nevertheless, it might be possible to see Samuel in continuity with those earlier office-holders.

But this is not the main aspect of Samuel's unusual authority. In 1 Sam 3:19-21 it is clearly said that "all Israel recognized that Samuel was attested as a prophet of YHWH." How could the Israelites know what a prophet is? They had no experience at all with prophets. But the reader knows. Before Samuel there had been one great prophet: Moses. He was the prophet *par excellence* (Num 12:6-8), and after him there was no prophet like him (Deut 34:10). But there *are* prophets after him, and the first one is Samuel. He is "attested" (נֶאֱמָן) as prophet. This sounds like an echo of the divine word about Moses

---

[5] In R. Albertz's two volume *Religionsgeschichte Israels in alttestamentlicher Zeit* (Göttingen: Vandenhoeck & Ruprecht, 1992; ET: *A History of Israelite Religion in the Old Testament Period* [2 vols., London: SCM, 1994]) the name of Samuel does not appear in the index.

[6] This is mainly valid for the so-called "minor judges," while the "major judges" are not depicted as holders of a specific "office."

that he is "entrusted [נֶאֱמָן] with all my house" (Num 12:7). Even more striking is the parallelism of Samuel and Moses insofar as since Moses no one had had such an immediate encounter with God as Samuel (1 Sam 3:1-18; 8:6-9; 9:15-17; 15:10-11, 16; 16:1-13). In particular when the Israelites demanded a king, there ensued a discussion between Samuel and God (8:6-9) similar to Moses' encounters with God.

The main and basic parallelism between Moses and Samuel is the fact that both actually were the leaders of the people at their time. Yet neither held a definable "office." Rather, they were guided by divine inspiration. This becomes particularly clear in the case of Samuel. We are able to study his position in relation and in contrast to the just established office of the king. The first observation is that kingship has no right of its own. It needs to be established and religiously legitimated by the prophet who acts in the name of God. But from the beginning human kingship contains an element of tension relative to the idea of the kingship of God. One of the main questions for a succesful future of kingship will be whether and how the king will perform his office in concordance with the divine will. This implies that, religiously speaking, the king can never be independent. The prophet will continue to supervise his activities, and draw consequences if necessary. From that point of view the story between Samuel and Saul seems to be exemplary. Saul never reached the required correspondence with the will of God, for whatever reasons. Therefore, ultimately his kingship failed. But the prophet is at hand to anoint a new person as king, again acting by divine advice.

Before tracing the history of prophecy and kingship in their development, let us look back from Samuel to Moses. He is the first leader of Israel. He demonstrates that actually only a person guided directly by God can be the leader of God's people. Even for him it was an extremely difficult task and more than once he felt it to be too heavy to carry (e.g. Exod 32:32; Num 11:14). But in his case there was no discrepancy between the immediate relation to God and the leading of the people. Compared to Samuel, Moses was, so to speak, prophet and king in one person. Therefore he was the ideal leader of Israel—an ideal that never again could be reached after him. And therefore he is called the first prophet who remains a model for all his successors. That Moses even as a prophet was Israel's leader is expressed by Hosea: "Through a prophet the LORD brought Israel up from Egypt, and through a prophet they were guided" (Hos 12:14).

At the beginning of his carreer Samuel also served in both functions: as prophet and as leader of the people. The parallelism to Moses is evident (cf. Jer 15:1; Ps 99:6). But then the political situation caused the people to request a king. This was a turning point in Israel's history. From now on prophecy and kingship are divided. But that means at the same time that from now on there was a permanent tension between kingship and religious leadership.

* * *

In the following history of Israel this tension is always present and in a number of cases it becomes virulent. To repeat, the story of Samuel and Saul is exemplary. But also in the following epoch again and again prophets appear, be it to confirm to a king God's consent with his activities and even to herald to him a divine promise, be it to speak against a king who violates God's will and commandments and to announce to him God's judgment and punishment. The appearance of prophets is not at all accidental, rather they are present at many, if not at almost every important or critical point in the history of kingship in Israel and Judah.

Let us look at some relevant examples. The epoch of David and Solomon is framed by a number of prophetic actions and words. At the beginning it is Samuel who anoints David as successor of Saul who failed (1 Sam 16:1-13). In a sense God himself erred when he appointed Saul who then showed himself to be the wrong person. Now David is bearing great expectations. They are later confirmed by Nathan who promises David the permanence of his dynasty (2 Samuel 7). But it is important to realize that Nathan is a different type of prophet compared with Samuel. The latter had great authority in respect to all Israel, including the king. Nathan however (together with Gad) is a kind of court prophet who belongs more or less to the royal household. This does not mean that he would not speak out against the king in the name of YHWH. But he is no longer a prophet like Samuel. His function is reduced to religiously accompanying and observing and, if necessary, criticizing the king's activities. Later, when Solomon at the end of his reign departs from YHWH's commandments, Ahija the Shilonite announces to Jeroboam that he will become king over ten of the twelve tribes of Israel (1

Kgs 11:29-39) and this announcement was realized after Solomon's death. Thus, the beginning, the divine confirmation, and the end of the epoch of the united kingdoms under David and Solomon are marked by the appearance of prophets who critically assess the activities and the religious behavior of the kings.

The appearance of Ahija shows again a change in the situation of the prophet. He meets Jeroboam "on the way" outside the city in a kind of conspiracy. From now on, prophets, usually living far from the royal court, are often in opposition to the kings. But nevertheless, in critical situations they are present. And a prophet's appearance in public has great impact on the king and/or on his opponents. Therefore one should not conceive of the prophets as outsiders that only appear occasionally but should see them in continuity with Samuel, the great initiator of prophecy in relationship to kingship.

The reign of Jeroboam is also framed by prophetic words. At the beginning there stands the announcement of Ahija that Jeroboam will be given kingship over the ten tribes. This was the founding word for the kingdom of "Israel." At the end of Jeroboam's reign it is again Ahija who prophesies the destruction of his dynasty because of his cultic sins (1 Kgs 14:10-11). Also the next usurper, Baasha, does not succeed and again there is a prophet, Jehu son of Hanani, who announces to him the end of his "house" like that of Jeroboam (16:1-4).

Then it is the dynasty of Omri and Ahab that particularly provokes prophetic reactions. It is important to realize that at that time there appear several prophets and nobody seems to be surprised that there *are* prophets. There are the main figures Elijah and Elisha; there is the Micaiah, one solitary prophet of YHWH, confronted by four hundred court prophets (1 Kings 22); various prophetic figures are called "prophet" (20:13, 22), "man of God" (v. 28), "one of the disciples of the prophets" (v. 35), and again "prophet" (v. 37, 38, 41), and "one of the prophets" (v. 41). There are also "disciples of the prophets" in the entourage of Elisha (2 Kings 2–9). It is not my intention here to analyze the relations among these different types of prophets or the problems of terminology. I just want to stress that the appearance of a prophet is not at all surprising, at least at that time. I want to add that it is against the text to say that Elijah was a loner, as is commonly assumed in scholarly literature. He himself deplores that he alone was left when the "prophets of the LORD" were killed (1 Kgs 18:22; 19:10). And in 2 Kings 2 he is shown in the context of the "disciples of the prophet" around Elisha who obviously know him very well. Of course, Elijah is a very peculiar personality, but he belongs nevertheless within the wider prophetic context.

What was particular about Elijah was his vehement fight against the cultic politics of Ahab (1 Kings 18). But even in this confrontation Elijah is in clear continuity with the earlier prophets, in particular with Ahija, who spoke out against the "sins of Jeroboam" (14:9, 16). Now Elijah is confronted with an even more dangerous development: the immense increase of Baal worship in Israel. It is again not my intention to enter here into the question of the role of Baal in the development of Israel's religion, of polytheism and monotheism and the like. The texts prove that in the time of Ahab there had emerged a quite special situation by the strong official promotion of the cult of Baal.

The stories are well-known. Elijah fights against Ahab's religious politics, and later Elisha announces the impending end of the dynasty of Omri and Ahab, again through one of the "disciples of the prophets" (2 Kings 9). Of Jehu it is said that he "eradicated the Baal from Israel" (10:28). The Books of Kings do not mention further prophetic activities against the kings of Israel in the following years. Yet we are informed of those activities in the books of Amos and Hosea. But pursuing this topic would go beyond the scope of the present essay.

* * *

My starting point was the figure of Samuel. I tried to take the two dominating aspects of his picture at face value, viz. that he is called a prophet, and that he is portrayed as the undisputed leader of the people: in the political arena, in the legal area, in military matters, and above all in the realm of cult and religion. The uniqueness of his portrayal turned the attention back to Moses. Everything that could be said about Samuel could be said about Moses as well, and even to a much higher degree. Moses was the leader of the people in every respect, and he was the first prophet. As a prophet he led Israel, as Hosea has expressed it (Hos 12:14).

But there is one fundamental difference. Moses is portrayed as the ideal leader who was active in the foundation period of Israel's history. At that time Israel did not face the problems it faced later when living in the midst of other nations. Samuel, however, was confronted with the political reality which caused the people to request a king "like all the nations." Now the question arose what will happen with the specific Israelite element in Samuel's leadership: the prophetic one. It is obvious that the king cannot take over this part. It also shows that it would have been wishful thinking to believe that the king could teach the people how to do "the right in the eyes of the LORD." On the contrary, the king had to be under the supervision and control of the prophet.

Samuel exercised that function during his lifetime. But it remained clear that even after his death kingship could not exist without prophecy. The biblical texts show that in every critical situation prophets appeared to take on that task. In addition to the emphasis on the relation between Samuel and Moses, it is my second main point, to highlight the continuity in the prophet's critical task to monitor the activities of the kings, especially from the religious point of view. In some cases this led to dramatic crises in the history of kingship in Israel when dynasties were established or brought down as a result of prophetic interventions.

When reading the biblical texts in their transmitted form and sequence, Moses stands at the beginning of a succession of prophets who in one way or another were involved in leading the people of Israel. Moses himself combined in his person the two functions of the prophet as the receiver of God's word and will and of the leader of the people in every respect. The same holds true for Samuel in the first part of his life. Later he had to hand over the leadership to a king, but he still kept the function and responsibility of the prophet. Also, in the history that followed, this separation continued. The king never could fulfill the task of the prophet. But Israel always needed prophecy as a supervision, critique and correction of a leadership that too often left the way that had been shown by Moses and Samuel. Kingship without prophecy never could exist.

* * *

Some final remarks. This synchronic reading of the biblical texts is not too far from what a diachronic reader would have to say, at least at several points. And indeed, something of what I have tried to explain in this paper has already been said by other scholars, if even with different accents.⁷ In particular the uniqueness of the figure of Samuel stands out in all texts at all levels. But the question is whether we should try to reconstruct the "original" office of Samuel and his "real" activities or rather should endeavor to understand what the texts in their given shape want to express. The same is true with the ensuing history of kingship and prophecy: Should we be mainly interested in the historical development of kingship and take the prophets as marginal figures, or should we listen to the given text which ascribes great importance to the prophets for the development of Israel's history? Finally, with regard to Moses, we leave the field of possible historical reconstruction, at least in any detail. But reading the whole story of early Israel in its continuity it seems to be evident that Moses is depicted as the ideal model of leadership in Israel—a model which includes the two main elements of leadership that later fell apart. Thus, at all times Israel could look back in order to understand what real leadership of the people of God should be and at least try to come as close as possible to that ideal. Therefore prophecy always was needed:

> What made Israel Israel throughout her history was the presence, in all periods at all the crucial issues, of a thin line of peculiar people who stood over against the state and the populace and created the tension, which the very presence of God's word created to make the covenant people into something more than a normal, run-of-the-mill ancient Near Eastern manifestation of self-indulgent nationalism.⁸

---

⁷ See e.g. J. Blenkinsopp, *A History of Prophecy in Israel* (Philadelphia: Westminster, 1983) 63-65.

⁸ J. A. Sanders, "Prophets and the State," in Sanders, *Torah and Canon* (Philadelphia: Fortress Press, 1972) 61-62.

13   Sihon, Og und das israelitische »Credo«

Es ist eins der klassischen Argumente für die Annahme eines »Hexateuch«, »dass der Pentateuch ohne das Buch Josua ein Torso ist«; denn es wäre »ganz unerträglich, dass ein Geschichtswerk die Besetzung und Verteilung des Ostjordanlandes ausführlich erzählt, das wichtigere Westjordanland aber nicht mehr berücksichtigt«.[1] Dieses weithin übernommene Argument wurde u.a. auch von Martin Noth wiederholt, obwohl es seiner Sicht des jetzigen Zustandes des Pentateuch nicht entsprach.: »Es kann angesichts der in der Vätergeschichte so geflissentlich wiederholten Verheißungen, daß die Nachkommen einst das palästinische Kulturland besitzen sollten, und vor allem angesichts der Tatsache, daß in Num. 21,21ff. und im alten Bestand von Num. 32 die Behandlung des Themas Landnahme, wenigstens für den ostjordanischen Kulturlandbesitz, bereits begonnen wird, keinem Zweifel unterliegen, daß die alten Quellen auf eine so oder so geartete Erzählung von der Landnahme in dem in erster Linie wichtigen Westjordanlande hinausgelaufen sind. Die P-Erzählung aber hat sich für das Thema Landnahme nicht interessiert, sondern ihre Darstellung mit den Nachrichten über den Tod Mirjams, Aarons und Moses abgeschlossen; und der Redaktor hat die Erzählung der alten Quellen auf den literarischen Rahmen der P-Erzählung zugeschnitten und daher das über den Tod Moses hinausreichende Ende jener Erzählung einfach weggelassen.«[2] Hier ergibt sich also ein Konflikt zwischen der Annahme, daß die älteren Quellen über die Landnahme im Westjordanland berichtet haben müßten, und dem tatsächlichen Textbefund.

Diese Frage erhielt noch einen besonderen Akzent durch Gerhard von Rads These vom »kleinen geschichtlichen Credo« Israels.[3] In den von ihm als alte Credo-Formulierungen betrachteten Texten, insbesondere in Dtn 26,5-9 und Dtn 6,20-24, folgt die Hineinführung in das verheißene Land unmittelbar auf die Herausführung aus Ägypten, so daß sich von daher die Zusammengehörigkeit des Buches Josua mit den vorhergehenden Büchern des Pentateuch fast noch notwendiger ergibt. Allerdings zeigt sich hier eine auffallende Unschärfe in der Argumentation. Unter den »freie(n) Abwandlungen des Credo in der Kultlyrik« zitiert v.Rad Ps 136. Er macht zu Recht darauf aufmerksam, daß »die Herabführung der Geschichte über die Landnahme hinaus« ab V.23 »bar aller konkreten Daten« ist und sich »in so allgemeinen Andeutungen (bewegt), daß man die Not deutlich sieht, in die der Dichter geraten ist, nachdem ihn das her-

---

[1] H. Holzinger, Einleitung in den Hexateuch, 1893, 4 und 7.
[2] M. Noth, Überlieferungsgeschichte des Pentateuch, 1948, 16.
[3] G.v. Rad, Das formgeschichtliche Problem des Hexateuchs, 1938 (= Ges.Studien I, 9-86), 3ff (11ff).

kömmliche Schema verlassen hat.« Der Verfasser fühlt sich nur solange sicher, »als er die kanonische Heilsgeschichte rekapitulieren kann.«[4]

I

Aber wie sieht hier die »kanonische Heilsgeschichte« aus? Nach dem Durchzug durch das Schilfmeer und der göttlichen Führung durch die Wüste ist von »großen« und »mächtigen Königen« die Rede, die Gott geschlagen hat (V.17f), und dann werden zwei mit Namen genannt: »Sihon, der König der Amoriter« und »Og, der König von Basan«. Beide sind *ostjordanische* Könige, und es heißt weiter, daß Gott »ihr Land« Israel zum »Erbbesitz«, zur ναηὸαλδη gegeben habe (V.19-22). Die einzigen konkreten Details über die Landnahme beziehen sich also nicht auf das West-, sondern auf das Ostjordanland. Und die Angaben über die beiden Könige Sihon und Og finden sich in dem von Noth erwähnten Abschnitt Num 21,21ff.

Hat der Verfasser von Psalm 136 nur der Not gehorchend ein unvollständiges Bild der Heilsgeschichte gegeben? Wenn man dieser Frage weiter nachgeht, dann zeigt sich sehr bald, daß er damit keineswegs allein steht. Ein gutes Dutzend Male wird das »Paar« Sihon und Og in der Hebräischen Bibel gemeinsam genannt. Im Vergleich mit Ps 136 sind vor allem einige Texte interessant, in denen sie in einem ganz ähnlichen Kontext vorkommen. Dies gilt zunnächst für Ps 135, der auch sonst in mehrfacher Hinsicht mit Ps 136 verwandt ist. In ihm findet sich die gleiche Abfolge von Auszug aus Ägypten, Sieg über Sihon und Og und Übergabe ihres Landes an Israel (V.8-12). Allerdings gibt es zwei interessante Unterschiede. Zum einen wird in V.11b zu Sihon und Og hinzugefügt »und alle Königreiche Kanaans«. Hierin kann man einen Hinweis auf das Westjordanland sehen, und vielleicht hat hier ein Ergänzer diese Lücke füllen wollen. Zum andern ist dann aber nach der Übergabe »ihres Landes« der geschichtliche Rückblick beendet und es folgt keine Fortsetzung mit »unkonkreten«, nur »andeutenden« Aussagen, wie v.Rad sie in Ps 136,23ff fand. Insofern hat man hier noch mehr den Eindruck, daß das »kanonische« Schema zu Ende ist.

Zwei weitere interessante Belege finden sich im Buch Josua. Zunächst ist es die Hure Rahab, die gegenüber den israelitischen Kundschaftern ihre Informationen über die jüngsten Ereignisse der israelitischen Ge-

---

[4] A.a.O., 9 (17f). V.Rads These, daß es sich hier um ein altes »Credo« handelt, die u.a. auch von Noth aufgenommen wurde (a.a.O., 43, 51 u.ö.), ist bekanntlich inzwischen von Leonhard Rost widerlegt worden (Das kleine geschichtliche Credo, in: Das kleine Credo und andere Studien zum Alten Testament, 1965, 11-25). Aber die alttestamentlichen Texte bleiben ja davon unberührt.

schichte mitteilt. Sie nennt ebenfalls diese beiden Ereignisse: den Durchzug der Israeliten durch das Schilfmeer und die Vernichtung der Könige Sihon und Og (Jos 2,10). Diese Ereignisse stehen als geschlossene Gruppe innerhalb der Rede Rahabs, und sie sind das einzige an konkreten Geschehnissen, das sie erwähnt. Aber die Formulierungen sind im einzelnen ganz andere als in Ps 135 und 136. Rahab nennt nur das »Austrocknen« des Schilfmeers und erwähnt weder den Pharao noch die Ägypter. Auch die Aussagen über Sihon und Og sind andere: sie sind mit dem Bann geschlagen worden. Daran zeigt sich, daß in Jos 2 die gleiche Tradition zugrundeliegt wie in Ps 135 und 136, daß aber keine literarische Abhängigkeit besteht.

Ganz ähnlich ist es in der Erzählung von der List der Gibeoniter in Jos 9. Auch sie begründen ihre Hinwendung zu Israel mit dem, was sie gehört haben. Ihre Formulierungen sind noch knapper als die der Rahab. Sie haben »den Ruhm Jhwhs gehört und alles, was er in Ägypten getan hat, und alles, was er mit den beiden Königen der Amoriter jenseits des Jordan gemacht hat, mit Sihon, dem König von Heschbon, und mit Og, dem König von Basan, der in Aschtarot war« (V.9b.10). Es ist also die gleiche kleine Gruppe von »kanonischen« Ereignissen, die hier rekapituliert werden, jedoch wiederum in anderen Formulierungen. Die sprachliche Entfaltung ist hier auf ein Minimum reduziert; es ist nur zweimal die Rede von dem, was Jhwh »gemacht« hat, ohne jegliche Details. Aber gerade dies zeigt die feste Traditionsprägung dieser Ereignisgruppe.

Zu dieser Gruppe von bekenntnisartigen Texten ist noch Neh 9,22 hinzuzufügen. In diesem großangelegten Bußgebet werden die einzelnen Etappen der Heilsgeschichte ausführlich behandelt: die Erwählung Abrahams, die Herausführung aus Ägypten, die Gesetzgebung am Sinai, der vierzigjährige Aufenthalt in der Wüste – und dann die Einnahme des Landes der Könige Sihon und Og als Beispiele für die Zuteilung von »Königreichen und|Völkerschaften« an Israel (V.22). Die Erwähnung dieser beiden Könige ist deshalb besonders auffallend, weil in dem ganzen ausführlichen Gebet nur ganz wenige Namen genannt werden: Abraham (V.7), Mose (V.14), und dann Sihon und Og. Von ihnen wird hier nichts weiter berichtet als daß die Israeliten ihre Länder »eingenommen« hätten. So wird hier erneut erkennbar, daß es sich bei diesen Namen um ein fest geprägtes Traditionselement handelt. Es ist auch klar von der Einnahme des Westjordanlandes unterschieden, von dem in V.24f ausführlich, aber ohne konkrete Details die Rede ist. Dazwischen steht in V.23 ein Passus über die Erfüllung der Mehrungsverheißung an die Väter.

So ist das Ergebnis der Betrachtung dieser Gruppe von Texten, die man zusammenfassend als »bekenntnishaft« kennzeichnen kann, daß die beiden ostjordanischen Könige Sihon und Og die einzigen feindlichen Könige im Kontext der Landnahme sind, die mit Namen genannt werden, und daß Israels Sieg über sie das einzige konkrete Ereignis auf Israels Weg in das verheißene Land ist, das ausdrücklich erwähnt wird. Dies gilt auch dort, wo die Position des Verfassers des Textes und seiner potentiellen Hörer oder Leser weit jenseits dieser zeitlichen Schwelle liegt, so daß er auch andere Ereignisse von vergleichbarer Bedeutung hätte nennen können. Aber offenbar gab es sie nicht. Von daher ergibt sich eine erste, vorläufige Antwort auf die eingangs gestellte Frage: Im Rahmen der Tradition, die sich in diesen bekenntnishaften Texten widerspiegelt, bedurfte es offenbar keiner ausführlichen Darstellung westjordanischer Eroberungen, um die Einlösung der göttlichen Verheißung, Israel das Land zu geben, zu demonstrieren.[5] Die betonte Nennung von Sihon und Og in bekenntnishaften Kontexten spricht jedenfalls nicht für die Notwendigkeit eines »Hexateuch« oder für den redaktionsbedingten Verlust von Texten vorpriesterlicher Quellen.

II

Im Deuteronomium begegnen uns Sihon und Og schon in den ersten Versen. Ihre Besiegung ist das einzige konkrete Ereignis auf dem Weg zwischen dem Horeb und dem »Land Moab«, in dem Mose nun zu reden beginnt, das ausdrücklich genannt wird (Dtn 1,4). Auch in der erneuten Einleitungsrede in 4,44ff erscheinen Sihon und Og, diesmal allerdings nur im Sinne von geographischen Namen. Dabei ist das Gefälle zwischen den beiden Königen interessant: Die Rede Moses findet statt »im Lande Sihons, des Königs der Amoriter, des Bewohners von Heschbon, den Mose und die Israeliten schlugen, als sie aus Ägypten auszogen« (V.46). In der Fortsetzung wird dann Og fast beiläufig hinzugefügt: »Sie nahmen sein (d.h. Sihons) Land ein und das Land Ogs, des Königs von Basan« (V.47). Ihre traditionsgebundene paarweise Zusammengehörigkeit wird dann noch einmal durch den Nachsatz zum Ausdruck gebracht: »(das Land) der beiden Amoriterkönige jenseits des Jordan im Osten.«

Zwischen diesen beiden Redeeinleitungen wird dann sehr ausführlich von der Besiegung der Könige Sihon und Og und der Einnahme ihres Landes berichtet. Nach Ablauf der verordneten Frist von vierzig (genauer: achtunddreißig) Jahren bis zum Aussterben der waffenfähigen Generation, die sich gegen Jhwh versündigt hatte (Num 14,34; Dtn 2,14), fordert Jhwh zunächst in einer Rede Mose auf, weiterzuziehen (Dtn 2,17-25). Der bevorstehende Kampf soll mit Sihon beginnen, den Jhwh Mose »in die Hand geben« wird (V.24). Der Kampf gegen Sihon wird dann berichtet, wobei vor allem die diplomatischen Verhandlungen und die anschließende Einnahme großer Teile des Ostjordanlandes breit ausgeführt

---

[5] Ob es solche Darstellungen gab, die uns nicht überliefert sind, ist eine ganz andere Frage.

werden (V.26-37). Anschließend folgt wieder Og von Basan, mit dem es aber keine Verhandlungen gibt und dessen Geschick in Parallele zu dem Sihons dargestellt wird (3,1-11). Hier weiß die Überlieferung aber noch etwas mehr über Og zu berichten: Er sei als einziger von den »Rephaim« übriggeblieben und sein gewaltiges Eisenbett sei noch in Rabba, der Hauptstadt der Ammoniter, zu besichtigen (V.11). Wie viel allerdings die Leser des | Deuteronomiums mit dieser Information aus dem Bereich der Sage anfangen konnten, mag man fragen.

Noch ein weiteres Mal werden im Deuteronomium in einem Geschichtsrückblick Sihon und Og genannt. In Dtn 29,1-8 ruft Mose die Stationen des Weges in Erinnerung: Ägypten, vierzig Jahre in der Wüste, und dann wieder Sihon und Og (V.6). Die Erwähnung ist nur kurz: Sie »zogen uns entgegen zum Kampf« – die gleiche Formulierung wie schon in 2,32; 3,1 – »und wir schlugen sie«. Bemerkenswert ist aber der Nachsatz: »Wir haben ihr Land genommen und es den Rubenitern, den Gaditern und dem halben Stamm Manasse als Erbbesitz gegeben« (V.7). Diese Mitteilung wird uns noch öfter begegnen. Sie zeigt einen anderen Aspekt der Verankerung der Namen Sihon und Og in der Überlieferung, nämlich als Kennzeichnung des Landes, das den zweieinhalb ostjordanischen Stämmen gegeben wurde.

Zunächst zeigt sich aber im Deuteronomium noch einmal die exemplarische Rolle des Kampfes gegen diese beiden Könige. In der Abschiedsrede Moses in Dtn 29 heißt es in der Aufforderung, jetzt unter Josuas Führung über den Jordan zu ziehen, daß Jhwh »diese Völker« vernichten wird, wie er es mit Sihon und Og getan hat (V.3f). Die westjordanischen »Völker« werden nicht genauer bezeichnet, aber Sihon und Og sind die traditionsgeprägten Namen, die als exemplarisches Beispiel für den Sieg über die Völker auf dem Weg in das verheißene Land dienen.

So zeigt also auch das Deuteronomium eine ähnliche paradigmatische Rolle der beiden ostjordanischen Könige Sihon und Og für die durch Jhwhs Hilfe gegebenen Siege über die Völker, die jetzt noch in dem Israel verheißenen Lande wohnen. In gewisser Weise ist ihr exemplarischer Charakter hier sogar noch stärker ausgeprägt, weil er ein zukunftsweisendes Element enthält und als vorausschauende Zusage für künftige Siege dargestellt wird.

III

In Dtn 29,7 war davon die Rede, daß das Land Sihons und Ogs den Rubenitern, den Gaditern und dem halben Stamm Manasse als Erbbesitz gegeben worden sei. Dies wurde zum ersten Mal bereits in Num 32,33 mitgeteilt, wo den ostjordanischen Stämmen diese Wohnsitze zugeteilt wurden mit der Verpflichtung, gemeinsam mit den anderen Stämmen über den

Jordan zu ziehen, um das Westjordanland zu erobern. Die Bemerkung über die Zuteilung an die zweieinhalb Stämme findet sich dann auch in der Liste der besiegten Könige in Jos 12, die mit einer detaillierten Beschreibung der von Sihon und Og eroberten Gebiete beginnt (V.1-6) und dabei am Schluß die Übertragung an die ostjordanischen Stämme erwähnt (V.6b). In den Mitteilungen über die Gebiete der ostjordanischen Stämme in Jos 13 findet sich zunächst eine etwas pauschalere Beschreibung, in der schon Sihon und Og genannt werden (V.8-12), und dann werden bei der detaillierteren Angaben jeweils Sihon und Og erneut genannt (V.21.27.30.31). Wie fest die Namen Sihon und Og mit dem ostjordanischen Gebiet verbunden sind, zeigt sich schließlich noch einmal darin, daß in der Liste der Provinzialgouverneure in 1Kön 4,7-19 der an letzter Stelle genannte Bezirk, der mit »im Lande Gilead« bezeichnet wird, wiederum als Gebiet dieser beiden Könige bezeichnet wird (V.19).[6]

Hier finden wir also eine ganz andere Traditionslinie, die im wesentlichen an der territorialen Kennzeichnung bestimmter ostjordanischer Gebiet interessiert ist. Dabei gewinnt man den Eindruck, daß die Benennung der ostjordanischen Gebiete nach den Königen Sihon und | Og ein traditionsgebundenes Element ist, das mit diesen Gebieten mehr oder weniger fest verknüpft ist. Dieser Eindruck wird dadurch verstärkt, daß in einigen dieser Texte von Kämpfen und Eroberungen gar keine Rede ist (Jos 13,8ff passim; 1Kön 4,19). Damit ist allerdings nichts über die Frage gesagt, wann und wie diese Tradition entstanden sein könnte.

Eine interessante Variante der Überlieferung von Sihon bietet die Erzählung von Jeftahs Diskussion mit dem Ammoniterkönig in Ri 11,12-28. Hier geht es um die »theologische« Begründung des Besitzanspruchs auf das Gebiet, von dem der Ammoniterkönig sagt, daß Israel es ihm weggenommen habe, als es aus Ägypten heraufzog (V.13). Daraufhin breitet Jeftah die ganze Geschichte vor ihm aus, um zu beweisen, daß dieses Gebiet rechtmäßig Israel gehört. Für unseren Zusammenhang ist die Argumentation entscheidend: Sihon hat selbst Schuld, weil er nicht »geglaubt« hat[7], daß Israel nur durchziehen wollte. Daraufhin hat Jhwh die Amoriter vor den Israeliten vertrieben. Dies kann jetzt nach dreihundert Jahren nicht wieder rückgängig gemacht werden. Sihon ist also durchaus eine Figur, über die man nachdenken und mit der man argumentieren kann.

Im übrigen ist Ri 11 einer von zwei Texten, in denen Sihon ohne seinen ständigen Begleiter Og erscheint. Der andere steht in Jer 48,45. Dort wird im Rahmen eines Wortes über Moab aus dem Lied über Heschbon in Num 21,27-30 zitiert: »Feuer ging aus von Heschbon«, und die Fortset-

---

[6] Nach Noth (BK 9,1, 74) ist diese Angabe allerdings »ein offensichtlicher Zusatz«. Dieses Urteil beruht auf der Annahme, daß Sihon und Og Bestandteil der »deuteronomistischen Landnahmekonstruktion« sind.

[7] So die interessante Variante in Ri 11,20 gegenüber Num 21,23 und Dtn 2,30.

zung spricht von Sihon in einer textlich nicht ganz durchsichtigen Weise. Auch hier ist kein Platz für Og.

IV

Das Interesse dieser kleinen Studie gilt vor allem der Wirkungs- und Rezeptionsgeschichte der Überlieferung von den beiden ostjordanischen Königen Sihon und Og. Deshalb wenden wir uns erst am Schluß in Kürze dem Text in Num 21,21ff zu, in dem diese Tradition zuerst erscheint. Herbert Donner hat das Nötige dazu kurz zusammengefaßt.[8] Es sind Texte unterschiedlicher Art, die hier gesammelt sind, darunter ein »altertümliches Lied« über Heschbon und Sihon (V.27-30). Die Überlieferung über die Auseinandersetzung mit Sihon kann »nicht aus der Luft gegriffen sein«, sondern hat in diesen Texten ihren »ursprünglichen Überlieferungsort«. Og von Basan hingegen ist »historisch nicht mehr greifbar«. Es hat sich in den von uns behandelten Texten immer wieder gezeigt, daß er eine Art »Mitläufer« ist. Auch hier hat man den deutlichen Eindruck, daß der Abschnitt über Og in V.33-35 Text eine Nachbildung der Erzählung über Sihon in V.21-25 ist.[9] So bleibt die Frage nach der Herkunft der Gestalt Ogs offen.

Allerdings zeigen die von uns behandelten Texte, daß dieses »Paar« auf vielerlei Weise in der Tradition verankert ist, so daß es doch nicht erst allzuspät entstanden sein kann. Vor allem erscheint bemerkenswert, daß es in verschiedenen Literaturformen erscheint, neben historisch argumentierenden Texten auch in bekenntnismäßigen Stücken, und daß das Interesse teils auf den siegreichen Anfang der Landnahme, teils auf die Zuteilung der ostjordanischen Gebiete an die zweieinhalb Stämme und teils einfach auf die Benennung dieser Gebiete gerichtet ist.

Wichtig ist mir dabei, und damit kehre ich zum Anfang zurück, daß die Tradition von Sihon und Og »zum Thema der Landnahme« gehört.[10] Dies geht unzweifelhaft aus den bekenntnishaften Texten hervor, in denen die Siege über Sihon und Og die Einnahme des Landes beginnen lassen oder gar repräsentieren. Das verleiht ihnen eine nicht unerhebliche theologische Bedeutung. Zugleich macht diese Einsicht aber auch deutlich, daß im Blick auf die Gabe des verheißenen Landes an Israel im Pentateuch nichts »fehlt«, was anderswo gesucht werden müßte.

---

[8] H. Donner, Geschichte des Volkes Israel und seiner Nachbarn in Grundzügen, Bd. 1, 1984 (=1993), 106f. Zum Forschungsstand vgl. auch E. Blum, Studien zur Komposition des Pentateuch, 1990, 127-130.
[9] Dabei ist auch eine deutliche Abhängigkeit von Dtn 3,1-3 zu erkennen.
[10] Donner, a.a.O.

IV
Exegetische Aspekte

14 ʾEl als israelitische Gottesbezeichnung[1]

Mit einem Appendix: Beobachtungen zum Gebrauch von הָאֱלֹהִים.

In seiner berühmten Schrift »Der Gott der Väter« aus dem Jahr 1929 betrachtete Albrecht Alt das Wort ʾEl wie selbstverständlich als ein Appellativum, das in der Regel in Zusammensetzungen begegnet. Die damit bezeichneten Götter erschienen ihm als eine »unverbundene Vielheit« von ortsgebundenen »Lokalnumina«, die nicht »bewegungsfähig« genug waren, um den Vätern im »Hin und Her der Vätergeschichte ... überall nahe (zu) sein«. Nur ʾEl Šaddaj wurde vom Verfasser der Priesterschrift »zum Träger einer durchlaufenden religiösen Linie erhoben, aber so, daß dabei die gewiß auch ihm ursprünglich anhaftende Ortsgebundenheit ganz verloren ging«.[2]

Alt konnte nicht ahnen, daß im gleichen Jahr bei den Ausgrabungen von Ras Shamra die ersten Tontafeln mit ugaritischen Texten gefunden wurden, die für unsere Kenntnis der religionsgeschichtlichen Umwelt des Alten Testaments ein ganz neues Kapitel eröffnen sollten. Das Verständnis der Gottesbezeichnung ʾEl gehört dabei zu denjenigen Aspekten, bei denen sich die tiefgreifendsten Änderungen vollzogen. Dabei ergaben sich vor allem zwei grundlegende Einsichten. Zum einen: der Gott ʾilu war in der ugaritischen Religion das Haupt eines großen Pantheons. Und zum andern: Es gibt im Alten Testament kaum Spuren einer Rivalität oder Auseinandersetzung zwischen ʾEl und Jhwh, ganz im Gegensatz zu dem weitgehend antagonistischen Verhältnis zwischen Jhwh und Baʿal, dem anderen Hauptgott des ugaritischen Pantheons.[3] Diese neuen Einsichten hatten aber zur Folge, daß das Interesse der Alttestamentler an der Gottesbezeichnung ʾEl sich fast ausschließlich auf deren Beziehungen zur religionsgeschichtlichen Umwelt richtete. Das bedeutet, daß im wesentlichen solche Texte behandelt wurden, bei denen ein Zusammenhang mit kanaanäischen religiösen Traditionen als möglich erschien, während die große Masse der Belege des hebräischen Wortes אֵל, für die sich solche Zusammenhänge nicht nahelegen, unberücksichtigt blieb. Dies

---

[1] Eine erste, kürzere Fassung dieses Beitrags erschien in englischer Sprache unter dem Titel »Some Observations on the Use of אֵל in the Hebrew Bible« in ErIs, vol. 24 (FS A. Malamat), 1993.

[2] A. Alt, Der Gott der Väter, BWANT 3. Folge, Heft 12, 1929 (= KS I, 1–78; Zitate hier 6 und 21).

[3] Vgl. vor allem O. Eißfeldt, El and Yahweh, JSSt 1, 1956, 25–37; deutsche Fassung: El und Jahwe, in: KS III, 1966, 386–397.

gilt z. B. geradezu exemplarisch für den ausführlichen Artikel אֵל von Frank Cross im Theologischen Wörterbuch zum Alten Testament.[4]

Durch die intensive Beschäftigung mit den ugaritischen Texten entstand zudem die Tendenz, ugaritische und »kanaanäische« Religion mehr oder weniger gleichzusetzen. Dafür kann Otto Eißfeldts Beitrag im Handbuch der Orientalistik als charakteristisch gelten, der den Titel »Kanaanäisch-ugaritische Religion« trägt und in dem der Verfasser dann ausschließlich ugaritische Texte behandelt.[5] Diese Identifikation von ugaritischer und kanaanäischer Religion ist aber offensichtlich unangemessen.[6] Im Blick auf die Stellung des Gottes 'El muß man feststellen, daß es außerhalb von Ugarit keinen einzigen Beleg aus der Umwelt des Alten Israel gibt, in dem der Gott 'El als erster und höchster Gott unter anderen Göttern erscheint, ganz im Unterschied zu seiner selbstverständlichen Rolle als Haupt des Pantheon in Ugarit. Im Gegenteil, die dominierende Gottheit ist durchweg Ba'al. Für den Vergleich mit dem Alten Testament ist besonders die Reihenfolge und Benennung der Götter in den Inschriften von Karatepe interessant, wo בעל שמם »der Ba'al (oder: Herr) des Himmels« an erster Stelle steht, gefolgt vom אל קן ארץ »'El, Schöpfer (oder: Besitzer) der Erde«. 'El ist also der Schöpfer (oder: Besitzer[7]) der Erde, aber nicht des Himmels, und er ist nicht der erste, sondern der zweite nach Ba'al, zu dessen Herrschaftsbereich der Himmel gehört. Der berühmte Titel אֵל עֶלְיוֹן קֹנֵה שָׁמַיִם וָאָרֶץ aus Gen 14,18.22 hat kein Äquivalent außerhalb der Hebräischen Bibel, weder in der Formulierung noch in der Sache.

Das vorherrschende Interesse an den Beziehungen der israelitischen Religion zu der ihrer Nachbarn hat also m. E. zu einer Überbetonung bestimmter tatsächlicher oder vermuteter Parallelen zwischen biblischen und außerbiblischen Texten geführt, wobei nicht selten der Kontext innerhalb der Hebräischen Bibel vernachlässigt wurde. Demgegenüber ist es die Absicht dieses Beitrages, einige Aspekte des Vorkommens des Begriffs אֵל innerhalb der Hebräischen Bibel näher ins Auge zu fassen und dabei vor allem die Frage nach der Stellung und Funktion dieser Texte im Rahmen der israelitischen Religion, und das heißt dann auch:

---

[4] F. Cross, Art. אֵל, ThWAT 1, 259–279. Anders jedoch W. H. Schmidt, Art. אֵל, THAT 1, 142–149, der auch andere Aspekte erörtert.

[5] O. Eißfeldt, »Kanaanäisch-ugaritische Religion«, HO 8,1, 1–154.

[6] Vgl. schon R. Rendtorff, El, Ba'al und Jahwe, ZAW 78, 1966, 277–292 (= GSt zum Alten Testament, 1975, 172–187); jetzt auch H. Niehr, Der höchste Gott. Alttestamentlicher JHWH-Glaube im Kontext syrisch-kanaanäischer Religion, BZAW 190, 1990, 5 und 8.

[7] KAI 26, A III,18. Die Frage der Übersetzung von קנה ist umstritten. Gegen die verbreitete Wiedergabe mit »erschaffen« jetzt mit Nachdruck E. Lipiński, Art. קנה, ThWAT 7, 63–71, bes. 67 f.

einer Theologie des Alten Testaments, zu stellen. Dabei werden gerade auch solche Texte in Blick kommen, die bei einer überwiegend religionsgeschichtlich orientierten Betrachtung in der Regel unberücksichtigt bleiben, weil sich bei ihnen die Frage einer unmittelbaren Beziehung zu kanaanäischen oder gar ugaritischen Texten nicht stellt.

I

Ich beginne mit einigen Bemerkungen über die Streuung des Wortes אֵל innerhalb der Hebräischen Bibel. Dabei beschränke ich mich auf diejenigen Stellen, in denen das Wort אֵל nach weitgehender Übereinstimmung eine Gottesbezeichnung darstellt.[8] In dieser Bedeutung begegnet אֵל in der Hebräischen Bibel 238mal.[9] Die Streuung ist markant: 77mal in den Psalmen, 55mal im Buch Hiob, 24mal im Buch Jesaja, davon 15mal in Kap. 40–46, 18mal im Buch Genesis, 13mal im Deuteronomium, 8mal in den Bileamsprüchen Num 23 f.[10] Hierin zeigt sich sehr deutlich die bevorzugte Verwendung des Wortes in bestimmten Bereichen der biblischen Literatur. Demgegenüber muß der sehr seltene Gebrauch von אֵל in den Prophetenbüchern (mit Ausnahme von Jes 40 ff.) auffallen. Ob dies eine bewußte Vermeidung des Wortes ist, kann man allerdings fragen. Eher gewinnt man den Eindruck, daß das Wort nicht zum allgemeinen Sprachgebrauch gehörte.

Im Buch Genesis begegnet das Wort אֵל nur selten allein. Die meisten Belege zeigen es in Genitiv-Verbindungen, und die meisten von ihnen sind mit bestimmten Orten verbunden, was schon Alt mit Recht betont hat.[11] So interessant diese Namen im einzelnen sind, so ist doch für unsere Fragestellung zu sagen, daß in keinem von ihnen das Wort אֵל als solches als Name eines Gottes gebraucht wird.[12]

Eine gewisse Ausnahme scheint der Gebrauch des Wortes (הָ)אֵל im Zusammenhang mit Jakobs Aufenthalten in Bet-El zu bilden (Gen 31,13;

---

[8] Nach GB¹⁷, KBL und HAL handelt es sich dabei um אֵל V, nach GB¹⁸ um אֵל₂.

[9] So W. H. Schmidt (s. Anm. 4), 142. A. Even-Shoshan, A New Concordance of the Hebrew Bible, ²1989, zählt unter ¹אֵל 235 Belege und führt die Zusammensetzungen אֵל בֵּית אֵל, אֵל אֱלֹהֵי יִשְׂרָאֵל, und אֵל בְּרִית gesondert als Eigennamen auf.

[10] Alle Zahlen nach W. H. Schmidt (s. vor. Anm.).

[11] אֵל עֶלְיוֹן wird im Zusammenhang mit Jerusalem genannt (Gen 14,18–20.22), אֵל רֳאִי mit Beer-Lahai-Roi (16,13 f.), אֵל עוֹלָם mit Beerscheba (21,33), ferner אֵל אֱלֹהֵי יִשְׂרָאֵל mit Sichem und, nach 48,3, אֵל שַׁדַּי mit Luz, das ist Bet-El. Aus dem Richterbuch wäre hinzuzufügen אֵל בְּרִית (Ri 9,46, vgl. בַּעַל בְּרִית 8,33; 9,4).

[12] Diese Namen sind häufig untersucht worden. Ich verweise außer den Artikeln von F. Cross und W. H. Schmidt (s. Anm. 4) auf M. Köckert, Vätergott und Väterverheißungen. Eine Auseinandersetzung mit Albrecht Alt und seinen Erben, FRLANT 142, 1988, 75–91.

35,7). Ich lasse hier die Schwierigkeit beiseite, die in 31,13 durch die syntaktische Verbindung eines Wortes mit Artikel (הָאֵל) mit einem nachfolgenden Genitiv entsteht.[13] Im erzählerischen Zusammenhang ist deutlich, daß hier mit הָאֵל eine Gottheit bezeichnet wird, die Jakob schon früher hilfreich erschienen ist. Der Altar in Bet-El soll gebaut werden »dem Gott, der dir erschienen ist« (לָאֵל הַנִּרְאֶה אֵלֶיךָ 31,1), bzw. »dem Gott, der mich erhört hat« (לָאֵל הָעֹנֶה אֹתִי V. 3). Es ist interessant, daß auch in Gen 46,3 das Wort הָאֵל in einer Aufbruchsszene erscheint, die der von 31,13 ähnlich ist. Hier führt sich der Jakob anredende Gott als »Gott deines Vaters« ein. Das zeigt, daß auch in dieser Gruppe von Texten das Wort אֵל nicht als Name oder Bezeichnung eines bestimmten Gottes gebraucht wird, sondern daß es auf einen Gott verweist, dessen früheres Erscheinen die Person der Handlung, Jakob, erfahren hat und die durch die Erzählung auch dem Leser bekannt ist.

Mit dem Gesagten ist schon impliziert, daß sich in der Genesis kein Beleg für einen Gebrauch des Wortes אֵל zur Bezeichnung eines höchsten Gottes wie in Ugarit findet, sei es bezogen auf einen von Jhwh unterschiedenen Gott oder auf Jhwh selbst. Auch Titel wie אֵל עוֹלָם (Gen 21,33) und אֵל עֶלְיוֹן (Gen 14,18 – 20.22) lassen sich dafür nicht in Anspruch nehmen.[14] Insgesamt wird man sich der vorsichtigen Formulierung von W. H. Schmidt anschließen können: »Im strengen Sinne ist 'el aber wohl nirgends im AT als Name einer bestimmten Gottheit erhalten, sondern durchweg als Appellativ aufzufassen, wenn auch der Eigennamencharakter noch mehrfach durchschimmert«.[15]

II

Ein besonderes Charakteristikum des Gebrauchs des Wortes אֵל ist es, daß es häufig mit bestimmten Adjektiven verbunden wird, die Aussagen über das Wesen Gottes enthalten. Das auffallendste Beispiel ist die Wendung אֵל קַנָּא (קַנּוֹא) »ein eifersüchtiger 'El«. Dabei ist zunächst bemerkenswert, daß diese Aussage über die Eifersucht Gottes in allen (sieben) Belegen in der Verbindung mit אֵל gebraucht wird (Ex 20,5; 34,14; Dtn 4,24; 5,9; 6,15; Jos 24,19; Nah 1,2). Wichtig ist weiterhin, daß in allen Belegen der Name Jhwh im unmittelbaren Kontext erscheint,

---

[13] Außer der in Anm. 12 genannten Literatur verweise ich auf die Kommentare.
[14] Cross (a. a. O. 274) ist in seinen Schlußfolgerungen eher vorsichtig (nicht so sehr in seinem Buch »Canaanite Myth and Hebrew Epic«, 1973, 46 ff.), während H.-J. Zobel (Art. עֶלְיוֹן, ThWAT 6, 131 – 151, bes. 145 ff.) überzeugt zu sein scheint, daß im vorisraelitischen Jerusalem schon in der Mitte des zweiten Jahrtausends v. Chr. ein Kult des 'el 'ælyôn ausgeübt worden ist.
[15] THAT 1,146. Einige Texte wie z. B. Ps 19,2; Ps 82,1; Jes 14,13; Ez 28,2 u. a. bedürften einer besonderen Erörterung, die aber außerhalb der Absicht dieses Beitrags liegt.

so daß die Formel zweifelsfrei bedeutet: »Jhwh ist ein eifersüchtiger ʾEl.« Eine Beziehung zur religionsgeschichtlichen Umwelt legt sich hier nicht nahe. Cross schreibt: »Es gibt offenbar im kanaanäischen Polytheismus keine Parallelen zum exklusiven Loyalitätsanspruch JHWHs«.[16] Insofern gibt es auch keinen Anlaß, das Wort אֵל hier im Kontext außerisraelitischer Religionen zu interpretieren. Vielmehr dient es dazu, innerhalb der israelitischen Religion bestimmte Aussagen über Jhwh zu machen.

Im Dekalog wird nach dem Verbot der Anbetung fremder Götter die einleitende Wendung »Ich bin Jhwh, dein Gott« (Ex 20,2; Dtn 5,6) wiederholt (V. 5b bzw. 9b). Die Parallele läßt erkennen, daß die Worte אֵל קַנָּא einen Nachsatz einleiten, der dem אֲשֶׁר-Satz in der Dekalogeinleitung entspricht. So wie Jhwh sich dort selbst qualifiziert als den, der Israel aus Ägypten geführt hat, so tut er dies hier als den, der eifersüchtig auf die Verehrung (der Bilder[17]) fremder Götter durch die Glieder des von ihm aus Ägypten geführten Volkes reagiert. Die Worte אֵל קַנָּא werden fortgeführt durch eine Partizipialkonstruktion, wie sie sich noch häufiger als Spezifikum von אֵל-Aussagen findet. Hier geht es in einem Doppelsatz (פֹּקֵד ... וְעֹשֶׂה) um das strafende Verhalten des eifersüchtigen Gottes gegenüber den Verehrern anderer Götter und um sein gnädiges Verhalten gegenüber denen, die seine Gebote halten.

In Dtn 6 ist der Zusammenhang zwischen der Herausführung aus Ägypten (V. 12), dem Fremdgötterverbot (V. 14) und der Aussage, daß Jhwh ein אֵל קַנָּא ist (V. 15), noch enger; ihr folgt eine Warnung vor Jhwhs glühendem Zorn. Die gleiche Verbindung findet sich in Dtn 4,24, wobei das Verbot fremder Götterbilder hier als zentraler Bestandteil des Bundes (בְּרִית) herausgestellt wird, den Jhwh mit dem Volk geschlossen hat. Das abschließende אֵל קַנָּא ist gleichsam eine Interpretation der Aussage, daß Jhwh ein »fressendes Feuer« ist. Auch in Ex 34 sind das Hineinkommen in das Land (V. 12), das Verehren fremder Götter (V. 14a) und die Aussage, daß Jhwh ein אֵל קַנָּא ist (V. 14b), einander zugeordnet.[18]

In Ex 34,14 ist der appellativische Gebrauch des Wortes אֵל besonders deutlich, und zwar in zweifacher Hinsicht. Zum einen im Blick auf Jhwh, wenn es heißt: »Denn Jhwh – ›eifersüchtig‹ ist sein Name; er ist ein אֵל קַנָּא.« Dies letztere ist also nicht sein »Name«, sondern wird

---

[16] ThWAT 1, 275.
[17] W. Zimmerli hat gezeigt, daß sich diese Aussage nicht nur auf das Bilderverbot, sondern damit zugleich auf das Fremdgötterverbot (Ex 20,3; Dtn 5,7) bezieht (Das zweite Gebot, in: FS A. Bertholet, Tübingen 1950, 550–563; = Gottes Offenbarung. Gesammelte Aufsätze 1963, 234–248).
[18] In Jos 24,19 ist der Akzent ein anderer. Josua warnt die Israeliten vor ihrer Bereitschaft, Jhwh zu dienen, weil er אֱלֹהִים קְדֹשִׁים und אֵל קַנּוֹא ist. Zu Nah 1,2 s. u.

deutlich davon unterschieden als eine nähere Charakterisierung Jhwhs.[19] Zum andern wird Jhwh ein אֵל אַחֵר, ein anderer, »fremder Gott« gegenübergestellt. אֵל kann also auch einen anderen Gott bezeichnen. Es bedeutet offenbar »Gott« im allgemeinen, eine »Gottheit«. Dies wird unten noch näher auszuführen sein.

III

Ein weiterer charakteristischer Gebrauch von אֵל mit adjektivischer Ergänzung findet sich in der Formulierung אֵל רַחוּם וְחַנּוּן. Sie begegnet in wechselnden Verbindungen mit anderen Begriffen.[20] Ex 34,6 f. enthalten die am meisten ausgeführte Version dieser Formel, die nach der jüdischen Tradition die 13 *middot* Gottes enthält (bRosh Hashana 17b). Für unseren Zusammenhang ist es wichtig, daß die Gottesrede mit der Ausrufung des Namens יהוה eingeleitet wird und daß dann die darauf folgende Reihe von göttlichen Attributen mit אֵל beginnt: יהוה יהוה אֵל רַחוּם וְחַנּוּן וגו׳. Jhwh ist ein אֵל רַחוּם וְחַנּוּן. Einige der in dieser Reihe begegnenden Attribute finden sich in der Hebräischen Bibel nur in Verbindungen wie derjenigen in Ex 34,6 f. Dies gilt zunächst für die beiden Wörter רַחוּם וְחַנּוּן. Beide begegnen in dieser Form ausschließlich als Ausdrücke für Eigenschaften Gottes. Jedes von ihnen kommt 13mal vor, davon 11mal in der Verbindung beider miteinander, wobei die Reihenfolge wechselt: רַחוּם וְחַנּוּן: Ex 34,6; Ps 86,15; 103,8, חַנּוּן וְרַחוּם: Joel 2,13; Jon 4,2; Ps 111,4; 112,4; 145,8; Neh 9,17.31; II Chr 30,9.[21]

In diesem Fall ist allerdings die Verbindung mit dem Wort אֵל nicht so vollständig wie bei der Wendung אֵל קַנָּא. Die Doppelformel begegnet viermal zusammen mit אֵל (Ex 34,6: Jon 4,2; Ps 86,15; Neh 9,31), außerdem einmal אֵל רַחוּם (Dtn 4,31). In Jon 4,2 hat die Formel eine sehr spezifische Funktion. Jona beginnt sein Gebet, indem er Gott mit

---

[19] Anders jetzt J. deMoor, The Rise of Jahwism. The Roots of Israelite Monotheism, 1990. Er übersetzt Ex 34,14: »YHWH the jealous one is his name – He is El the jealous one.« Er interpretiert dies: »The clear meaning of this formula is that El *prior* to YHWH bore the name ›The Jealous‹.« Ich vermag dies aber nicht nachzuvollziehen.

[20] Vgl. dazu J. Scharbert, Formgeschichte und Exegese von Ex 34,6 f. und seiner Parallelen, Bib. 38, 1975, 130–150; R. C. Dentan, The Literary Affinities of Exodus XXXIV 6 f, VT 13, 1963, 34–51; H. Spieckermann, »Barmherzig und gnädig ist der Herr ...«: ZAW 102, 1990, 1–18.

[21] Spieckermann (s. vorige Anm.), 3, hält es für sicher, daß dieser Zug Jhwhs nach dem Vorbild ʾEls gebildet ist, wobei »in einer fünfmal belegten Variante der Gnadenformel der Name El erhalten geblieben ist«. Er verweist dabei auf die ugaritische Formel *lṭpn ʾil dpʾid*. Offenbar gibt es aber keinen sprachlichen Zusammenhang zwischen diesen beiden Traditionen. Hingegen hört Spieckermann die ugaritische Formel noch in den Bezeichnungen Allahs als *laṭīf* und *dū fuʾād* nachklingen (a. a. O., Anm. 8). Ich vermag aber nicht zu sehen, inwiefern dies seine These stützt.

יהוה anredet. Dann fährt er fort: »Ich wußte ja, daß du ein אֵל־חַנּוּן וְרַחוּם bist.« Er wußte, was für ein Gott Jhwh ist, und er fügt noch weitere Attribute hinzu, wie sie auch in Ex 34,6 begegnen: אֶרֶךְ אַפַּיִם וְרַב־חֶסֶד.[22]

Besonders interessant ist Neh 9. In diesem langen, offenbar sehr überlegt strukturierten Gebet begegnet die Phrase חַנּוּן וְרַחוּם zweimal, und zwar beidemal an wichtigen Punkten. Beim ersten Mal erscheint sie nach der ersten Erwähnung des Ungehorsams der Väter (V. 16) als Ausdruck des Dankes für Gottes gnädiges Verhalten (V. 17b). Hier wird die Formel eingeleitet durch die Worte וְאַתָּה אֱלוֹהַּ סְלִיחוֹת, eine Wendung, die in der Hebräischen Bibel nur hier begegnet. Das zweite Mal erscheint die Formel dann gegen Ende des Gebets, wo die Geschichte von Israels Ungehorsam und Leiden zum Verlust seiner politischen Selbständigkeit geführt hat. Hier betont sie als Abschluß dieser Epoche, daß Gott in seiner großen Barmherzigkeit Israel dennoch nicht ausgerottet hat, und schließt mit den Worten: כִּי אֵל־חַנּוּן וְרַחוּם אָתָּה (V. 31b). Danach beginnt dann mit dem charakteristischen וְעַתָּה die letzte Phase der Geschichte Israels. Es scheint mir offenkundig, daß der Verfasser dieses Gebets die Formel als ein wichtiges Element seiner religiösen Tradition kannte und sie in einer eigenständigen Weise benutzte. Beim ersten Mal änderte er das einleitende אֵל in eine andere, sehr prägnante und eigenwillige Formulierung, während er sie beim zweiten Mal in der überkommenen Form verwendete.

Damit bildet der Verfasser zugleich eine Brücke zu der unmittelbaren Fortsetzung des Gebets, wo wiederum das Wort אֵל erscheint: וְעַתָּה אֱלֹהֵינוּ הָאֵל הַגָּדוֹל הַגִּבּוֹר וְהַנּוֹרָא (V. 32). Das Wort אֵל leitet hier eine Reihe von Adjektiven ein, die sich in Verbindung mit ihm wiederholt in der Hebräischen Bibel findet: in Dtn 10,17 in der gleichen Form wie in Neh 9,32; ferner ohne הַגִּבּוֹר in Dtn 7,21 (ohne Artikel); Dan 9,4 und Neh 1,5; ohne וְהַנּוֹרָא in Jer 32,18.[23] In Dan 9,4; Neh 1,5 ist auch die sich in Neh 9,32 findende Fortsetzung שֹׁמֵר הַבְּרִית וְהַחֶסֶד hinzugefügt (mit geringfügigen orthographischen Varianten). Die letztere Wendung findet sich als Weiterführung von הָאֵל הַנֶּאֱמָן in Dtn 7,9, also wiederum mit אֵל. Diese Reihe von Attributen zeigt ein weiteres Mal, daß es eine wichtige Funktion des Wortes אֵל ist, Jhwh als einen Gott darzustellen, von dem bestimmte charakteristische Eigenschaften oder Verhaltensweisen ausgesagt werden können. Interessant ist hierzu auch noch Ps 95,3. Hier

---

[22] Es spricht viel dafür, in Jon 4,2 ein »Zitat« aus Ex 34,6 zu sehen, vgl. M. Fishbane, Biblical Interpretation in Ancient Israel, 1985, 335 ff., bes. 345 ff. Th. Dozeman (Inner-Biblical Interpretation of Yahweh's Gracious and Compassionate Character, JBL 108, 1989, 207 – 223) hat zudem gezeigt, daß der Nachsatz in Jon 4,2 ונחם על־הרעה ebenfalls Zitat ist, und zwar aus Ex 32,14, so daß sich der Text des Jonabuches hier auf den ganzen Zusammenhang von Ex 32 – 34 bezieht.

[23] Außerhalb von Reihen ferner: אֵל גָּדוֹל Ps 77,14; אֵל גִּבּוֹר Jes 9,5; 10,21.

wird von Jhwh gesagt, daß er ein אֵל גָּדוֹל sei, was im Parallelismus aufgenommen wird durch die Aussage, er sei ein מֶלֶךְ גָּדוֹל über alle Götter.[24]

Ein weiterer interessanter Gebrauch von אֵל ist die Formulierung אֵל חַי (Jos 3,10; Hos 2,1; Ps 42,3; 84,3). In Jos 3,10 sollen die Israeliten aus Jhwhs mächtigen Taten erkennen, daß er ein »lebendiger Gott« ist. In Hos 2,1 steht der Aussage, daß Gott die Israeliten nicht mehr »mein Volk« nennen will (לֹא עַמִּי 1,9), die Verheißung gegenüber, daß sie eines Tages בְּנֵי אֵל־חָי genannt werden sollen. Hier ist die אֵל-Aussage wiederum eine ganz spezielle Charakterisierung Jhwhs. Das gleiche gilt für die Psalmen, wenn der Psalmist sich nach Jhwh, dem lebendigen Gott, sehnt (Ps 42,3) oder sich seiner freut (84,3). Interessant ist die Variante in Ps 42,9: אֵל חַיָּי »der Gott meines Lebens«. Ähnliche Formulierungen begegnen mit אֱלֹהִים. Nach Dtn 5,26 sprach Jhwh als ein אֱלֹהִים חַיִּים aus dem Feuer am Horeb. Nach I Sam 17,26 und 36 beleidigt der Philister die מַעַרְכוֹת אֱלֹהִים חַיִּים. Damit vergleichbar ist die Aussage in II Reg 19,4.16 (= Jes 37,4.17), daß der Rabschake den אֱלֹהִים חַי beleidigt. Im Buch Jeremia begegnet die Formulierung אֱלֹהִים חַיִּים in verschiedenen Reihenbildungen mit anderen Bezeichnungen Jhwhs (10,10; 23,36). Dem müßte weiter nachgegangen werden in einer Untersuchung über Gemeinsamkeiten und Unterschiede im Gebrauch von אֵל und אֱלֹהִים, die aber den Rahmen dieses Beitrags sprengen würde (doch s. u.).

Allen unterschiedlichen Formen des Gebrauchs von אֵל, die in diesem Abschnitt behandelt worden sind, ist gemeinsam, daß sie bestimmte, charakterisierende Aussagen über den einen Gott, Jhwh, machen. Das Wort אֵל fungiert hier als eine allgemeine Bezeichnung für »Gott«, die es ermöglicht, durch hinzugefügte Attribute bestimmte Aspekte der Vorstellung davon, wie ein »Gott« sein oder sich verhalten könnte, zu betonen und herauszustellen. Dabei ergibt sich eine breite Skala von Eigenschaften und Verhaltensweisen, die mit diesen Formulierungen von Jhwh ausgesagt werden. Manche von ihnen scheinen zueinander in Widerspruch zu stehen; sie spiegeln damit das spannungsreiche Bild, das die Hebräische Bibel von Jhwh, seinen Eigenschaften und seinem Verhalten entwirft.

Hier ist anzumerken, daß dieser Gebrauch von אֵל keineswegs auf Jhwh beschränkt ist, wie schon die Nennung eines אֵל אַחֵר in Ex 34,14 zeigt. So kann auch vom אֵל זָר (Ps 44,21; 81,10) oder אֵל נֵכָר (Dtn 32,12; Mal 2,11; Ps 81,10) die Rede sein. Auch in Vergleichen mit anderen

---

[24] Es ist interessant zu sehen, daß die von H. D. Preuß (Theologie des Alten Testaments, Bd. 1, 1990) mehrfach als »selten« bezeichneten Aussagen über Wesen oder Eigenschaften Jhwhs (S. 274, 277) zum größten Teil in Verbindung mit dem Wort אֵל erscheinen.

Göttern wird אֵל gebraucht: מִי כָמֹכָה בָּאֵלִים יהוה (Ex 15,11); מִי־אֵל כָּמוֹךָ (Mi 7,18); מִי־אֵל גָּדוֹל כֵּאלֹהִים (II Sam 22,32); כִּי מִי־אֵל מִבַּלְעֲדֵי יהוה (Ps 77,14); מִי־אֵל בַּשָּׁמַיִם וּבָאָרֶץ (Dtn 3,24). Zu Jes 40,18 s. u.

IV

Einen besonders charakteristischen Sprachgebrauch des Wortes אֵל zeigen die Kapitel Jes 40 ff. Zu den charakteristischsten Formulierungen »Deuterojesajas« gehören die formelhaften »Ich bin«-Aussagen, die Walther Zimmerli »Selbstvorstellungsformeln« genannt hat.[25] In der Regel lautet die Formel אֲנִי יהוה, seltener auch אָנֹכִי יהוה. Oft ist sie auf verschiedenste Weise in das Satzgefüge einbezogen. Was uns hier interessiert, sind die Fälle, in denen auf das אֲנִי nicht der Name יהוה folgt. Die Wendung אֲנִי יהוה אֱלֹהֶיךָ (41,13 u. ö.) kann z. B. verkürzt werden zu אֲנִי אֱלֹהֶיךָ. In 41,10 steht sie im Parallelismus zu עִמְּךָ־אָנִי: »Fürchte dich nicht, denn ich bin mit dir; sei nicht ängstlich, denn ich bin dein Gott.« In anderen Fällen ist die Formel abgewandelt zu אֲנִי הוּא »Ich bin es« (41,4; 43,10.13 u. ö.). Aber dann kann es auch heißen: אֲנִי אֵל (43,12 u. ö.).

Hier ist אֵל also zunächst ein Äquivalent für יהוה. Aber der Kontext von 43,10–13 zeigt, daß es mehr und anderes ist. Der Abschnitt beginnt mit dem Satz: »Ihr seid meine Zeugen, Spruch Jhwhs« (V. 10). Die Formel אֲנִי הוּא in V. 19bα leitet dann die Feststellung ein: »Vor mir wurde kein Gott (אֵל) geschaffen, und nach mir wird keiner sein.« Und dann, nach einer emphatischen Version der »klassischen« Formel אָנֹכִי יהוה und ihrer inhaltlichen Entfaltung, heißt es noch einmal: »Ihr seid meine Zeugen, Spruch Jhwhs«, und dann abschließend: וַאֲנִי אֵל (V. 12b). In diesem sorgfältig formulierten Abschnitt hat das Wort אֵל eine entscheidende Funktion: Jhwh ist der erste und der letzte und deshalb der einzige Gott. Es geht hier nicht nur darum, bestimmte Charakteristika Jhwhs zu formulieren, sondern es geht um sein ausschließliches Gottsein, welches das Gottsein anderer ausschließt.

In 45,21 ist die »klassische« Formel erweitert durch die Fortführung אֵל־צַדִּיק וּמוֹשִׁיעַ אַיִן זוּלָתִי »Es gibt keinen gerechten und rettenden Gott außer mir«. Dann werden »alle Enden der Erde« aufgefordert, sich Jhwh zuzuwenden, כִּי אֲנִי אֵל וְאֵין עוֹד »Denn ich bin Gott und keiner sonst« (V. 22). Die gleiche Formel findet sich noch weiter ausgeführt in 46,9: כִּי אָנֹכִי אֵל וְאֵין עוֹד אֱלֹהִים וְאֶפֶס כָּמוֹנִי. Was sich hier in den »Ich«-Formeln zeigt, wird nun auch sonst innerhalb von Jes 40 ff. deutlich. Gleich zu Beginn wird das Wort אֵל so gebraucht, daß nur Jhwh damit gemeint sein kann: »Wem wollt ihr אֵל vergleichen?« (40,18). Der ganze Abschnitt,

---

[25] W. Zimmerli, Ich bin Jahwe, in: Geschichte und Altes Testament. FS A. Alt, 1953, 179–209 (= Gottes Offenbarung [s. Anm. 17], 11–40).

in dem der Gottesname nicht genannt wird, mündet ein in das erneute
»Wem wollt ihr mich vergleichen? Wem wäre ich gleich? spricht der
Heilige« (V. 25). In 42,5 wird dann die erste Gottesspruchformel formuliert: כֹּה־אָמַר הָאֵל יהוה «So spricht der Gott Jhwh«. Eine sehr ungewöhnliche Formulierung, die aber für den Kontext von Jes 40 ff. deutlich
macht, wie das Wort אֵל verstanden werden soll. Dieses Verständnis liegt
auch dem Bekenntnis der Völker in 45,14 zugrunde, die zu Jerusalem
sagen: »Nur in dir ist Gott (אֵל) und keiner sonst, kein Gott (אֱלֹהִים).«
(Hier wäre wiederum eine genauere Untersuchung des Verhältnisses von
אֵל und אֱלֹהִים notwendig.) Die Antwort des Propheten in V. 15 lautet:
»Fürwahr, du bist ein verborgener Gott (אֵל), Gott Israels, Retter.« Ein
eher änigmatisches, paradoxes Wort. Man kann es so auslegen: »Jahwe
war der Retter auch in seinem verborgenen Handeln, im vergangenen
Gericht; das wird vom Ende her evident.«[26]

Es bleiben in Jes 40 ff. einige Worte über andere Götter, in denen
das Wort אֵל benutzt wird. Sie gehören im einen oder anderen Sinne in
den Zusammenhang der »Götzenpolemik«: 44,10.15.17(2mal); 45,20b;
46,6. Hier geht es durchweg um von Menschen hergestellte Götter,
die also schon per definitionem keine Götter sind. Im übrigen ist der
Sprachgebrauch in Jes 40 ff. eindeutig. Er ist deutlich von den in den
vorhergehenden Abschnitten behandelten Texten unterschieden. So ist
das Ergebnis dieser kleinen Studie, daß gerade der Ausdruck אֵל einen
ganz spezifischen Beitrag dazu leistet, die Besonderheit und offenbar
auch die Neuheit des Gottesverständnisses Deuterojesajas zu erkennen,
also das, was wir seinen »Monotheismus« zu nennen pflegen. Die Kontinuität mit dem vorhergehenden Gebrauch von אֵל ist gewahrt; denn auch
in den übrigen Texten ist אֵל in aller Regel eine Bezeichnung für »Gott«
schlechthin. Aber ihr Sprachgebrauch läßt grundsätzlich die Möglichkeit
offen, daß es auch andere Götter geben könnte oder gibt, über die
bestimmte qualifizierende Aussagen gemacht werden könnten. Dies ist
bei Deuterojesaja anders.

V

Was ich hier vorlegen konnte, ist nur ein Ausschnitt aus dem
alttestamentlichen Gebrauch des Wortes אֵל. Große und wichtige Bereiche
sind dabei unberücksichtigt geblieben. Dies gilt zunächst für das Buch
Hiob. In ihm begegnet bekanntlich im Dialogteil der Name יהוה nur
ganz selten (5mal), während אֵל die häufigste Gottesbezeichnung ist
(55mal), gefolgt von אֱלוֹהַּ (41mal von insgesamt 57 Vorkommen in der
Hebräischen Bibel) und שַׁדַּי (31mal) sowie אֱלֹהִים (6mal).[27] Die Bedeutung

---

[26] H.-J. Hermisson, Deuterojesaja, BK XI,7, 46.
[27] Vgl. dazu K. Koch, ŠADDAJ, VT 26, 1976, 299–332, bes. 310 (= Studien zur alttestamentlichen und altorientalischen Religionsgeschichte, 1988, 118–152, bes. 129).

und Funktion dieser verschiedenen Gottesbezeichnungen zu untersuchen, wäre zweifellos eine lohnende Aufgabe.

Ein kleiner, aber interessanter Textbereich sind die Bileamsprüche in Num 23 f. In ihnen sind offenbar außerisraelitische Elemente im Spiel, und im Zuge der Entzifferung und Interpretation der Inschrift vom Tell Deir ʿAlla ist hier noch vieles offen. Dabei ist vor allem das gemeinsame Auftreten von ʾēl und šaddaj in beiden Texten von Interesse.[28]

Der Gebrauch von אֵל in den Psalmen ist weit gefächert. Als Besonderheit im hymnisch-liturgischen Sprachgebrauch hebt sich die Bezeichnung oder Anrede Gottes als אֵלִי »mein Gott« heraus, die sich sonst im Alten Testament nicht findet (Ps 18,3; 22,2.11; 63,2; 68,25; 89,27; 102,25; 118,28; 140,7, ferner in dem psalmartigen Text Ex 15,2). Daß das Wort אֵל zur Sprache des Kults gehört, kommt auch in Wendungen wie מִקְדְּשֵׁי־אֵל (Ps 73,17) und מוֹעֲדֵי־אֵל (74,8) zum Ausdruck. Bemerkenswert ist auch, daß sich der Plural אֵלִים nur zweimal in Psalmen in der Verbindung בְּנֵי אֵלִים findet (29,1; 89,7) und dann wieder in Ex 15,11 (מִי־כָמֹכָה בָּאֵלִים יהוה) und schließlich noch in Dan 11,36 in der Steigerung עַל־כָּל־אֵל וְעַל אֵל אֵלִם. Im übrigen sind zahlreiche Psalmentexte in den vorangehenden Untersuchungen herangezogen worden. Aber auch hier wäre eine zusammenhängende Untersuchung notwendig, die zweifellos auf sehr differenzierte Tatbestände stoßen würde.

Appendix: Beobachtungen zum Gebrauch von הָאֱלֹהִים

Gleichsam als Nebenfrucht zu den vorhergehenden Ausführungen haben sich einige Beobachtungen zum Gebrauch der Gottesbezeichnung אלהים mit Artikel ergeben. Sie sind noch wenig konsistent, jedoch hoffe ich, daß sie einige Anregungen zu weiteren exegetischen Beobachtungen geben können.[29]

Zunächst stellt sich die Frage, ob bestimmte Regelmäßigkeiten im Gebrauch der Form mit Artikel erkennbar sind. W. H. Schmidt zitiert in seinem Exodus-Kommentar zustimmend Eduard Meyer: »Der Gebrauch des Artikels beim Gottesnamen schwankt bei E... regellos.«[30] Ob dies hier und auch sonst im Alten Testament zutrifft, soll im folgenden gefragt werden. Dabei macht diese knappe Skizze nicht den Versuch einer umfassenden Behandlung des Materials oder gar einer vollständigen Klärung. Sie möchte aber an einer Reihe von Stellen auf eine offenkundig

---

[28] Vgl. dazu jetzt J. A. Hackett, Balaam, ABD 1, 1992, 569–572.
[29] Genitivverbindungen mit האלהים sind nicht aufgenommen, weil bei ihnen die Determination in der Regel durch das nomen rectum bestimmt wird. Wissenschaftliche Literatur habe ich nur in wenigen Fällen zitiert.
[30] W. H. Schmidt, BK II/1, 17.

bewußte Verwendung der Form *hā-'ᵉlohim* hinweisen und gewisse Regelmäßigkeiten herausstellen.

1. Ein einheitlicher und deutlich definierter Gebrauch von *hā-'ᵉlohim* zeichnet sich im »Bundesbuch« ab. Für die Zeremonie der Übernahme eines Sklaven in ein Sklavenverhältnis auf Lebenszeit führt ihn sein Besitzer zu *hā-'ᵉlohim* (Ex 21,6), d. h. die Zeremonie spielt sich in einem kultischen Rahmen ab, ohne daß dieser genauer bezeichnet wird. Das gleiche gilt im Fall veruntreuten oder gestohlenen Eigentums (22,7), wo der Beschuldigte zu (אֶל) *hā-'ᵉlohim* hintreten soll (וְנִקְרַב), womit wohl »der Platz des Verfahrens, nicht die göttliche Gegenwart ..., gemeint ist«.[31] Ähnliches gilt für V. 8a, wo die Sache der beiden Kontrahenten zu (עַד) *hā-'ᵉlohim* kommen soll; hier tritt dann offenbar noch ein Ordal hinzu (V. 8b[32]).

Besonders interessant ist Ex 21,13. Hier wird eine unvorsätzliche Tötung so umschrieben, daß »*hā-'ᵉlohim* es seiner Hand hat widerfahren lassen«. Dabei fällt auf, daß in V. 13b Gott im Ich-Stil spricht. Deshalb dürfte in V. 13a »eine geprägte Redewendung vorliegen, mit der dann zugleich der Versuch einer Unterscheidung zwischen dem sprechenden Ich und einer unbekannten Macht in bezug auf Gott unternommen wird«.[33] Hier wird man *hā-'ᵉlohim* am besten mit »die Gottheit« übersetzen. B. Baentsch (z. St.) tut dies durchgehend für alle Belege von *hā-'ᵉlohim* im Bundesbuch, was m. E. durchaus zutreffend ist. Dabei ist wiederum interessant, daß 22,10 (s. o.) von einem Eid spricht, der bei *yhwh* abgelegt wird. In diesem Fall ist es also nicht »die Gottheit«, sondern Jhwh selbst.

2. Verfolgen wir diese Spur weiter, so zeigt sich, daß in einer Reihe weiterer Fälle *hā-'ᵉlohim* im Sinne von »die Gottheit« verstanden werden kann. Henoch »wandelt mit *hā-'ᵉlohim*« (Gen 5,22.24), ebenso auch Noah (6,9, doch dazu s. u.). Das Verbum הִתְהַלֵּךְ im Sinne von »wandeln mit« oder »vor« wird auch in Gen 48,15 mit *hā-'ᵉlohim* verbunden, könnte also wiederum als geprägte Redewendung für einen »frommen« Wandel verstanden werden. Entsprechendes gilt für die »Gottesfurcht«. Josef betont in der Rolle des Ägypters seinen Brüdern gegenüber, daß er *hā-'ᵉlohim* fürchtet (Gen 42,18). Ebenso fürchten die ägyptischen Hebammen *hā-'ᵉlohim* (Ex 1,17.21), wobei aus der Sicht der Hebammen gewiß nicht der Gott Israels gemeint ist. Dabei ist aber der Wechsel

---

[31] Gane/Milgrom, ThWAT 7, 153; vgl. M. Noth, ATD 5, z. St.

[32] Hier liest MT artikelloses אלהים, während Sam wie in V. 7.8a den Artikel hat. Ein Grund für den Wechsel ist nicht zu erkennen, so daß man lieber Sam folgen möchte. Allerdings stellt die pluralische Verbform יִרְשִׁיעֻן ein weiteres Problem dar, das hier nicht erörtert werden kann.

[33] F. Crüsemann, Die Tora. Theologie und Sozialgeschichte des alttestamentlichen Gesetzes, 1992, 205 f.

zwischen *hā-'ᵉlohim* in V. 17.21 und artikellosem *'ᵉlohim* in V. 20 interessant: Die Gottesfurcht der ägyptischen Hebammen richtet sich auf die »Gottheit«, während der israelitische Autor des Textes von »Gott« als dem Handelnden spricht.

Im Munde von Nichtisraeliten begegnet *hā-'ᵉlohim* als Bezeichnung des Gottes Israels aus ihrer Sicht: bei Balak (Num 23,27), den Midianitern (Jdc 7,14) und den Philistern (I Sam 4,8 zweimal). Im letzteren Fall könnte man die Einordnung dieses Belegs in diesen Zusammenhang in Frage stellen, weil von »diesem mächtigen Gott« die Rede ist und der Artikel durch das Adjektiv bedingt sein könnte. Ähnliches gilt für die Leute von Bet-Schemesch, die sogar den Namen dieses »heiligen« Gottes kennen (I Sam 6,20). Hier könnte man auch die Aussage des Königs Kyrus erwähnen, der zum Auftrag, »das Haus Jhwhs, des Gottes Israels« wieder aufzubauen, hinzufügt: »er ist *hā-'ᵉlohim*, der in Jerusalem (wohnt)« (Esr 1,3).

Ich füge hier noch zwei Texte an. Im Segen Isaaks über Jakob heißt es: »*hā-'ᵉlohim* gebe dir vom Tau des Himmels und vom Fett der Erde« (Gen 27,28) — eine eher allgemein gehaltene Aussage über »göttlichen« Fruchtbarkeitssegen. In II Sam 6,6 f. ist von der unbefugten Berührung der Lade durch Usa die Rede. Daraufhin entbrennt der Zorn *yhwh*s, und *hā-'ᵉlohim* erschlägt Usa. Wollte der Autor es vermeiden, Jhwh selbst diesen Schlag führen zu lassen und bezeichnete ihn deshalb als »göttlichen« Schlag?

3. Eine auffallende Häufung von Belegen für *hā-'ᵉlohim* findet sich im ersten Teil der Mosegeschichte. In Ex 3 begegnet *hā-'ᵉlohim* nicht weniger als fünfmal, und zwar neben anderen Bezeichnungen Gottes und seiner Erscheinungsform (*mal'āk*). Mose verhüllt sein Angesicht, nachdem ihn die göttliche Anrede unmittelbar getroffen hat, weil er Angst hat, die ihm noch unbekannte Gottheit (*hā-'ᵉlohim*) zu erblicken (V. 6); dabei ist bemerkenswert, daß die Gottesrede von *'ᵉlohim* ausgeht (V. 4b), so daß hier wiederum, wie in 1,17 – 21, ein Unterschied zwischen der Perspektive des Erzählers und der der handelnden Person erkennbar wird.[34] Auch Moses erste Anreden richten sich an *hā- 'ᵉlohim* (V. 11.13), denn der Name der Gottheit ist ihm noch nicht bekanntgeworden.

Eine andere Linie wird mit V. 12 eröffnet. Mose wird als Zeichen seiner Sendung durch Gott angekündigt, daß die Israeliten nach der Befreiung aus Ägypten *hā-'ᵉlohim* »auf diesem Berge« dienen werden. Dies greift schon auf die Bezeichnung des Berges als הר־האלהים in V. 1 zurück. Vor allem knüpfen dann aber Ex 19,2 f. daran an, wo die

---

[34] Zu den Gottesbezeichnungen in Ex 3,1 ff. vgl. auch E. Blum, Studien zur Komposition des Pentateuch, BZAW 189, 1990, 25 f.

Israeliten an »dem Berg« lagern und Mose zu *hā-ʾælohim* hinaufsteigt.[35] Später führt Mose dann das Volk *hā-ʾælohim* entgegen (V. 17), und *hā-ʾælohim* läßt sich im Donner vernehmen (V. 19). Nach der Verkündung des Dekalogs beruhigt Mose das verängstigte Volk, *hā-ʾælohim* habe es nur versuchen wollen (20,20). Mose nähert sich dann dem Dunkel, in dem *hā-ʾælohim* wohnt (V. 21). Und schließlich schauen auch die Ältesten oder »Vornehmen« Israels auf dem Berg *hā-ʾælohim* (24,11). Hier gewinnt man den Eindruck eines bewußten und betonten Gebrauchs von *hā-ʾælohim* in einem größeren literarischen Zusammenhang. Dabei steht am Anfang Moses Reaktion auf die Anrede der unbekannten Gottheit (3,6). Ich denke, daß die Interpretation beide Aspekte berücksichtigen sollte.

4. In Gen 17 wird der redende Gott durchgehend (außer V. 1) als *ʾælohim* bezeichnet, während sich Abrahams Anrede an *hā-ʾælohim* richtet (V. 18). Hier zeigt sich wiederum ein Unterschied zwischen der Perspektive des Erzählers und der der handelnden Person. Ähnliche Beobachtungen lassen sich auch noch an anderen Texten machen. In Gen 6,9–12 heißt es zunächst, daß Noah »mit *hā-ʾælohim*« wandelt (V. 9), und dann, daß die Erde »vor *hā-ʾælohim*« verdorben war (V. 11). Dann wechselt die Blickrichtung, und es heißt, daß *ʾælohim* die Erde in ihrer Verdorbenheit sah (V. 12), sozusagen »von oben«. Ganz ähnlich ist es in Ex 2,23–25: Das Schreien der Israeliten steigt zu *hā-ʾælohim* empor (V. 23), und *ʾælohim* hört es, gedenkt seines Bundes und wendet sich den Israeliten zu (V. 24 f.). Daß diese drei Texte zur priesterlichen Kompositionsschicht des Pentateuch gehören, dürfte kaum Zufall sein. Wir können noch Num 22,9–12 hinzufügen: *ʾælohim* kommt und spricht zu Bileam (V. 9.12), dieser selbst hingegen spricht zu *hā-ʾælohim* (V. 10).

In Gen 20 liegen die Dinge anders. In der Kommunikation zwischen Gott und Abraham wird in beiden Richtungen *hā-ʾælohim* gebraucht: in der göttlichen Anrede an Abraham (V. 6) und in Abrahams Gebet (V. 17a). Dagegen spricht *ʾælohim* zu Abimelech (V. 3) und heilt Abimelech und die Seinen (V. 17b). Man wird auch hierin gewiß nicht bloße Willkür oder Beliebigkeit sehen dürfen. Zugleich zeigt sich aber, daß der Wechsel zwischen *ʾælohim* und *hā-ʾælohim* hier von anderen Überlegungen bestimmt ist als in den bisher betrachteten Texten, wo jeweils aus der menschlichen oder irdischen Perspektive *hā-ʾælohim*, aus der himmlischen oder göttlichen hingegen *ʾælohim* gebraucht wurde.

In Gen 22 heißt es zu Anfang, daß *hā-ʾælohim* Abraham »versuchte« (V. 1). Das erinnert an Ex 20,20. Auch in V. 3 und 9 behält der Erzähler *hā-ʾælohim* bei. Abraham selbst spricht zu Isaak von *ʾælohim* (V. 8), worin sich wieder ein bewußter Wechsel zeigt. Auch zur Bezeichnung

---

[35] Vgl. dazu R. Rendtorff, Der Text in seiner Endgestalt. Überlegungen zu Exodus 19, in: Ernten, was man sät. FS K. Koch, 1991, 459–470.

des gottesfürchtigen Abraham wird *'ᵉlohim* verwendet (V. 12), während der eingreifende Gottesbote *mal'ak yhwh* heißt (V. 11.15). Dazu läßt sich Jdc 13 vergleichen. Der *mal'ak yhwh* erscheint Manoachs Frau und kündigt ihr die Geburt eines Sohnes an (V. 2); auch bei seinem späteren Auftreten heißt er *mal'ak yhwh* (V. 13 ff.), daneben auch *mal'ak hā-'ᵉlohim* (V. 6.9) und *'îš hā-'ᵉlohim* (V. 6.8). Für unseren Zusammenhang interessant ist die Feststellung, daß Manoach zu *yhwh* betet (V. 8) und daß *hā-'ᵉlohim* sein Gebet erhört (V. 9). Auch hier beruht dieser Wechsel gewiß nicht auf Zufall oder Willkür; aber die Perspektive ist jetzt sozusagen umgedreht, indem *hā-'ᵉlohim* »oben« ist, hier allerdings nicht im Gegenüber zu *'ᵉlohim*, sondern zu *yhwh*.

Bemerkenswert ist der Gebrauch von *hā-'ᵉlohim* in Gen 35,7. Der Kontext zeigt eine auffallende Verwendung des Wortes אֵל zur Bezeichnung des Gottes, der Jakob zuvor erschienen ist (V. 1.3).³⁶ Bei der Ankunft in Bet-El errichtet er dann den Altar, nennt ihn אֵל בֵּית־אֵל, und der Erzähler fügt hinzu: »denn dort war ihm *hā-'ᵉlohim* erschienen (Verbum im Plural!), als er vor seinem Bruder floh.« Wie auch immer man die diachronen Probleme dieses Textes beurteilen mag³⁷, es bleibt auffallend, daß hier mit *'el* und *hā-'ᵉlohim* zwei eher ungewöhnliche Gottesbezeichnungen nebeneinander in verwandter Funktion erscheinen. Es klingt wie ein Nachhall dieser Aussagen, wenn im Segen Jakobs über Efraim und Manasse zweimal *hā-'ᵉlohim* erscheint: »*hā-'ᵉlohim*, vor dem meine Väter Abraham und Isaak gewandelt sind; *hā-'ᵉlohim*, der mich mein Lebtag behütet hat bis heute« (Gen 48,15).

In der Josefgeschichte wird *hā-'ᵉlohim* vor allem außerhalb des Bereichs der Jhwh-Religion gebraucht. Josef verwendet es gegenüber dem Pharao (41,25.28.32 [2 ×]) und in seiner Rolle als Ägypter gegenüber seinen Brüdern (42,18), dementsprechend auch die Brüder ihm gegenüber (44,16). Interessant ist der Wechsel in der Josefrede 45,4 – 13. In V. 5.7.9 gebraucht Josef *'ᵉlohim*, in dem antithetisch formulierten Satz V. 8 hingegen erscheint *hā-'ᵉlohim*: »Und jetzt: Nicht ihr habt mich hierher geschickt, sondern *hā-'ᵉlohim*.« Hier bezeichnet *hā-'ᵉlohim* nicht eine unbekannte Gottheit, aber es ist von einer »göttlichen« Fügung und Führung die Rede.³⁸ Ähnlich ist es in I Sam 10,7, wo Samuel dem Saul das Eintreffen der angekündigten Zeichen als Erweis dafür ankündigt, daß *hā-'ᵉlohim* mit ihm sei (I Sam 10,7).

5. Man versammelt sich aus kultischen Anlässen »vor *hā-'ᵉlohim*«: Jos 24,1; Jdc 21,2; auch das von Jetro veranstaltete Opfermahl findet »vor *hā-'ᵉlohim*« statt (Ex 18,12). Man zieht hinauf «zu *hā-'ᵉlohim*«

---

³⁶ S. o. S. 6 f.
³⁷ Vgl. dazu E. Blum, Die Komposition der Vätergeschichte, WMANT 57, 1984, 62.
³⁸ In der parallelen Aussage Gen 50,20 hat Sam statt אלהים des MT והאלהים, folgt also auch hier der Redeweise von der »göttlichen« Fügung.

(I Sam 10,3) oder tritt zum Orakelvollzug »zu *hā-'ᵉlohim*« hin (I Sam 14,36b). Das letztere erinnert an die Texte im Bundesbuch (s. o. Ziffer 1). Im letzteren Fall ist interessant, daß es anschließend heißt, Saul habe *'ᵉlohim* befragt (V. 37). Aber David befragt wiederum *hā-'ᵉlohim* wegen seines kranken Kindes (II Sam 12,16), und Achitophels Rat galt, als habe man ein Wort *hā-'ᵉlohim*s erfragt (II Sam 16,23). Gideon erbittet ein Orakel von *hā-'ᵉlohim* (Jdc 6,36.39); aber während beim ersten Mal das Eintreffen unpersönlich ausgedrückt wird, heißt es beim zweiten Mal, daß *'ᵉlohim* es so gemacht habe (V. 40) – wiederum ein Beispiel für den Wechsel der Form der Gottesbezeichnung bei unterschiedlichen Erzählperspektiven.

In Ex 18,19 findet sich zweimal die ungewöhnliche Formulierung מוּל הָאֱלֹהִים: Mose soll nach Jetros Rat selbst das Volk »gegenüber *hā-'ᵉlohim*« vertreten und die Angelegenheiten »vor *hā-'ᵉlohim*« bringen. Dies fällt aus dem Kontext heraus, der durchweg von *'ᵉlohim* spricht. Man könnte den Text mit den oben behandelten Texten des Bundesbuches (s. o. Ziffer 1) vergleichen, in denen Rechtsfälle vor *hā-'ᵉlohim* gebracht werden. Dies bedürfte aber noch weiterer Nachfrage, vor allem weil auch die Verwendung von מוּל singulär ist.

6. Eine ganz andere Funktion als in den bisher behandelten Texten hat *hā-'ᵉlohim* in der bekenntnisartigen Formulierung יהוה הוּא הָאֱלֹהִים, wie sie sich häufig im Deuteronomium und in der davon bestimmten Literatur findet, z. T. in etwas erweiterter Form: Dtn 4,35.39; 7,9; II Sam 7,28 [= I Chr 17,26]; I Reg 8,60; 18,39; II Reg 19,15 [= Jes 37,16]; Jes 45,18; Neh 9,7; II Chr 33,13, cf. Jos 22,34.

Die Bedeutung dieser Formulierungen wird sehr schön in I Reg 18 entfaltet: Es geht um die Frage, wer *hā-'ᵉlohim* ist. Elia sagt zu den Israeliten: »Wenn Jhwh *hā-'ᵉlohim* ist, dann folgt ihm nach, wenn Baʿal, dann folgt ihm« (V. 21). Noch zugespitzter wird die Alternative in V. 24 gegenüber den Propheten Baʿals formuliert: »Der Gott (*hā-'ᵉlohim*), der mit Feuer antwortet, ist *hā-'ᵉlohim*« (V. 24). Elias Gebet in V. 37 führt dann zu der vom Volk ausgerufenen Bekenntnisformel in V. 39. In all diesen Texten geht es also darum, daß nur einer *hā-'ᵉlohim* sein kann. Diese Aussage steht immer in polemischer Auseinandersetzung mit dem Anspruch anderer Gottheit, *hā-'ᵉlohim* zu sein. Es ist kein Zufall, daß der einzige Gebrauch von *hā-'ᵉlohim* in Jes 40 ff. im Kontext der Aussagen über אֵל steht (45,18, vgl. 21 ff.).[39]

7. In großen Teilen der alttestamentlichen Literatur fehlt alleinstehendes *hā-'ᵉlohim*. So fehlt es fast völlig in den Prophetenbüchern, mit Ausnahme der schon zitierten Stellen Jes 37,16 und 45,18 und einigen Belegen im Buch Jona (3,9.10; 4,7). In den Psalmen fehlt es ganz. Im

---

[39] S. o. S. 12 f.

Buch Hiob begegnet es nur in dem berühmten Satz in der einleitenden Erzählung: »Das Gute nehmen wir von hā-'ᵉlohim an und das Böse sollten wir nicht annehmen?« (Hi 2,10). In der nachexilischen Literatur finden sich ferner zwei Belege im ersten Kapitel des Buches Daniel (1,9.17, dazu in 9,3 אדני האלהים), zwei im Anfang des Buches Esra (1,3.5) und einige im Buch Nehemia (4,9; 5,13; 7,2; 9,7; 12,43, dazu in 8,6 יהוה האלהים הגדול).

Im Buch Kohelet kommt das Wort 'ᵉlohim nach D. Michel vierzigmal vor.[40] Diese Angabe ist zu präzisieren: In 32 von diesen 40 Fällen gebraucht Kohelet hā-'ᵉlohim. Ob sich hier bestimmte Nuancierungen erkennen lassen, wäre zu fragen. In den Chronikbüchern ist hā-'ᵉlohim sehr beliebt. Charakteristisch erscheinen Zusätze zu den übernommenen Quellen in I Chr 15,26; 21,7; II Chr 32,16 oder eigene Formulierungen wie II Chr 26,5. Auch hier bedürfte es weiterer Untersuchungen.[41]

8. Ich versuche ein kurzes Resümee. Bei genauerem Studium erweist sich der Gebrauch von hā-'ᵉlohim als viel weniger zufällig und regellos, als meist angenommen wird (sofern dieser Frage überhaupt Beachtung geschenkt wird). Es lassen sich mehrere Aspekte nennen, unter denen deutliche Regelmäßigkeiten erkennbar sind.

In einer Reihe von Fällen hat hā-'ᵉlohim die Bedeutung »Gottheit« oder bezeichnet ein »göttliches« Phänomen, ohne daß dabei offenbar eine bestimmte Gottheit im Blick ist. Als Beispiel nenne ich Ex 21,13. Von hier aus läßt sich m. E. der Sprachgebrauch an mancherlei Stellen erklären, z. B. auch im Blick auf das Phänomen der »Gottesfurcht« oder auf das Sich-Versammeln an einem kultischen Ort oder zu kultischen oder religiösen Zwecken. Auch Nichtisraeliten wird hā-'ᵉlohim in den Mund gelegt, z. B. Num 23,27.

In manchen größeren Textzusammenhängen erscheint hā-'ᵉlohim gehäuft, so im Bundesbuch und in Ex 3–24. In beiden Fällen ergeben sich auch Aspekte der vorher genannten Gebrauchsweise, für den letztgenannten Textkomplex vor allem in Ex 3,6. Im übrigen sind diese Texte aber höchst verschieden, so daß andere Gründe hinzukommen müssen. Eine Häufung von hā-'ᵉlohim zeigt auch das Buch Kohelet.

In einigen Fällen ist ein Wechsel von 'ᵉlohim und hā-'ᵉlohim innerhalb eines Textabschnitts erkennbar, wobei in der Mehrzahl der Fälle hā-'ᵉlohim im Blick von »unten« nach »oben« verwendet wird, 'ᵉlohim hingegen in der umgekehrten Blickrichtung. Auch wo dies letztere nicht der Fall ist, lassen sich Regelmäßigkeiten im Blick auf die redenden oder

---

[40] D. Michel, Qohelet, EdF 258, 1988, 95.
[41] Nicht behandelt habe ich ferner Ex 22,19 (wohl als Plural zu verstehen), Jdc 16,28 (inmitten eines Gebets an Jhwh) und II Sam 2,27 (einmaliger Gebrauch der Schwurformel in der Form חי האלהם).

handelnden Personen (bzw. Gott) erkennen, mit denen jeweils *'ᵃlohim* oder *hā-'ᵃlohim* verbunden wird.

Eine ganz andere Bedeutung hat *hā-'ᵃlohim* in der deuteronomisch-deuteronomistischen Formel יהוה הוא האלהים. Hier ist *hā-'ᵃlohim* zu einem Ausdruck für »Gott« schlechthin geworden, und die Formel betont den Anspruch Jhwhs, allein »Gott« zu sein. Sie bildet gleichsam das Gegenbild zu denjenigen Texten, in denen *hā-'ᵃlohim* eine »Gottheit« bezeichnet.

Die letzte Bemerkung macht deutlich, daß es sich keineswegs darum handeln kann, eine einheitliche Bedeutung von *hā-'ᵃlohim* im Alten Testament zu erheben. Es ging mir vielmehr darum, die Aufmerksamkeit auf die in vielen Fällen erkennbare Besonderheit des Sprachgebrauchs von *hā-'ᵃlohim* gegenüber *'ᵃlohim* zu lenken und einige Beobachtungen mitzuteilen, die zeigen sollen, daß dieser Sprachgebrauch in aller Regel beabsichtigt und durchdacht ist. Ich bin mir der Vorläufigkeit dieser Beobachtungen bewußt und hoffe, daß sie Anstoß zu weiteren Untersuchungen geben können.

Seit der Entdeckung der ugaritischen Texte hat sich das Interesse an der alttestamentlichen Gottesbezeichnung אֵל vorwiegend auf die Frage der religionsgeschichtlichen Beziehungen zu dem höchsten Gott des dortigen Pantheons gerichtet, wodurch die zahlreichen Belege in späteren Texten das AT aus dem Blick gerieten. Der Sprachgebrauch zeigt jedoch eine Reihe von theologisch bedeutsamen Charakteristika: vor allem die Verbindung von אֵל mit bestimmten Adjektiven: קַנָּא (nur in Verbindung mit אֵל!), חַי, רַחוּם וְחַנּוּן u. a., wodurch Aussagen darüber gemacht werden, was für ein Gott Jhwh ist. Besonders interessant ist der Sprachgebrauch bei Deuterojesaja, wo die charakteristische »Ich bin«-Formel außer mit יהוה auch mit אֵל gebildet werden kann, worin das neue »monotheistische« Gottesverständnis Deuterojesajas zum Ausdruck kommt: Nur Jhwh ist אֵל und keiner sonst.

Der Appendix will darauf aufmerksam machen, daß *hā-'ᵃlohim* in aller Regel deutlich von *'ᵃlohim* unterschieden ist, und teilt eine Reihe von Beobachtungen dazu mit.

15 Was verbietet das alttestamentliche Bilderverbot?

Ein historisch und philologisch geschulter Exeget, der einen Beitrag zu einer systematisch-theologischen Festschrift schreiben will, wird sich sehr bald bewußt, daß viele seiner Überlegungen sich im Vorfeld dessen bewegen, was den Systematiker interessiert. Aber da Dietrich Ritschl, dem dieser Beitrag in Freundschaft zugeeignet ist, lange genug in exegetischen und historischen Feldern gewirkt hat, sind ihm die Probleme der verschiedenen Ebenen, auf denen sich unsere Arbeit bewegt und bewegen muß, ja hinreichend vertraut. Deshalb beginne ich dort, wo ich als Exeget einsetzen muß, um mich der gestellten Frage anzunähern.

I

Der vielgebrauchte Begriff »Bilderverbot« scheint auf den ersten Blick eindeutig zu sein. Aber was verbietet das Bilderverbot eigentlich? Und wo steht es überhaupt?

Die zweite Frage scheint leicht beantwortbar zu sein: es steht im Dekalog. Allerdings ist dies offenbar nicht ganz so eindeutig; denn in den »Zehn Geboten«, mit denen Luther seinen Kleinen Katechismus eröffnet, steht nichts vom Bilderverbot. Im Heidelberger Katechismus steht dafür um so mehr. Hier werden ausführlich die Verse Exodus 20,4-6, also das Bilderverbot mit seinem Kontext, als das »zweite Gebot« zitiert. Damit beginnt die unterschiedliche Zählung der Gebote in der lutherischen und reformierten Tradition. In der jüdischen Tradition zählt der erste Satz des Dekalogs »Ich bin der HERR, dein Gott, der ich dich aus dem Lande Ägypten, aus dem Sklavenhause, herausgeführt habe« als erstes von den »Zehn Worten«. Der nachfolgende Satz »Du sollst keine anderen Götter haben mir ins Angesicht« bildet dann mit dem Bilderverbot zusammen das zweite Gebot.[1]

Im Blick auf unser Thema ist also die erste Frage: Ist das Bilderverbot ein eigenständiges »Gebot« innerhalb des Dekalogs? In diesem Punkt stimmt die jüdische Tradition mit der lutherischen überein, die auf Augustin zurückgeht. Hier ist das Bilderverbot dem vorhergehenden Verbot, andere Götter zu »haben«, zugeordnet. Daraus zog Luther die Konsequenz, das Bilderverbot im Kleinen Katechismus nicht gesondert unter die Gebote aufzunehmen. Dem steht die reformierte Tradition gegenüber, die ihrerseits ihre Wurzeln bei Philo und Josephus hat, in der das Bilderverbot ein eigenständiges Gebot innerhalb des Dekalogs ist.

---

[1] Vgl. Benno Jacob, The Second Book of the Bible: Exodus, Hoboken, New Jersey, 1992, 599f.

Was läßt sich aus der Exegese des hebräischen Textes zu dieser Frage beisteuern? Walther Zimmerli hat dazu 1950 einen bis heute oft zitierten Beitrag geschrieben.[2] Darin hat er in einer literarkritischen und formgeschichtlichen Analyse gezeigt, daß der Dekalog im allgemeinen und der Passus Ex 20,4-6 im besonderen nicht »aus einem Guß« sind. Im jetzigen Zusammenhang zeigt sich, daß die Verse 5f: »Bete sie nicht an und diene ihnen nicht« zusammen mit den nachfolgenden Straf- und Segensankündigungen an Vers 3 anknüpfen: »Du sollst keine andern Götter haben . . .« Das bedeutet, »daß für den Ergänzer, der V.5f zusetzte, das Bilderverbot ganz im Schatten des Verbotes der Fremdgötterei stand.« Allerdings kann Zimmerli dies nicht gutheißen: »Von den formgeschichtlichen Erkenntnissen her müssen wir diese Interpretation ablehnen.«

In diesem schroffen Urteil klingt gewiß auch die Stimme des schweizerischen Reformierten mit, für den die Selbständigkeit des Bilderverbots große Bedeutung hat. Ich lasse jetzt einmal die Frage beiseite, ob man heute noch so reden könnte, daß man die überlieferte Form eines gewichtigen Bibeltextes einfach »ablehnt«, weil die moderne Exegese glaubt, es besser zu wissen. Dem Urteil Zimmerlis, das von vielen Exegeten geteilt wird, können jedoch exegetische Beobachtungen gegenübergestellt werden, die diesen Sachverhalt in anderem Licht erscheinen lassen. Das Bilderverbot begegnet auch außerhalb des Dekalogs immer wieder in enger Verbindung mit dem Verbot, fremde Götter anzubeten, sowohl in Gebotssammlungen (z.B. Ex 34,14.17; Lev 19,4) als auch in Worten prophetischer Kritik (z.B. Hos 11,2; Jer 1,16). Vor allem bezeichnet aber das Wort *pesel*, das in den meisten dieser Texte für das Bild gebraucht wird, ausschließlich das Kultbild (s.u.).[3] Es geht also zunächst nicht um Bilder im allgemeinen, sondern um kultische Bilder. Und es geht nicht primär um die Herstellung von Bildern, sondern um deren kultische Verehrung.

Allerdings ist der Text im Dekalog komplexer. Auf das Wort *pesel* folgt noch ein zweites: *t^emûnáh*, was man mit »Erscheinung«, und dann auch mit »Abbild« oder »Gestalt« wiedergeben kann. Es erscheint in beiden Dekalogfassungen als Präzisierung von *pesel*, wobei allerdings die Konstruktion ein wenig abweicht: in Ex 20,4 steht zwischen beiden ein w^e »und«, das in Dtn 5,8 fehlt.[4] Mit diesem Wort wird der Bereich der verbotenen Abbildungen oder Darstellungen ganz weit gespannt. Es soll nichts abgebildet werden »von dem, was oben im Himmel und unten auf der Erde, und von dem, was im Wasser unterhalb der Erde ist.« Hier scheint der Bereich der Kultbilder verlassen zu werden. Und gerade diese Auswei-

---

[2] Walther Zimmerli, Das zweite Gebot, in: Festschrift für Alfred Bertholet, Tübingen 1950, 550-563 (= Gottes Offenbarung. Gesammelte Aufsätze, München 1963, 234-248).
[3] Vgl. ThWAT, Bd. 6, 688ff.
[4] Vgl. dazu ThWAT, Bd. 8, 678.

tung ist es, welche die Auffassung von einem allgemeinen Bilderverbot im Alten Testament nach sich gezogen hat.

II

Gehen wir den beiden Begriffen ein wenig weiter nach. Zunächst dem Hauptbegriff *pesel*. Das Wort bezeichnet, wie gesagt, das Kultbild. In einigen Fällen wird es konkretisiert durch hinzugefügtes *massēkāh*, was ein aus Metall gegossenes Bild bezeichnet (Dtn 27,15; Ri 17,3 u.ö.). Das entsprechende Verbum *nāsak*, das die Tätigkeit des Goldschmieds bezeichnet, begegnet auch in der Götzenpolemik im zweiten Teil des Jesajabuches (meistens »Deuterojesaja« genannt), so in Jes 40,19: »Der Meister gießt ein Bild«. Der Spott über die »Götzenbildner«, der schon hier anklingt, entfaltet sich dann voll in Jes 44,9-20 über die, »die einen Gott formen und ein *pesel* gießen, das doch nichts nützt« (V.10). Das Wort *pesel* begegnet auch noch mehrfach in der dann folgenden ironischen Szene, in der die Menschen Holz hauen, mit der einen Hälfte Brot backen und Fleisch braten und sich am Feuer wärmen und dann aus der anderen Hälfte einen Gott machen, ein *pesel*, vor ihm niederfallen und beten: »Hilf mir, denn du bist mein Gott« (V.15-17).

Die negative Konnotation des Wortes *pesel* kommt auch in der Verbindung mit anderen Begriffen für fremde Gottheiten und Kulte zum Ausdruck, so z.B. mit der pejorativen Bezeichnung *ᵉlîlîm* »Nichtse« (Lev 26,1; Hab 2,18; Ps 97,7) oder in Ausdrücken wie »das Kultbild der Aschera« (2Kön 21,7), »die Kultbilder von Babel« (Jer 51,47), »die Kultbilder ihrer Götter« (Dtn 7,25; Jes 21,9) usw. Die Antithese zum legitimen Jhwh-Kult zeigt sich darin, daß die von den Assyrern angesiedelten Bevölkerungsgruppen einerseits Jhwh fürchteten, anderseits ihren Kultbildern dienten (2Kön 17,41). Im Deuteronomium wird das Herstellen eines *pesel* als »Vergessen des Bundes des HERRN, eures Gottes« bezeichnet (Dtn 4,23), und schließlich heißt es sogar: »Verflucht sei, wer ein gegossenes Kultbild macht« (27,15).

Es gibt in der Hebräischen Bibel keine Stelle, an der sich der Begriff *pesel* erkennbar auf ein Bild Jhwhs bezieht. Überraschenderweise gehen aber viele Exegeten davon aus, daß eben dies für das Bilderverbot des Dekalogs gelte. So liest man z.B. die Frage: »Bezieht sich das Verbot, ein Gottesbild herzustellen und zu verehren, *überhaupt ausschließlich* auf eine Darstellung Jahwes?«[5] Hier werden m.E. die Dinge auf den Kopf gestellt. Es müßte begründet werden, daß angesichts des dargelegten ein-

---

[5] W.H. Schmidt, Die Zehn Gebote im Rahmen alttestamentlicher Ethik. Erträge der Forschung Bd. 281, Darmstadt 1993, 65. (Hervorhebung von mir, R.R.) So auch in W.H. Schmidt, Alttestamentlicher Glaube, Neukirchen-Vluyn ⁸1996, 119.

deutigen Gebrauchs des Wortes *pesel* in der Hebräischen Bibel im Dekalog dennoch ein Bezug auf Jhwh anzunehmen sei. Die Begründung, die für diese Auffassung gegeben wird, führt uns wieder auf die Frage nach dem »zweiten Gebot«. Sie lautet nämlich, daß ja mit dem Verbot der Verehrung anderer Götter deren Bilder schon mitverboten seien, daß das Bilderverbot also etwas anderes meinen müsse.[6] Das ist allerdings eine petitio principii, da ja das Verbot anderer Götter nicht von Bildern spricht. So kann es gewiß nicht als Begründung für diese sonst nicht begründbare Auffassung gelten.

Nun kann man gewiß fragen, ob sich nicht in der Tat auch die Frage von Jhwhbildern gestellt habe. Es gibt allerdings in der Hebräischen Bibel keinen Beleg dafür, daß es jemals solche Bilder gegeben habe. Natürlich denkt man dabei dann an das »Goldene Kalb«. Dabei ist vor allem von Bedeutung, daß Jerobeam I. nach der Abtrennung der Nordstaaten von Juda in Betel und Dan goldene Stierbilder aufstellen ließ (1Kön 12,28-30), die im Text deutlich mit dem von Aaron am Sinai hergestellten Stierbild (Ex 32) in Beziehung gesetzt werden. Allerdings herrscht heute unter den Exegeten weitgehend Einigkeit darüber, daß es sich dabei nicht um Gottesbilder, sondern um Postamente gehandelt hat, auf denen nach altorientalischen Vorbildern die Gottheit (unsichtbar) stehend vorgestellt wurde. Natürlich konnten sie mißverstanden werden, wie sich vielleicht aus Hoseas Polemik schließen läßt, daß »Menschen Kälber küssen« (Hos 13,2). Doch darf man daraus kaum schließen, daß es in Israel Jhwhbilder gegeben habe. Gleichwohl ist nicht auszuschließen, daß im Dekalog die Möglichkeit der Herstellung solcher Bilder abgewehrt werden sollte.

III

Hier empfiehlt sich ein kleiner Exkurs zu der religionsgeschichtliche Frage, ob die Jhwhreligion immer bildlos gewesen ist oder ob sich darin eine Entwicklung feststellen läßt. Diese Frage hängt natürlich in gewisser Weise mit dem »Ausschließlichkeitsanspruch« der Jhwhreligion zusammen. Gleichwohl muß sie getrennt davon betrachtet werden, weil ja durchaus eine bildlose Religion in einer bestimmten Verbindung mit einer oder gar mehreren anderen Religionen praktiziert worden sein könnte, ohne dabei einen Anspruch auf alleinige Geltung zu erheben.[7]

---

[6] So Schmidt, a.a.O. 67; M. Noth, Das zweite Buch Mose. Exodus, ATD 5, 1959 (^{8}1988), 130, u.a. Vgl. aber schon die eindeutige Gegenposition von Norbert Lohfink: »Daß Jahwe nicht dargestellt werden konnte, wird als selbstverständlich vorausgesetzt.« (N. Lohfink, Verkündigung des Hauptgebots in der jüngsten Schicht des Deuteronomiums, 1965, jetzt in: Stuttgarter Biblische Aufsatzbände, Bd. 8, 1990, 167-191, Zitat 182.)

[7] Ich möchte aber anmerken, daß ich einen Satz wie »Diese Religion (d.h. die traditionelle israelitische Religion der vorexilischen Zeit) war polytheistisch« aus methodischen Grün-

Der vielfach bearbeiteten religionsgeschichtlichen Frage der Bildlosigkeit der Jhwhreligion hat jüngst Tryggve Mettinger eine umfassende Monographie gewidmet.[8] In dieser inhaltsreichen und förderlichen Studie hat er u.a. gezeigt, daß es in dem untersuchten Bereich des Alten Vorderen Orients verschiedene Formen von »aniconism«, also »Bildlosigkeit« gibt. Im Anschluß an Burkhard Gladigows Artikel »Anikonische Kulte« im »Handbuch religionswissenschaftlicher Grundbegriffe«[9] unterscheidet er zwischen »material aniconism« und »empty-space aniconism«. Mit dem ersteren Begriff bezeichnet er vor allem die als »Massebe« (*majébfh*) bekannten aufrecht stehenden Steine, die er ausdrücklich und nachdrücklich von »icons«, Bildern, unterscheidet, weil sie keinerlei anthropomorphe oder theriomorphe Elemente enthalten. Unter den zweiten Begriff rechnet er nicht nur den völlig leeren Kultraum, sondern auch den »leeren Thron«, d.h. für Israel auch: die Lade.

Nach Mettingers eingehender Untersuchung war der Jhwhkult von Anfang an bildlos. Das gibt ihm allerdings keine Ausnahmestellung in seinem religionsgeschichtlichen Kontext, weil sich bildlose Kulte, vor allem in der Gestalt des Massebenkults, auch sonst in Israels Umwelt finden.[10] Dementsprechend war der »anikonische«, bildlose Kult zunächst nicht »ikonoklastisch«, »bilderstürmerisch«. Dies ist vielmehr eine Entwicklung, die mit der Auseinandersetzung mit den Nachbarreligionen zusammenhängt und die man heute gern mit dem von Morton Smith kreierten »Yahweh alone movement« verbindet.[11]

Vor allem die letztgenannten Überlegungen sind für unser Thema wichtig. Der israelitische Jhwhkult war von Anfang an bildlos. Das bedeutet aber nicht, daß Bilder explizit »verboten« wurden. Das erstere betrifft die Struktur der Religion, das letztere die Beziehungen zur Umwelt. Das bedeutet aber, daß das »Bilderverbot«, sobald es auftrat, antithetisch und polemisch war. Dies stimmt völlig mit unseren Beobachtungen über die Bedeutung und Funktion des Begriffs *pesel* überein.

---

den keinesfalls anerkennen kann. (Zitat aus M. Weippert, Synkretismus und Monotheismus. Religionsinterne Konfliktbewältigung im alten Israel, in: J. Assmann und D. Harth (Hrsg.), Kultur und Konflikt, Edition Suhrkamp 1612, 1990, 143-178, Zitat 151.

[8] Tryggve N.D. Mettinger, No Graven Image? Israelite Aniconism in Its Ancient Near Eastern Context, Stockholm 1995.
[9] Band 1, Stuttgart 1988, 472f.
[10] Diese Beobachtungen Mettingers bedeuten eine grundlegende Korrektur der weit verbreiteten Vorstellung, daß gerade die Bildlosigkeit des Kultes die *differentia specifica* zwischen der Religion Israels und der aller übrigen altorientalischen Religionen darstelle.
[11] Morton Smith, Palestinian Parties and Politics that Shaped the Old Testament, London 1971 (²1987); so Mettinger, a.a.O. 196.

IV

Kehren wir zurück zum Dekalog! Auf das Wort *pesel* folgt *t^emûnäh*. Dieses Wort begegnet nicht sehr häufig in der Hebräischen Bibel. Neben den beiden Dekalogrezensionen findet sich der Hauptanteil der Belege in der Schilderung des Deuteronomiums von der Gottesbegegnung Israels am Horeb/Sinai in Dtn 4. Das erste Auftreten des Begriffs gibt das Thema an. Israel tritt herzu, der Berg steht in Flammen »und der HERR redete zu euch mitten aus dem Feuer heraus; eine Stimme von Worten hörtet ihr, aber ihr saht keine Gestalt – nur eine Stimme« (V.12). Keine Gestalt – nur eine Stimme! Das ist die Botschaft des Deuteronomiums, die in diesem Kapitel geradezu eingehämmert wird. Dabei steht jetzt etwas ganz anderes auf dem Spiel: die Frage, wie Gott erfahren werden kann. Er wird nur durch die Stimme, d.h. durch das Wort erfahren, nicht durch irgendeine sichtbare Gestalt. Das wird im folgenden weiter eingeschärft (V.16f): »So hütet euch wohl um eures Lebens willen – denn ihr habt keine Gestalt gesehen an dem Tag, als der HERR am Horeb aus dem Feuer zu euch redete! –, daß ihr nicht verderblich handelt und euch macht . . .« – und dann folgt eine höchst merkwürdige Anhäufung von Begriffen: *pesel* und *t^emûnäh* wie schon im Dekalog, verbunden mit dem Wort *semel*, das einen ganz negativen Klang hat. Bei Ezechiel ist es »das Eiferbild, das zum Zorneifer reizt«, das der Prophet in der Vision in den Trümmern des Tempels in Jerusalem aufgestellt sieht (Ez 8,3.5); und in der Chronik ist es, wiederum in der Verbindung mit *pesel*, ein Bild, das Manasse, der schlimmste aller Ketzer, im Tempel aufstellen läßt (2Chr 33,7, vgl. V.15). Eine solche »Abbildung eines götzenhaften Kultbildes« soll Israel sich nicht machen, und zwar nichts was aussieht wie – und dann folgt eine lange Aufzählung von Menschen und Tieren über und unter der Erde (Dtn 4,16-18), die wieder an den Dekalog anklingt, aber auch an das greuliche »Gewürm«, das Ezechiel im zerstörten Tempel sieht (Ez 8,10). Die eigentliche Zielrichtung des ganzen wird dann im nächsten Vers deutlich, wo es heißt, daß Israel auch nicht seine Augen zum Himmel erheben und der Gefahr anheimfallen solle, die Gestirne anzubeten. Hier geht es gar nicht mehr um das Herstellen von Bildern, sondern nur noch um das Anbeten von etwas, das man sieht.

Doch die Rede des Deuteronomiums ist noch nicht zu Ende. »Hütet euch, daß ihr nicht den Bund des HERRN, eures Gottes, vergeßt, den er mit euch geschlossen hat, und euch ein Kult-Abbild – wieder *pesel-t^emûnäh* – von irgendetwas macht, was der HERR, dein Gott, verboten hat« (4,23). Hier bedeutet also das Herstellen eines solchen Kult-Abbildes ein Vergessen, d.h. einen Bruch des Bundes. Dabei ist die Nähe zum Dekalog wieder ganz deutlich: »Denn der HERR, dein Gott, ist ein verzehrendes Feuer; er ist ein eifersüchtiger Gott« (V.24, vgl. Dtn 5,9 = Ex 20,5). Dies wird schließlich noch einmal im Blick auf die folgenden Generationen wiederholt und mit der Androhung der Vertreibung aus dem Lande, in das Israel jetzt einzuziehen im Begriff ist, nachdrücklich unterstrichen (V.25ff).

Im Dekalog erscheint die Hinzufügung von *t*ᵉ*mûnâh* zu *pesel* zunächst als Ausweitung. Im Licht von Deuteronomium 4 wird jetzt aber deutlich, daß es sich um eine weiterführende Interpretation handelt. Denn auch die Variationen über das Thema *t*ᵉ*mûnâh* in diesem Kapitel führen ganz eindeutig darauf hin, daß es in erster Linie, ja im Grunde ausschließlich darum geht, daß jede Darstellung von menschlichen oder tierischen Gestalten die Gefahr in sich birgt, als Gegenstand kultischer Verehrung mißverstanden und mißbraucht zu werden. So kann man sagen, daß es ein Bilderverbot im Alten Testament gibt, daß dies aber ganz eindeutig darin begründet ist, daß jedes Bild zum Kultbild werden kann.

Diese Einsicht ist in der Frage 97 des Heidelberger Katechismus treffend formuliert: »Darf man keine Bilder verfertigen? Gott selbst kann und darf auf keine Weise abgebildet werden; und von den Geschöpfen ein Bild zu machen oder zu besitzen, damit wir sie oder durch sie Gott verehren, das verbietet Gott.«

V

Dieser Festschriftbeitrag ist angeregt worden durch die in der Einladung formulierte Frage: »Ist das Bilderverbot im AT ein Verbot, bildhaft von Gott zu reden?« Diese Frage ist, wie mir scheint, durch das bisher Ausgeführte zum einen Teil beantwortet. Das Bilderverbot des Alten Testaments ist mit dem Problem beschäftigt, zu verhindern, daß Gott auf falsche und irreführende Weise verehrt und angebetet wird. Über die Frage, wie man von Gott reden soll und darf, sagt es hingegen nichts. Jedenfalls nicht unmittelbar. Mettinger beschließt sein Buch mit der Frage, ob nicht Israels Zurückhaltung gegenüber der materiellen Darstellung des Göttlichen die positive Folge gehabt habe, auf der literarischen Ebene eine andere Art von Symbolen zu erzeugen. Er zitiert dazu Paul Ricoeur: »To smash the idols is also to let the symbols speak.«[12]

Setzen wir noch einmal beim Deuteronomium ein. Dort wird mit großem Nachdruck betont und wiederholt: Ihr habt am Horeb/Sinai keine Gestalt, kein Abbild von irgendetwas gesehen. Der Kontext zeigt deutlich, daß es hier darum geht, »to smash the idols«. Aber was hat Israel denn gesehen? Eine erste überraschende Antwort lautet: Sie haben »die Stimme« gesehen (Ex 20,18): die Stimme, die Fackeln des Feuers, den Schall des Horns und den rauchenden Berg. Daß tatsächlich »sehen« ge-

[12] Mettinger, a.a.O. 197.

meint ist[13], zeigt die Fortsetzung: Gott spricht zu Mose, er solle den Israeliten sagen: »Ihr habt gesehen, daß ich vom Himmel her mit euch geredet habe« (V.22). Und dann folgt unmittelbar das Verbot der Herstellung silberner und goldener »Götter«. Der Gegensatz ist hier also nicht: sehen – hören. Israel kann Gott »sehen«, aber nur so, wie er gesehen werden will.

Dies wird bald danach eindrücklich dargestellt, wenn Mose mit Aaron, dessen Söhnen und siebzig Ältesten »hinaufsteigt« und sie dort »Gott sehen« (Ex 24,9-11). Es heißt ausdrücklich: »Sie sahen den Gott Israels« (V.10). Aber was sahen sie? Sie sahen keine »Gestalt«, aber sie sahen, was »unter seinen Füßen« war; und das war »wie ein Gebilde aus Lapislazuli-Ziegeln und wie der Himmel selbst an Klarheit.« Doch der Text sagt eindeutig: »Sie sahen«, oder wie es im nächsten Vers heißt: »sie schauten Gott«. Daß ein solches Sehen oder Schauen Gottes gefährlich ist, sagt der Text gleich zweimal: Gott »streckte seine Hand nicht aus gegen die Vornehmen Israels« (V.11a), und »sie schauten Gott, und sie aßen und tranken«; das heißt doch wohl: sie überlebten. Das erinnert an Jakob, der nach dem überstandenen Kampf mit dem anonym bleibenden »Mann« am Jabbok sagt: »Ich habe Gott von Angesicht zu Angesicht gesehen, doch mein Leben wurde gerettet« (Gen 32,31). Auch Gideon (Ri 6,22), Manoach (Ri 13,21f) und Jesaja (6,5) sind voller Schrecken, Gott oder seinen Boten (»Engel«) gesehen zu haben. Und zu Mose sagt Gott selbst: »Kein Mensch kann mich sehen und am Leben bleiben« (Ex 33,20).

Aber was sieht Mose? Man müßte sich jetzt auf eine ausführliche Exegese von Ex 33 und 34 einlassen, wo in vielen Facetten zwei miteinander verflochtene Themen behandelt werden: In welcher Gestalt wird Gott mit Israel ziehen auf seinem weiteren Weg in das verheißene Land – nach dem dramatischen Bundesbruch mit dem »Goldenen Kalb«?, und: Wie darf Mose Gott sehen? Unter beiden Aspekten spielt das »Angesicht« (*pānîm*) Gottes eine zentrale Rolle. Gott sagt Mose zu: »Mein Angesicht soll (mit)gehen« (33,14a). Aber Mose will mehr: er will *sehen*: »Laß mich deine Herrlichkeit (*kābôd*) sehen!« (V.18). Das bedeutet nach dem Zusammenhang: Gottes »Angesicht« sehen heißt, seinen *kābôd* sehen. Aber dies wird Mose nicht zuteil; auch er soll vor allem *hören*. Wenn Gott all sein »Güte« (V.19) und seinen *kābôd* (V.22) vor ihm vorüberziehen läßt und seinen Namen ausruft, dann wird er ihn in eine Felsspalte stellen und seine Hand über ihn halten; und wenn Gott die Hand wegnimmt, dann soll Mose seine »Rückseite« sehen (V.23). Konkreter geht es nicht. Auch Mose kann Gott nicht »von vorne« sehen, was er gerne möchte, aber »von hinten«. Und er hört dabei den »Namen« Gottes in seiner

---

[13] Der Samaritanische Pentateuch ändert den Text, indem er zusätzlich das Verbum »hören« einfügt und die Objekte auf die Verben »hören« und »sehen« aufteilt. Ein früher textkritischer Eingriff, um die »Logik« der Aussage herzustellen.

großartigen Entfaltung: »HERR, HERR, Gott, barmherzig und gnädig, geduldig und von großer Güte ...« (34,6f).[14]

Auch Jesaja »sieht« Gott, aber er sieht ihn nicht »von hinten«, sondern »von unten«: er sieht nur den Saum seines Gewandes, der allein schon den Tempel füllt (Jes 6,1). Und er hört den Lobpreis des göttlichen *kábôd* aus dem Munde der Serafim (V.3). Wie Mose, wird auch Jesaja in ein Gespräch mit Gott hineingezogen über die Zukunft Israels, aber diesmal in einer ganz anderen geschichtlichen Stunde, so daß er fragen muß: »HERR, wie lange?« (V.11). Doch die Frage bleibt offen.[15]

Ezechiel sieht »Gotteserscheinungen« (*mar'ôt ᵉlohîm* Ez,1,1): Sturm und Feuer und metallischen Glanz, darin »etwas wie vier Lebewesen« mit je vier Gesichtern und vier Flügeln, dazu vier Räder, alles in ständiger, nicht zu begreifender Bewegung; darüber »etwas wie eine Himmelsfeste« (*ráqîᵃ'*, vgl. Gen 1,6-8), darüber etwas, das aussah wie ein Thron, und darauf schließlich etwas, das aussah wie die Gestalt eines Menschen – aber doch nur wie Feuer und Glanz, den man nur umschreiben kann. »Das war das Aussehen der Gestalt des *kábôd* Jhwhs« (V.28). Hat Ezechiel gesehen, was Mose zu sehen wünschte und wovon Jesaja nur die Serafim singen hörte? In seinen Visionen ist die Erscheinung des göttlichen *kábôd* vielfältig gegenwärtig: am Fluß Kebar (Kap.1-3), im zerstörten Tempel in Jerusalem (Kap.8-11) und wiederum im endzeitlich wiederhergestellten Tempel (Kap.43-44). Dort hat er ihn »gesehen« und gehört. Aber hat Ezechiel *Gott* gesehen? Ist nicht die Schau des *kábôd*, wie sie ihm zuteil geworden ist, eher eine Verhüllung Gottes?

VI

Soviel vom prophetischen »Sehen« – oder Nichtsehen – Gottes. Kehren wir noch einmal zurück zu der Frage, ob das Bilderverbot des Alten Testaments verbietet, bildhaft von Gott zu reden. Je länger ich über diese Frage nachdenke, umso mehr wundere ich mich über sie. Was tut denn das Alte Testament selbst anderes, als ständig bildhaft von Gott zu reden? Warum sollte uns das verboten sein? Offenbar ist diese Frage entstanden aus dem weitverbreiteten Mißverständnis, daß das Bilderverbot des Dekalogs et-

---

[14] Hier muß die andere Szene am Sinai/Horeb erwähnt werden, in der Elija in seiner Felshöhle *hört,* wie Gott vorübergeht: nicht im Sturm, nicht im Erdbeben, nicht im Feuer, aber dann in einer »Stimme verschwebenden Schweigens«, wie Buber übersetzt (1Kön 19,11f).

[15] Vgl. dazu R. Rendtorff, Jesaja 6 im Rahmen der Komposition des Jesajabuches (1989), in: Kanon und Theologie, 1991, 162-171.

was über Bilder Gottes (also im Alten Testament: Jhwhs) aussage und daß sich die ausführliche Entfaltung in Ex 20,4 bzw. Dtn 5,8 darauf beziehe.

Wenn man nun als wissenschaftlich arbeitender Exeget einen Beitrag zur Frage des bildhaften Redens über Gott leisten möchte und sich dazu in der Literatur umschaut, erlebt man eine herbe Enttäuschung. Soweit ich sehe, gibt es so gut wie keine Literatur, die dieses Thema behandelt. Versucht man z.B., sich ihm über den Begriff »Anthropomorphismus« zu nähern, wird man im Evangelischen Kirchenlexikon, 3.Auflage, auf »Religionskritik« verwiesen. Dort heißt es als Beispiel für das Alte Testament: »Jahwe geht beim Abendwind im Garten spazieren (Gen 3,8)«. Das Anchor Bible Dictionary verweist auf »Yahwist (›J‹) source«, wo allerdings nichts weiter steht. In einem neueren Lehrbuch zur Theologie des Alten Testaments findet man folgende Zusammenfassung: »So hat nach atl. Aussagen JHWH Antlitz, Mund Augen, Herz, Hände, Ohren, Füße, Stimme. Er geht zur passenden, erquickenden Zeit spazieren, kommt, sieht, lacht, pfeift, wird müde, riecht. Er empfindet Reue, Haß, Zorn, Schmerz.«[16] Diese Aufzählung erscheint mir insofern charakteristisch, als all die aufgeführten Aussagen über Gott wo nicht als unangemessen, so doch als eher bedeutungslos erscheinen, jedenfalls nicht als theologisch relevante Aussagen über Gott, so daß man sie pauschal abhandeln kann.

Interessant ist der Beitrag von Edmond Jacob im Biblisch-Historischen Handwörterbuch.[17] Er versucht in einer sehr einfühlsamen Weise die in allen Textbereichen des Alten Testaments verwendete anthropomorphe Redeweise von Gott zu ihrem Recht kommen zu lassen, zugleich aber die »wichtige Grenze« aufzuzeigen, die das Alte Testament gegenüber solcher Redeweise zieht. Sein Fazit ist jedoch: »Gleichwohl muß aber auch anerkannt werden, daß gerade der A(nthropomorphismus) es möglich macht, auf die angemessenste Art auszudrücken, daß Gott eine lebendige Person ist, nicht eine Idee oder ein Prinzip, und daß diese Person eine Geschichte lenkt und beseelt, die in der Errichtung seiner Königsherrschaft gipfelt.« Hier wird ein Versuch erkennbar, die Frage nach den bildhaften Vorstellungen Gottes aus dem Engpaß eingefahrener Fragestellungen zu befreien.

Einen bemerkenswerten neuen Beitrag zu unserer Frage bietet die jüngst erschienene »Theology of the Old Testament« von Walter Brueggemann.[18] Sie läßt schon in ihrem Untertitel »Testimony, Dispute, Advocacy« neue Töne hören. Hier findet sich eine Kapitelfolge über Verbum, Adjektiv und Nomen in der Darstellung Gottes: »Testimony in Verbal Sentences«, »Adjectives: Yahweh with Characteristic Markings« und

---

[16] H.D. Preuß, Theologie des Alten Testaments, Bd. 1, Stuttgart 1991, 280.
[17] Band 1, 1962.
[18] Minneapolis 1997.

»Nouns: Yahweh as Constant«.[19] Brueggemann betrachtet diese Abfolge als konstitutiv für israelitisches Denken und Reden von Gott: »Thus I propose that in speaking about Yahweh, Israel regularly moves from the particular to the general, from the verb to the adjective to the noun. In order to maintain the generalizing nouns, Israel must regularly be prepared to return to the more particularly adjectival claims, and behind that to the most particular verbal sentences of testimony.«[20]

Das Kapitel über die nominalen Charakterisierungen Gottes wird entfaltet als »The Testimony of Metaphors«. Hier kommt also die Metapher ins Spiel, und damit öffnet sich ein weites Feld. Ich kann hier nur einige Charakteristika der Darstellung Brueggemanns skizzieren und im übrigen dazu anregen, diese Zusammenhänge genauer zu studieren. Als besonders wichtig erscheint mir die Beschreibung der *Funktion* der Metaphern im biblischen Reden von Gott. Die Metapher bewahrt davor, allzu eindeutig von Gott zu reden. Sie schützt die »elusiveness« Gottes. »Monotheism, unprotected by metaphor, moves toward idolatry; for without the elusiveness of nouns, the God of monotheism may come to be fully known and thus completely exhausted in utterance.«

Zugleich bewahrt der biblische Gebrauch der Metaphern vor der Gefahr eines »reductionism«, der die »richtigen« Bezeichnungen für Gott – oder gar die einzig richtige – zu finden versucht. Die Metaphern für Gott in der Hebräischen Bibel sind so vielfältig, daß sie ein ganzes Panorama von Möglichkeiten widerspiegeln, von denen viele einander zu widersprechen scheinen. Aber nirgends wird versucht, diese Spannungen auszugleichen. So kann die eine Metapher etwas aussagen, was in einer anderen ungesagt geblieben ist; sie können einander korrigieren, oder die eine kann der anderen ihren Absolutheitscharakter nehmen.

Manches Mal stehen in einem einzigen Text Metaphern nebeneinander, die in ganz verschiedene Bildwelten führen. Brueggemann wählt dafür als Beispiel Jesaja 40,10-11:

Siehe, der HERR Jhwh kommt mit Macht,
und sein Arm übt Herrschaft aus;
siehe, was er gewann, ist bei ihm,
was er sich erwarb, geht vor ihm her.
Wie ein Hirt wird er seine Herde weiden,
in seinen Arm wird er die Lämmer sammeln,
sie in seinem Gewandbausch tragen
und die Mutterschafe leiten.

---

[19] A.a.O., 145-266.
[20] A.a.o., 230.

Gott als der mächtige und siegreiche Herrscher – und Gott als der fürsorgliche Hirt. Beide Metaphern stehen hier nebeneinander, unverbunden, aber doch nicht einander widersprechend. Jede von beiden bringt charakteristische Seiten dessen zum Ausdruck, wer Gott für Israel ist, aber keine von beiden kann dies abschließend und ausschließlich tun.

Ein weiterer wichtiger Aspekt ist Brueggemanns Hinweis, daß die metaphorische Rede von Gott nicht von dem Kontext des »narrativen Zeugnisses« abgelöst werden darf, in dem sie steht. Sie ergänzt dieses, sie setzt ihre eigenen Akzente, aber sie bleibt eingebunden in das Zeugnis von der »elusive constancy« Gottes, seiner nicht festlegbaren Beständigkeit, wie Brueggemann einprägsam formuliert. So schützen die metaphorischen Aussagen der biblischen Texte die monotheistischen Tendenzen Israels gegen die Versuchungen der Verdinglichung (»reification«) und Verkürzung (»reductionism«) der Gottesaussagen, die schließlich in Idolatrie enden müßten. Umgekehrt bezeugen die Metaphern in ihrer Vielfalt Gottes bestimmende Präsenz in jeder Phase des Lebens Israels.

Unter diesen Leitgedanken sammelt und entfaltet Brueggemann die Fülle der metaphorischen Aussagen der Hebräischen Bibel über Gott. Er macht dabei deutlich, daß in den verschiedenen Phasen der Geschichte Israels und in den unterschiedlichen Bereichen der alttestamentlichen Literatur immer wieder neue Metaphern entstehen. Darin liegt zugleich eine Einladung, ja geradezu eine Aufforderung, im Auslegen und Weiterdenken der biblischen Texte diese Tradition in einem neuen Kontext aufzunehmen und weiterzuführen.

16 Priesterliche Opfertora in jüdischer Auslegung

I.

Das »Alte Testament« – oder die »Hebräische Bibel«, wie ich dieses Buch im folgenden nennen werde – bietet ein vielfältiges Bild von Opfern. Dabei ist deutlich, daß es *einen* Bereich von Texten gibt, in dem die Aussagen über Opfer und Ritus systematisiert sind, vor allem die Kapitel Leviticus 1-7 und 16 mit allerlei ihnen vorauslaufenden und sie ergänzenden Texten. Üblicherweise wird dieser Textbereich »Priesterschrift« genannt, im angelsächsischen Sprachgebrauch *Priestly Code* (üblicherweise mit »P« abgekürzt). Über Herkunft und Alter dieser Textsammlung besteht keine Einigkeit. Seit den epochemachenden Studien von J. Wellhausen[1] werden sie meistens als exilisch-nachexilisch[2] betrachtet. Dagegen hat sich vor allem Y. Kaufmann gewandt,[3] dessen Schule – heute vor allem vertreten durch A. Hurvitz (Jerusalem) und J. Milgrom (Berkeley, jetzt Jerusalem) – weiterhin mit großem Nachdruck eine *vor*exilische Entstehung von »P« vertritt. Die Argumentation beruht vor allem auf Untersuchungen der Terminologie, wobei der Vergleich mit dem Buch Ezekiel, vor allem den Kapiteln 40-48, eine entscheidende Rolle spielt.

Ich finde diese Diskussion nicht sehr fruchtbar. Es ist meines Erachtens das Entscheidende, daß in diesen Texten eine Systematisierung der Opfertraditionen vorliegt, die ganz offenbar ihren Sitz im Tempel in Jerusalem hat. Etwas zugespitzt kann man sagen: Wir besitzen keinerlei Texte mit detaillierten Angaben über Opfer im Tempel in Jerusalem in einer anderen sprachlichen Form als der dieser »priesterlichen« Schicht des Pentateuch. Die Frage nach der Herkunft dieser Texte läßt sich also meines Er-

---

[1] *Wellhausen*, Prolegomena.
[2] Seit *Wellhausen* gilt das Babylonische Exil (597-538 v. Chr.) als der entscheidende Einschnitt in der Geschichte Israels. Danach beginnt das »Judentum«.
[3] *Kaufmann*, Religion of Israel.

achtens zweifelsfrei beantworten: Sie stammen aus dem Bereich des Tempelkults in Jerusalem. Über die Frage des Alters können wir hingegen gar nichts sagen. Es erscheint mir durchaus möglich, daß diese Schicht die Sprache bewahrt hat, die »seit eh und je« im Tempel in Jerusalem für die kultischen Vorgänge benutzt wurde. Denn wie gesagt: wir kennen keine andere Sprache aus diesem Kontext, weder eine ältere noch eine jüngere. Es ist deshalb meines Erachtens kaum möglich, terminologische Spannungen zwischen »P« und Ezechiel unter dem Aspekt der Entstehungszeit zu klären.

Zugleich ist zu sagen, daß für alle späteren Diskussionen in der jüdischen Literatur über Fragen des Kultes im Tempel in Jerusalem diese »priesterlichen« Texte völlig zweifelsfrei die Basis bilden. Insofern ist es durchaus sinnvoll, hier von der »jüdischen« Ausformung der Opfertora zu reden, wie es in dem (nicht von mir gewählten) Titel dieses Beitrages heißt. Dabei ist aber »jüdisch« keineswegs gleichbedeutend mit »spät«, wie es der in der christlichen Bibelwissenschaft übliche Sprachgebrauch will.

Es geht jetzt also um die Systematik der Opfer, ihre Stellung im Tempelkult und vor allem im Leben Israels.

II.

Ich beginne mit dem letzteren. Die Opferbestimmungen werden am Sinai gegeben. Sie bilden, zusammen mit den Anweisungen über den Bau des Heiligtums, den Kern des Berichts über den Aufenthalt Israels am Sinai und die Einrichtung des Kultes. Wie auch immer das Verhältnis des Sinaiheiligtums zum Tempel in Jerusalem zu denken ist, in jedem Fall stellt das Sinaiheiligtum das Vorbild für den Tempel in Jerusalem dar und bildet damit die Grundlage für den Tempelkult. Der Tempelkult selbst wird dadurch in das Zentrum des Lebens Israels gerückt. Die Opfer prägen den Rhythmus des Lebens: den Tag, die Woche, den Monat und das Jahr.

Das Morgenopfer und das Abendopfer werden auch in anderen Texten erwähnt. So bittet der Psalmist, daß sein Gebet vor Gott wie ein Abendopfer gelten möge, wie eine *minḥat 'æræb* (Ps 141,2, vgl. ferner 1 Kön 18,29; 2 Kön 3,20 u. ö.). In den Anweisungen über den Kult, der im Sinaiheiligtum vollzogen werden soll (Ex 29,38-46), werden als erste Opfer Morgen- und Abendopfer genannt. Als regelmäßige, tägliche Opfer stehen sie gleichsam stellvertretend für den ganzen Opferkult. Sie sind *rêªḥ nîḥoªḥ ᵓiššæh lyhwh*, »eine Gabe beruhigenden Duftes für Adonaj«. Sie sollen »durch die Generationen hin ein ständiges Opfer am Eingang des Zeltes der Begegnung vor Adonaj« sein. Er wird sich hier »den Israeliten offenbaren und sich in seiner Herrlichkeit, seinem *kābod*, als heilig erweisen«.

Diese erste Erwähnung des Morgen- und Abendopfers ist ein äußerst dichtes Stück priesterlicher Theologie. Gott wird sich den Israeliten offenbaren, sich als heilig erweisen, das Zelt der Begegnung, den Altar und Aaron und seine Söhne heiligen. Dann heißt es: »Ich werde mitten unter den Israeliten wohnen, und ich werde ihnen zum Gott sein« (V. 45). Die Vorstellung vom Wohnen Gottes in Israel, seiner *šᵉkînāh*, wird hier im Anschluß an die täglichen Opfer verkündet. Und sie wird zugleich verbunden mit einer geprägten Wendung, in der die Beziehung Gottes zu Israel ausgedrückt wird und die wir die »Bundesformel« zu nennen pflegen: »ich werde ihr Gott sein« – als die eine Seite der Formel, deren andere lautet »sie sollen mein Volk sein«. Aber damit nicht genug: Mit einer weiteren geprägten Wendung, der sogenannten »Erkenntnisformel«, wird diese Aussage noch weiter zugespitzt: »Sie sollen erkennen, daß ich Adonaj bin, ihr Gott, der ich sie aus Ägypten herausgeführt habe, um in ihrer Mitte zu wohnen.« Eine ganz erstaunliche Aussage: Die Herausführung Israels aus Ägypten hat hier gleichsam zum Ziel, daß Gott in der Mitte Israels wohnen wird. Und dies wird noch einmal bekräftigt durch das abschließende: »Ich bin Adonaj, ihr Gott.«[4]

Dies alles wird hier gesagt ganz zu Beginn des Opferkultes im Zelt der Begegnung, ja genauer: noch vor seinem Beginn in der Anweisung und Ankündigung dessen, was dann dort geschehen soll, beginnend mit dem täglichen Morgen- und Abendopfer. Dieses tägliche *tāmîd*-Opfer wurde später als ein so bedeutsames Element des jüdischen Kultes betrachtet, daß es bei der Eroberung Jerusalems durch die Römer noch bis wenige Tage vor dem Fall der Stadt dargebracht wurde trotz der Nöte der Belagerung und der Hungersnot, wie in der Mischna (Taᶜanit IV,6) und bei Josephus (Bellum 6,94) ausdrücklich berichtet wird.

4 Vgl. dazu *Rendtorff*, Bundesformel.

Im Opferkalender in Numeri 28/29 wird das tägliche Morgen- und Abendopfer als erstes aufgeführt und dabei noch einmal ausdrücklich als am Sinai eingesetzt bezeichnet, wiederum mit der Formel l^e $rê^ah$ $nîho^ah$ $ʾiššæh$ $lyhwh$. Diese Formel erscheint übrigens, mit etwas anderer Wortstellung, auch in der Einleitung zum Opferkalender im ganzen: »Mein Opfer ($qårbānî$), meine Speise ($lahmî$), sollt ihr mir als meine Opfergaben zum beruhigenden Duft ($l^eʾiššay$ $rê^ah$ $nîho^ah$) ständig an euren Festtagen darbringen« (28,2). Hier stehen also die Opfer des ganzen Festjahres insgesamt unter der Überschrift der »Gabe beruhigenden Duftes«.

Ich muß dazu eine grundsätzliche Anmerkung machen, mit der ich schon einiges vorwegnehme, was ich später noch genauer darlegen werde. Es wird oft gesagt, daß in der priesterlichen Opfertheologie der ganze Opferkult unter den Gedanken der »Sühne« gerückt worden sei. Die bisher zitierten Texte zeigen, daß dies als generelle Aussage offenbar nicht zutrifft. Um es zunächst ganz knapp zu sagen: Die Rede vom $ʾiššeh$ $rê^ah$ $nîho^ah$ $lyhwh$, der »Gabe beruhigenden Duftes für Adonaj«, die hier als Charakteristikum der Opfer des Festjahres gebraucht wird, wird niemals mit dem »Sühnopfer«, der $hattāʾt$, verbunden. Die zusammenfassende Kennzeichnung der Festopfer schließt also die $hattāʾt$ nicht mit ein. Umgekehrt erscheint in dieser Zusammenfassung kein für den Bereich der Sühne charakteristischer Begriff, insbesondere nicht das zentrale priesterliche Wort $kippær$, das den Vollzug der sühnenden Opferhandlung ausdrückt.

Betrachten wir unter diesem Gesichtspunkt den Opferkalender noch etwas genauer. Das tägliche $tāmîd$-Opfer besteht aus zwei fehlerlosen einjährigen Lämmern, von denen je eines am Morgen und am Abend als $ʿolāh$, als »Brandopfer« oder Ganzopfer, darzubringen ist. Die $ʿolāh$ ist dann auch im folgenden das dominierende Opfer. Sie wird jeweils begleitet von Zusatzopfern aus Mehl und Wein, der $minhāh$ und dem $næsæk$ (28,3-8). Am Sabbat werden zwei weitere Lämmer als $ʿolāh$ dargebracht, wiederum mit den zugehörigen Zusatzopfern. Es heißt ausdrücklich, daß sie zusätzlich zu den beiden $tāmîd$-Opfer-Lämmern geopfert werden (V. 9 f.). Der tägliche und wöchentliche Opferkult besteht also aus Brandopfern, die nicht in den Bereich der Sühne gehören.

Am Neumondfest ändert sich das Bild (V. 11-15). Zum einen

werden als Brandopfer größere Mengen von Tieren dargebracht, außer Lämmern auch Stiere und Widder. Vor allem aber erscheint am Schluß wie ein Appendix der Satz: »und einen Ziegenbock als ḥaṭṭāʾt für Adonaj, zusätzlich zur tāmîd-ʿolāh, soll er dargebracht werden« (V. 15). Hier erscheint also die ḥaṭṭāʾt, das Sühnopfer, zum ersten Mal im Opferkalender. Auch bei den folgenden Abschnitten findet sich stereotyp der einzelne ḥaṭṭāʾt-Ziegenbock. Bei seinem nächsten Auftreten beim Mazzotfest ist die Wendung hinzugefügt lᵉkapper ʿᵃlêkæm, »um euch Sühne zu verschaffen« (V. 22), ebenso beim Wochenfest (V. 30) und beim Neujahrsfest (29,5). Besonders bemerkenswert ist schließlich, daß auch beim yôm-hakkippurîm, dem »Großen Versöhnungstag«, zunächst nur vom Brandopfer und seinen Zusatzopfern die Rede ist und danach der stereotype ḥaṭṭāʾt-Bock folgt (V. 11). Erst jetzt heißt es: »zusätzlich zur ḥaṭṭāʾt hakkippurîm«, der Sühne-ḥaṭṭāʾt und den täglichen Opfern. Dieser Abschnitt bedarf später noch gesonderter Aufmerksamkeit, wenn wir uns näher mit der ḥaṭṭāʾt beschäftigen.

III.

Zunächst werfen wir aber einen Blick auf die Opferbestimmungen, wie sie in den ersten sieben Kapiteln des Buches Leviticus gegeben werden. Es wird oft gesagt, daß diese Kapitel den Gang des Berichts über die Installation des Kultes am Sinai unterbrechen. Allerdings wird dann häufig hinzugefügt, daß diese Unterbrechung genau an der richtigen Stelle stattfindet. Ich habe wenig Verständnis für diese Art von literarkritischer Argumentation. Es ist ganz eindeutig, daß die Einzelheiten über die Opfer hier mitgeteilt werden müssen, bevor dann tatsächlich die ersten Opfer vollzogen werden können. Es ist ebenso klar, daß diese Opferkapitel nicht als rein literarische Produkte an dieser Stelle eingesetzt worden sind, sondern daß sie eine längere Geschichte widerspiegeln, während der sie zu der Form gewachsen sind, in der sie sich heute zeigen. Ich persönlich bin der Meinung, daß diese Kapitel den Opferkult in Jerusalem wiedergeben, wie er zur Zeit des Abschlusses des Kanons vollzogen wurde. Es erscheint mir wenig plausibel, daß die jüdische Gemeinde der letzten Jahrhunderte und Jahrzehnte vor dem Abschluß des Kanons ihrer heiligen Schriften in diesen Schriften Texte über den Opferkult bewahrt und überliefert haben sollte, die nicht mit der kultischen Realität übereinstimmten. Deshalb liegt für mich diese Frage gar nicht im Bereich des literarischen Alters.[5]

Die Opfergesetze zeigen fünf Hauptarten von Opfern. Am Anfang steht die ʿōlāh, das Brandopfer. Wir haben schon gesehen, daß dies mit dem Opferkalender in Num 28 f. übereinstimmt, in dem auch die ʿōlāh ganz unbestritten das Hauptopfer ist. Allerdings zeigt sich ein bemerkenswerter Unterschied zwischen diesen beiden Textgruppen. In Num 28 f. war von Opfern der Gemeinschaft die Rede, die diese in ihrem regelmäßigen Kult darbringt. In Lev 1-7 hingegen beginnen die einzelnen Opfergesetze jeweils mit der Formulierung »Wenn jemand ein Opfer darbringt« ʾādām kî yaqrîb mikkæm qårbān lyhwh o. ä. Der Grund für diesen Unterschied liegt aber wohl einfach in der unterschiedlichen Funktion der Texte. Die internen Vorschriften für die Priester, wie sie die Opfer im Tempel zu vollziehen hatten, mußten nicht aufgeschrieben und veröffentlicht werden. Diese Texte dienen vielmehr zur Belehrung der Laien, die hier Schritt um Schritt darüber informiert werden, was sie tun sollen. Genaueres können wir darüber natürlich nicht sagen: ob die Texte den opfernden Laien vorgelesen wurden oder ob sie an den Wänden des Tempelhofs angeschlagen wurden, darüber kann man nur spekulieren.

Trotzdem spricht meines Erachtens alles dafür, daß eine ʿōlāh eine ʿōlāh ist, das heißt daß sie nach dem gleichen Ritus vollzogen wird, ob sie ein individuelles oder ein öffentliches Opfer ist. Jedenfalls gibt es keinen erkennbaren Unterschied in den Texten. Für den Gesamtzusammenhang der Opfer ist nun von Bedeu-

---

[5] Ich habe deshalb Schwierigkeiten zu verstehen, warum jüdische Wissenschaftler ein Interesse daran haben, diese Texte für »vorexilisch« zu halten. Ich habe nicht den geringsten Zweifel daran, daß die »priesterlichen« Texte des Pentateuch den Opferkult widerspiegeln, wie er zum Zeitpunkt der Kanonisierung dieser Texte praktiziert wurde. Der Gedanke, daß solche Texte weiter tradiert worden wären, wenn sie nicht mehr mit der Realität übereinstimmten, scheint mir zumindest für die zentralen Opferrituale ganz undenkbar. Ich habe den Eindruck, daß der Streit um das Alter von »P« auf einer ganz anderen Ebene liegt, nämlich in dem noch immer nachwirkenden Kampf *Y. Kaufmanns* gegen *Wellhausen*, dessen Hauptpunkt die Datierung von »P« bildet.

tung, daß die ʿōlāh als ʾiššeh rêªḥ nîḥôªḥ lyhwh bezeichnet wird, das heißt, daß sie nicht in den Kreis der Sühnopfer gehört. Über diese Frage herrscht Einigkeit unter den Exegeten.

An dieser Stelle ergibt sich nun aber ein Problem, das für die Beurteilung unseres ganzen Zusammenhangs von großer Bedeutung ist. In der Darstellung des Ritus steht an erster Stelle der Akt des »Herzubringens« des Opfers zum Eingang des Offenbarungszeltes: ʾæl-pætaḥ ʾōhæl môʿed yaqrîb ʾōtô; darauf folgt das Auflegen, genauer das Aufstemmen der Hand. An dieser Stelle findet sich die interpretierende Bemerkung: wᵉnirṣāh lô lᵉkapper ʿālâw, »so wird ihm Wohlgefallen zuteil, ihm Sühne zu schaffen« (oder: »indem es ihm Sühne schafft«). Es ist die einzige Bemerkung dieser Art, und sie gehört offensichtlich nicht zum eigentlichen Ritual. Gerade darum ist sie besonders interessant. Das Interesse geht in zwei Richtungen: 1. Was bedeutet diese Bemerkung für das Verständnis der ʿōlāh? – 2. Was bedeutet »sühnen« – hier und überhaupt in der priesterlichen Opfersprache?

Zunächst zur ersten Frage: Dieses Interpretament ist ein entscheidendes, vielleicht sogar das entscheidende Argument für die These: »Im Zuge der Systematisierung der priesterlichen Opfergesetze und der damit zusammenhängenden Einbeziehung aller Hauptopferarten (ausgenommen zæbaḥ und zæbaḥ šᵉlāmîm) in das System der kultischen Sühne erfährt auch das Brandopfer – entgegen seiner kultgeschichtlich genuinen Qualifizierung als ʾiššeh rêªḥ nîḥôªḥ – einen neuen Sinngehalt, der zentral vom Gedanken der Sühne bestimmt ist«.[6] Alle Exegeten sind sich darüber einig, daß dies eine schwierige Stelle ist, die zudem sehr isoliert steht. Janowski und andere stimmen auch darin überein, daß die ʿōlāh ursprünglich mit dem Gedanken der Sühne nichts zu tun hat. Die Frage ist aber: Wird sie hier in einen neuen, größeren Zusammenhang eines allumfassenden Sühneverständnisses des Opferkultes einbezogen?

Wir befinden uns hier in einem geradezu klassischen hermeneutischen Zirkel. Ohne Lev 1,4 würde eine solche Behauptung kaum aufgestellt werden können. Zugleich ist Lev 1,4 der einzige Beleg für die Zuschreibung einer kippær-Funktion an die ʿōlāh im Pentateuch, das heißt also in der priesterlichen Opfertheologie.[7]

---

6 *Janowski*, Sühne als Heilsgeschehen, 217 f.
7 In Ez 45,15 wird die Wendung lᵉkapper ʿᵃlêhæm mit den Opferbezeichnungen minḥāh, ʿōlāh und šᵉlāmîm in Verbindung gebracht.

Und schließlich ist dies eine der Schlüsselstellen für unsere Themenformulierung, denn es geht hier um die Systematisierung der Opfer.[8]

Für unser Thema können wir die beiden folgenden Opferarten in Lev 2 und 3 rasch übergehen. Die *minḥāh*, das »Speisopfer«, erscheint durchweg als Zusatzopfer zur ʿōlāh und hat insofern keine eigenständige kulttheologische Bedeutung. Der *zæbaḥ šelāmîm* ist ein ganz individuelles Opfer, das in keinem Opferkalender begegnet. Dieses Opfer ist, wie es scheint, nirgends in die Systematik der Opfer einbezogen.

IV.

Das entscheidend Neue begegnet nun in Kapitel 4: die *ḥaṭṭāʾt*, das »Sündopfer«. Schon der Beginn der einzelnen Opferbestimmungen ist anders als bei der ʿōlāh. Dort heißt es: »Wenn jemand darbringt« – hier: »Wenn jemand sündigt«. Dieses Opfer wird von seinem Anlaß her bestimmt – und der Anlaß ist »Sünde«. Was genauer damit gemeint sein kann, ist ein weites Feld. Das hier bestehende Problem wird noch dadurch besonders prekär, daß dasselbe Wort *ḥaṭṭāʾt* die »Sünde« und das »Sündopfer« bedeutet. Allerdings ist im Kontext fast immer eindeutig, was gemeint ist.

Wichtig sind nun einige weitere Besonderheiten. Zunächst: Die *ḥaṭṭāʾt* als Opfer kommt außer in den priesterlichen Texten des Pentateuch und in Ez 40-48 nur noch in einigen späteren Texten vor (Chronik, Esra/Nehemia). Das bedeutet, daß dieses Opfer nicht zu denen gehört, die im täglichen Leben begegneten, von dem in den narrativen Texten die Rede ist. Auch für die Propheten gehört es nicht zu den Opfern, deren Darbringungspraxis für sie ein Stein des Anstoßes war.[9] Dies bedeutet meines Erachtens keineswegs, daß dieses Opfer erst »spät« enstanden sei.[10] Aber es ist ein internes Opfer, das nur im kultischen Rahmen im engeren Sinne vollzogen werden kann.[11]

---

8 Zu einigen Stellen mit Wendungen wie *lekapper ʿālâw* u. ä., die nicht von Sühne handeln, vgl. *Rendtorff*, Leviticus, 37.
9 In Hos 4,8 ist die genaue Bedeutung des Wortes *ḥaṭṭāʾt* umstritten.
10 S. dazu oben 178 f.
11 War es vielleicht eine Besonderheit des Jerusalemer Tempels?

Weiterhin wird nur bei der *ḥaṭṭāʾt* etwas über die Auswirkungen auf den menschlichen Darbringer gesagt. Die Mehrzahl der Abschnitte der *ḥaṭṭāʾt*-Bestimmungen in Lev 4 schließt mit der formelhaften Wendung: *wᵉkippær ʿālāw hakkohen wᵉnislaḥ lô* »der Priester vollzieht für ihn (sie) die Sühnehandlung; es wird ihm (ihnen) vergeben.« Hier sind also zwei Elemente zusammengefügt: eine Handlung des Priesters und eine Handlung Gottes (denn so ist zweifellos das Niphal *wᵉnislaḥ* zu verstehen). Der Priester vollzieht das *kippær*. Das bedeutet nicht, daß er zu seiner entscheidenden Mitwirkung am Opferritual hinzu noch etwas weiteres tun müßte, sondern es bringt zum Ausdruck, daß er mit dem Vollzug der *ḥaṭṭāʾt* das *kippær* vollzogen hat. Worin die sühnende Wirkung des priesterlichen Handelns besteht, wird nicht ausdrücklich gesagt. Hier besteht erneut großer Gelehrtenstreit. Die »Tübinger Schule«[12] versteht das Sündopfer so, daß der Sünder dem Tod verfallen ist und das Opfertier an seiner Stelle stirbt. Demnach vollzieht also der Priester mit dem Blutritus die lebensrettende Darbringung des stellvertretend sterbenden Tieres. Ich kann die Diskussion hierüber jetzt nicht im einzelnen entfalten. Meines Erachtens besteht auch hier wieder ein hermeneutischer Zirkel. Die Aussage, daß der opfernde Mensch dem Tod verfallen sei und daß deshalb das Opfertier stellvertretend für ihn sterben müsse, wird in der Hebräischen Bibel nirgends ausgesprochen. Soweit ich sehe, leitet Janowski den Gedanken der Todverfallenheit des Menschen im Rückschluß aus der Idee des stellvertretenden Todes des Opfertieres ab.

Wie dem auch sei: die Vergebung der Sünde ist zweifellos das entscheidende Element bei der *ḥaṭṭāʾt*. Das kommt im zweiten Teil der Formel zum Ausdruck. Die Folge des *kippær* ist, daß Gott vergibt. Ich zitiere dazu die treffenden Formulierungen von J. J. Stamm:

»Gebunden ist die Vergebung im Kult an die vorher vom Priester durch ein Opfer vollzogene Sühne. Die Vergebung ist in einem sonst nicht nachweisbaren Masse in die Hand eines Mittlers zwischen Gott und Mensch gelegt ... In der Verfügung des Priesters steht nur die Sühne als Vorbedingung der Vergebung; deren Eintreten aber ist vom Tun des Priesters deutlich abgehoben. Das unbestimmt gelassene Subjekt soll zweifelsohne auf Jahwe als Urheber der Vergebung zurückweisen. Da jedoch

---

12 Ich verwende diesen Begriff für die Tübinger Alttestamentler *H. Gese* und dessen Schüler *B. Janowski*.

die richtig vollzogene Sühne die Zusicherung der Vergebung hat, kann von einer durch den Opferkult vermittelten Gewißheit der Vergebung gesprochen werden.«[13]

Dabei ist ganz entscheidend zu bedenken, daß es die unerläßliche Voraussetzung für eine *ḥaṭṭā'ṭ* ist, daß die Sünde »unabsichtlich« (*biš*ᵉ *gāgāh*) geschehen ist. Der Gegensatz dazu ist eine Sünde, die *bᵉyad rāmāh* »vorsätzlich, frevelhaft« (wörtlich: »mit erhobener Hand«) begangen wird. Eine solche Sünde wird nicht vergeben (Num 15,30 f.).

Aber die *ḥaṭṭā'ṭ* hat noch einen anderen Aspekt. Diesen hat besonders J. Milgrom betont, der grand old man der Leviticusinterpretation.[14] Milgrom stellt sich betont gegen die Übersetzungstradition, in der *ḥaṭṭā'ṭ* durchweg mit »Sündopfer«, englisch »sin offering«, wiedergegeben wird. Milgrom schreibt: »This translation is inaccurate on all grounds: contextually, morphologically, and etymologically« (253). Milgrom will die *ḥaṭṭā'ṭ* von dem »fremden theologischen Gedanken der Sünde« befreien und statt dessen die nach seiner Sicht ursprüngliche Bedeutung der »Reinigung« zur Geltung bringen. Darum übersetzt er *ḥaṭṭā'ṭ* konsequent mit »purification offering«.

Es ist zweifellos richtig, daß die *ḥaṭṭā'ṭ* an einer Reihe von Stellen diese Bedeutungsnuance enthält. Ich konzentriere mich jetzt auf einen zentralen Text: das Ritual des *yôm hakkippurîm* in Lev 16. Dort heißt es: »Denn an diesem Tag vollzieht man das *kippær* für euch, um euch von all euren Sünden zu reinigen, so daß ihr vor Adonaj rein werdet« (V. 30). Hier steht in der Tat die Reinigung im Vordergrund, und das Mittel für diese Reinigung ist die *ḥaṭṭā'ṭ* in verschiedenen Gestalten. Grund für die Verunreinigung sind *ṭum'ot* »Verunreinigungen«, *pᵉšā'îm* »Übertretungen« und *ḥaṭṭā'ôt* »Sünden«. Gereinigt wird einerseits das Zelt der Begegnung, von dem es heißt, daß es »bei ihnen inmitten ihrer Unreinheiten wohnt« (V. 16); dann aber auch die Israeliten, die man am jährlichen *yôm hakkippurîm* »von all ihren Sünden reinigt«. In dem höchst komplexen Kapitel Lev 16 verbinden sich diese beiden Aspekte: Reinigung des Heiligtums und Reinigung der Israeliten. Und dabei verbinden sich auch Unreinheit und Sünde.

13 *Stamm*, Erlösen, 128 f.
14 Nach zahlreichen Vorarbeiten erschien von ihm der umfangreiche erste Teil des Leviticuskommentars: *Milgrom*, Leviticus 1-16.

Von besonderer Bedeutung ist nun aber die Stellung des *yôm hakkippurîm* im Zusammenhang des ganzen Kontextes. Es ist meines Erachtens ganz deutlich, daß die ganze Kapitelfolge von Lev 1 an auf Lev 16 hinzielt. Dies wird besonders an einem Aspekt deutlich: Bei den Bestimmungen über die *ḥaṭṭāʾt* in Lev 4 handelt der erste Abschnitt von der *ḥaṭṭāʾt* des »gesalbten Priesters«. Hier fehlt die abschließende Formel mit den beiden Elementen *kippær* und *nislaḥ*. Warum fehlt sie? Gibt es für den »gesalbten Priester«, das heißt für Aaron und seinen jeweils amtierenden Nachfolger, keine Sühne und keine Vergebung? Gewiß gibt es sie – aber nur am *yôm hakkippurîm*! So ist dieser Tag der Zielpunkt des ganzen Opfergeschehens während des kultischen Jahres: der »gesalbte Priester« wird entsühnt – genauer: er vollzieht die Sühnehandlung selbst –, das Heiligtum wird gereinigt und die Israeliten werden gereinigt, das heißt »entsühnt«. Dies ist die eine entscheidende Linie in der Systematisierung der Opfertraditionen im priesterlichen Pentateuch.

V.

Aber es ist nur die eine Linie. Für die andere komme ich auf das zurück, was ich am Anfang im Blick auf den Opferkalender in Num 28 f. und auf seine Verankerung in Ex 29 gesagt habe. Die »Gaben beruhigenden Duftes für Adonaj« sollen jeden Tag, jede Woche, jeden Monat und das ganze Jahr durchziehen. Hier dominieren ganz andere Aspekte, nämlich Dank und die »Freude am Herrn«. Hier ist der Gedanke der Sühne nicht ganz ausgeschlossen, wie ich oben gezeigt habe; aber er dominiert nicht. Es wird jeweils ein Ziegenbock als *ḥaṭṭāʾt* dargebracht. Es ist bemerkenswert, daß dieser eine Bock auch am *yôm hakkippurîm* dargebracht wird, und zwar zusätzlich zur *ḥaṭṭāʾt hakkippurîm*, wie in Num 29,11 ausdrücklich vermerkt wird. Der »Versöhnungstag« wird hier also wie ein Festtag unter den anderen behandelt. Hier verbinden sich diese beiden Linien der priesterlichen Opfersystematik miteinander: die vom *tāmîd*-Opfer bestimmte Linie der Gabe und die von der *ḥaṭṭāʾt* bestimmte Linie der Sühne.

Ich denke, so könnte man das priesterliche System der Opfer verstehen, wie es sich uns im Kontext des Berichts vom Sinai und dem Weg in das verheißene Land darbietet.

VI.

Zum Schluß lenke ich noch einmal zum Thema »jüdische Auslegung« zurück. Es ist nur bedingt möglich, die hier begonnenen Linien in der nachbiblischen jüdischen Tradition weiterzuverfolgen. Wir finden dort eine sehr intensive Beschäftigung mit zahlreichen Details, die wir oft nur aus der rabbinischen Literatur kennen. Insofern ist die rabbinische Literatur für den Ausleger der Hebräischen Bibel eine Fundgrube. Im übrigen gibt es aber auch eine Weiterinterpretation, die ihre eigenen Wege geht.

Nach dem Aufhören der Opfer nimmt das Gebet dessen Stelle ein. Das tägliche Morgengebet, die *šaḥªrît*, tritt an die Stelle des morgendlichen *tāmîd*, das *minḥāh*-Gebet an die Stelle des abendlichen *tāmîd*. Für besondere Opfer tritt jeweils ein *mûsap*-Gebet ein. Rabbi Eleasar sagte: »Größer ist das Gebet als die Opfer, denn es heißt: ›wozu mir die Menge eurer Schlachtopfer?‹« (Jes 1,11).

Eine ganz besondere Rolle spielt der *yôm hakkippurîm*. Er ist eigentlich der einzige Festtag, der in seiner Funktion erhalten geblieben ist, obwohl keine Opfer mehr dargebracht werden können. Der Tag selbst hat jetzt deren Funktion übernommen. So heißt es im Mischnatraktat Joma:

»Wenn jemand sagt: ›Ich werde sündigen, und der Versöhnungstag wird es sühnen‹, so hat der Versöhnungstag keine sühnende Wirkung. Sünden des Menschen gegen Gott sühnt der Versöhnungstag, Sünden des Menschen gegen seinen Mitmenschen sühnt der Versöhnungstag nicht, bis man dessen Verzeihung erlangt hat« (Joma VIII,8).

Eine letzte Frage: Wird in der jüdischen Tradition die Wiederherstellung des Opferkultes erwartet? Diese Erwartung hat sich u. a. niedergeschlagen in der jetzt üblichen Fassung des Gebets mit dem Anfang *rᵉṣeh* am Schluß des Achtzehnbittengebets, des Schemone Esreh:

»Habe Wohlgefallen, Ewiger, unser Gott, an deinem Volk Israel und ihrem Gebet, und bringe den Gottesdienst wieder in das Heiligtum deines Hauses, und die Opfergaben Israels und ihr Gebet nimm in Liebe auf mit Wohlgefallen, und zum Wohlgefallen sei beständig der Gottesdienst deines Volkes Israel« (zit. nach Siddur Sefat Emet, Übers. Bamberger, 45).

Literatur

Janowski, B., Sühne als Heilsgeschehen. Studien zur Sühnetheologie der Priesterschrift und zur Wurzel KPR im Alten Orient und im Alten Testament (Wissenschaftliche Monographien zum Alten und Neuen Testament 55), Neukirchen-Vluyn 1982

Kaufmann, Y., The Religion of Israel from its Beginnings to the Babylonian Exile (gekürzte englische Übersetzung aus dem Hebräischen [1937-1948] von M. Greenberg), Chicago 1960

Milgrom, J., Leviticus 1-16 (Anchor Bible 3), New York 1991

Rendtorff, R., Leviticus 1,1 ff. (Biblischer Kommentar Altes Testament III/1), Neukirchen-Vluyn 1985 ff.

Rendtorff, R., Die »Bundesformel«. Eine exegetisch-theologische Untersuchung (Stuttgarter Bibelstudien 160), Stuttgart 1995

Stamm, J. J., Erlösen und Vergeben im Alten Testament. Eine begriffsgeschichtliche Untersuchung, Berlin 1940

Wellhausen, J., Prolegomena zur Geschichte Israels, Berlin [6]1905 (= 1927)

17 DIE HERAUSFÜHRUNGSFORMEL IN IHREM LITERARISCHEN UND THEOLOGISCHEN KONTEXT

I. Einleitung

Daß Gott Israel aus Ägypten herausgeführt hat, »ist einer der elementarsten und der am häufigsten wiederholten Glaubenssätze im Alten Testament«[1]. Man kann diese »Glaubensaussage ... nach ihrer inhaltlichen Bestimmung als 'geprägte Vorstellung' bezeichne(n). Von dieser geprägten Vorstellung kann man formelhaft und nicht formelhaft sprechen«[2]. Das formelhafte Sprechen von dieser Glaubensaussage begegnet im Alten Testament in großer Vielfalt. Dies hat immer wieder die Ausleger zu intensiverer Beschäftigung gereizt. Walter Groß hat in seiner Studie eine ausführliche Darstellung der Forschungsgeschichte gegeben, so daß diese hier nicht wiederholt werden muß[3].

Die Vielfalt und die Variationsbreite dessen, was wir im folgenden die »Herausführungsformel« nennen, lassen sich an der Gegenüberstellung von zwei charakteristischen Texten verdeutlichen. Im »kleinen geschichtlichen Credo« in Dtn 26,8f heißt es:

> Da führte uns der HERR[4] aus Ägypten heraus mit starker Hand und mit ausgerecktem Arm, unter großen Schrecknissen, unter Zeichen und Wundern, und brachte uns an diesen Ort und gab uns dieses Land, ein Land, das von Milch und Honig überfließt.

---

1. M. Noth, *Überlieferungsgeschichte des Pentateuch*, Stuttgart, 1948, ³1966, p. 50.
2. W. Gross, *Die Herausführungsformel. Zum Verhältnis von Formel und Syntax*, in *ZAW* 86 (1974) 425-453, p. 451.
3. Neben der Arbeit von Groß werde ich im folgenden vor allem auf die Studien von P. Humbert, *Dieu fait sortir. Hiphil de yāṣā avec Dieu comme sujet*, in *TZ* 18 (1962) 357-361; *«Dieu fait sortir». Note complémentaire*, in *TZ* 18(1962) 433-436; J. Wijngaards, הוציא *and* העלה: *A Twofold Approach to the Exodus*, in *VT* 11 (1965) 91-102; B.S. Childs, *Deuteronomic Formulae of the Exodus Traditions*, in *Hebräische Wortforschung*. FS W. Baumgartner (SVT, 16), Leiden, 1967, pp. 30-39; W. Richter, *Beobachtungen zur theologischen Systembildung in der alttestamentlichen Literatur anhand des »kleinen geschichtlichen Credo«*, in L. Scheffczyk – W. Dettloff – R. Heinzmann (eds.), *Wahrheit und Verkündigung*. FS M. Schmaus, München - Wien, 1967, pp. 175-212, und E. Zenger, *Funktion und Sinn der ältesten Herausführungsformel*, in *ZDMG Suppl* I (1969) 334-342, zurückgreifen.
4. In Bibelzitaten verwende ich für das Tetragramm die Form HERR, außer in der Selbstvorstellungsformel oder wenn es sachlich gefordert ist, z.B. in der Gegenüberstellung mit anderen Göttern; in diesen Fällen steht Jhwh.

In diesem Text sind viele Aspekte und Begriffe versammelt, die sich auch einzeln oder in unterschiedlichen Kombinationen in der Herausführungsformel finden. Der andere Text stammt aus dem Buch Hosea. Dort heißt es zweimal (Hos 12,10; 13,4):

> Ich bin Jhwh, dein Gott, vom Land Ägypten her.

Kürzer kann man es nicht ausdrücken. Aber zugleich kann man mit Jörg Jeremias sagen: Dies »ist die kürzeste Definition Jahwes im ganzen Alten Testament, die doch im Sinne Hoseas letztlich alles Notwendige über Gott sagt«[5].

In diesen beiden Formeln zeigen sich zwei ganz unterschiedliche Akzente der Aussage über die Herausführung Israels aus Ägypten. In dem ersten Zitat liegt der Schwerpunkt auf dem Handeln Gottes in Israels Geschichte: Gott führte uns heraus. Die Fortsetzung mit der Darbringung der Erstlingsfrüchte (Dtn 26,10) zeigt das dominierende Interesse an Israels jetzigem Leben in dem von Gott gegebenen Land. Das zweite Zitat ist eine Aussage über Gott selbst. »Ich bin Jhwh« heißt: Ich bin der Gott, der Israel aus Ägypten herausgeführt hat. Es ist geradezu eine Definition des Gottes Israels, der (auch schon nach der Meinung Hoseas!) der einzige Gott ist, was in Hos 13,4b sehr betont zum Ausdruck kommt: »Einen Gott neben mir kennst du nicht, einen Retter außer mir gibt es nicht«.

Gewiß sind diese beiden Sichtweisen nicht voneinander zu trennen. Sie zeigen aber, daß mit der Herausführungsformel ganz verschiedene theologische Aussagen gemacht und unterschiedliche Akzente gesetzt werden können. Im folgenden soll deshalb zwischen »Formel A«: Aussage über Gott selbst, und »Formel B«: Aussage über Gottes Handeln in Israels Geschichte, unterschieden werden. Dies führt sogleich auf einen weiteren Punkt: Die »Herausführungsformel« ist, genau betrachtet, keine eigenständige »Formel«. Sie erscheint niemals allein ohne sprachliche Einbindung in ihren Kontext. In Dtn 26,5ff ist zunächst von der Unterdrückung der Israeliten in Ägypten die Rede, aus der Gott Israel befreit hat. Die Herausführungsformel bildet mit ויוציאנו die erzählerische Fortsetzung. In dieser grammatischen Form ist sie nur als Weiterführung eines erzählerischen Zusammenhangs möglich und sinnvoll. In den Hoseazitaten besteht dagegen der erste Teil des Satzes aus der »Selbstvorstellungsformel«[6] »Ich bin Jhwh«, hier in

---

5. J. Jeremias, *Der Prophet Hosea* (ATD 24/1), Göttingen, 1983, p. 155.
6. W. Zimmerli, *Ich bin Jahwe*, in *Geschichte und Altes Testament* (BHT, 16), Tübingen, 1953, pp. 179-209; = *Gottes Offenbarung* (TB, 19), München, 1963, pp. 11-46.
7. Gross, *Herausführungsformel* (Anm. 2), p. 432.

ihrer vollen Form: אנכי יהוה אלהיך. Da die Herausführungsformel meistens ein Verbum enthält (s.u.), knüpft sie oft mit אשר an die Selbstvorstellungsformel an wie z.B. in der Einleitung zum Dekalog: אנכי יהוה אלהיך אשר הוצאתיך מארץ מצרים מבית עבדים (Ex 20,2). Hier sind zwei Formeln miteinander verbunden, die auch unabhängig voneinander auftreten können. Groß bezeichnet diese Verbindung als »Formel 1« der Herausführungsformel, stellt aber ausdrücklich fest, daß dabei die Selbstvorstellungsformel hinzutritt[7]. In anderen Fällen ist die Herausführungsformel durch eine partizipiale Verbform mit Artikel an den vorher genannten Gottesnamen angeschlossen (z.B. המוציא Lev 22,33).

Für das Verständnis der Herausführungsformel in ihrem jeweiligen Kontext ist aber nicht nur von Bedeutung, was ihr vorausgeht, sondern auch was ihr nachfolgt. In Dtn 26 ist der Zielpunkt das Leben im von Gott gegebenen Land mit seinen Erträgen. In Verbindung mit bestimmten theologischen Konzeptionen können aber auch ganz andere Akzente gesetzt werden. So kann als Ziel der Herausführung genannt werden: »um unter euch zu wohnen« (Ex 29,46) oder »um euch zum Gott zu sein« (Lev 22,33), um nur zwei charakteristische Beispiele zu nennen. Andererseits ist bemerkenswert, daß z.B. im Dekalog keine erkennbare Verknüpfung der einleitenden Herausführungsformel mit den nachfolgenden Geboten besteht. Diesen Fragen wird genauer nachzugehen sein.

Diese Überlegungen führen dazu, die Herausführungsformel jeweils in ihrem jetzigen literarischen und theologischen Kontext zu betrachten. Dabei wird genauer zu beachten sein, wie die formelhafte Sprache in unterschiedlichen Kontexten zum Ausdrucksmittel unterschiedlicher Intentionen werden kann. Diachrone Fragen nach der Datierung und literarischen Schichtung der Texte werden bei unserer Untersuchung keine eigenständige Rolle spielen. Die Frage nach dem »ursprünglichen Sitz im Leben« der Formel wird ebenfalls nicht Gegenstand unserer Überlegungen sein; denn ob und wie auch immer diese Frage beantwortet werden könnte, für alle uns vorliegenden Texte gilt zweifellos, daß die Herausführungsformel ihre spezifische Funktion im jetzigen Zusammenhang hat. Dem soll weiter nachgegangen werden[8].

---

8. Ungeachtet des veränderten methodischen Ansatzes sei ausdrücklich festgestellt, daß viele der im folgenden behandelten Fragen in den in Anm. 3 genannten Arbeiten schon aufgeworfen worden sind. Vgl. im übrigen den Abschnitt »Methodologische Vorüberlegungen« in R. RENDTORFF, *Die »Bundesformel«. Eine exegetisch-theologische Untersuchung* (SBS, 160), Stuttgart, 1995, pp. 12-16.

9. Das Verbum יצא hiph. dominiert in der Herausführungsformel, während das Ver-

II. DIE HERAUSFÜHRUNGSFORMEL IM PENTATEUCH

1. Grundelemente der Herausführungsformel

Die Herausführungsformel erhält ihre erzählerische Grundlegung durch die Ankündigung und Verheißung der Herausführung an Mose bzw. an die Israeliten. Der Auftrag Gottes an Mose in Ex 3,10: והוצא את־עמי בני ישראל ממצרים enthält schon die grundlegenden Formelemente der Herausführungsformel:

- das Verbum יצא im Hiphil[9]
- die Nennung Israels als Objekt der Herausführung
- ממצרים oder מארץ מצרים.

Die Struktur der Formel bleibt grundsätzlich die gleiche, wenn Gott selbst Subjekt der Herausführung ist.

2. Herausführungsformel und Bundesformel

In Ex 6,2-8 erscheint die Herausführungsformel innerhalb eines Textes von äußerster theologischer Dichte[10]. Hier zeigt sich in besonders konzentrierter Weise, wie sich die theologischen Formeln gegenseitig anziehen. Gott »gedenkt« seines Bundes (v. 5b), den er zuvor mit Israels Vätern geschlossen hat (v. 4). »Darum« (לכן) soll Mose eine Gottesrede an die Israeliten weitergeben. Sie wird durch die Selbstvorstellungsformel אני יהוה eingeleitet (v. 6). Daran schließt die Herausführungsformel mit והוצאתי אתכם an. Darauf folgt die mit ולקחתי eingeleitete Bundesformel in ihrer zweigliedrigen Gestalt: »Ich werde euch mir zum Volk nehmen und werde euch zum Gott sein« (v. 7a). Als Abschluß steht die Erkenntnisformel[11]: »Und ihr werdet erkennen, daß ich Jhwh bin, euer Gott«. Der Gott, den die Israeliten erkennen sollen, wird noch näher definiert durch erneute Aufnahme des Herausführungsmotivs: »der euch herausführt« (המוציא אתכם). Der ganze Passus ist durch die Wiederaufnahme der Selbstvorstellungsformel abgerundet (v. 7 Ende).

---

bum עלה hiph. nur sporadisch begegnet. Die bisherigen Versuche, zwischen dem Gebrauch der beiden Verben grundsätzlich zu unterscheiden, können nicht als gelungen betrachtet werden. An manchen Stellen ergeben sich aber interessante Beobachtungen, die zeigen, daß der Wechsel des Verbums in einem bestimmten Kontext beabsichtigt ist. So sagt Gott in Ex 3,8.17 von sich selbst, daß er Israel aus Ägypten heraufführen wird (העלה), während im Zusammenhang des Auftrags an Mose (und Aaron) jeweils הוציא verwendet wird (3,10.11.12; 6,13.26.27). In 7,4.5 wird dann in der Ankündigung dessen, was Gott am Pharao tun wird, wieder הוציא gebraucht.

10. Vgl. RENDTORFF, Die »Bundesformel« (Anm. 8), pp. 20ff.
11. W. ZIMMERLI, Erkenntnis Gottes nach dem Buche Ezechiel (ATANT, 27), Zürich, 1954; = Gottes Offenbarung (Anm. 6), pp. 41-119.
12. »Bundesformel A«, vgl. RENDTORFF, Die »Bundesformel« (Anm. 8), p. 19.

Aus dieser Konstellation ergeben sich für jede der hier begegnenden Formeln interessante Einsichten. Für die Herausführungsformel zeigt sich, daß sie hier in beiden der oben herausgearbeiteten Funktionen erscheint. Sie ist einerseits eine Aussage über Gottes Handeln in Israels Geschichte (Formel B): er wird Israel aus dem Sklavenhaus herausführen und damit den entscheidenden Grundstein für Israels Existenz als Volk in Freiheit legen (v. 6); andererseits ist sie eine Aussage über Jhwh, den Gott Israels selbst (Formel A): er ist der Herausführende (המוציא), der Rettende und Bewahrende. Die Weiterführung beginnt in beiden Fällen mit dem seltenen Ausdruck מתחת סבל(ו)ת מצרים (vgl. Ex 1,11; 2,11). Beim ersten Mal wird dann das Rettungshandeln Gottes expliziert: es bedeutet »retten« (הציל) und »befreien« (גאל), und Gott handelt dabei mit seinem »ausgereckten Arm« (בזרוע נטויה) und mit großen »Strafgerichten« (שפטים); beim zweiten Mal wird das Ziel der Herausführung angegeben: Gott wird die Israeliten in das Land hineinführen (והבאתי אתכם), das er den Vätern zugeschworen hat und das er nun den Israeliten als Erbbesitz (מורשה) geben wird. Hierdurch wird zugleich die theologische Verankerung der Herausführung aus Ägypten in den Zusagen Gottes an die Väter zum Ausdruck gebracht.

Ein ähnlich dichtes Formelgefüge begegnet in Ex 29,45f. Als Zielpunkt der Errichtung des Heiligtums und der Einrichtung des Kultes heißt es, daß Gott in der Mitte der Israeliten wohnen will. Dies wird expliziert durch die Bundesformel »Ich will ihnen zum Gott sein« (והייתי להם לאלהים)[12]. Daran schließt die Erkenntnisformel unmittelbar an: »Sie werden erkennen, daß ich Jhwh bin, ihr Gott«. Hier hat dann die Herausführungsformel ihren Ort: »der ich sie aus dem Land Ägypten herausgeführt habe« (אשר הוצאתי אתם). Die Formel tritt als Explikation des Gottesnamens in Erscheinung (Formel A): Es ist das Charakteristikum dieses Gottes, den sie erkennen werden, daß er sie aus Ägypten herausgeführt hat. Diese Aussage wird noch ergänzt durch den Zusatz »um in ihrer Mitte zu wohnen«. Die Herausführung wird hier also ganz auf die Einsetzung des Kultes konzentriert, und die Herausführungsformel wird expliziert als Aussage über den Gott, der im Heiligtum in der Mitte seines Volkes wohnen will. Zu dem Ganzen tritt abschließend die Selbstvorstellungsformel hinzu: »Ich bin Jhwh, euer Gott«.

In Lev 11,44f findet sich wiederum am Schluß eines größeren Zusammenhangs eine Konzentration von Formeln. Der Passus beginnt mit der Selbstvorstellungsformel, die durch Aussagen über Gottes Heiligkeit und sein heiligendes Handeln an Israel entfaltet wird. Den Kern bildet

---

13. Dies ist das einzige Vorkommen der Formel mit העלה im Buch Leviticus. Im

dann der Satz »Ihr sollt heilig sein, denn ich bin heilig« (v. 44aß), der am Schluß noch einmal wiederholt wird (v. 45b). Diese Aussage wird weiter entfaltet durch das erneute Auftreten der Selbstvorstellungsformel (v. 45a), die jetzt durch die Herausführungsformel weitergeführt wird: »Ich bin Jhwh, der euch aus Ägypten herausgeführt hat« (המעלה אתכם)[13]. Die Formel hat also wieder die Funktion der Aussage über Gott selbst (Formel A). Das Ziel der Herausführung aus Ägypten wird schließlich mit der Bundesformel ausgedrückt: »um euch zum Gott zu sein« (להית לכם לאלהים).

In Lev 22,32f findet sich wiederum am Abschluß einer Sammlung von Kultbestimmungen eine ganz ähnliche Verknüpfung von Formeln. Zunächst erscheint die Selbstvorstellungsformel (v. 32b), diesmal mit einer doppelten partizipialen Weiterführung: »Ich bin Jhwh, der euch heiligt, der euch aus dem Land Ägypten herausgeführt hat« (המוציא אתכם). Die Herausführungsformel führt also wiederum die präzisierenden Aussagen über Gott selbst weiter (Formel A). Daran schließt sich auch hier die Bundesformel an, wiederum mit להיות eingeleitet und noch einmal gefolgt von einer abschließenden Wiederholung der Selbstvorstellungsformel.

Auch in Lev 25,38 zeigt sich ein ähnliches Formelgefüge in einer sehr knappen Ausprägung: Selbstvorstellungsformel, gefolgt von der Herausführungsformel (אשר הוצאתי, Formel A) mit einer doppelten Weiterführung durch Infinitiv mit ל, deren zweite in der Bundesformel besteht: »euch das Land Kanaan zu geben, euch zum Gott zu sein«. Hier fällt auf, daß die abschließende Bundesformel syntaktisch nicht an das Vorhergehende angeschlossen ist; darin wird der formelhafte Charakter sichtbar. Zugleich ist aber deutlich, daß die verschiedenen Aussagen über das Ziel der Herausführung aus Ägypten nicht in Konkurrenz miteinander stehen.

Besonders markant ist das Auftreten der miteinander verknüpften Formeln in dem großen Abschlußkapitel der Sinaitora Lev 26[14]. Das Kapitel ist in zwei Hauptteile von unterschiedlicher Länge gegliedert, deren jeweiliger Anfang durch »wenn« (v. 3) bzw. »wenn nicht« (v. 14) markiert ist. Es geht um den Torageshorsam Israels und um die Folgen des

---

Buch Numeri begegnet sie noch zweimal in der anklagenden Frage »Warum habt ihr uns aus Ägypten heraufgeführt?« (Num 20,5; 21,5); vgl. auch Ex 17,3.

14. Lev 26 bildet gewiß nicht nur den Abschluß eines »Heiligkeitsgesetzes«, sondern der ganzen Sinaitora. Zur Diskussion um das »Heiligkeitsgesetz« vgl. jetzt vor allem I. KNOHL, *The Sanctuary of Silence: The Priestly Torah and the Holiness School*, Minneapolis, 1995. Knohl widmet dem Kapitel Lev 26 als ganzem nur einen einzigen Satz (p. 123).

15. Die Formulierung in den Bileamssprüchen אל מוציאם (מוציאו) ממצרים (Num 23,22;

Abweichens davon. Im ersten Fall bestätigt Gott seinen Bund (v. 9) und sagt zu, daß er seine Wohnung in der Mitte Israels aufschlagen und in ihrer Mitte wandeln wird (v. 11.12aα). Hier beginnt das Formelgefüge. Am Anfang steht die zweiseitige Bundesformel »Ich will euch zum Gott sein und ihr sollt mir zum Volk sein« (v. 12aβb). Darauf folgt die Selbstvorstellungsformel, die durch die Herausführungsformel entfaltet wird: »Ich bin Jhwh, euer Gott, der ich euch aus Ägypten herausgeführt habe« (אשר הוצאתי אתכם) usw. (v. 13).

Der zweite Teil des Kapitels (v. 14ff) enthält dann die Vorausschau auf eine lange, teilweise grausige Geschichte des Leidens Israels als Folge des Ungehorsams gegen die göttlichen Gebote. Aber schließlich wird Gott seines Bundes erneut gedenken (v. 42) und ihn trotz allem nicht brechen (v. 44). Eingeleitet durch die Selbstvorstellungsformel heißt es dann: »Ich werde für sie des Bundes mit den Früheren gedenken, die ich vor den Augen der Völker aus dem Lande Ägypten herausgeführt habe (אשר הוצאתי אתם), um ihnen zum Gott zu sein«. Hier sind also wiederum Selbstvorstellungsformel, Herausführungsformel und Bundesformel miteinander verknüpft. Eine erneute Selbstvorstellungsformel schließt das Ganze ab (v. 44b.45). In der zweimaligen engen Verbindung der Formeln an entscheidenden Wendepunkten der in diesem Kapitel entworfenen bzw. nachgezeichneten Geschichte zeigt sich erneut die große Bedeutung des Zusammenspiels dieser Formeln, unbeschadet der wichtigen Aussagen, die sie je für sich machen können.

Schließlich ist hier noch Num 15,41 zu nennen, wo noch einmal am Abschluß einer kultgesetzlichen Sammlung die Formeln miteinander verknüpft sind: Selbstvorstellungsformel, Herausführungsformel mit אשר הוצאתי (Formel A), Bundesformel mit einleitendem ל, Wiederholung der Selbstvorstellungsformel[15].

In den bis hierher behandelten Texten erscheint die Herausführungsformel stets in enger Verbindung mit der Selbstvorstellungsformel und der Bundesformel, in einigen Fällen auch mit der Erkenntnisformel (Ex 6,7b; 29,46)[16]. Dabei zeigt sich zunächst, daß einige dieser Texte eine

---

24,8) steht in mehrfacher Hinsicht außerhalb der Herausführungsformeln. Sie gehört im übrigen m.E. zu den am schwierigsten deutbaren religionsgeschichtlichen Elementen der biblischen Gottesbezeichnungen, so daß ich sie hier beiseite lasse.

16. Die Erkenntnisformel bedürfte einer eigenen Untersuchung. Hier ist zunächst zu notieren, was Gegenstand der Erkenntnis sein soll. Nach Ex 6,7 sollen die Israeliten durch die noch bevorstehende Herausführung erkennen, daß Jhwh »der Herausführende« (המוציא) ist. In Ex 29,46 geht es dann darum zu erkennen, daß Gott die Herausführung ins Werk gesetzt hat, um in der Mitte der Israeliten zu wohnen (לשכני). Die Erkenntnis erschließt also jeweils spezifische Aspekte dessen, was Israel über Gott wissen soll.

17. Vgl. RENDTORFF, Die »Bundesformel« (Anm. 8), pp. 20, 23, 25.

wichtige Funktion für den größeren Textzusammenhang besitzen. Dies gilt ganz besonders für Ex 6,2-7; 29,45f und Lev 26, die sich schon bei der Untersuchung der Bundesformel als zentrale theologische Deutungstexte erwiesen haben[17].

Eine weitere wichtige Beobachtung ist die Tatsache, daß die Herausführungsformel in Verbindung mit der Bundesformel stets Aussagen über Gott selbst macht (Formel A)[18]. Daß Gott Israel aus Ägypten herausführen wird oder herausgeführt hat, bekommt in diesen Zusammenhängen seinen besonderen Akzent dadurch, daß eben diese Tat als Ausdruck des Bundesverhältnisses verstanden wird. Dies wird häufig durch die Anknüpfung mit ל »um zu« formuliert: Gott hat Israel aus Ägypten geführt, um sein Gott zu sein (Lev 11,45; 22,33; 25,38; 26,45; Num 15,41). In einer Reihe von Fällen genügt diese Aussage im jeweiligen Kontext. In anderen Fällen wird dem noch ein weiterer Aspekt hinzugefügt. So steht in Lev 25,38 ein doppeltes ל: »um euch das Land Kanaan zu geben; um euch zum Gott zu sein«. Die Gabe des Landes bzw. das Hineinführen in das Land wird auch in Ex 6,8 ausdrücklich genannt. In Lev 11,45 wird hinzugefügt »und ihr sollt heilig sein, denn ich bin heilig«. In Ex 29,45f steht die Bundesformel voran, und im Anschluß an die Herausführungsformel heißt es dann: »um in eurer Mitte zu wohnen«. In Lev 26,13 wird das häufige להית variiert zu מהית, bezogen auf die Israeliten: »damit ihr nicht mehr Sklaven sein solltet«.

3. Herausführungsformel und Selbstvorstellungsformel

Die Verbindung der Herausführungsformel mit der Selbstvorstellungsformel begegnet auch ohne die Bundesformel noch häufiger. Besonders markant ist die Einleitung des Dekalogs: אנכי יהוה אלהיך אשר הוצאתיך מארץ מצרים מבית עבדים (Ex 20,2). Die Selbstvorstellungsformel erscheint hier in ihrer vollen Form mit אנכי und hinzugefügtem אלהיך. Die Herausführungsformel schließt sich an, erweitert um »aus dem Sklavenhause«. Im Vergleich zu den bisher behandelten Texten wirkt dieser Satz in sich abgeschlossen. Vor allem besteht keine erkennbare Verbindung mit den nachfolgenden Geboten. Man könnte die Wendung vom »Sklavenhaus« in diesem Sinne interpretieren. Aber gerade dieser Aspekt, »daß du Sklave gewesen bist im Land Ägypten«, ist in der Dekalogfassung des Deuteronomiums zusätzlich betont durch die abweichende Begründung des Sabbatgebots, und dort erscheint die Herausführungsformel ein zweites Mal innerhalb des Dekalogs (Dtn 5,15).

18. In Ex 6 finden sich beide Aspekte der Herausführungsformel, was aber nicht gegen das oben Gesagte spricht.
19. Vgl. auch die anklagende Frage an Mose, warum er Israel aus Ägypten herausge-

Die Funktion der Herausführungsformel geht also offenbar nicht in Richtung auf die nachfolgenden Gebote, sondern eher umgekehrt: sie präzisiert und akzentuiert die ihr vorausgehende Selbstvorstellungsformel. Der Gott, der hier spricht und in dessen Namen die nachfolgenden grundlegenden Gebote gegeben werden, ist dadurch bekannt und ausgewiesen, daß er das angeredete Israel aus Ägypten herausgeführt hat. Dieses Verständnis wird durch die Verbindung von Selbstvorstellungsformel und Herausführungsformel in Lev 19,36 unterstützt. In dem ganzen Kapitel Lev 19 begegnet die Selbstvorstellungsformel sehr häufig als Abschluß einzelner Gebote oder kleiner Gebotsreihen, teils in der kurzen Form אני יהוה, teils erweitert um אלהיכם (v. 2.3.4.10.12.14 usw.). Offenbar betont dieses knappe »Ich« Gottes die verbindliche Geltung der Gebote. Am Schluß der ganzen Gebotssammlung wird dann die Selbstvorstellungsformel durch die Herausführungsformel ergänzt (v. 36b אשר הוצאתי אתכם). Dadurch wird die Verbindlichkeit der Gebote noch einmal nachdrücklich unterstrichen, indem dem Namen Gottes das entscheidende Merkmal seines Gottseins für Israel hinzugefügt wird: daß er Israel aus Ägypten herausgeführt hat. Daß dies die Absicht der Hinzufügung der Herausführungsformel ist, geht daraus hervor, daß ihr die zusammenfassende und abschließende Aufforderung unmittelbar folgt, die Gebote und Rechtssatzungen Gottes einzuhalten (v. 37). In dieser grundsätzlichen Allgemeinheit wird diese Aufforderung im Namen des Gottes erhoben, der Israel aus Ägypten geführt hat. Darin liegt seine Autorität begründet.

Eine interessante Beziehung zwischen Herausführungsformel und Selbstvorstellungsformel findet sich in Ex 16. Die Israeliten klagen Mose und Aaron an: »Ihr habt uns in diese Wüste herausgeführt, um diese ganze Gemeinde durch Hunger sterben zu lassen« (v. 3)[19]. Darauf antwortet Mose: »Am Abend werdet ihr erkennen, daß der HERR euch aus dem Land Ägypten herausgeführt hat« (הוציא אתכם v. 6)[20]. Hier geht es also zunächst um die Verantwortlichkeit für die Herausführung, für die Mose von sich selbst auf Gott verweist. Später wird dann in der Gottesrede die Erkenntnisaussage noch einmal aufgenommen und mit der Selbstvorstellungsformel verbunden: Wenn die Israeliten ihren Hunger gestillt haben werden, »dann werdet ihr erkennen, daß ich Jhwh bin, euer Gott« (v. 12). Hier sind Herausführungsformel und Selbstvorstel-

---

führt habe: Ex 14,11 (להוציאנו); 17,3 (העליתנו).

20. In v. 32 wird die Herausführungsformel noch einmal aufgenommen: Der mitgenommene Krug mit Manna soll späteren Generationen das Brot zeigen, »das ich euch in der Wüste zu essen gab, als ich euch aus dem Land Ägypten herausführte« (בהוציאי אתכם).

21. Vgl. RENDTORFF, *Die »Bundesformel«* (Anm. 8), p. 19.

lungsformel nicht unmittelbar miteinander verbunden aber im Kontext aufeinander bezogen. Verglichen mit Lev 19 läuft die Argumentationslinie zwischen ihnen gleichsam umgekehrt: Die Israeliten werden zunächst erkennen, daß Gott selbst sie aus Ägypten herausgeführt hat, und danach, wie eine Steigerung, daß dieser Gott Jhwh ist, das heißt: Gott selbst. Es liegt in der Natur derartiger Zusammenhänge, daß sie unter verschiedenen Aspekten und in verschiedenen Blickrichtungen betrachtet und ausgelegt werden können.

4. Die Herausführungsformel im Deuteronomium

Der Gebrauch der Herausführungsformel im Deuteronomium unterscheidet sich in mehrfacher Hinsicht von dem in den Büchern Exodus bis Numeri. Ein markanter Unterschied besteht schon darin, daß im Deuteronomium die Selbstvorstellungsformel fast völlig fehlt. Sie findet sich nur im Dekalog (Dtn 5,6.9) im gleichen Wortlaut wie in Ex 20 und noch einmal in dem geschichtlichen Rückblick Dtn 29 in Verbindung mit der Erkenntnisformel (v. 5).

Damit hängt eine andere Besonderheit zusammen: Im Deuteronomium ist die Herausführungsformel mehrfach in der Weise mit dem Kontext verknüpft, daß sie mit einem impf. cons. eingeleitet wird. So heißt es in Dtn 4,20: »Aber euch hat der HERR genommen und hat euch herausgeführt (ויוצא אתכם) aus dem Eisenschmelzofen, aus Ägypten...«. Dieser Satz grenzt Israels ausschließliche und bildlose Jhwhverehrung von der Götterverehrung, insbesondere dem Gestirnskult der anderen Völker ab; das impf. cons. ist hier also adversativ. Zugleich führt der Satz auf die Bundesformel zu: »damit ihr ihm zum Volk des Eigentums sein solltet (להיות לו), wie es heute ist«. Dieser Passus ist gleichsam das Gegenbild zu Ex 6,6f, wo ebenfalls die Bundesformel mit dem Verbum לקח eingeführt wird und mit der Herausführungsformel verbunden ist; das Verbum steht dort jedoch im perf. cons. (והוצאתי), weil die Herausführung noch bevorsteht. Hier zeigt sich im übrigen noch eine weitere Besonderheit des Deuteronomiums: Die Bundesformel erscheint stets in der Form B (»Volk Gottes sein«)[21]. Dies hat auch Auswirkungen auf die Form der Verknüpfung mit der Herausführungsformel.

Einen anderen Akzent hat die Anknüpfung der Herausführungsformel in Dtn 4,37: »Weil er deine Väter liebte, darum hat er ihre Nachkommen erwählt, und darum hat er dich höchstselbst mit großer Kraft aus Ägypten herausgeführt (ויוצאך)«. Hier führt das impf. cons. das ihm vorhergehende ויבחר weiter. Darin liegt ein neuer Akzent. Nicht nur Gottes

---

22. Vgl. R. RENDTORFF, *Die Erwählung Israels als Thema der deuteronomischen*

Liebe zu den Vätern ist ein neues Argument, auch das Wort »erwählen« war bisher noch nicht im Kontext der Herausführungsformel aufgetaucht. Hier hat sich die deuteronomische Theologie dieses Thema zu eigen gemacht[22]. Anschließend wird dann mit einer ganzen Reihe von Infinitiven mit ל die Übereignung des verheißenen Landes als Ziel der Herausführung genannt (v. 38); dabei erscheint wieder das Wort נחלה wie schon in 4,20. Schließlich folgt noch einmal die Erkenntnisformel (v. 39) in Wiederaufnahme von v. 35. Die Erkenntnis richtet sich beidemal auf das alleinige Gottsein Jhwhs; aber im Unterschied zu früheren Formulierungen findet dies nun nicht in der Selbstvorstellungsformel seinen Ausdruck, sondern in dem in dritter Person formulierten Passus: כי יהוה הוא האלהים. (In der sachlich gleichen Aussage in 7,8 steht auf Grund der anderen Satzkonstruktion הוציא, was dann durch das impf. cons. ויפדך fortgeführt wird.)

Die Einleitung des Dekalogs in 5,6 ist gleichlautend mit Ex 20,2. Die Begründung für das Sabbatgebot lautet dann: »Gedenke, daß du Sklave gewesen bist im Lande Ägypten; aber dann hat der HERR, dein Gott, dich von dort herausgeführt (ויצאך) mit starker Hand und ausgerecktem Arm« (5,15). Das impf.cons. markiert diesmal den Gegensatz zwischen damals und jetzt und begründet damit die Verpflichtung zur Einhaltung der Sabbatruhe auch für die eigenen Sklaven. Dabei tritt ein weiteres formelhaftes Element hinzu: ביד חזקה ובזרע נטויה. Einzelne Glieder dieser Formulierung fanden sich schon früher. (Dazu s.u.)

Die gleiche Struktur der Aussage wie in 5,15 findet sich in 6,21. Statt der Aufforderung »Gedenke!« heißt es jetzt: »Sage zu deinem Sohn!«. Daran schließt sich ein ganz entsprechendes Satzgefüge an: »Wir waren Sklaven des Pharao in Ägypten – aber der HERR hat uns herausgeführt (ויציאנו) mit starker Hand«. Dies wird hier erzählerisch weitergeführt über eine nochmalige Nennung der Herausführung in v. 23 (ואותנו הוציא משם) hin zur Hineinführung in das den Vätern verheißene Land. Auch hier dient die Rückerinnerung an die Herausführung dazu, die Anweisung zum Einhalten der Gebote zu begründen, diesmal in ganz allgemeiner und umfassender Form (v. 24f).

Schließlich ist hier noch 26,8 zu nennen. In der Bekenntnisformulierung des »Credo« heißt es nach einer längeren Schilderung des Leidens der Israeliten in Ägypten (v. 6f): »Aber der HERR führte uns aus Ägypten heraus (ויוצאנו) mit starker Hand und ausgerecktem Arm, unter großem Schrecken, unter Zeichen und Wundern«. Wiederum schließt sich

Theologie, in J. JEREMIAS – L. PERLITT (eds.), *Die Botschaft und die Boten*. FS H.W. Wolff, Neukirchen-Vluyn, 1981, pp. 75-86.

23. Der Satz in Dtn 7,19 entzieht sich dem Vergleich auf Grund seiner anderen Satz-

die Hineinführung in das verheißene Land an, erzählerisch im Narrativ fortgeführt.

Die bisher genannten Texte des Deuteronomiums zeigen die Herausführungsformel in der Gestalt der Formel B als Aussage über Gottes Handeln in Israels Geschichte. Es finden sich aber auch Aussagen über Gott selbst (Formel A). So heißt es in 6,12: »Hüte dich, daß du nicht den HERRN vergißt, der dich aus dem Land Ägypten, aus dem Sklavenhaus, herausgeführt hat (אשר הוציאך)«. Hier dient die Herausführungsformel dazu, den Gott näher zu charakterisieren, den Israel keinesfalls vergessen darf. Dabei spricht der unmittelbare Kontext vom Genießen der Gaben des Landes, in das Gott Israel geführt hat. Ähnlich lautet 8,14: »Wenn sich dein Herz erhebt und du den HERRN, deinen Gott, vergißt, der dich aus dem Land Ägypten, aus dem Sklavenhaus, herausgeführt hat (המוציאך)«. Hier umfaßt der nachfolgende Kontext auch das Geschehen der Führung durch die Wüste. Die beiden Konstruktionen mit אשר bzw. dem Partizip mit Artikel sind offenbar austauschbar. In diesem Zusammenhang ist auch das einzige Vorkommen der Herausführungsformel im Deuteronomium mit dem Verbum עלה hiph. zu nennen. Das Kapitel Dtn 20 über Verhalten im Krieg beginnt mit einer Ermahnung zur Furchtlosigkeit. Sie wird begründet: »Denn der Herr, dein Gott, ist mit dir, der dich aus dem Land Ägypten heraufgeführt hat« (המעלך v. 1). Dies wird nicht weiter expliziert, so daß die Herausführungsfomel hier als grundsätzliche Charakterisierung des mächtigen Gottes Israels erscheint[23].

Zweimal erscheint die Herausführungsformel in Dtn 13 im Zusammenhang mit der Abwehr der Verehrung anderer Götter. Wenn ein Prophet oder ein nahestehender Israelit versucht, jemanden zur Verehrung anderer Götter zu verleiten, dann soll er gesteinigt werden, weil er zur Abkehr verführen wollte von »Jhwh, eurem (bzw. deinem) Gott, der euch (bzw. dich) aus dem Land Ägypten, aus dem Sklavenhaus, herausgeführt hat« (המוציא אתכם v. 6, bzw. המוציאך v. 11). Hier ist die Funktion der Formel A zur Charaktisierung des *einen* Gottes wieder ganz ausgeprägt.

Gleichsam als Gegenbild dazu werden die Völker sagen, wenn sie Israels schlimmes Schicksal sehen, daß sie »den Bund des HERRN, des Gottes ihrer Väter verlassen haben, den er mit ihnen schloß, als er sie aus dem Land Ägypten herausführte« (בהוציאו אתם Dtn 29,24). Hier ist die Verbindung des »Bundes« (ברית) mit der Herausführungsformel besonders bemerkenswert[24].

---

konstruktion; s. aber unten in Abschnitt 6.
24. Zu Dtn 9 s.u.
25. Es dürfte kaum zufällig sein, daß in diesem Text הוציא nur verwendet wird, wo

5. Weitere Formeln im Pentateuch

a) Datierungen

In der Erzählung von der Herausführung der Israeliten aus Ägypten wird dreimal der genaue Tag des Auszugs betont: בעצם היום הזה. Beim ersten Mal hat diese Aussage die Funktion, den genauen Zeitraum des Aufenthalts der Israeliten in Ägypten festzuhalten: nach vierhundertdreißig Jahren »zogen sie aus« (יצא qal, 12,41). Die Wiederholung dieser Formel bringt die Erzählung über den Auszug zum Abschluß; diesmal ist Gott Subjekt (הוציא 12,51). Aber dazwischen ist diese Wendung noch einmal gebraucht, und hier hat sie eine ganz andere Funktion: sie bestimmt das genaue Datum des (Passa-) Mazzotfestes. Diesmal spricht Gott in 1. Person (הוצאתי 12,17). Hier zeigt sich ein doppelter Aspekt dieser genauen Datierung. Einerseits hält sie die Erinnerung an das grundlegende Ereignis wach, das die Freiheit Israels und damit seine Existenz als Volk begründet hat. Dies klingt noch einmal in 12,42 an, wo die Auszugsnacht als »Nacht des Wachens für die Israeliten in all ihren Generationen« bezeichnet wird. Andererseits begründet sie aber vor allem eine verbindliche kultische Vorschrift, eine für alle kommenden Generationen feststehende Regel: חקת עולם (12,17).

Dieser Aspekt tritt in den nachfolgenden Bestimmungen über die »Ungesäuerten Brote« (מצה) und die Erstgeburt in Ex 13,1-16 ganz in den Vordergrund: »Gedenke dieses Tages, an dem ihr aus Ägypten, aus dem Sklavenhaus, ausgezogen seid (יצאתם); denn mit starker Hand hat euch der HERR von dort herausgeführt« (הוציא אתכם v. 3). Mehrmals wird dann in diesem Textabschnitt die Herausführungsformel in der Belehrung des Sohnes »zitiert« (v. 8f.14.16). Dabei wird ihre Funktion als Begründung einer kultgesetzlichen Verpflichtung besonders deutlich, wenn es heißt, daß diese Erinnerung als »Zeichen« (אות) und als »Gedenkzeichen« (זכרון) an der Hand und auf der Stirn getragen werden soll, »damit die Tora des HERRN in deinem Munde sei« (v. 8f, vgl. 16). Die Erinnerung an die Herausführung aus Ägypten dient dazu, die Tora im Bewußtsein zu verankern.

Die Datumsangabe des Auszugs gehört auch weiterhin zur Überlieferung des Mazzotfestes und damit zugleich des Festkalenders, der mit dem Mazzotfest beginnt. So heißt es in Ex 23,14f: »Dreimal im Jahr sollst du mir ein Fest feiern. Du sollst das Fest der Ungesäuerten Brote feiern ... im Monat Abib, denn in ihm bist du aus Ägypten ausgezogen« (יצאת); vgl. auch Ex 34,18. Während in diesen beiden Texten vom Auszug der Israeliten die Rede ist (יצא qal), heißt es in Dtn 16,1 (in Bezug auf das mit dem Mazzotfest vereinigte Passa) wieder: »denn im Monat

Abib hat dich der HERR, dein Gott, aus Ägypten herausgeführt (הוציאך)
bei Nacht«. Diese Texte zeigen, daß die Glaubensaussage von der Herausführung bzw. von dem durch Gott bewirkten Auszug aus Ägypten ein fester Bestandteil der Überlieferung des israelitischen Festjahres ist.

b) Sonstiges

In Ex 18,1 wird berichtet, daß Jitro, der Schwiegervater Moses, alles hörte, was Gott an Mose und Israel getan hatte, »als der HERR Israel aus Ägypten herausführte« (הוציא). Dies wird im weiteren Verlauf der Begegnung näher entfaltet; jedoch erscheint dabei die Terminologie der Herausführungsformel nicht mehr.

In der Erzählung vom »Goldenen Kalb« in Ex 32 ergibt sich ein eigenartiges Wechselspiel um die Frage: Wer hat Israel aus Ägypten herausgeführt? Während Mose bei Gott auf dem Berg ist, sagen die Israeliten: Wir wissen ja gar nicht, was mit diesem Mann Mose geschehen ist, »der uns aus dem Land Ägypten heraufgeführt hat« (אשר העלנו מארץ מצרים v. 1, vgl. v. 23). Von dem Stierbild, das dann angefertigt wird, heißt es: »Das sind deine Götter, Israel, die dich aus dem Land Ägypten heraufgeführt haben« (העלוך v. 4.8). Gott selbst sagt zu Mose: »dein Volk, das du aus dem Land Ägypten heraufgeführt hast« (העלית v. 7). Und erst in seiner Replik sagt Mose zu Gott: »dein Volk, das du aus aus dem Land Ägypten herausgeführt hast« (הוצאת v. 11, vgl. v. 12). Aber Gott bleibt bei seiner Version: In 33,1 erhält Mose erneut den Auftrag: »Zieh hinauf von hier, du und das Volk, das du aus Ägypten heraufgeführt hast« (העלית)[25]. Während es bisher nur um das Herauf- bzw. Herausführen ging, wird jetzt auch das Ziel angegeben: »in das Land, von dem ich Abraham, Isaak und Jakob geschworen habe: deinen Nachkommen werde ich es geben«. Dies erinnert an die göttliche Zusage an Mose in Ex 6,8[26].

Der Bericht Moses in Dtn 9 ist in deutlicher Parallelität zu Ex 32 wiedergegeben[27]. Mose berichtet, daß Gott zu ihm gesagt habe: »Dein Volk, das du aus Ägypten herausgeführt hast, hat verderblich gehandelt« (v. 12: כי שחת עמך אשר הוצאת ממצרים, wie in Ex 32,7, aber mit הוציא anstelle von העלה). Er selbst habe dann im Gebet Gott beschworen, nicht Verderben über sein Volk, seinen Erbbesitz zu bringen, »das du aus Ägypten herausgeführt hast« (אשר הוצאת v. 26.29, wie in Ex

---

Gott Subjekt ist, sonst aber durchgehend העלה.
26. Die Formulierungen in Ex 6,8 und 33,1 sind allerdings nicht identisch; Ex 33,1 ist gleichlautend mit Dtn 34,4.
27. Vgl. M. WEINFELD, *Deuteronomy 1–11* (AB, 5), Garden City, NY, 1991, p. 409.
28. CHILDS, *Deuteronomic Formulae* (Anm. 3), *passim*.

32,11, vgl. ferner Dtn 9,28 mit Ex 32,12). Hier sind die Satzkonstruktionen offenbar von der Vorlage in Ex 32 abhängig.

6. Erweiterungen der Formel

Rückschauend auf den Gebrauch der Herausführungsformel im Pentateuch werfen wir noch einen Blick auf die formelhaft geprägten Aussagen über die Machterweise, mit denen Gott die Herausführung bewirkt hat, die häufig zur Herausführungsformel hinzugefügt werden. Die »klassische« Formel im »Credo« Dtn 26,8 enthält die längste Reihe solcher Ausdrücke: ביד חזקה ובזרע נטויה ובמרא גדל ובאתות ובמפתים. Brevard Childs hat mit Recht darauf aufmerksam gemacht, daß hier zwei Gruppen von formelhaften Ausdrücken miteinander verbunden worden sind, die je für sich unterschiedliche Aspekte des göttlichen Handelns zum Ausdruck bringen[28]. Er unterscheidet die Formelgruppe, deren Kernpunkt der Ausdruck ביד חזקה ist, von der anderen, in denen von »Zeichen und Wundern« die Rede ist. Beide Wendungen sind nicht auf bestimmte Ereignisse festgelegt wie z.B. den Durchzug durch das Schilfmeer oder die Plagen in Ägypten, sondern sind in einem breiteren Sinne zu verstehen. Dies ist zweifellos zutreffend, so daß sich das Interesse auch hier vor allem auf den jeweiligen Kontext richten muß. Als dritte Gruppe von Erweiterungen sind Formeln zu nennen, in denen Ägypten als Auszugsort näher charakterisiert wird wie z.B. in der Einleitung zum Dekalog: מבית עבדים (Ex 20,2; Dtn 5,6). Die Intention der Erweiterungen kann also ganz verschieden sein, und zudem werden sie häufig miteinander verbunden.

Bei der Verwendung solcher formelhaften Elemente hängt gewiß viel vom Sprachgebrauch der Tradition ab, in welcher der jeweilige Autor beheimatet ist, sei es in gottesdienstlichen, lehrhaften oder anderen Zusammenhängen. Wir wissen nichts von solchen nicht schriftlich fixierten Gebrauchsweisen und können deshalb nur versuchen festzustellen, was der jeweilige Autor im jetzt gegebenen Kontext mit der Verwendung solcher formelhaften Wendungen ausdrücken wollte. Da wir uns hier auf die Herausführungsformel beschränken, werden wir ohnehin nicht das gesamte Spektrum des Gebrauchs dieser Wendungen in Blick bekommen.

Zunächst ist aber festzuhalten, daß die Herausführungsformel nicht selten ohne Erweiterungen der genannten Art erscheint. Dies gilt z.B. dort, wo die Formel zur Datierung oder zur Erinnerung späterer Generationen an die Herausführung dient: Ex 12,17.42.51; 16,32; Lev 23,43;

---

29. Vgl. JEREMIAS, *Hosea* (Anm. 5), pp. 156-157.

25,42.55; Dtn 16,1). Auch im erzählerischen Kontext kann sie ohne Erweiterungen gebraucht werden, z.B. Ex 18,1. Ferner ist dies dort der Fall, wo ein bestimmtes Ziel oder ein Zweck der Herausführung betont wird (jeweils mit ל): Ex 29,46; Lev 11,45; 22,33; 25,38; 26,45; Num 15,41; Dtn 6,23; vgl. auch die negative Verwendung in Ex 17,3; Num 20,5; 21,5; Dtn 1,27, ferner Lev 26,13. Aber auch in ganz anderen Zusammenhängen begegnet die Formel ohne Erweiterungen, z.B. nach der Erkenntnisformel in Ex 16,6, am Ende der Gebotssammlung Lev 19,36 und in der Ermahnung zur Furchtlosigkeit Dtn 20,1. In vielen Fällen genügt also die Herausführungsformel, um das auszudrücken, was der Autor intendiert.

Die erste Gruppe von Erweiterungen der Herausführungsformel bringt die Macht Gottes zum Ausdruck, die er in der Herausführung Israels aus Ägypten bewiesen hat. Die häufigste Wendung in dieser Gruppe lautet: ביד חזקה. Es ist die einzige der hier begegnenden formelhaften Wendungen, die mehrfach allein erscheint: Ex 13,9; Dtn 6,21; 7,8; 9,26, manchmal auch in der Umkehrung: בחזק יד: Ex 13,3.14.16. Die Mehrzahl dieser Wendungen steht in Belehrungen der Nachkommen. Ein anderer alleinstehender Ausdruck ist בכחו הגדל in Dtn 4,37.

Häufiger begegnen Ausdrücke für die Macht Gottes in Kombinationen. So erscheint in der deuteronomischen Version des Dekalogs in Dtn 5,15 die Verbindung ביד חזקה ובזרע נטויה. Andere Zweierkombinationen lauten בכח גדול וביד חזקה (Ex 32,11), בכחך הגדל ובזרעך הנטויה (Dtn 9,29), בזרוע נטויה ובשפטים גדלים (Ex 6,6). In einer Reihe von Fällen werden dann die Ausdrücke für die Macht Gottes mit solchen über seine »Zeichen und Wunder« verknüpft. Die »klassische« Formulierung in Dtn 26,8 wurde eingangs schon zitiert. Sie verbindet den Doppelausdruck ביד חזקה ובזרע נטויה mit dem anderen באתות ובמפתים, ergänzt durch den Ausdruck במרא גדל. Daß es sich tatsächlich um zwei getrennte Begriffspaare handelt, wird in Dtn 6,21f deutlich. Hier ist zunächst die Herausführungsformel um den Ausdruck ביד חזקה erweitert, während dann in einem neuen Satz von den אותת ומפתים גדלים ורעים gesprochen wird, die Gott in Ägypten getan hat. Die gleiche Verbindung von Ausdrücken wie in Dtn 26,8 begegnet auch in 7,19, wenn auch in anderer Reihenfolge; hier wird die Herausführung mit אשר הוציאך nicht vor, sondern erst nach dieser Formelkombination genannt, womit dieser Satz etwas außerhalb der übrigen Herausführungsformeln steht.

In Dtn 26,8 findet sich noch der Ausdruck במרא גדל. Das Erregen von Schrecken scheint eher in die erste Gruppe der Machterweise zu gehören. So ist dieser Ausdruck auch in 4,34 (im Plural) zugeordnet, ebenso in 34,12 (s.u.). In Ex 6,6 ist die Reihe erweitert durch den Ausdruck

שפטים גדלים, der ebenfalls in diese Gruppe gehört (vgl. 12,12; Num 33,4); er erscheint allein in der ankündigenden Herausführungsformel in 7,4.

Die formelhaften Ausdrücke für die Machterweise Gottes begegnen aber nicht nur im ausdrücklichen Zusammenhang mit der Herausführungsformel. So steht in Dtn 4,34 die gleiche Verbindung von Formeln wie in 7,19 und 26,8 (mit gewissen Variationen), ohne daß einer der geläufigen Begriffe für die Herausführung aus Ägypten erscheint; stattdessen heißt es, daß kein anderer Gott versucht habe, »sich ein Volk aus einem Volk herauszuholen«. Damit ist natürlich die Herausführung aus Ägypten gemeint; aber es zeigt sich, daß diese Aussagen nicht nur Ergänzungen zur Herausführungsformel sind, sondern auch in anderen sprachlichen Zusammenhängen begegnen können; entsprechendes gilt für Dtn 3,24 und 11,2f. Schließlich ist hier auch Dtn 34,11f zu nennen. Hier werden beide Gruppen von Ausdrücken wieder getrennt genannt. Das Erstaunliche ist, daß sie auf Mose bezogen werden. Gott hat Mose gesandt, um all die »Zeichen und Wunder« in Ägypten zu tun, und Mose war es, der »die starke Hand und all die großen Schrecknisse« vor den Augen Israels »tat«. In der Stunde seines Todes werden Moses Taten fast mit den Taten Gottes gleichgesetzt. Mose war mehr als ein Prophet, mehr als irgendein anderer Mensch und näher zu Gott.

Schließlich muß die dritte Gruppe von Erweiterungen der Herausführungsformel genannt werden. In der Einleitung zum Dekalog heißt es, daß Gott Israel aus Ägypten, »aus dem Sklavenhaus« (מבית עבדים), herausgeführt hat (Ex 20,2). Dieser Ausdruck begegnet ziemlich häufig als Ergänzung zu dem Namen Ägypten: Ex 13,3.14; 20,2; Dtn 5,6; 6,12; 7,8; 8,14; 13,6.11. Überraschenderweise erscheint er aber dort nicht, wo ausdrücklich von der Sklavenschaft Israels in Ägypten und der Befreiung daraus die Rede ist. So fehlt er in der deuteronomischen Begründung des Sabbatgebots (Dtn 5,15), wo beides in einem sehr prägnanten Zusammenhang steht; ebenso in Lev 25,42.55. Man kann daraus schließen, daß es sich um eine geprägte Formulierung handelt, die offenbar nicht ohne weiteres in andere Kontexte eingesetzt werden konnte.

In einigen Fällen finden sich in der Herausführungsformel noch andere Kennzeichnungen Ägyptens. So heißt es in Ex 6,6f, daß Gott Israel מתחת סבל(ו)ת מצרים herausführen werde. Das Wort סבלת begegnet im Pentateuch nur im erzählerischen Zusammenhang der ersten Exoduskapitel: 1,11; 2,11; 5,4f. Hier ist also eine formelhafte Wendung aus dem narrativen Kontext heraus geprägt worden. In Dtn 4,20 heißt es, daß Gott Israel מכור הברזל herausgeführt habe. Dieses Bild vom Eisenschmelzofen wird an einigen Stellen außerhalb des Pentateuch wieder aufgenommen.

III. Die Herausführungsformel in den Geschichtsbüchern

In den Büchern der »Früheren Propheten« begegnet die Herausführungsformel jeweils an wichtigen Wendepunkten der Geschichte des Volkes Israel. In der Mehrzahl der Fälle sind damit offenbar bewußt Akzente in der Gesamtdarstellung des Geschichtsablaufs gesetzt worden.

Im Josuabuch erscheint die Herausführungsformel nur im abschließenden Kapitel 24. In der als Gottesrede formulierten Darstellung der Geschichte des Volkes, die mit Abraham »jenseits des Stromes« beginnt (v. 2) und bis zum Abschluß der Landnahme führt, bildet die Herausführung aus Ägypten ein nicht besonders betontes Glied (ואוציא v. 6). Als dann aber Josua die Israeliten vor die Entscheidung stellt, entweder Jhwh oder anderen Göttern zu dienen, antwortet das Volk mit einem Bekenntnis zu Jhwh (v. 16-18), dessen entscheidender Ansatzpunkt die Herausführung aus Ägypten ist: Es beginnt mit einer in die dritte Person umgesetzten (Selbst)Vorstellungsformel כי יהוה אלהינו הוא, die mit der erweiterten Herausführungsformel fortgesetzt wird: המעלה אתנו (v. 17). Dann folgen zwei Erweiterungen: die Herausführung geschieht מבית עבדים, und Gott tat »vor den Augen« der Israeliten את האתות הגדלים האלה. Die Funktion der Herausführungsformel ist hier wieder eindeutig die der Formel A, indem sie die Machterweise Gottes betont. Dabei weist die letztgenannte Formulierung mit האלה auf schon Gesagtes zurück, d.h. auf die Ereignisse, die in v. 5-7 beschrieben worden sind und von denen es dort heißt: »eure Augen haben gesehen, was ich in Ägypten getan habe« (v. 7). So wird hier am Beginn der neuen Phase der Geschichte Israels die Brücke zurück zu den Ereignissen der Herausführung aus Ägypten geschlagen.

Das Richterbuch wird (nach dem selbständigen Kapitel 1) mit einer Szene eingeleitet, in der den Israeliten in einer durch den מלאך יהוה übermittelten Gottesrede (2,1ff) der Verstoß gegen den Bund vorgehalten wird, den Gott mit ihnen geschlossen hat. Die Rede wird mit der knappen Wendung אעלה אתכם ממצרים (v. 1b) eingeleitet, führt dann weiter zur Gabe des den Vätern zugeschworenen Landes und der Verpflichtung, sich nicht mit den Bewohnern des Landes und ihrem Kult einzulassen. Aber dann folgt der Kontrast: »Aber ihr habt nicht auf meine Stimme gehört« (v. 2b). Dies ist ein neuer Aspekt der Herausführungsformel. Sie zeichnet das positive Handeln Gottes für Israel: *Ich habe dies für euch getan* (Formel B), dem dann das negative Gegenbild folgt: »*aber ihr!*«. Im folgenden erzählenden Text wird dies ausführlicher entfaltet in einer Darstellung der Geschichte des Abfalls der Israeliten von Jhwh mit ihren Folgen (v. 11-19). Dabei ist die Herausführungsformel zum Bestandteil eines Satzes geworden, der vom Abfall der Israeliten spricht: »Sie verließen den HERRN, den Gott ihrer Väter, der sie aus dem Land Ägypten herausgeführt hatte« (המוציא אתם v. 12).

In 6,7-9 ergeht erneut eine Gottesrede an die Israeliten, diesmal durch einen anonymen Propheten. Hier erscheint die Herausführungsformel in einer eigenartigen Doppelung: »Ich habe euch aus Ägypten heraufgeführt (העליתי אתכם), und ich habe euch aus dem Sklavenhaus herausgeführt« (ואציא אתכם v. 8). Daran zeigt sich die Selbständigkeit der Elemente »Herausführung« und »Sklavenhaus« ebenso wie die durch den jeweiligen Sprachgebrauch bedingte Verwendung von הוציא und העלה. Das theologische Grundkonzept dieser Gottesrede ist wieder das gleiche wie in Kap. 2: »*Ich* habe euch aus Ägypten heraufgeführt« (v. 8b) – *aber ihr* habt nicht auf meine Stimme gehört» (v. 10b). So zeigen diese Texte des Richterbuchs eine veränderte Funktion der Herausführungsformel. Sie stellt das Handeln Gottes für Israel dar, dem als Kontrast die negative Reaktion Israels gegenübergestellt wird.

Der nächste Punkt, an dem wieder von der Herausführung aus Ägypten geredet wird, ist die komplexe Erzählung von der Einsetzung Sauls zum König (1Sam 8–12). Zunächst erklärt Gott in seiner grundsätzlichen Kritik an dem Wunsch des Volkes nach einem König, daß dies ihrem Verhalten entspräche, das sie »von dem Tage an, an dem ich sie aus Ägypten heraufgeführt habe (מיום העלתי אתם), bis zum heutigen Tag« gezeigt hätten (8,8). Dies spiegelt die gleiche Intention der Aussage über die Herausführung, wie sie sich schon im Richterbuch gezeigt hat. Gottes Tat der Herausführung bildet gleichsam die Folie für das negative Bild des Verhaltens Israels. Vor Beginn der Suche nach dem vorherbestimmten König durch Losentscheid hält Samuel eine als Gottesrede formulierte Rede mit dem gleichen Tenor. Sie beginnt: »Ich habe Israel aus Ägypten heraufgeführt« (העליתי 10,18) und fährt dann fort: »aber ihr habt heute euren Gott verworfen« (v. 19).

In Samuels Abschiedsrede (12,6ff) erscheint die Erinnerung an die Herausführung aus Ägypten zweimal. Zunächst heißt es in einer knappen Einleitung, daß Gott Mose und Aaron »gemacht« und »eure Väter aus dem Land Ägypten heraufgeführt« habe (העלה v. 6). Dann wird die Geschichte im einzelnen rekapituliert und es heißt, daß Gott Mose und Aaron geschickt und daß diese »eure Väter aus Ägypten herausgeführt« hätten (ויוציאו v. 8). Hier wechselt nicht nur das Verbum (wie schon in Ri 6,8), sondern auch die Rolle von Mose und Aaron, die beim zweiten Mal selbst die Herausführenden sind. Vor allem erfolgt hier dann aber wieder der Umschlag: »Aber sie vergaßen den HERRN, ihren Gott« (v.

9). So setzt sich hier die im Richterbuch begonnene Verwendung der Herausführungsformel als Kontrast zu Israels abtrünnigem Verhalten fort.

Das Thema der Herausführung erscheint dann wieder im Zusammenhang mit dem von David geplanten Tempelbau. Der Prophet Natan wird mit einem Gotteswort an David beauftragt, in dem es heißt, daß Gott »seit dem Tage, an dem ich die Israeliten aus Ägypten heraufgeführt habe (למיום העלתי), bis zum heutigen Tage« nicht in einem Haus gewohnt habe (2Sam 7,6). Hier erscheint die Herausführung im wesentlichen als Zeitpunkt des Anfangs der Geschichte Gottes mit dem Volk Israel. Für die Leser und Hörer klingt dabei natürlich vieles mit, aber es wird nicht ausgesprochen. In der Tempelrede Salomos 1Kön 8 wird die göttliche Antwort an David wieder aufgegriffen, diesmal in etwas anderer Formulierung. Nicht nur das Verbum ist verändert (מן היום אשר הוצאתי v. 16), sondern das Ganze ist unter das Stichwort »erwählen« (בחר) gestellt: Gott hat sich kein Haus zum Wohnen erwählt, aber er hat David als Herrscher über sein Volk erwählt. Im weiteren Verlauf des Gebets ist dann von der Lade die Rede, in der sich der »Bund« (ברית) Jhwhs (d.h. die »Bundestafeln«) befindet, »den er mit unseren Vätern schloß, als er sie aus Ägypten herausführte« (בהוציאו אתם v. 21). Hier taucht fast beiläufig wieder der Gedanke auf, daß der Bund bei der Herausführung geschlossen worden sei (vgl. Dtn 29,24). Am Ende des Gebets wird dann noch zweimal an die Herausführung aus Ägypten erinnert. Als Abschluß der Bitten um Vergebung, wenn die Israeliten gesündigt haben (v. 46-51), heißt es wie zur Begründung: »denn sie sind dein Volk und dein Erbbesitz, die du aus Ägypten, mitten aus dem Eisenschmelzofen, herausgeführt hast« (אשר הוצאת v. 51). Hier erscheint die Kennzeichnung Ägyptens als כור הברזל aus Dtn 4,20 wieder. Der letzte Satz des Gebets greift dies dann noch einmal auf: Gott hat sich Israel aus allen Völkern der Erde ausgesondert als Erbbesitz, »wie du durch deinen Knecht Mose gesagt hast, als du unsere Väter aus Ägypten herausgeführt hast« (בהוציאך v. 53). Hier wird die Herausführung wieder ganz positiv im Sinne des göttlichen Führung Israels dargestellt (Formel B), wie ja überhaupt der Bericht über den Tempelbau einen Höhepunkt in der Darstellung der Geschichte Israels bildet.

Zugleich ist dies aber die letzte positive Erwähnung der Herausführung aus Ägypten in den Königsbüchern. In der zweiten Gotteserscheinung an Salomo 1Kön 9, in der das künftige negative Schicksal Israels beschrieben wird, sind es nur noch die außenstehenden Beobachter, die (wie die »Völker« in Dtn 29,24) den Kommentar dazu abgeben: »weil sie den HERRN, ihren Gott, verlassen haben, der ihre Väter aus dem Land

Ägypten herausgeführt hat« (אשר הוציא v. 9). Nach der Perversion der Herausführungstradition durch Jerobeam bei der Einweihung der »Goldenen Kälber« in 1Kön 12,28 mit der Zitierung von Ex 32,4 entsteht eine lange Pause, in der die Herausführung aus Ägypten nicht erwähnt wird. Und dann bleibt nur noch der Rückblick. Der Leser ist auf die Erklärung vorbereitet, die anläßlich der Zerstörung Samarias und damit des Endes des Nordreichs gegeben wird: »Dies geschah, weil die Israeliten gegen den HERRN, ihren Gott, gesündigt hatten, der sie aus dem Land Ägypten heraufgeführt hatte« (המעלה אתם 2Kön 17,7). Seit dem Tod Josuas steht diese Möglichkeit über der Geschichte Israels (Ri 2,12), und seit dem Ende der Herrschaft Salomos erscheint dieses Geschick Israels unabwendbar (1Kön 9,9).

Es klingt wie ein Nachtrag zu dieser Geschichte und ihrer Interpretation, wenn schließlich auch der religiöse Mischkult, der durch die Ansiedlung von Nichtisraeliten in dem Gebiet des früheren Nordreiches entstand, mit dem Maßstab der Herausführungstradition gemessen wird. Alle Bewohner dieses Landes hätten sich an die Anweisung halten sollen: »Den HERRN, der euch aus dem Land Ägypten heraufgeführt hat (אשר העלה אתכם) mit großer Kraft und mit ausgerecktem Arm, ihn sollt ihr fürchten, ihn anbeten und ihm opfern« (2Kön 17,36). Aber sie tun es nicht »bis auf den heutigen Tag« (v. 41). So wird dort, aus der judäischen Perspektive betrachtet, der Abfall vom legitimen Jhwhkult fortgesetzt, der einst die Katastrophe über ganz Israel gebracht hat.

IV. DIE HERAUSFÜHRUNGSFORMEL IN DEN PROPHETENBÜCHERN

In den Prophetenbüchern ist nicht allzu häufig von der Herausführung aus Ägypten die Rede. Allerdings kann man ähnliche Beobachtungen auch bei einer Reihe anderer Themen machen, die vor allem im Pentateuch eine wichtige Rolle spielen, so daß man diese Feststellung nicht zu einseitig interpretieren darf. Wichtiger ist die Beobachtung, daß die formelhaften Elemente, wie sie im Pentateuch und in den Geschichtsbüchern begegnen, in den Prophetenbüchern viel seltener vorkommen. Oft finden sich nur Anklänge an die geprägten Formeln. Dies hängt gewiß wieder mit den unterschiedlichen Traditionskreisen zusammen, welche die Vorstellungswelt und die Sprache geprägt haben.

In den älteren Prophetenbüchern finden sich die deutlichsten Anklänge an die Herausführungsformel bei Amos und Micha. In Am 2,10 erscheint die Formel in einem Kontext, der sich kritisch mit dem gegenwärtigen Verhalten der Israeliten auseinandersetzt: »Ich habe euch aus dem Land Ägypten heraufgeführt (ואנכי העליתי אתכם) und habe euch vierzig Jahre lang in der Wüste geleitet, damit ihr das Land der Amoriter in Besitz nehmen konntet«. Dem steht vorher (v. 6-8) und danach (v. 12) das soziale und religiöse Verhalten der Israeliten entgegen, so daß sich aus Gottes Tat der Herausführung nur noch negative Folgen ableiten können. Ein ähnlicher Kontext zeigt sich in Mi 6. Auf die anklagende Frage Gottes: »Mein Volk, was habe ich dir getan?« nennt Gott selbst die Wohltaten, die er Israel erwiesen hat, beginnend mit: »Ich habe dich aus dem Land Ägypten, aus dem Sklavenhaus, heraufgeführt (העליתיך) und dich freigekauft« (v. 4). (Zu גאל vgl. Ex 6,6 u.ö.) Hier wird also das Handeln Gottes in Erinnerung gerufen, das die Grundlagen für Israels Geschichte gelegt hat (Formel B). Aber es erscheint jetzt vor allem als Kontrast zu Israels Verhalten, das dem Verhalten Gottes so wenig entspricht.

Die prägnante Formulierung in Hos 12,10; 13,14: »Ich bin Jhwh, dein Gott, vom Land Ägypten her« stellt eine eindrucksvolle Aussage über Gott selbst in seiner Einzigartigkeit dar (Formel A). Der Kontext spricht auch vom geschichtlichen Handeln Gottes, indem jeweils ein Hinweis auf die Zeit der Wüstenwanderung folgt (12,10b; 13,5). In 13,4b ist zudem die Formel ausgeweitet: »Einen Gott neben mir kennst du nicht, einen Retter außer mir gibt es nicht«. Dadurch bekommt die Erinnerung an »Ägypten« einen ausgeprägt bekenntnismäßigen Charakter, wie er auch schon in der mit der Einleitung des Dekalogs gleichlautenden Selbstvorstellungsformel anklingt. Zugleich steht die Aussage über den »Gott von Ägypten her« aber auch hier in einem Kontext, der das gegenwärtige Verhalten Israels auf das schärfste kritisiert, so daß diese eindrucksvolle Berufung auf die Frühzeit der Geschichte in der gegenwärtigen Situation nur noch als Anklage in Erscheinung tritt.

Auch die Aussage »Durch einen Propheten (d.h. Mose) führte der HERR Israel aus Ägypten herauf« (העלה Hos 12,14), steht in ihrem Kontext in antithetischem Gegensatz zu dem jetzigen Verhalten Jakob/Israels[29]. In anderen prophetischen Texten weist die Formel auf die Herausführung als auf ein in der Vergangenheit liegendes Ereignis hin. Dies kann mit ganz unterschiedlichen Intentionen geschehen. So heißt es in Jes 11,16, daß Gott für die angekündigte Rückkehr der Exulanten aus »Assur« eine Straße durch Meer und Fluß schaffen wird, »wie es sie für Israel gab, als es aus Ägypten heraufzog« (ביום עלתו). Hier liegt der Akzent auf der Parallelisierung der angekündigten Rückkehr aus dem Exil mit der Herausführung aus Ägypten. In dem ähnlich formulierten Text Hos 2,17 ist der Akzent ein anderer. Im Bild des Handelns Gottes

---

30. Der Text ist schwierig, weil das Subjekt innerhalb des Satzes wechselt. Aber der

mit seiner treulosen Ehefrau Israel heißt es am Schluß, daß Gott ihr ihre Weinberge wiedergeben wird und daß sie ihm willig folgen wird »wie in den Tagen ihrer Jugend, als sie aus Ägypten heraufzog« (כיום עלתה). Hier wird das Heraufziehen (durch die Wüste, vgl. v. 16) in das verheißene, fruchtbare Land als Zeit der Liebe in Erinnerung gerufen. Nach Mi 7,15 war die Zeit, als Gott (sic!) aus Ägypten auszog (כימי צאתך), eine Zeit der Wunder (נפלאות)[30], die Israel jetzt wieder zu sehen hofft[31].

Im Amosbuch wird an zwei Stellen gegen ein zu selbstverständliches Vertrauen auf das Privileg der Herausführung aus Ägypten argumentiert. Die Israeliten werden zwar in der prophetischen Gottesrede angesprochen als »das ganze Geschlecht, das ich aus dem Land Ägypten heraufgeführt habe« (העליתי), und es wird ihnen bestätigt: »Nur euch habe ich erkannt von allen Geschlechtern der Erde«, aber es wird daraus dann eine der herrschenden Meinung entgegengesetzte Folgerung gezogen: »Darum ahnde ich an euch alle eure Verschuldungen« (Am 3,1f). Die traditionelle Auffassung von der Sonderstellung Israels, die mit der Überlieferung von der Herausführung aus Ägypten begründet ist, wird hier nicht in Frage gestellt, sondern sogar stark betont; aber es wird dabei nicht auf das Privileg, sondern auf die daraus erwachsende Verpflichtung abgehoben, der Israel nicht gerecht geworden ist. Noch schärfer ist dies in 9,7 ausgedrückt. Die Herausführung Israels aus Ägypten wird nicht bestritten (את ישראל העליתי מארץ מצרים), aber sie wird ihres einmaligen Charakters entkleidet. Gott hat mit anderen Völkern ebenso gehandelt. Darum wird Israel nicht als privilegiert betrachtet, sondern als in besonderer Weise den Geboten Gottes verpflichtet und darum auch entsprechenden Strafen ausgesetzt.

Jeremia steht ganz in dieser Tradition. Er betont nachdrücklich die Herausführung Israels aus Ägypten, aber er stellt ihr das Verhalten der Israeliten gegenüber, die darauf nicht angemessen reagiert haben. Schon von den Vätern gilt: »Sie fragten nicht: Wo ist der HERR, der uns aus dem Land Ägypten herausgeführt hat (המעלה אתנו)?« (Jer 2,6). Stattdessen liefen sie anderen Göttern nach, so daß Gott jetzt einen Rechtsstreit mit ihnen führen muß. Ähnlich in 7,25 und 11,7, wenn auch mit unterschiedlichen Formulierungen: Von dem Tag der Herausführung an (למן היום אשר יצאו bzw. ביום העלותי אתם) bis zum heutigen Tag ((ו)עד היום הזה) hat Gott sie immer wieder ermahnt, auf seine Stimme zu hören – aber sie

---

Zusammenhang von Auszug aus Ägypten und Wundern wird dadurch nicht berührt.

31. In Hag 2,5 heißt es »als ihr aus Ägypten auszogt« (בצאתכם). Der Satz ist im Kontext schwer verständlich; zudem ist die Formulierung »das Wort (oder: die Sache (הדבר), das ich mit euch schloß (כרתי)« ganz ungewöhnlich. Außerdem fehlt v. 5 aα in LXX. Vgl. die Kommentare.

32. Der Vollständigkeit halber sei das Zitat der Herausführungsformel bei der Herstel-

hörten nicht (vgl. auch 11,4: ביום הוציאי אתם). Die Herausführung aus Ägypten ist also der Zeitpunkt, an dem Gott Israel seine Gebote gegeben bzw. den Bund mit ihnen geschlossen hat (11,4). Sie ist aber zugleich auch der Zeitpunkt, an dem die Abwendung Israels von Gott begonnen hat. Der Tenor dieser Aussagen entspricht ganz dem, was sich schon in den Büchern Richter und Samuel zeigte. Einen besonderen Akzent setzt noch 7,22f: Bei der Herausführung aus Ägypten (ביום הוציא אתם) hat Gott ihnen nicht das Darbringen von Opfern befohlen, sondern das Hören auf seine Stimme und das Gehen auf seinem Weg. Das letztere ist das Entscheidende, und daran wird Israel gemessen, wie es schon zuvor in Kap. 7 ausführlich zur Sprache gekommen ist.

In Jer 32,16-25 wird ein Gebet Jeremias nach dem Vollzug des von Gott angeordneten Ackerkaufs mitgeteilt. Es beginnt mit der Schöpfung (v. 17) und führt über die Herausführung aus Äygpten (v. 21) bis zur gegenwärtigen Situation der feindlichen Belagerung Jerusalems (v. 24). Hier zeigt sich, daß die Herausführung ein wesentliches Element solcher geschichtlichen Darstellungen ist; aber es liegt kein besonderer Akzent darauf. Anders ist es in 34,12ff. Nach der zunächst gewährten, dann aber wieder rückgängig gemachten Sklavenfreilassung wird in einer göttlichen Strafrede die jeweils nach sieben Jahren zu gewährende Sklavenfreilassung als Bestandteil des Bundes (ברית) bezeichnet, den Gott mit den Vätern geschlossen hat, »als ich sie aus dem Land Ägypten, aus dem Sklavenhaus, herausgeführt habe« (ביום הוציאי אתם, v. 13). Hier wird also der Bund mit den Vätern anläßlich der Herausführung geschlossen. (Die Berufung auf die Herausführung zur Begründung eines einzelnen Gebots ist dabei höchst ungewöhnlich.) Auch in Jer 31,31-34 spricht Jeremia von dem »Bund, den ich mit ihren Vätern geschlossen habe, als ich sie bei der Hand faßte, um sie aus dem Land Ägypten herauszuführen« (ביום החזיקי בידם להוציאם v. 32).

Schließlich findet sich in Jer 16,14f (= 23,7f) eine betonte Gegenüberstellung der Herausführung aus Ägypten mit der erhofften Rückführung aus dem Exil. Daraus wird erkennbar, daß die Schwurformel חי יהוה mit dem Zusatz »der die Israeliten aus dem Land Ägypten heraufgeführt hat« (העלה) gebraucht werden konnte. Zugleich erweckt dieser Ausspruch den Eindruck, als werde hier die erhoffte Rückführung der Israeliten aus dem Exil höher gewertet als die Herausführung aus Ägypten; doch ist dies nicht explizit.

Aufs ganze gesehen dominiert in den Prophetenbüchern die Verwendung der Herausführungsformel im Kontrast zum gegenwärtigen Verhalten der Israeliten: Gott hat Israel aus Ägypten geführt, aber sie haben nicht auf seine Stimme gehört. Darin stehen die Prophetenbücher in großer Nähe zu den Büchern Richter und Samuel. Dies bedeutet wohl, daß in den Büchern Richter und Samuel prophetische Traditionen zum Ausdruck kommen.

V. DIE HERAUSFÜHRUNGSFORMEL IN DEN »SCHRIFTEN«

In den übrigen Büchern der Hebräischen Bibel ist auffallend selten in formelhafter Weise von der Herausführung aus Ägypten die Rede. Nur in wenigen Fällen finden sich Formulierungen, die man den Herausführungsformeln zurechnen kann. Dies gilt für Ps 81,11: »Ich bin der HERR, dein Gott, der dich aus Ägypten herausgeführt hat« (המעלך). Hier enthält auch der Kontext Elemente, wie wir sie in anderen Versionen der Herausführungsformel finden. So wird im vorhergehenden v. 10 die ausschließliche Verehrung des *einen* Gottes angemahnt, womit dieser Text ganz in die Nähe des Dekaloganfangs rückt. In v. 12 heißt es dann: »Aber mein Volk hat nicht auf meine Stimme gehört«, was den Psalmtext in die Nähe kritischer Prophetentexte stellt. In dem großen Bußgebet in Dan 9 beginnt in v. 15 ein neuer Abschnitt mit ועתה, der dann fortfährt: »Herr, unser Gott, der du dein Volk mit starker Hand aus dem Land Ägypten herausgeführt hast« (אשר הוצאת). Darauf folgt ein erneutes Sündenbekenntnis und dann die Bitte um Hilfe.

In Ps 136 heißt es in v. 10f: »der die Erstgeburt Ägyptens schlug, der Israel aus ihrer Mitte herausführte« (ויוצא). Hier sind die Elemente »Ägypten« und »Herausführung« auf zwei Sätze verteilt; man kann dies als poetische Auflösung der Formel interpretieren. Die Auflösung ist noch ausgeprägter in Ps 105. In v. 23 beginnt ein längerer Abschnitt über den Aufenthalt der Israeliten in Ägypten. Besonders ausführlich sind die Plagen behandelt (v. 28ff). Sie enden mit dem Erschlagen der Erstgeburt »in ihrem Lande« (v. 36). Darauf folgt dann die Herausführung: »Er führte sie heraus (ויוציאם) mit Silber und Gold« (v. 37), und in v. 38 wird dann wieder Ägypten erwähnt: »da freute sich Ägypten als sie auszogen« (בצאתם). Hier sind alle Elemente vorhanden, die zur Herausführungsformel gehören, aber sie stehen nicht in der formelhaften Weise beieinander. Schließlich taucht das Element der Herausführung in v. 43f noch einmal auf in einem resümierenden Rückblick auf die Zeit der Wüstenwanderung: »Er führte sein Volk heraus (ויוצא) mit Freude ... und gab ihnen die Länder der Völker«. Hier ist aber kaum noch eine Verwandtschaft mit dem formelhaften Reden zu erkennen.

Schließlich wäre Ps 114,1 hinzuzufügen: »Als Israel aus Ägypten auszog« (בצאת). Hier erscheinen die Elemente der Herausführungsformel, jedoch in der Form einer »Auszugsformel« mit dem Verbum יצא

im qal. Der Vers klingt aber deutlich an die Herausführungsformel an³².
Insgesamt zeigt sich, daß in den Psalmen kaum in formelhafter Weise
von der Herausführung geredet wird. Dies entspricht dem Befund bei
anderen formelhaft geprägten Aussagen wie z.B. der Bundesformel³³.

VI. ZUSAMMENFASSUNG

Das Interesse der vorliegenden Studie ist nicht in erster Linie auf die
formalen Strukturen der verschiedenen Ausprägungen der Herausführungsformel gerichtet, sondern auf ihre Stellung und Funktion im jeweiligen Kontext. Dabei zeigt sich, daß die Formel in aller Regel sehr bewußt und mit einer bestimmten Intention verwendet wird.

Eine erste grundlegende Beobachtung zeigt, daß die Formel mit zwei verschiedenen Akzenten gebraucht werden kann. Sie kann eine Aussage über Gott selbst sein: *Ich bin es* – oder *Gott (Jhwh) ist es*, der euch aus Ägypten geführt und darin seine Macht, seine Einzigartigkeit, seine Autorität bewiesen hat. Oder sie kann eine Aussage über Gottes Handeln in Israels Geschichte sein: Ich habe – oder: Gott hat euch aus Ägypten *herausgeführt* und hat damit einen grundlegenden ersten Schritt in eurer Geschichte getan. Beide Aussagen sind gewiß nicht strikt zu trennen; aber es zeigt sich, daß die Herausführungsformel je nach den verschiedenen Akzenten unterschiedliche Funktionen in ihrem jeweiligen Kontext haben kann. (Die Bezeichnung als »Formel A« bzw. »Formel B« soll in diesem Sinne als Orientierung dienen.)

Weiterhin zeigt sich, daß die Herausführungsformel vor allem im Pentateuch häufig mit anderen Formeln verbunden ist, die auch bisher schon Gegenstand exegetischer Untersuchungen gewesen sind. Dies gilt vor allem für die Selbstvorstellungsformel, die Bundesformel und die Erkenntnisformel. Die Verbindungen und Verknüpfungen dieser Formeln sind in den verschiedenen Textbereichen des Pentateuch durchaus unterschiedlich. Vor allem heben sich darin die priesterlich geprägte Sprache der Bücher Exodus bis Numeri und die Sprache des Deuteronomiums voneinander ab. Häufig wird durch die Verbindung der Formeln miteinander auch eine bestimmte Zielrichtung der Herausführung unterstrichen, welche die Israeliten erkennen und woraus sie die entsprechenden Folgerungen ziehen sollen.

---

lung des »Goldenen Kalbes« in Neh 9,18 erwähnt. Ferner erscheint die Formel in 2Chron 6,5 im Paralleltext zu 1Kön 8,16 und in 2Chron 7,22 zu 1Kön 9,9.
  33. Vgl. RENDTORFF, *Die »Bundesformel«* (Anm. 8), pp. 19-20, Anm. 17.

Von besonderem Interesse sind die verschiedenartigen Erweiterungen der Herausführungsformel. Sie setzen ihrerseits bestimmte Akzente und weisen auf bestimmte Zusammenhänge mit dem Kontext hin.

Schließlich zeigt sich in einigen Teilen der Geschichtsbücher sowie in den Prophetenbüchern eine Umkehrung der Funktion der Herausführungsformel. Sie dient nicht mehr in erster Linie dazu, die Macht Gottes oder die Größe seines Handelns zu betonen, sondern sie wirkt als Kontrast zu dem jetzigen Handeln der Israeliten, das von dem in der Herausführung aus Ägypten begonnenen Weg Gottes mit seinem Volk abweicht.

Bemerkenswert ist auch, daß die Herausführungsformel, ebenso wie die meisten übrigen Formeln, in der Sprache der Psalmen und der übrigen »Schriften« kaum eine Rolle spielt. Diese Formeln sind Bestandteil einer reflektierenden und systematisierenden Sprache, wie sie den »poetischen« Texten fremd ist.

Die Untersuchung der verschiedenen Formeln in ihrem literarischen und theologischen Kontext könnte auch dazu dienen, die dem heutigen Leser oft allzu »formelhaft« erscheinende Sprache bestimmter Texte der Hebräischen Bibel in ihrer reflektierten Differenziertheit besser zu verstehen. Dazu sollte hier ein Beitrag geleistet werden.

18   Alas for the Day!

The "Day of the LORD" in the Book of the Twelve

I

One of the most fascinating practices of "canonical" reading of biblical texts is to follow the advice of biblical authors or editors in reading those texts as a unity that are obviously composed of parts and elements of quite different and even divergent character. Years ago Bible scholars started this kind of reading with the Pentateuch, later continued with the book of Isaiah, the Psalter, and now also the Book of the Twelve.[1] The first time the Twelve Prophets are mentioned at all they are quoted as *one* book. It was Ben Sira who praised them as those who "comforted" or "healed" Jacob and "helped" or even "saved" him by a "faith full of hope"(Sir 49:10).[2] About whom is Ben Sira speaking? About Amos? But did he not preach judgment and doom? Even Hosea, Micah, and others, did they not preach much more about disaster and divine punishment than about hope and salvation?

From Ben Sira's quotation we learn that according to his view the comforting tone was the dominating element in this collection of prophetical sayings and writings. But is it possible to read everything in these writings from one particular point of view? This brings us to a central point of reading those complex "books" like the Twelve.[3] How shall we handle the

---

1. These developments can easily be traced in the programs and unit formations of the Society of Biblical Studies during the years. For the Psalter see also W. Brueggemann, "Bounded by Obedience and Praise: The Psalms as Canon," *JSOT* 50 (1991) 63–92. For the Book of the Twelve, see also my article: "How to Read the Book of the Twelve as a Theological Unity," in *SBL Seminar Papers*(Atlanta: Scholars Press, 1997).

2. LXX reads "comforted," MT "healed," translated according to *Dictionary of Classical Hebrew,* vol. 3 (ed. David J. A. Clines; Sheffield: Sheffield Academic Press, 1996) 238.

3. In the following I will use the term *book* almost exclusively for the Book of the Twelve, while the individual collections of prophetical sayings will be named "collections" or "writings."

obviously different and even contradicting utterances in those collections? With regard to the Twelve we are still at the beginning and in a stage of experiments, so to speak.[4]

One of the important observations is the use of certain key words through different writings within the Book of the Twelve that give a certain structure to the composition as a whole or to parts of it. In this article I will concentrate on one specific topic that appears in a remarkable culmination in the Book of the Twelve: the "day of the LORD." I think that this will also fit in the framework of this volume honoring Walter Brueggemann, because the question whether and how God is "above the fray" or "in the fray" will always be present.[5]

II

Amos usually is deemed to be the first to use the term *yôm yhwh* (Amos 5:18, 20).[6] But the reader will realize that Amos does not use a hitherto unknown term; on the contrary, he is opposing an obviously common understanding of this particular day among his audience: "Why do you want the day of the LORD?" Amos's listeners know about this day, and they desire it to come. But what about the reader? Does he or she know as well? Yes, of course, from the previous use of this term in the writing of Joel. Therefore, in order to understand Amos we have to read Joel first.

One could call the Joel collection the "book of the day of the LORD." But what does this expression mean in the context of this book? And how could that be related to Amos? Obviously for Joel and his audience the day of the LORD is a terrible experience. It refers to a disastrous plague of locusts that destroys the bare necessaries of life. There are great lamentations

---

4. The most recent attempts to read the Twelve as one book still show very divergent methodological approaches. I mention a few of them: P. R. House, *The Unity of the Book of the Twelve* (Bible and Literature Series 27; Sheffield: Almond, 1990); T. Collins, *The Mantle of Elijah: The Redaction Criticism of the Prophetical Books* (Biblical Seminar 20; Sheffield: JSOT Press, 1993) chap. 3; R. C. Van Leeuwen, "Scribal Wisdom and Theodicy in the Book of the Twelve," in *In Search of Wisdom: Essays in Memory of John G. Gammie* (ed. L. G. Perdue; Louisville: Westminster/John Knox, 1993) 31–49; J. D. Nogalski, *Literary Precursors to the Book of the Twelve* (BZAW 217; Berlin: de Gruyter, 1993); idem, *Redactional Processes in the Book of the Twelve* (BZAW 218; Berlin: de Gruyter, 1993); R. J. Coggins, "The Minor Prophets—One Book or Twelve?" in *Crossing the Boundaries: Essays in Biblical Interpretation in Honour of Michael D. Goulder* (Biblical Interpretation Series 8; ed. S. E. Porter; Leiden: Brill, 1994) 57–68; A. Schart, "Die Entstehung des Zwölfprophetenbuchs: Neubearbeitungen von Amos im Rahmen schriftenübergreifender Redaktionsprozesse" (Habilitationsschrift, Philipps-Universität Marburg, 1995).

5. I will take up certain observations from the literature quoted without mentioning it in detail.

6. For general information on the topic of the Day of the LORD see *ABD* (Garden City, N.Y.: Doubleday, 1992) 2:79–85. To the literature I want to add H. P. Müller, *Ursprünge und Strukturen alttestamentlicher Eschatologie* (BZAW 109; Berlin: de Gruyter, 1969) 69–85.

throughout the whole country, and finally the assembly is summoned for a holy fast (Joel 1:2–14). At this point the outcry is heard: "Alas for the day!" (v. 15). What a day! Then the day is called by its name: "the day of the LORD." But was it already the day of the LORD that had happened? "The day of the LORD is near." Does it mean that this day is still near to come? "It shall come like havoc from Shaddai" (*yābô'*)—it shall come as an even more terrible destruction. The destruction is called a *šōd*, and it will come from *šadday*. This is a shocking wordplay: The destruction will come from the Almighty. But notwithstanding the shocking wording, this is an exact definition of the day of the LORD: a mighty, even terrible event, including destructive elements, coming from the divine sphere. For those who experience its coming near, the question is what to do. Will there be any chance to survive? This includes the questions of whether this event is directed toward a certain country or group of humans and whether those who experience its coming will have a chance to escape.

At this point we have to turn briefly to Isaiah 13. There exactly the same wording appears: "The day of the LORD is near; it shall come like havoc from Shaddai" (v. 6). But this time the situation is completely different. This chapter is a great oracle against Babylon, and it is quite clear that the LORD Sebaoth (v. 4) himself is going to fight against Babylon in order to destroy it (v. 19). The day of the LORD is characterized as "cruel, with wrath and fierce anger" (v. 9). So it shows a quite different face from that described in Joel 1, which says nothing about wrath and anger. In particular, it is not Israel that is attacked, but Israel's archenemy, Babylon.

But back to Joel: even here the situation changes. The horn is blown, the alarm is sounded (Joel 2:1). The locusts seem to have changed into something that looks like an army of human warriors, riding horses and chariots, using weapons and climbing walls (vv. 4–9). And behold, the LORD himself "roars aloud at the head of his army" (v. 11). At this moment it becomes clear again: This is the day of the LORD; it is great—and most terrible! This time, almost as in Isaiah 13, the day of the LORD shows a face of war, and the LORD himself is at the head of the army. The prophet cries: "Who can endure it?"

The answer comes from God himself: "Yet even now, turn back to me [*šubû 'āday*] with all your hearts" (v. 12). Here the basic difference between the situation in Joel and in Isaiah 13 becomes evident. For Israel, the day of the LORD is not an inescapable fate. They have the chance to turn, to repent—even now! God himself calls them to do so, and the prophet adds the basic reason why there will be a chance, quoting one of the most fundamental confessions of God's grace and mercy, one that Moses was the first to hear through God's own voice: "For he is gracious and merciful, slow to anger and abounding in kindness" (Joel 2:13; cf. Exod 34:6). Even now when the day of the LORD is near there is a chance to turn and to endure the disaster.

The prophet knows that there is no guarantee that God himself will turn away (*yāšûb*) from his plans; there can only be a fearful hope: *mî yôdēaʿ* "Who knows?" If God really will, it would be an event of fundamental relevance, because God will have to do what according to his own words in other contexts he never would do: relent, change his mind (*niḥām*, Joel 2:14; cf. Num 23:19; 1 Sam 15:29). The prophet did include this aspect of God's hoped-for behavior already in the quotation from the Sinai tradition by adding the phrase *wĕniḥām ʿal-hārāʿāh*, "and renouncing punishment" (Joel 2:13), which is not found in Exodus 34.[7]

The reaction is prompt. The horn is blown again, this time not for war but to sanctify a fast (Joel 2:15). The people assemble and the priests pray: "Spare your people, O LORD!" (vv. 16–17). And God hears the prayer. Again he behaves like a human, getting jealous and having compassion upon his people (v. 18). He gives them back what they had lost, makes the country fruitful, and assures them of peace and joy (vv. 19–26). For the people, this is not only the end of the disaster but more than that: "You shall know that I am in the midst of Israel, and that I am the LORD, your God, and there is no other" (v. 27). This is an unusually extended version of the "recognition formula." The LORD, the only god, is in the midst of Israel, in his temple on Zion, from where the horn has been blown (2:1, 15).

One might think that now the threatening by the day of the LORD with its dangerous features will be over and Israel can live in quiet peace with God dwelling in their midst. But there will be a new phase of events. These "will happen after that" (*wĕhāyāh ʾaḥărê-kēn*, 2:28 [MT 3:1]). This is a very unusual expression. Many times it is said in narrative contexts that something *happened* (*wayĕhî*) "after that," just to express a normal progress in time and events (e.g., 2 Sam 2:1; 8:1; 10:1; 13:1). But that something *will happen* (*wĕhāyāh*) "after that" is said in the Hebrew Bible only here in Joel 2:28 (MT 3:1). So the question arises: After what?[8] The answer cannot come out of the immediate context, where the "children of Zion" (2:23 [MT 3:2]) are peacefully living with God in their midst. The events that are announced to come are going far beyond that. Again the day of the LORD will be coming, and again it will be "great and terrible" (2:31 [MT 3:4]). But certain things will happen "before" (*lipnê*) it comes.

---

7. For a more detailed explication see J. Jeremias, *Die Reue Gottes: Aspekte alttestamentlicher Gottesvorstellung* (Biblische Studien 65; Neukirchen-Vluyn: Neukirchener Verlag, 1975) 1975.

8. This text is quoted in Acts 2:17: *kai estai en tais eschatais hēmerais*.

Thus there will be a time "after that" (whatever that means) and at the same moment "before," namely, before the coming of the day of the LORD. It will be a time "in between," so to speak.

In this time the whole of humanity, "all flesh," will be included in God's actions. God will pour out his Spirit on them so that they will behave like prophets (*nibbĕ'û*) and will have dreams and see visions (Joel 2:28–29 [MT 3:1–2]). It will be like a fulfillment of Moses' desire "that all the LORD's people were prophets, and that the LORD would put his spirit on them" (Num 11:29, NRSV). But even more than that: Not only "the LORD's people" but "all flesh" will be the recipients of the divine Spirit, even the slaves, male and female. All boundaries will be torn down, national as well as social. This is what will happen "in between." But the life under the guidance of the divine Spirit will not last long before the coming of the day of the LORD will be foreboded by spectacular portents in the sky and on earth: blood and fire and pillars of smoke, the sun darkening and the moon turning into blood (2:30–31 [MT 3:3–4]). These will once more be signs of the day of the LORD similar to the earlier ones when the LORD himself came at the head of his army (2:10–11).

Again a question arises: Who will escape from the danger that is coming through the day of the LORD? In particular, what will happen to those who have received the Spirit that God has poured on them, making them like prophets? This is what will happen (*wĕhāyāh*): "Everyone who calls on the name of the LORD shall escape" (2:32 [MT 3:5]). According to the context this can only mean that those from "all flesh" who have received the divine Spirit are called to invoke the name of the LORD and be saved. This will just be a small number of people, those who escaped (*pĕlêṭāh*), a remnant. These survivors will be those "whom the LORD calls." This expresses a very important interrelation between "to call on [*qārā'*] the name of the LORD" and the LORD's "calling" (*qārā'*) the survivors, the latter appearing as a kind of divine reaction to the invocation. All this will happen on Mount Zion and in Jerusalem. If I understand this passage correctly, it announces the existence of a very limited group of survivors after the day of the LORD: a group that will comprise not only Israelites but all those who, under the impact of the divine Spirit, will call on him in the days of need and whom he will call into the group of survivors.[9]

Yet this truly eschatological vision is not the last word in the collection of sayings under the name of Joel. Another chapter begins, this time with the much more common formula "In those days" (*bayyāmîm hāhēmmāh*),

---

9. Many commentators try to avoid such an interpretation. Even the NJPS says in a footnote to the last words of 3:5: "Meaning of Heb. uncertain." But why?

expanded by "in that time" (*bāʿēt hahî*; 3:1 [MT 4:1]). We are back in history, and the roles are clearly defined. On the one side there are the nations (*gôyim*) in a global sense, with some specifications in vv. 4–8 and 19; on the other side there is Israel (v. 2) or Judah (mostly mentioned together with Jerusalem, vv. 1, 6, 8, etc.), which is called "my people and my heritage" (*naḥălātî*) (v. 2). The day of the LORD will affect only the nations; but Israel is indirectly involved because the day of the LORD will come as a judgment upon the nations owing to their misdeeds against Israel. God's actions begin as a trial against the nations (v. 2), turning into a war (v. 9), which finally takes on the features of the day of the LORD (v. 14): darkening of sun, moon, and stars (v. 15), and the LORD roaring from Zion (v. 16).

But suddenly the representation of the events breaks off, turning into a message: "The LORD is a refuge for his people, a shelter for the children of Israel" (v. 16b). The immediately following recognition formula (v. 17) shows that this is the actual focal point of the whole chapter. God's final judgment of the nations will leave Israel, and in particular Jerusalem, untouched. More than that: Israel shall know that the LORD himself dwells on Zion (cf. v. 21), and that not only Zion—the mount on which the temple stands—but all of Jerusalem will be holy. It is the second time in Joel that this formula concludes a chapter (cf. 2:27); it gives the whole collection its stamp.

It is not a balanced doctrine of the day of the LORD that we find in the Joel writings. The day of the LORD can be disguised as a terrible attack of locusts; but when it becomes obvious that God himself is acting in these events it turns into a great cycle of liturgical lament, repentance, and finally divine forgiveness and restitution (Joel 1–2). Here the day of the LORD is a transaction between God and his people. But there is also the distinctively different idea of the day of the LORD as a divine judgment against Israel's enemies. Here Israel stands aside, accepting the final affirmation of Zion's and Jerusalem's holiness and safety (chap. 3 [MT 4]). In a third concept the day of the LORD is a much more "eschatological" event accompanied by thoroughgoing changes in human behavior and leaving only a remnant of believers on Mount Zion and in Jerusalem (2:28–32 [MT 3:1–5]). There is not a clear-cut sequence among these concepts in the Joel writings. Rather, these writings look at the day of the LORD from different angles. But one message is important: as far as Israel itself is concerned, the only way to survive is to repent and to call the name of the LORD.

III

Returning to Amos, what idea of the day of the LORD may his contemporaries have had? In Amos 5:18, one finds the only mention in the Hebrew

Bible that the people *desire* the day of the LORD. It is usually said that they fear it, tremble, and are seized with panic. Why do these people desire the coming of the day of the LORD? Of course, they must think that it will not be directed against Israel but against other people—namely, Israel's enemies. At the beginning of his sayings, Amos had announced a divine judgment coming against a number of nations (Amos 1:3–2:3). This might have been taken by his audience as an announcement of a day of the LORD according to a concept similar to that of Joel 3 (MT 4). But the reader knows that Amos had also announced divine judgment against Judah and Israel (Amos 2:4–16), so that it would be rather a day of the LORD directed against Israel according to a concept similar to that of Joel 1–2.

Immediately before 5:18 Amos sharply criticized the social and legal behavior of his audience (5:7–12) and called the present time an "evil time" (*'ēt rā'āh*, v. 13). He called his audience to turn around, to do the opposite of what they have done before: "Seek good and not evil.... Hate evil and love good, and establish justice in the gate," and he added: "Perhaps [*'ûlay*] the LORD, the God of hosts, will be gracious to the remnant of Joseph" (vv. 14–15). This *'ûlay* comes close to the *mî yôdēa'* ("Who knows?") in Joel 2:14. Amos then began to describe a situation of wailing and mourning culminating in the words: "Then I pass through your midst, says the LORD" (vv. 16–17). All these are signs of God's coming for judgment and punishment of his people. Therefore, if this really is the day of the LORD, it would obviously be directed against Israel, and the only chance to escape would be to turn away from evil and repent.

Whatever traditions about the day of the LORD that Amos and his contemporaries might have had in detail, the basic structures are obviously similar to those unfolded in Joel. The readers coming from Joel are provided with certain ideas that will give them associations while reading Amos. Consequently, the passage on the day of the LORD will be much less isolated within Amos than some commentators claim.

IV

The theme of the day of the LORD continues. It is the main topic of the short Obadiah writings. One gets the impression that the Amos writings have been framed by the two smaller writings, Joel and Obadiah in particular (neither of which is dated), because of their common topic: the day of the LORD.[10] In Obadiah the concept is close to that in Joel 3 (MT 4). The day of the LORD is directed against one of Israel's closest enemies:

---

10. See Schart, "Die Rahmung der Amosschrift durch Joel und Obadja," chap. 8 in "Entstehung."

Edom. By calling it "Esau" (seven times!) both the closeness and the enmity are emphasized. The LORD comes to punish Edom/Esau because of all his misdeeds against his brother Jacob/Judah. But when the day of the LORD is explicitly mentioned, it is directed "against all nations" (*'al-kol-haggôyim*, Obad 15). This again corresponds to Joel 3 (MT 4) where the nations in toto are the enemy against whom the day of the LORD is directed. In Obad 16 all the nations will have to drink the cup, which was previously mentioned in Jer 25:15–29, where it is named "the cup of the wine of wrath."

In contrast to Edom and the nations, on Mount Zion there will be those who escaped (*pělêṭāh*), a remnant (Obad 17). This corresponds with Joel 2:32 (MT 3:5). But there is one remarkable difference: In Joel the remnant consists of the believers, those who called on the name of the LORD and whom he himself calls. The name of Israel or any corresponding name is not mentioned and nothing is said about the relation of the remnant to the rest of the nations—if there will be any. In Obadiah it is the house of Jacob, also called the house of Joseph, who shall possess those who formerly possessed them and who shall be the fire and the flame to burn them and consume them; and there will be no remnant from the house of Esau (v. 18). Up to the end Israel is ruling over its enemies and even judging them from Mount Zion (v. 21).[11]

The whole tone in Obadiah is different from Joel. The element of enmity and the vision of ruling over the enemy for centuries is dominant. But it is finally said that God will be there on Mount Zion, as in Joel (2:27; 3:21 [MT 4:21]): "The kingdom shall be the LORD's." This makes clear that the ultimate rulership is with God, not with humans. In addition, because the Obadiah writings are included in the Book of the Twelve, one cannot read Obadiah without hearing Amos's critical question: "Why do you want the day of the LORD?" And reading about the remnant on Zion one will remember what is said in Joel 2:32 (MT 3:5) about the remnant of believers called by God himself. This takes the edge off Obadiah's sayings that they would have when read on their own.[12]

V

The framing of Amos by Joel and Obadiah forms a group of writings referring to the day of the LORD near the end of the Northern Kingdom. Joel

---

11. It is not quite clear who are the *môši'îm* in v. 21.
12. In the context of the Book of the Twelve Jonah might be understood as a critical reaction to Obadiah, showing that even a great enemy of Israel like Nineveh could repent and be saved.

and Obadiah, of course, speak about Judah and Jerusalem; but Amos is the only one of the three whose sayings are dated, so that, in the structure of the Book of the Twelve, this group of texts is to be read in that chronological context. This is important because the next mention of the day of the LORD appears near the end of Judah in the dated writings of Zephaniah. This collection of prophetical sayings again, like Joel, could be called a "book of the day of the LORD."

Zephaniah has his own terminology. Alongside of the term *yôm yhwh* (1:7, 14; 2:2, 3) he uses the expanded terms *yôm 'ebrat yhwh* (1:18) and *yôm 'ap-yhwh* (2:2, 3), "the day of the LORD's wrath," or other terms describing the terrifying character of that day (in 1:15–16 he uses a whole series of these). He calls it *yôm zebaḥ yhwh* (1:8), "the day of the LORD's sacrifice," or simply says *bayyôm hahû'*, "on that day" (1:9, 10). In the later parts of the Zephaniah writings these terms do not appear. In 3:8 God calls the day when he will arise as an accuser *yôm qûmî*, "the day of my arising." Finally, the term *bayyôm hahû'* appears twice in a totally different sense (3:11, 16), speaking about a time when, for Israel, all disaster will have gone.

Zephaniah speaks of a great disaster that will come upon the whole world, by which God will sweep away everything, humans and animals (1:2–3). But then the judgment concentrates on Judah and Jerusalem, particularly on those who are carrying out foreign worship of Baal, of the host of heaven, and of Malcam (vv. 4–6). For those "the day of the LORD is near" (v. 7). It will be directed against those who are responsible for all that in one or another capacity (vv. 8–11) and who got fat and rich and forgot the LORD (vv. 12–13). Again: "The day of the LORD is near" (v. 14), and nothing will save them (vv. 15–18).

This is the first time in the Book of the Twelve that particular reasons are given why the day of the LORD will come upon Israel. It is the worship of foreign gods that provoked God's wrath so that he now will set out to judge and to punish his people and, in particular, those responsible for the false worship. But now the prophet calls them to gather before the day of the LORD's wrath will come upon them and to seek the LORD (2:1–3). Here the prophet turns from the cultic field to that of righteousness: "Seek righteousness, seek humility!" The right worship and the doing of righteousness are closely linked to each other because they are different sides of the one right service of God. Therefore the prophet expresses the hope: "Perhaps you will find shelter on the day of the LORD's wrath." These wordings are close to Amos 5:14–15: "Seek" (Zephaniah: *baqqěšû*; Amos: *diršû*), and than the hopeful *'ûlay* looking forward to a gracious divine reaction.

But there is no immediate answer. The prophet speaks about God's judgment upon other peoples: the Philistines, Moab, Ammon, the Cushites, and Assyria/Nineveh (2:4–15). In this passage the term "day of the LORD" (or related terms) does not appear. Then the prophet turns again toward Jerusalem and its leading groups (3:1–7). Finally, God himself calls to wait for the "day" when he will arise as accuser: *yôm qûmî* (v. 8). Will this waiting now lead to an answer?

God arises. He will pour out his indignation upon the nations and will send the fire of his passion over all the earth (3:8b). But then he will change everything. First he will give the nations pure lips so that they will call on the name of the LORD (v. 9). This is reminiscent of Joel 2:32 (MT 3:5): "everyone who calls on the name of the LORD shall be saved." This will be the result of God's pouring out his spirit on "all flesh." Now in Zephaniah, God himself will enable the nations to call on his name. So they are saved by God's own action.

On that day (*bayyôm hahû'*) (3:11) Israel must no longer be ashamed because of its former deeds. The reason is that God will also change Israel. He will remove from its midst those who might arouse God's anger by their haughtiness (v. 11), and he will leave there a poor, humble folk. Again it is the "name of the LORD" in which they will find refuge (v. 12). They are called "the remnant of Israel," and they will behave according to God's delight (v. 13). All will be joy and exultation (vv. 14–19), and finally God will gather them and bring them home (v. 20).

Thus in the course of Zephaniah's writings, the situation has fundamentally changed from the threatening announcement of the approaching day of the LORD to the vision of a joyful future for Zion with the LORD, the king of Israel (v. 15) and the saving hero (v. 17) in their midst. According to the chronological structure of the Book of the Twelve these are the last words before the destruction of Jerusalem and the temple on Mount Zion. The next verse speaks about Darius, the king of Persia (Hag 1:1). These words, therefore, at the same time form the end of the second section of the Book of the Twelve. Looking back from here we will see that even the first section, chronologically speaking, ends with a vision of a peaceful and joyful future for Israel (Mic 7:11–20).

VI

The last chapter of the Book of the Twelve[13] speaks again of the day of the LORD. The full title *yôm yhwh* is mentioned only at the very end (Mal 4:5 [MT 3:23]) where the day is called again "the great and terrible day of the

---

13. In the Hebrew Bible, Malachi 3 is the last chapter, including as it does chap. 4 in the English Bible.

LORD." But that day is announced already at the beginning of this chapter. God will send his messenger, "but who can endure the day of his coming?" (3:1–2). This is reminiscent of the first appearance of the day of the LORD in the Book of the Twelve where the same question has been asked (Joel 2:11). It seems to be a kind of *inclusio:* The question "Who can endure?" is always present when the day of the LORD is near.

This time the day of the LORD will first be an internal scrutiny within Israel, a refinement and judgment with regard to cultic and social behavior (Mal 3:2b–5). But then God will write in a book (the names of) those who fear him and value his name, and "on the day that I am preparing" they will be his special possession (*sĕgullāh*) (vv. 16–17). Again the reverence for the name of the LORD plays an important role, as it did previously in Joel 2:32 (MT 3:5) and Zeph 3:9, 12. Finally, the day will come "burning like an oven" and will burn all the evildoers like straw (Mal 4:1 [MT 3:19]). In Obad 18 the house of Esau was the straw and the house of Jacob the flame, but now in Malachi it is an internal discrimination: the evildoers will burn like straw, while for those who revere the name of the LORD the sun of righteousness shall rise (4:2 [MT 3:20]); and they shall tread the wicked under their feet (4:3 [MT 3:21]).

The last verses of Malachi (4:4–6 [MT 3:22–24]) are at the same time the last paragraph of the entire section of the Hebrew Scriptures known as the *Nebi'im* ("Prophets"). Here the day of the LORD appears in a remarkable context. Mentioning of Moses at the end of the collection of prophetical writings alongside Elijah obviously has the function of connecting the first two main parts of the canon of the Hebrew Bible, Torah and *Nebî'im,* to each other.[14] The second coming of Elijah will happen "before the day of the LORD comes." This wording is reminiscent of Joel 2:31–32 (MT 3:4–5). But what is the meaning of the last verse: God "will turn the hearts of parents to their children and the hearts of children to their parents" (Mal 4:6 [MT 3:24])? It means that he will bring reconciliation among those who, according to the discussion in the Malachi writings, are split in several respects. This is necessary in order to avoid the eschatological judgment. Again this reminds one of Joel, where it is said that those who call on the name of the LORD shall escape. The parallelism is obvious: certain fundamental elements of behavior in the face of God are essential in order to be blessed with eschatological salvation.

* * *

---

14. See J. Blenkinsopp, *Prophecy and Canon: A Contribution to the Study of Jewish Origins* (Notre Dame: Univ. of Notre Dame Press, 1977) 120–23.

This little essay does not pretend to be a full study of the structure of the Book of the Twelve nor even of the great topic of the day of the LORD. Yet I felt that it might be an appropriate expression of appreciation and friendship to Walter Brueggemann. He always likes to struggle with those texts in our deeply venerated Hebrew Bible that are not to be read too smoothly, but challenge us to get through their rough exterior to reach the message they had for their contemporaries, and have for us today.

19 Nehemiah 9: An Important Witness of Theological Reflection

When I spent some months in Jerusalem in the severe winter after the Yom Kippur War, one of the highlights was the *shi^{c}ur* every Shabbat morning in Moshe Greenberg's home. We studied *Midraš Leviticus Rabba*, and for me it was a kind of opening of the door to the immeasurably wide field of classical Jewish literature. I am still close to the entrance, but the steps I took are connected with this valuable memory of study and friendship.

One of the important things I learned in the context of those studies was to be critical of the overestimation of diachronic views of biblical texts and instead to try to understand the texts' innerbiblical coherence. At the beginning of my studies almost fifty years ago, I was taught that a "late" biblical text is to be taken as less valuable and less important than an "early" or "old" one. One of the consequences of this kind of approach is a disregard for certain texts that should receive much more attention because of their theological importance.

In this brief essay I want to deal with one of these texts, which in my view has been badly neglected. My first encounter with the prayer in Nehemiah 9 was the observation by my teacher Gerhard von Rad that this text is the first time that Sinai is mentioned in a summary of Israel's *Heilsgeschichte*. This means, according to von Rad, that this element of tradition had been combined only "very late" with the older elements of the "historical creed."[1] It is obvious, indeed, that the author of Nehemiah 9 was familiar with the pentateuchal traditions in their final shape. But the more interesting question is what kind of theological consequences he himself drew from these traditions for his own situation and that of his people.

---

1. G. von Rad, *The Problem of the Hexateuch and Other Essays* (New York, 1966) 12.

There is still another remarkable peculiarity in Nehemiah 9: it is the only time in the Hebrew Bible that the verb בחר 'to elect' is used in reference to Abraham (v. 7). For the reader of Genesis, it is quite clear that God elected Abraham when he called him out of his familiar and local context and sent him into a new and unknown country (Gen 12:1–3). But the Hebrew term בחר with this meaning obviously was first used by Deuteronomy, and there it was only used for the election of Israel (Deut 7:6, and other places). These two examples show clearly that the author of the prayer in Nehemiah 9 employs an independent and sophisticated theological language. I want to examine this in a bit more detail.[2]

I

In its context, the prayer Neh 9:6–37 is part of the penitential liturgy of the 24th of Tishri. From the Hebrew text, it is not quite clear who is speaking. Ezra is not mentioned,[3] and the prayer of the Levites seems to have ended at v. 5. But this is not too important; nor is it greatly relevant whether this prayer had its "original" place elsewhere, within or outside of Ezra–Nehemiah. In any case, the prayer appears to be a more-or-less independent unit with a clear formal and theological structure.

Let us first of all view this structure. There are a number of structural signs throughout the prayer. It begins with אתה־הוא יהוה לבדך (v. 6) a phrase that is repeated in the phrase אתה־הוא יהוה האלהים (v. 7). With this formula, these two verses are connected to each other. They mark God's first two basic deeds: he created the world, and he elected Abram (whose name he immediately changed to Abraham, v. 7b). The main point of God's actions toward Abraham was the covenant (ברית, v. 8). These first two statements conclude with the emphatic formula כי צדיק אתה. It is quite obvious that this is of particular relevance. The formula is repeated only once in the last paragraph of the prayer in a quite different context: now (ועתה, v. 32) Israel is in great distress—but God is צדיק (v. 33). Here in v. 8 the formula closes the first unit of the chapter.

The prayer continues to recall God's deeds regarding Israel, jumping from Abraham to Israel's suffering in Egypt (v. 9). This story is told in such a way that it always mentions what God himself has done. The verbs are throughout

---

2. Among the commentaries, see in particular J. Blenkinsopp, *Ezra–Nehemiah: A Commentary* (OTL; Philadelphia, 1989). I am gratefully using his interpretation without quoting it in detail. See also the useful essay by H. G. M. Williamson, "Structure and Historiography in Nehemiah 9," in *Proceedings of the Ninth World Congress of Jewish Studies, Panel Sessions: Bible Studies and Ancient Near East* (Jerusalem: Magnes, 1988) 117–31.

3. The LXX adds: καὶ εἶπεν Ἔσρας (or: Εσδρας).

in the second-person singular: from Egypt through the Sea of Reeds, through the wilderness up to Sinai, where God gave his commandments to Israel, first of all the Shabbat (v. 14). Nothing is said about the behavior of the Israelites. In this second unit of the prayer (vv. 9–15), they seem just to be the happy recipients of all the good things God did for them.

But then the language changes. The verb appears in the third-person plural: והם ואבתנו 'but they, namely our fathers' (v. 16). Now we are told how the ancestors again and again counteracted God's mighty deeds. They refused to obey. But it is important to see how the text alternates between Israel's bad deeds and God's merciful reactions: seven times it is said that Israel acted badly (third-person plural), but then the language turns again (v. 17b), beginning with ואתה, followed by a series of epithets of the merciful God, and ending with the verbal 'you did not abandon them'. The same structure is repeated in vv. 18–19: Beginning with אף, the sin with the Golden Calf is mentioned and described with the words 'great contempt'.[4] But, again beginning with ואתה, God's mercy is set against their sin, by repetition of the words 'you did not abandon them'. This is widely explained by the divine guidance during the rest of the wandering in the wilderness (vv. 20–21). So vv. 16–21 are again a distinct unit, the third, speaking of the alternation between the bad actions of the fathers and God's merciful reactions.

Now Israel has reached the borders of the promised land, and the prayer continues with the record of its conquest, the settlement, and the enjoyment of its bounty (vv. 20–25). This decisive chapter of Israel's history is again depicted as a pure act of God's merciful guidance. From this point of view, the fourth unit stands in parallelism with the second one (vv. 9–15).

The next unit (vv. 26–28) begins according to the structure of vv. 16–17 and 18–19: the Israelites acted in disobedience, and God delivered them into the hands of their enemies; but then, when they cried to him, the language again changes, beginning with ואתה. In his great mercy, God listened to them from heaven and gave them saviors (v. 27b). The same is repeated in v. 28, the turning again indicated by ואתה. Here it is just briefly said that God rescued Israel. It is obvious that this fifth unit (vv. 26–28) stands parallel to the third one (vv. 16–19), showing both sides: Israel's bad behavior and God's merciful reactions, the latter always introduced by the emphatic ואתה.

However, the next unit begins differently. God warned the Israelites in order to bring them back to his *torah* (v. 29), 'but they' (והמה) like והם in v. 16) refused to listen. Here the reaction of the Israelites follows on a particular warning. God warned them again and again, but they did not hear. This unit also ends differently from the earlier ones: God is still merciful, but this time it is only said that he would not make an end of them (v. 31). The tone is much less hopeful. So the sixth unit (vv. 29–31) leads up to the last unit.

4. According to the translation by J. Blenkinsopp.

This last unit begins with וְעַתָּה, expressing the idea that the current situation has been reached (v. 32). The language changes from reporting history to prayer and from third-person plural to first-person plural: אֱלֹהֵינוּ 'our God'. From now on, everything shifts to first-person plural, right up to the last word, אֲנַחְנוּ (v. 37). In this last unit of the prayer, a terrible tension can be felt: the situation seems to be hopeless, and the community, represented by the author of the prayer, is quite conscious that it is their own sin that brought about the present disastrous circumstances. But nevertheless, or even therefore, the first and most important thing is to praise God and to insist that he is not guilty, but on the contrary: וְאַתָּה צַדִּיק (v. 33). From the time that God elected Abraham, he has always acted in righteousness (v. 8) and kept his covenant (vv. 8 and 32), despite all of the misdeeds of Israel, above all those of its representatives, such as kings, princes, and priests. God's righteousness and faithfulness to his covenant are the only reason it is still possible to pray. Nevertheless, the final tone is not one of hope or even a call for God's help—just desperation: "we are now slaves in our own country, which you have given to our fathers—we are slaves" (v. 36).

II

The structure of the prayer as a whole is quite clear. In seven units, it gives an account of the creation of heaven and earth up to the present desolate situation of Israel under Persian rule. One of the most significant structuring elements is the word אַתָּה. The introductory first section (vv. 6–8) describes God's fundamental mighty deeds in creating the world and electing Abraham. It is marked by אַתָּה, twice at the respective beginnings of the two divine acts (vv. 6, 7) and a third time at the end of the whole unit (v. 8). The second and fourth units tell in narrative style about God's guidance of his people, first out of Egypt and up to Sinai (vv. 9–15), and then into the promised land (vv. 22–25). Here in the narrative framework, the word אַתָּה does not appear. But in the two units that interrupt and follow units two and four, that is, the third (vv. 16–21) and the fifth (vv. 26–28) units, the word וְאַתָּה always indicates the dramatic change from Israel's unfaithfulness and its consequences to God's acts of mercy (vv. 17b, 19, 27b, 28b). The sixth unit (vv. 29–31) then shows a fundamentally new situation: God warned Israel, but they did not obey. How bad Israel's behavior is considered becomes evident by the use of the word הֵזִידוּ 'they acted presumptuously' (v. 29; compare with v. 16), the same word that had been used to describe the behavior of the Egyptians against Israel, which had been the reason for God's acting against the Egyptians on behalf of Israel (v. 10). But then the last word of this unit is again אַתָּה, this time, however, אַתָּה does not introduce the report of a creative or merciful action of God but is part of the confession

כי אל־חנון ורחום אתה. This confession underlines the hope that God 'will not make an end' of Israel. But it remains to be seen how God will act to ensure this.

The seventh unit (vv. 32–37) begins with ועתה, which introduces an interesting contrast. In the Hebrew Bible, this expression often marks the beginning of a new chapter or view. In the following verses, nothing is said about God's help and nothing is expected. Nevertheless, the word אתה appears again, this time in a kind of repetition of what has been said in the first unit: ואתה צדיק (v. 33; compare with v. 8). It is very significant that this formulation appears at the beginning and at the end of the prayer (I will return to this point below).

III

The specific theological concept of the prayer is expressed in particular in the first unit. It begins with a praise of God the creator (v. 6). The language shows that the author knows all kinds of traditions, not only of the Pentateuch but also of other areas of biblical writings. Therefore it does not make sense to ask what "sources" or "redactions" or the like the prayer quotes. On the one hand, the "books," insofar as they existed at that time, would have been accessible to everybody interested. On the other hand, as in every religious community, there would have been a set of religious ideas and terms common to all, or at least to certain circles, from which the author could choose. Considering this, it is interesting that the prayer begins with creation, something that happens in very few texts that summarize history; among the psalms, only Psalm 136 does so. Another interesting detail might be that v. 6 combines the creation language of Genesis with an emphasis on the "monotheistic" aspect of God as creator in the expression לבדך 'you alone' (compare Isa 44:24).

The comparison with Psalm 136 highlights another characteristic of Nehemiah 9, the reference to Abraham (v. 7). Whereas Psalm 136 jumps from creation immediately to the exodus (vv. 9–10), Nehemiah 9 is particularly interested in Abraham. The reason for this becomes clear from the use of the word בחר. As mentioned above, this is the only text in the Hebrew Bible where this term is used for Abraham. The focus is on the election of Abraham. This is God's second great deed after creation, and its importance is specifically emphasized by structurally linking it to the first deed, as shown above. Abraham's election is then explicated step by step. First, God led him out of his homeland, Ur of the Chaldeans; at this point, the land where he should go is not yet mentioned. The next point is the changing of his name from Abram to Abraham. For those who know the traditions laid down in Genesis (as the readers or listeners of this prayer probably did), it is obvious that this means that God will make of Abraham a great nation (Gen 12:2), which is expressed by giving him a new name indicating 'a multitude of nations' (Gen 17:5). Because of his reaction, Abraham's heart was found by God to be 'faithful' נאמן, a word that is evocative of והאמן 'he believed' or 'he put his trust in the LORD' (Gen 15:6). This is why God covenanted with him to give his descendants the land that is now mentioned in detail. It is again one of the theological peculiarities of Nehemiah 9 that these two very specific theological terms are combined with each other, בחר and ברית. Both of them have specific fields where they are particularly used in the Hebrew Bible. In Nehemiah 9, their internal relationship has been brought to the fore by putting them close to each other. Again, it is Abraham who is God's partner in all of these fundamental, good deeds. And it is most significant that all of this happened at the very beginning of Israel's history.

There is only one other figure of Israel's history mentioned in the prayer: Moses. Yet it is remarkable that he is not given as much prominence as Abraham. He is only mentioned at the end of the section on Sinai (v. 14b), after the writer has explicitly reported the giving of the commandments (vv. 13, 14a), including the commandment to keep the Sabbath holy, which is of particular importance for our prayer. It is surprising that there is no reference to a covenant with Moses. According to this prayer, there is only one covenant God has made with Israel, and he made it at the very beginning, with Abraham.

Because God has fulfilled his word and has done all of these things, the first unit of the prayer concludes by stating, כי צדיק אתה. God's righteousness is exactly that: doing what he has promised.[5]

IV

That God is צדיק is repeated at the end of the prayer but in a totally different context. In v. 8, this fact was the copestone of the first and fundamental chapter of God's history with his people. In vv. 35–37, it contrasts with Israel's bad behavior and miserable present situation. In v. 8, the fact that God is צדיק confirmed and emphasized his great deeds; in vv. 32–37, it is voiced against all appearances to the contrary and without explicitly expressed hopes. But even if hopes are not expressed, the formula ואתה צדיק is like a cry that calls to

---

5. It should be mentioned that from the perspective of Nehemiah 9, there are good reasons for understanding Gen 15:6 in this way: Abraham was נאמן—he trusted in God and reckoned God's faithfulness to his word as God's צדקה. This interpretation was first expressed by Nachmanides. Lloyd Gaston, who recently pled for this understanding, mentions Nehemiah 9 as "a text with dependence on, or at the very least clear affinity to, Gen 15:6" and therefore as a proof of at least one possible later understanding of Gen 15:6 (L. Gaston, "Abraham and the Righteousness of God," *HBT* 2 [1980] 39–68; reprinted in L. Gaston, *Paul and the Torah* [Vancouver, 1987] 45–63; the quotation is from p. 49 [in the reprint, p. 54]).

mind the beginning of the prayer and therefore carries implicit confidence that God will continue to stand by his promises in the future.

God is also called צדיק in related texts coming out of comparable situations. The closest parallel is Ezra 9:15. In a similar way, Ezra confesses Israel's guilt and God's merciful reactions, from the times of the patriarchs up to the present situation, when "none can stand in your presence" (9:6–15). Set against this statement is the statement צדיק אתה. In a similar prayer in the book of Daniel (9:4–19), God's righteousness is advanced twice in sharp contrast to Israel's sins (vv. 7, 14), although in this case, the prayer continues with explicit and urgent requests for God's help. Lam 1:18 also shows the situation of an individual or praying congregation confessing their sins and at the same moment calling God צדיק. Jer 12:1 provides an interesting parallel in which the prophet opens his prayer by the set phrase צדיק אתה יהוה before he begins to present charges against God. Finally, the Chronicler uses the formula צדיק יהוה by itself as a prayer of repentance that was heard by God (2 Chr 12:6). The formula seems to represent a prayer of this kind.

This group of prayers represents an important context for Nehemiah 9. The fact that God is צדיק was sometimes the only reason for the believing and praying congregation of postexilic Israel to continue to believe and to pray. At the same time, these texts show an intensive and independent use of the earlier religious traditions of Israel, shaping them into new impressive forms that became an integral and important part of our biblical heritage.[6]

---

6. The limited space of this essay does not allow me to study other important aspects of Nehemiah 9, such as the twice-appearing formula אל חנון ורחום with the unique variant סליחות אלוה and other elements of formulas connected to them, the expression that God "made a name for yourself," and so forth, all of them showing the independent and reflective use of the earlier traditions.

20   Israels „Rest"

Unabgeschlossene Überlegungen zu einem schwierigen Thema der
alttestamentlichen Theologie

Die Zusammenhänge zwischen den einzelnen Schriften und Überlieferungskomplexen der alttestamentlichen Literatur zu erkennen ohne dabei die jeweiligen Besonderheiten aus den Augen zu verlieren – so könnte man wohl eine der Aufgaben umschreiben, vor die sich eine theologische Gesamtschau des Alten Testaments, der Hebräischen Bibel, gestellt sieht. Dabei findet das Gemeinsame und Verbindende vielfach seinen Ausdruck in bestimmten *Begriffen*. In der Erforschung solcher Zusammenhänge ist in den vergangenen Jahrzehnten viel geleistet worden. Das „Kittelsche Wörterbuch" und vor allem sein Nachfolger, das jetzt abgeschlossene „Theologische Wörterbuch zum Alten Testament" bleiben bis auf weiteres unentbehrliche Arbeitsinstrumente für jede wissenschaftliche und theologische Exegese.

Allerdings hat diese Art der Begriffsexegese ihre deutlichen Grenzen und Gefahren. Dies hat schon vor mehreren Jahrzehnten James Barr mit seiner Kritik am Kittelschen Wörterbuch sehr deutlich zum Ausdruck gebracht,[1] und man hat den Eindruck, daß zumindest ein Teil der Autoren von Wörterbuchartikeln und entsprechender Literatur diese Kritik ernst genommen hat. Gleichwohl bleibt die Konzentration auf „Begriffe" problematisch. In einer Reihe von Fällen ist zwar deutlich, daß ein bestimmter hebräischer Begriff eine sehr präzise Bedeutung hat oder haben kann; aber gleichwohl zeigt sich dann, daß der damit angesprochene Vorstellungsbereich durch dieses hebräische Wort allein nicht abgedeckt wird. Ein geradezu klassisches Beispiel hierfür ist das Wort ברית. Zweifellos hat dieses Wort in den meisten Fällen einen sehr präzisen Sinn. Aber zum einen ist lebhaft umstritten, welches deutsche Wort dem hebräischen am besten entspricht.[2] Zum andern wird das Verhältnis zwischen Gott und Israel, für das dieses Wort eine zentrale Bedeutung hat, auch noch durch andere Begriffe und

---

1 J. Barr, Bibelexegese und moderne Semantik. Theologische und linguistische Methode in der Bibelwissenschaft (1965; englisch 1961).
2 Vgl. z.B. W.H. Schmidt, Alttestamentlicher Glaube ([8]1996) 161: „Das Wort ‚Bund' gibt den entsprechenden alttestamentlichen Begriff *b[e]rit* nur unvollkommen wieder." Hier auch der Hinweis auf die besonders durch E. Kutsch angestoßene Diskussion.

Formulierungen bezeichnet und beschrieben, die von dem Wort ברית nicht getrennt werden können und dürfen.³

Besonders problematisch wird die Sache dort, wo es für einen bestimmten, deutlich umrissenen deutschen Begriff oder Sachverhalt kein oder doch kein eindeutiges hebräisches Äquivalent gibt. Ich möchte das im folgenden an dem Begriff „Rest" in seinem theologischen Sinne ausführen.

I

Die Frage nach dem „Rest" in der Hebräischen Bibel hat mich lange beschäftigt. Ich hatte immer den Eindruck, daß dieser Begriff zu denen gehört, die größere Teile der Hebräischen Bibel umspannen. Aber es gelang mir nicht, einen methodischen Ansatz zu finden, mit dem ich die divergierenden Vorstellungen und vor allem die unterschiedlichen und wenig profilierten hebräischen Termini zusammenschauen konnte. In der Hoffnung, endlich einen Zugang dazu zu finden, habe ich das letzte Seminar meiner aktiven Lehrtätigkeit im Sommersemester 1990 diesem Thema gewidmet, leider ohne Ergebnisse, die mich selbst überzeugt hätten. Ich bin auch damals über die begrifflichen Hürden nicht hinweggekommen, die sich schon früheren Bearbeitern als unüberwindlich erwiesen hatten. Die Vorstellung vom Rest blieb für mich – mit Samuel Terrien⁴ zu reden – *elusive*, schwer faßbar.

Es gibt drei Monographien zu diesem Thema. Zunächst die knappe Dissertation von Werner E. Müller, Die Vorstellung vom Rest im Alten Testament, 1938 (in einem Privatdruck 1939 erschienen und von H.D. Preuß 1973 überarbeitet und ergänzt neu herausgegeben). Müller beschreibt die „Vorstellung" vom Rest in verschiedenen Bereichen der alttestamentlichen Literatur, ohne näher auf die hebräische Terminologie einzugehen. Dabei verzichtet er fast völlig auf die nachexilische Zeit. Dies gilt auch für die 1974 erschienene amerikanische Dissertation von Gerhard F. Hasel, The Remnant. The History and Theology of the Remnant Idea from Genesis to Isaiah. Auch hier steht, in sehr ausführlichen exegetischen Erörterungen, durchweg „the remnant motif" im Vordergrund, ohne daß die hebräische Begrifflichkeit systematisch behandelt wird. Die Dissertation von Jutta Hausmann, Israels Rest. Studien zum Selbstverständnis der nachexilischen Gemeinde, 1987, bemüht sich mit Erfolg, die beiden genannten Mängel zu vermeiden. Schon der Untertitel zeigt, daß ein Schwergewicht der Arbeit auf den nachexilischen Texten liegt. Zudem wird hier die Terminologie ausdrücklich behandelt.

Erst in jüngster Zeit haben mir zwei (bzw. drei) Publikationen einen neuen Zugang zu diesem Thema erschlossen. Zunächst der Beitrag von

---

3 Vgl. dazu R. Rendtorff, Die Bundesformel. Eine exegetisch–theologische Untersuchung (1995).
4 S. Terrien, The Elusive Presence. Toward a New Biblical Theology (1978; 2. Auflage mit dem Untertitel: The Heart of Biblical Theology 1983).

Ronald E. Clements zur Wurzel שאר im vorletzten (siebten) Band des Theologischen Wörterbuchs zum Alten Testament von 1993 (S.933–950). Hier zitiert Clements auch eine eigene frühere, an versteckem Ort erschienene Arbeit über den alttestamentlichen Hintergrund von Röm 11,5.[5] Noch bedeutsamer wurde für mich ein Aufsatz von Barry G.Webb, in dem er die Bedeutung des Restgedankens für die Struktur des Jesajabuches aufzeigt.[6] Ich werde auf diese Arbeiten zurückkommen.

II

Am Anfang muß die Feststellung stehen, daß es einen eindeutigen und dominierenden Begriff für den „Rest" oder (verbal) das „Übriglassen" bzw. „Übrigbleiben" im theologischen Sinne in der Hebräischen Bibel nicht gibt. Das zeigt sich schon an der Literatur, die – im Unterschied zu geprägten hebräischen Begriffen wie etwa ברית, בחר, חסד oder תורה – in der Regel nicht von einem hebräischen, sondern von dem deutschen Begriff ausgeht. Dabei heißt es oft „die Vorstellung" vom Rest, „the idea", „the motif" usw. Wir haben hier also eine Vorstellung, besser: einen Vorstellungskomplex, der in unterschiedlichen sprachlichen Ausprägungen begegnet.

Hausmann stellt die vier hauptsächlich in Betracht kommenden hebräischen Wurzeln zusammen: שאר, פלט, יתר, שרד.[7] Im Mittelpunkt des Interesses steht meistens die Wurzel שאר mit ihren Derivaten שארית und שאר. Aber sobald man anfängt, die in Betracht kommenden Texte zu mustern, zeigt sich rasch, daß gerade in wichtigen und oft zitierten Texten andere Begriffe stehen. So heißt es z.B. im ersten Vorkommen der Restvorstellung im Jesajabuch: „Hätte uns nicht JHWH Zebaot einen geringen Rest übrig gelassen, wären wir wie Sodom geworden und gleich wie Gomorra" (Jes 1,9). Hier findet sich die Wurzel שאר nicht, statt dessen aber verschiedene Formen der Wurzeln יתר und שרד. In Jes 4 stehen dann das Nomen פלטה (V 2) und verbale Formen der Wurzeln שאר und יתר (V 3) nahe beieinander. In Jes 7 begegnet der Name des Jesajasohnes שאר ישוב (V 3), und in V 22 ist die Rede von „jedem Übrigbleibenden" (כל־הנותר). So findet sich also hier innerhalb weniger Kapitel die ganze Skala der hebräischen Begriffe bzw. Wurzeln, die im einen oder anderen Sinne die Vorstellung vom „Rest" zum Ausdruck bringen.

---

5 R.E. Clements, "A Remnant Chosen by Grace" (Romans 11:5): The Old Testament Background of the Remnant Concept. Pauline Studies. FS F.F. Bruce (1980) 106–121.
6 B.G. Webb, Zion in Transformation. A Literary Approach to Isaiah: D.J.A. Clines u.a. (Hg.), The Bible in Three Dimensions. JSOT.S 87 (1990) 65–84.
7 J. Hausmann, Israels Rest. Studien zum Selbstverständnis der nachexilischen Gemeinde: BWANT 124 (1987) 198ff.

Man kann hierzu Clements zitieren, der mit Berufung auf Barr sagt: "Hence it is the 'theme', or 'concept', of a remnant, which is in many respects more important than the particular occurrence of the term ... This is undoubtedly an area where the word–study method of approach may prove to be as much a hindrance as a help."[8] Dies gilt insbesondere dann, wenn trotz der offenkundig entgegenstehenden Gründe die hebräischen Begriffe einzeln untersucht werden.

Damit hängt nun aber sogleich ein zweiter Einwand gegen die bisherige Forschung zusammen. In aller Regel wird versucht, die einzelnen Vorkommen der Restvorstellung zeitlich einzuordnen. Wohin das führen kann, zeigt sich in den ganz verschiedenen Konzeptionen der oben genannten Monographien. Müller und Hasel behandeln fast ausschließlich solche Texte, die sie für vorexilisch bzw. sogar für nicht jünger als Jesaja halten. Hausmann hat dies mit Recht beanstandet; aber sie kommt nun selbst zu einem entgegengesetzten Urteil: „Allem voran sei unterstrichen, daß nicht mehr von einem ausgeprägten vorexilischen Restgedanken gesprochen werden kann. Bis auf wenige Belege ... hat es sich gezeigt, daß die Vorstellung vom Rest als theologisch gefaßter Größe ihren Haftpunkt in der Erfahrung des Exils ... hat, ihr Schwergewicht und ihre endgültige Ausprägung dann allerdings erst in nachexilischer Zeit liegen."[9]

Die Voraussetzungen für diesen Wechsel liegen zu einem guten Teil in literarkritischen Entscheidungen. Man kann dies wiederum am Anfang des Jesajabuches verdeutlichen. Hans Wildberger konnte in seinem Jesajakommentar[10] (1. Lieferung 1965) über Jes 1,4–9 noch sagen, daß die Echtheit dieses Wortes „unbestritten" sei. Wenn ihm diese Frage der Diskussion wert gewesen wäre, hätte er sich auch auf Otto Kaiser berufen können, für den es in der ersten Auflage seines Kommentars zu Jes 1 – 12 von 1960 ebenfalls offenbar keinen Zweifel an der Echtheit dieses Abschnitts gab.[11] Inzwischen hat sich die Lage verändert. Im Gefolge solcher Veränderungen ist für Hausmann V 9 ein „Zusatz", wahrscheinlich „als Reaktion auf die Zerstörung Jerusalems durch die Babylonier zu verstehen" und „erst nach 587 angefügt".[12] So fällt diese erste Nennung des „Rest"gedankens im Jesajabuch unter das allgemeine Verdikt, „daß Jesaja selbst keinerlei positive Resterwartung kennt, sondern nur negativ den Terminus Rest verwendet. *Alle* Belege, die positiv vom Rest reden, haben sich als spätere Zusätze erwiesen."[13]

---

8   (Anm. 5) 107.
9   J. Hausmann (Anm. 7) 198.
10 Jesaja. 1. Teilband: BK X (^{2}1980).
11 Das Buch des Propheten Jesaja: ATD 17.
12 (Anm. 9) 140f. Allerdings hat sich dieses Verständnis von Jes 1,9 keineswegs überall durchgesetzt. So betrachtet etwa W.H. Schmidt (Anm. 2) 132 den Vers als „wohl vor der Assyrerbedrohung im Jahre 701" entstanden.
13 (Anm. 7) 162.

Für den ersten Durchgang mag dieses Beispiel genügen. Meine Frage lautet: Was ist durch solche von Schwankungen literarkritischer Vorentscheidungen abhängigen Feststellungen gewonnen? Eine Antwort könnte lauten: Wenn man aus den Schriften der Hebräischen Bibel eine *Religionsgeschichte* Israels erheben will, muß man die Textbelege chronologisch erfassen und ordnen. Mein kritisches Gegenargument ist ein doppeltes: Zum einen machen die große Unsicherheit und die Schwankungen in den exegetischen Meinungen diese Ergebnisse wenig aussagekräftig, wie das obige Beispiel gezeigt hat. Zum andern nimmt man dabei in Kauf, daß die uns überlieferten *Schriften* in ihrer jetzt gegebenen Gestalt weitgehend ignoriert werden. Man glaubt zwar – bei aller Unsicherheit – sagen zu können, was der Prophet Jesaja als historische Gestalt gedacht und gesagt hat. Aber die Botschaft (oder wie man es nennen will) des *Jesajabuches* kommt dabei nicht in Blick.

III

Einen Neuanfang bedeutet im Blick auf unser Thema die Arbeit von Webb.[14] Der Verfasser schreibt einleitend: "The way in which the various elements of the text interact with one another to produce meaning for the present reader is studied without reference to the putative background and development of the text." Die Aufmerksamkeit gilt also den Wechselbeziehungen und Wechselwirkungen der einzelnen Elemente des Textes innerhalb des Jesajabuches. Webb setzt voraus, daß das Jesajabuch in seiner vorliegenden Gestalt eine von seinen Autoren als sinnvoll erachtete Einheit darstellt. Dabei erweist sich die Restvorstellung als eines der zentralen Elemente des Jesajabuches, in engem Zusammenhang mit dem übergreifenden Gesamtthema „Zion".[15]
Ich will im folgenden einige der Beobachtungen Webbs aufgreifen und sie dann über das Jesajabuch hinaus weiterführen. Dabei muß ich zunächst noch einmal wiederholen, daß es keinen hebräischen Begriff gibt, der als solcher die Restvorstellung repräsentiert, daß diese Vorstellung aber in vielfältigen Ausdrucksformen in der Hebräischen Bibel begegnet. Eine weitere wichtige Beobachtung liegt für mich in der Struktur der ersten zwölf Kapitel des Jesajabuches, wie sie uns vor allem Peter Ackroyd verstehen gelehrt hat.[16]
In der ersten Einheit Jes 1,2–2,5 steht Jerusalem im Mittelpunkt, genauer: Zion. Dies ist übrigens die erste Nennung des Namens Zion in

---

14 S.o. Anm. 6.
15 Vgl. dazu schon die knappe Skizze in R. Rendtorff, Theologie des Alten Testaments I (1999) 186.
16 P.R. Ackroyd, Isaiah I – XII: Presentation of a Prophet: VT.S 29 (1978) 16–48 (= Studies in the Religious Traditions of the Old Testament, 1987, 79–104).

seinem theologischen Gebrauch in der Hebräischen Bibel.[17] Die ersten Verse zeigen die beklagenswerte gegenwärtige Situation: Das Land ist vom Krieg schwer geschlagen und verwüstet, Zion / Jerusalem ist allein übriggeblieben „wie eine Hütte im Weinberg" (1,5–8). Hier mischt sich in den Wechsel der Stimmen zwischen dem Berichterstatter (V 1), Gott selbst (V 2f) und dem Propheten (V 4–6) auch die Stimme der Betroffenen: „Hätte JHWH Zebaot uns nicht einen kleinen Rest übrig gelassen, dann wären wir wie Sodom und Gomorra geworden" (V 9).

Wer spricht hier? Und wer ist mit diesem „kleinen Rest" (שריד כמעט) gemeint? Man muß V 9 in Zusammenhang mit V 8 lesen: Die „Tochter Zion" ist „übrig geblieben (נותרה)", das heißt: der HERR Zebaot hat sie „übrig gelassen (הותיר)". Darum, so sagen ihre Bewohner, sind sie nicht geworden „wie Sodom und Gomorra", obwohl sie es verdient hätten, wie die unmittelbar folgende Anrede „ihr Herren von Sodom, du Volk von Gomorra" (V 10) unmißverständlich zeigt. Dies ist eine erste, wichtige Einsicht: Der Rest bleibt nicht einfach übrig, sondern er wird von Gott übrig gelassen, „aufbewahrt" könnte man sagen.[18] Und im Unterschied zu Sodom und Gomorra macht Gott dies nicht davon abhängig, ob sich eine Mindestzahl von „Gerechten" in der Stadt findet.

Die nächste Einheit Jes 2,6–4,6 endet in einer ausführlichen Heilsankündigung (4,2–6). Das Heil gilt für „die Schar der Entronnenen Israels" (פליטת ישראל V 2). Hier wird sehr deutlich, daß diese Entronnenen, die von Gott Übriggelassenen (הנשאר und הנותר V 3), nicht ein „kümmerlicher" Rest sind. Sie versammeln sich in Zion / Jerusalem, und sie werden ausdrücklich mit dem Ehrennamen „heilig" (קדוש) bezeichnet, der schon in der Gottesrede am Sinai dem ganzen Volk beigelegt worden ist (Ex 19,6). Auch die – in ihrer genaueren Auslegung umstrittene – Aussage, daß all diese „zum Leben in Jerusalem aufgeschrieben sind", gehört offenkundig in den Zusammenhang dieser Vorstellung vom „heiligen Rest". (Zum Ausdruck צמח in V 2 s. Anm. 21.) Schließlich endet diese Heilsansage mit einer eindrucksvollen wortspielartigen Wiederaufnahme des Ausdrucks „Hütte" (סכה V 6) aus 1,9: Was dort engste Fluchtburg war, wird nun zum weitgespannten Schutzdach für jedes Wetter.

Auch in der dritten Einheit Jes 5,1 – 11,16 (einschließlich 6,1 – 9,6) spielt die Rede vom Rest eine gewichtige Rolle. Ganz am Ende heißt es, daß der HERR „den Rest seines Volkes (שאר עמו) loskaufen" wird, der bei all den umliegenden Völkern übrig geblieben ist (11,11). Und

---

17 Im Sinne der kanonischen Abfolge der Schriften kommt Zion davor nur in 2 Kön 18,13 – 20,19 vor, was ich hier auf Grund der Parallele in Jes 36 – 39 zur Jesajatradition rechne.
18 So wird man auch das Niphal zu verstehen haben, das ja auch sonst zum Ausdruck des göttlichen Handelns gebraucht wird, vgl. nur ונסלח Lev 4,26.31.

dann wird er mit dem „Meer von Ägypten" und mit dem Euphrat verfahren, wie seinerzeit mit dem Schilfmeer, so daß der Rest seines Volkes trockenen Fußes hindurchziehen kann (V 15f). Hier verknüpft sich das Geschick des Restes mit dem des Volkes Israel in seiner Anfangszeit, als Gott es aus Ägypten herausführte. Dabei zeigt diese Heilsansage zugleich, daß auch in diesem Abschnitt des Jesajabuches, wie schon in 1,2 – 2,5 und 2,6 – 4,6, der Weg von der Anklage und der Ankündigung des göttlichen Gerichts bis hin zur Wiederherstellung des Restes führt.

Das Schicksal des „Restes Israels" und der „Schar der Entronnenen des Hauses Jakob" wird auch schon im vorhergehenden Kapitel erörtert. Sie werden sich nur noch auf JHWH, den Heiligen Israels, stützen und nicht mehr auf den, der sie schlägt (10,20). Wer immer mit dem Letztgenannten gemeint sein mag, die damit angedeutete Wende ist deutlich. Sie wird durch den nachfolgenden Vers präzisiert: „Ein Rest wird umkehren (שאר ישוב), der Rest Jakobs, zu dem starken Gott" (אל גבור V 21). Dieses Wort klingt bewußt an den Namen des Jesajasohnes Schear-Jaschub an (7,3, dazu s.u.) und ebenso an die Bezeichnung „Gott-Held" aus der Reihe der Thronnamen des Königs der Zukunft (9,5). Und noch einmal: Auch wenn das Volk Israel wirklich so zahlreich gewesen wäre wie Sand am Meer, (nur) ein Rest wird umkehren (V 22).[19]

Hier wären zahlreiche exegetische Einzelfragen zu erörtern. Aber es geht mir jetzt vor allem darum, die Funktion und Bedeutung des Restgedankens im gegebenen Kontext, zunächst im Jesajabuch, herauszuarbeiten. Dazu müssen wir noch einmal in den dritten Hauptabschnitt von Jes 1 – 12 zurückgehen, insbesondere in den zentralen Mittelteil 6,1 – 9,6. Hier erscheint der Restgedanke in sehr ausgeprägter Form am Schluß der großen Vision von Jes 6. Die Exegeten sind mehrheitlich der Meinung, daß es sich in V 12f um einen bzw. mehrere Zusätze handelt, die unterschiedliche, wenn nicht gegensätzliche Restvorstellungen vertreten. Jüngst hat Francis Landy gezeigt, wie man diese beiden Verse im Zusammenhang des ganzen Kapitels verstehen kann.[20] Jedenfalls müssen diese Verse als Fortsetzung der Antwort auf die Frage des Propheten „Wie lange, HERR?" (V 11) verstanden werden. Die totale Zerstörung wird wie in einem Baumstumpf enden, der

---

19 Die Problematik vieler exegetischer Erörterungen über die Restvorstellung zeigt sich u.a. an einem Text wie Jes 10,20–23, in dem die Exegeten unterschiedliche oder sogar gegensätzliche Restvorstellungen finden und sie gegeneinander ausspielen. Ähnliches gilt z.B. auch für Jes 6,12f. Die Exegese läuft in solchen Fällen gegen den Textzusammenhang und damit gegen die biblischen Autoren.
20 F. Landy, Strategies of Concentration and Diffusion in Isaiah 6: Biblical Interpretation 7 (1999) 58–86, bes. 75ff.

aber nicht tot ist, sondern wieder austreibt, so daß er „heiliger Same" genannt werden kann (V 13).[21]
Vor allem muß nun auch das Kapitel Jes 7 in Blick gefaßt werden. Der Name des Jesajasohnes Schear-Jaschub (V 3) kann gewiß nicht aus der Betrachtung der Restvorstellung im Jesajabuch ausgeschlossen werden.[22] Mit der ausdrücklichen Anweisung an Jesaja, seinen Sohn mitzunehmen, und der Nennung seines Namens soll zweifellos etwas Bestimmtes – oder vielleicht auch noch Unbestimmtes – zum Ausdruck gebracht werden. Wenn man nun das Kapitel im Zusammenhang liest, stellt sich fast von selbst die Frage nach der Beziehung zwischen dem Namen des Jesajasohnes und dem Namen des Immanuel (עמנו אל „Gott mit uns"), den die „junge Frau" gebären wird (V 14). Webb hat eine wenig beachtete Interpretation ins Spiel gebracht, die schon im 19. Jahrhundert von einigen Auslegern vertreten und in neuerer Zeit von Gene Rice „wiederentdeckt" worden ist.[23] Danach wäre Immanuel der Name der Gruppe um Jesaja, denn sie waren in dieser Situation die einzigen, die sagen konnten, „Gott ist mit uns". Die עלמה, die „junge Frau", wäre dann niemand anders als Zion, die „Tochter Zion", wie sie schon in 1,8 genannt wird. Das Land wird jetzt das Land Immanuels (8,8b), und die „Schüler" und „Kinder" Jesajas (8,16.18) sind der kollektive Immanuel, d.h. aber zugleich: der Rest. Das Wir in עמנו אל könnte dann auch Jes 1,9 mit einbeziehen.
Schließlich kann man Jes 12, den hymnischen Abschluß der ersten großen Sammlung von Jesajaworten, als den Lobpreis der „Rest"gemeinde verstehen, den sie „an jenem Tage" in Zion / Jerusalem anstimmen wird.[24] Darin wird noch einmal die zentrale Bedeutung erkennbar, die „Zion" im Zusammenhang des Restgedankens hat (hier V 6).
So ist der erste, grundlegende Abschnitt des Jesajabuches (Kap.1 – 12) durchzogen von vielerlei Aussagen über den Rest Israels, der nach den bevorstehenden oder schon eingetretenen Katastrophen übrig bleiben, d.h. von Gott übrig gelassen werden wird. Dieser erste Abschnitt bildet die *presentation of a prophet*, wie Ackroyd es ausgedrückt hat[25], d.h. des „kanonischen" Jesaja. Für diesen, den einzigen der uns zugänglich ist, hat die Restvorstellung also eine zentrale Bedeutung. Es ist der

---

21 Im Rahmen des Jesajabuches muß man hier mit Notwendigkeit an 11,1 denken, wo aus dem „Stumpf Isais" ein neues Reis hervortreibt. Man kann auch andere Beispiele von Pflanzenmetaphern in die Überlegungen mit einbeziehen wie z.B. den צמח יהוה in 4,2 oder die Bilder in 37,31f und 61,3 (vgl. Webb [Anm. 6] 83).
22 So J. Hausmann (Anm. 7) 147.
23 G. Rice, A Neglected Interpretation of the Immanuel Prophecy: ZAW 90 (1978) 220–227. In Anm. 6 und 7 (S.226) nennt Rice die früheren Vertreter dieser Auslegung.
24 Webb (Anm. 6) 73.
25 S. Anm. 14.

„heilige" Rest, der sich auf dem Zion versammeln, der dorthin „umkehren" wird[26] und der dessen gewiß sein darf, daß „Gott mit uns" ist.

IV

In den folgenden Kapiteln des Jesajabuches wird zunächst in ganz negativer Weise von dem Rest der Völker gesprochen (14,22.30; 15,9 u.ö.), was in einem allumfassenden Gericht seinen Höhepunkt findet (24,1–13). Dann aber ist von der wieder aufgerichteten Herrschaft JHWH Zebaots auf dem Zion die Rede (24,23). Dabei sind die „Ältesten", vor denen Gott seine Herrschaft sichtbar macht, die Repräsentanten der auf dem Zion versammelten Restgemeinde. Schließlich kommt es zu einer großen Heimholung der Verlorenen und Verstoßenen von allen Enden der Erde zum Zion, dem „heiligen Berg in Jerusalem", wo sie den HERRN anbeten werden (27,12f). In beiden Fällen fehlen die charakteristischen Begriffe, aber es ist ganz deutlich, daß vom Rest die Rede ist. In 28,5 taucht dann die vertraute Terminologie wieder auf: Gott wird „an jenem Tage" eine Krone und ein Kranz sein für den Rest seines Volkes (שאר עמו, vgl. 11,11). In 30,17 erscheint in etwas veränderter Metaphorik die aus 1,8f bekannte Vorstellung vom übrig bleibenden Rest auf dem Berg oder Hügel. Zum Abschluß dieses Textzusammenhangs versammelt sich dann die Gemeinde der „Erlösten des HERRN" (פדויי יהוה) auf dem Zion zum jubelnden Lobpreis (35,10), vergleichbar mit dem Abschluß in Kap. 12.[27]

In dem Komplex Jes 40 – 55 werden durch die Rede vom Rest zwei wichtige Akzente gesetzt, die man zugleich als Gliederungsmerkmale betrachten kann.[28] In 51,11 wird das Wort aus 35,10 wörtlich wiederholt: Die „Erlösten des HERRN" werden unter Jubel zum Zion zurückkehren. Ganz ähnlich lautet der Schluß in 55,12f: Die Rückkehrer sollen in Freude ausziehen, und Berge, Hügel und Bäume sollen jubeln und in die Hände klatschen. Hier erscheint wieder keiner von den geläufigen Begriffen, obwohl deutlich ist, daß es sich um den zurückkehrenden Rest handelt. Dabei sind jetzt die Rückkehrer der Rest. Dies ist auch schon in 46,3 deutlich geworden, wo der Prophet die Exulanten als „der ganze Rest (שארית) des Hauses Israel" anredet.

In Jes 56 – 66 ist die Situation grundlegend verändert. Die Heimgekehrten sind der Rest, ohne daß dies ausdrücklich gesagt wird. Innerhalb dieses Restes werden neue Zugehörigkeitskriterien entwickelt. Sie

---

26 Die Bedeutung des Verbums שוב innerhalb der Restvorstellung bedürfte einer eigenen Untersuchung, die aber den Rahmen dieses Beitrags sprengen würde.
27 In Jes 36 – 39 erscheint die Rede vom Rest nur in der Bitte Hiskijas an Jesaja um Fürbitte für den Rest (37,4) und in der hoffnungsvollen Antwort Jesajas (V 31f). Im übrigen bleibt dieser Abschnitt auch in dieser Hinsicht „offen".
28 Webb (Anm. 6) 76f.

ergeben sich schon aus der einleitenden zentralen Stellung von „Recht und Gerechtigkeit" (משפט und צדקה 56,1). Unter diesem Gesichtspunkt können auch Fremde, d.h. Nichtisraeliten, Gottes „Knechte" sein und zu denen gehören, die ihn in seinem Haus auf dem „heiligen Berg" kultisch verehren (V 6). Von hier aus könnte man jetzt diesen ganzen letzten Teil des Jesajabuches im einzelnen auslegen, um zu zeigen, daß die Vorstellung vom Rest hier einerseits ausgedehnt, andererseits aber eingeschränkt wird. Einerseits wird „alles Fleisch", d.h. auch alle Angehörigen der Völker, die sich als zu den Knechten Gottes gehörig erwiesen haben, an dem großen eschatologischen Gottesdienst teilnehmen (66,22); andererseits werden aber diejenigen, die von Gott abgefallen sind (פשעים), der Vernichtung anheimgegeben. „Der Rest ist inklusiv, aber nicht universal. Der Rest bleibt ein Rest."[29]

V

Ich habe das Thema für das Jesajabuch etwas ausführlicher dargelegt, weil hier die Restvorstellung zweifellos am ausgebreitetsten begegnet und das Buch als ganzes auf die eine oder andere Weise durchzieht und prägt. Dabei hat sich gezeigt, daß an verschiedensten Stellen die Restvorstellung erkennbar ist, ohne daß eine bestimmte Terminologie verwendet wird. Geht man unter diesem Gesichtspunkt die Hebräische Bibel als ganze durch, so findet man zahlreiche Punkte, an denen die Restvorstellung zum Ausdruck kommt.

Man muß damit schon in der Urgeschichte beginnen. Die Menschheit nach der großen Flut, die „noachidische" Menschheit, ist als ganze ein Rest: „Nur Noah blieb übrig (שאר niphal) und alles, was bei ihm in der Arche war" (Gen 7,23).[30] Zunächst ist es ein verschwindend kleiner Rest (Gen 8,16.18), der sich dann ausweitet. Das bedeutet, daß der Gedanke des „Übriggebliebenseins" die Menschheit von ihren Anfängen her begleitet, daß dieser Rest aber zugleich den Keim des Neuen in sich birgt. Mit der Erwählung Abrahams (12,1–3) beginnt wieder ein neuer Abschnitt, mit dem nun „Israel" aus der übrigen Menschheit ausgegrenzt wird, im durchaus positiven Sinne, aber doch so, daß zwischen denen, die dazugehören, und der übrigen Menschheit unterschieden wird, und daß dies auch unter negativen Gesichtspunkten geschehen kann (z.B. Gen 12,3a). Auch innerhalb der Völkerwelt gibt es Scheidungen, die zur Vernichtung führen, bei der nur ein Rest übrig bleibt (Gen 19). Hier kann Israel in der Funktion der Fürbitte eine Aufgabe bekommen (18,16–33).

---

29 Webb (Anm. 6) 80.
30 So schon G. von Rad, Theologie des Alten Testaments II ([4]1965 = [10]1993) 31, mit Berufung auf W.E. Müller, Die Vorstellung vom Rest im Alten Testament (Diss. theol. Leipzig 1938; Privatdruck 1939, 40ff; Neuaufl. 1973 [s.o. S. 3] 50ff).

Schließlich gerät auch Israel selbst in eine Gefährdung, bei der der Gedanke des Restes eine zentrale Rolle spielt. Josef wird von seinen Brüdern nach Ägypten verkauft; doch Gott wendet diese Untat um in eine Rettungstat: Er hat Josef vorausgeschickt, um in der Zeit der großen Hungersnot einen Rest (שארית) und eine große Schar der Entronnenen (פליטה) übrig zu lassen. Nach diesem zentralen Deutewort der Josefsgeschichte[31] ist also das nach Ägypten gelangte und sich dort erst als Volk konstituierende „Israel" selbst ein Rest. Mir erscheint diese Überlegung sehr wichtig, weil sie deutlich macht, daß Israel nach seinem eigenen Selbstverständnis nicht aus großen, kraftvollen Anfängen hervorgegangen ist, und vor allem, daß schon die kleinen Anfänge nur durch die gnädige Führung Gottes möglich wurden. Von daher bekommt der Gedanke des Restes für Israel einen ganz bestimmten Akzent: Rest sein heißt nicht (nur), ein mit knapper Not entkommenes Häuflein zu sein, sondern vor allem, von Gott bewahrter Teil des Volkes zu sein, mit dem die Geschichte weitergeht oder gar einen neuen Anfang nimmt.

Man könnte diesen Gedanken noch ausweiten: Das Übriggebliebensein nach der großen Flut schließt mit ein, daß die Menschheit weiterlebt trotz ihrer fortbestehenden Sündhaftigkeit, allein auf Grund der Gnade Gottes. Die gleiche Struktur haben die Ereignisse am Sinai nach der Sünde Israels mit dem Goldenen Kalb. Auch hier ist die zentrale Botschaft des biblischen Textes, daß die Sündhaftigkeit Israels fortbesteht, daß Gott aber dennoch seinen Bund mit Israel erneuert und damit seinen weiteren Weg ermöglicht.[32] Im ersten Fall ist dies eng mit dem Restgedanken verbunden; so könnte man folgern, daß auch das Israel nach dem Ereignis mit dem Goldenen Kalb wie ein gnädig bewahrter Rest weiterlebt. Dies bedürfte aber noch genauerer Überlegungen.

An einer weiteren wichtigen Station in der Anfangsgeschichte Israels erscheint die Vorstellung vom Rest. Nach dem durch Israels Ungehorsam gescheiterten ersten Versuch, in das verheißene Land hineinzuziehen, hatte Gott angekündigt, daß kein Angehöriger der jetzigen Generation das Land sehen soll, außer Kaleb (Num 14,22–24). Vierzig Jahre später wird dann durch eine Volkszählung festgestellt, daß keiner von jener Generation „übrig geblieben war" (נותר) außer Kaleb und Josua (Num 26,63–65). Auch hier bilden die Übriggebliebenen wieder den Kern des Neuen. Aus dem Pentateuch muß man hier schließlich noch die großen Geschichtsentwürfe in Lev 26 und Dtn 28 + 30 nennen, in denen die schweren Schicksale eines sündigen Israel geschildert werden, die dann aber in einer gnädigen Heimholung enden. Hier

---

31 Vgl. G. von Rad, Josephsgeschichte und ältere Chokma (1953): Gesammelte Studien zum Alten Testament. TB 8 (1958) 276; Theologie des Alten Testaments I (^{4}1962 = ^{10}1992) 186.
32 Vgl. dazu R. Rendtorff, „Bund" als Strukturkonzept in Genesis und Exodus: JBL 108 (1989) 385–393 (= Kanon und Theologie, 1991, 123–131).

wird zwar die Restterminologie nicht verwendet[33], aber es wird nur denen, die sich bei der von Gott vorgelegten Wahl für das Leben und das Gute und gegen den Tod und das Böse entschieden haben (Dtn 30,15), die endgültige Rettung verheißen.
Der Restgedanke erscheint also in vielerlei Variationen schon im Pentateuch. Das bedeutet, daß auch die Frühgeschichte in der eigenen Darstellung Israels keineswegs bruchlos war, und daß an dieser Geschichte und an der darin enthaltenen und verheißenen Zukunft oft nicht das Volk als Ganzes teilhatte oder nach den Erwartungen teilhaben würde. Die deutliche Verstärkung und Zuspitzung der Restvorstellung in der späteren Zeit[34] ist also nicht etwas Neues, sondern eine Fortschreibung und Neuakzentuierung eines Grundkonzepts, das die Geschichte Israels, ja der Menschheit als Ganzer von ihren Anfängen an begleitet.

VI

Eine interessante Konzentration der Restbegrifflichkeit findet sich in den Elija–Erzählungen. Zum einen beklagt Elija zu wiederholten Malen, daß er allein von den JHWH-Propheten übrig geblieben ist (יתר niphal, 1Kön 18,22; 19,10.14). Er bildet hier sozusagen den Rest der wahren JHWH-Verehrer, und die Erzählung zeigt sehr anschaulich seine bedrohte Minderheitensituation. Dann aber erhält Elija von Gott die Zusage: „Ich will übrig lassen (שאר hiphil) siebentausend in Israel, alle Knie, die sich nicht gebeugt haben vor Baal, und jeden Mund, der ihn nicht geküßt hat" (19,18). Hier ist nun sehr eindeutig und zugleich sehr geheimnisvoll vom Rest die Rede. Elija ist nicht allein, und er ist nicht der Letzte. Es wird einen Rest von Jahwetreuen geben, die aber nur Gott kennt. „Gott setzt den Rest. Er weiß jetzt schon von denen, deren Existenz Elia bisher verborgen geblieben ist."[35] Wie isoliert dieses Wort auch zu stehen scheint, in ihm kommt das Bewußtsein zum Ausdruck, daß die Geschichte Gottes mit Israel noch kein Ende hat, daß sie aber schließlich nur in der Form des Restes weiter bestehen wird.
Einen tiefen Einschnitt bedeutet die Trennung von „Israel" und „Juda": „So fiel Israel vom Haus David ab bis auf den heutigen Tag", und „Niemand folgte dem Haus David als der Stamm Juda allein", heißt es in 1 Kön 12,19f. Damit ist die ursprüngliche Trennung der beiden Hauptbestandteile Israels wiederhergestellt (vgl. 2 Sam 2,4 und 5,1–5).

---

33 Diese Terminologie taucht zwar auf (Lev 26,36.39; Dtn 28,62), jedoch nicht in der Bedeutung des übrigbleibenden Restes.
34 S.u.
35 G. von Rad, Theologie II (Anm. 30) 30. Vgl. auch die Bemerkungen zu diesem Wort bei Terrien (Anm. 4) 233.

Die Geschichtsschreibung der folgenden Zeit orientiert sich aber an der Geschichte der Daviddynastie, d.h. des Restes, der von dem von David errichteten Gesamtreich Israel übrig geblieben ist. Hier wird nun eine sehr bemerkenswerte terminologische Zweigleisigkeit erkennbar. Zum einen wird „Israel" im politischen Sinne als Bezeichnung des Nordreiches verwendet. Zum andern bleibt aber der umfassende Sinn des Namens Israel für das Ganze des Gottesvolkes erhalten, vor allem in religiöser bzw. theologischer Hinsicht. Dies wird noch deutlicher sichtbar nach der Eroberung des Nordreiches Israel durch die Assyrer und das faktische Aufhören seines Bestehens. Schon bei Jesaja zeichnet sich die ausschließliche Verwendung des Namens Israel für das verbliebene Restreich Juda ab. Vollends vollzieht sich diese Namenverschiebung dann nach dem Ende Judas, was z.B. besonders deutlich in Jesaja 40 – 55 hervortritt.[36]

Was nach der Trennung der beiden Teile des Davidreiches als „Israel" bezeichnet wird, ist schon in einem eindeutigen Sinne der „Rest", wenn auch die entsprechende Terminologie dafür nicht verwendet wird.[37] Nach dem Fall des Südreiches zeigt sich zunächst eine Uneinheitlichkeit in der Frage, welche Gruppe als Rest oder als Übriggebliebene bezeichnet werden. Am deutlichsten wird dies im Buch Jeremia. Einerseits ist hier wiederholt von den im Land und im Jerusalem Zurückgebliebenen mit entsprechenden Ausdrücken die Rede, z.B. 24,8; 39,10; 40,6.11 u.ö. Andererseits werden die nach Babylonien ins Exil Gebrachten als Rest bezeichnet, und zwar in deutlich heilvollem, zukunftsgerichteten Sinne, z.B. 23,3; 31,2.7.

Im Buch Jeremia vollzieht sich noch eine weitere, bemerkenswerte Veränderung. In dem Bild von den beiden Feigenkörben in Jer 24 werden die im Lande Zurückgebliebenen (die schlechten Feigen) als „der Rest (שארית) Jerusalems, die im Lande übrig geblieben sind (נשארים)" bezeichnet (V 8) und den Exulanten als der גלות (V 5) gegenüber gestellt. Damit taucht ein neuer Begriff zur Bezeichnung der ins Exil gebrachten Gruppe auf. גלות oder häufiger גולה (Jer 29,1.4 u.ö.) wird jetzt – außer zur Bezeichnung des Vorgangs der Wegführung (so schon 2 Kön 24,25f bzw. 25,27, auch Ez 1,2; 1 Chr 5,22 u.ö.) – zur Bezeichnung der Gruppe der Exulanten in Babylonien, so 29,1.4.20.31 u.ö. Dabei überwiegen hier wiederum die heilvollen Töne. Die גולה ist der Rest, auf dem die Verheißung für Israels Zukunft liegt.

---

36 Dies alles hat L. Rost, Israel bei den Propheten: BWANT 71 (1937), ausführlich und einleuchtend gezeigt. Vgl. auch H.J. Zobel, יהודה und ישראל in ThWAT III (1982) 512–533 und 986–1012 (bes. 1006ff).
37 Ausdrücklich werden dann die Ausdrücke יתר und שאר niphal und hiphil noch einmal für den kleinen Restbestand von Menschen verwendet, den die Assyrer im Lande beließen (2 Kön 25,11f.22).

VII

Damit haben wir einen wesentlichen Punkt dieser – durchaus vorläufigen – Beobachtungen und Überlegungen erreicht. Im Buch Esra geht der Begriff גולה eine enge Verbindung mit der Restvorstellung ein. In Esr 1,4 heißt es in der Weiterführung des Kyruserlasses nach dem Aufbruch zum „Hinaufziehen" (עלה) nach Jerusalem: „jeder, der Übriggeblieben ist an irgendeinem Ort." Und wenig später ist dann vom Aufbruch der גולה von Babel nach Jerusalem die Rede (V 11). In den nun folgenden Auseinandersetzungen werden die Rückkehrer, die mit dem Tempelbau beginnen, als „alle Angehörigen der גולה" bezeichnet (4,1). Ebenso wird in 6,19 die gesamte Gemeinschaft bezeichnet, die sich zur Feier des Passa zusammenfindet. Besonders wichtig ist dann V 21: Das Passa wird gegessen von den „Israeliten, die aus der גולה zurückgekommen waren und von allen, die sich von der Unreinheit der Völker des Landes abgesondert hatten zu ihnen hin." Hier bilden also die zurückgekehrten Angehörigen der גולה die eigentliche Kultgemeinde, die sich aber um die im Lande zurückgebliebenen Judäer vermehrt, die bereit sind, „den HERRN, den Gott Israels, zu suchen", d.h. sich den kultgesetzlichen Regeln der גולה einzuordnen.

Zur Zeit Esras scheint sich die Lage verändert zu haben. Jetzt sind es das „Volk Israel" und seine Repräsentanten (9,1), die sich der Mischehen schuldig gemacht haben, d.h. es ist ein Vergehen der גולה selbst (V 4), die hier ausdrücklich mit „Israel" gleichgesetzt wird. Und dies geschieht in einem Moment, als Gott seinem Volk nach einer langen Sünden– und Verfolgungsgeschichte eine פליטה, eine Schar der Entronnenen übriggelassen und ihm damit einen „Halt an seiner heiligen Stätte" gewährt hat (V 8). Sollte dieser Rest, diese Schar der Entronnenen, jetzt von neuem gefährdet werden? (V 13–15). Hier erscheinen die zentralen Begriffe שארית und פליטה noch einmal unmittelbar zusammen und zugleich in einer engen Verbindung mit dem Ausdruck גולה.

VIII

Unsere bisherigen Ausführungen haben deutlich gemacht, daß im Esrabuch keineswegs völlig neue Gedanken im Bereich der Restvorstellung auftauchen. Wir haben im Jesajabuch und im Pentateuch bereits ähnliche Gedankenzusammenhänge kennen gelernt. Was sie bei aller Vielfältigkeit miteinander verbindet, ist zum einen die Grunderfahrung, daß Israel (und nach Gen 6 – 9 auch die ganze Menschheit) nicht eine in sich geschlossene Größe ist, die als Ganze an der heilvollen Geschichte Gottes mit seinem Volk teilhat, sondern daß immer wieder Gefährdungen eintreten, bei denen nur ein Teil, ein „Rest" im engeren oder weiteren Sinne, als Träger dieser Geschichte übrig bleibt. Dem korrespondiert aber die – wenn auch immer wieder gefährdete – Gewißheit, daß eben dieser Rest es ist, dem die Verheißungen gelten und der eine Zukunft hat. Die גולה der Esrazeit *ist* Israel wie es die aus der Hungersnot gerettete Schar der Söhne Jakobs mit ihren Familien und die nach der Wüstenzeit übrig gebliebene neue Generation war und ebenso das nach der „Reichstrennung" übrig gebliebene Juda und schließlich auch die גולה in Babylonien, wie sie der Prophet in Jesaja 40 – 55 und Jeremia angeredet und getröstet haben. Und das im Esrabuch zum Ausdruck kommende Selbstverständnis der Rückkehrergemeinde als Rest und als Israel ist schon in Jes 35,10 und 51,11 deutlich vorgezeichnet.

Dazu kommen andere Resterfahrungen wie die der Bewohner des belagerten Zion/Jerusalem in Jes 1,8f, die an anderer Stelle als die Immanuel-Gemeinschaft wieder auftauchen, oder die Zusage an Elija von den Siebentausend, die Gott in Israel übrig lassen wird (1 Kön 19,18). Es liegt in der Natur dieser Aussagen, daß ihre genaue Auslegung offen bleibt. Gerade darin zeigt sich aber auch, daß die Hoffnung auf einen von Gott übrig gelassenen Rest nicht unmittelbar an der geschichtlichen Realität orientiert, sondern auf eine Zukunft gerichtet ist, die noch niemand kennt. Man könnte demgegenüber im Selbstverständnis der גולה der Esrazeit von einem Verlust der Zukunftsperspektive reden. Aber dies ist ja nur eine Momentaufnahme aus einer Situation, in der es um den Fortbestand der Restgemeinde geht. Andere Auffassungen, wie sie sich z.B. in Jes 56 – 66 spiegeln, zeigen, daß hier auch in der nachexilischen Zeit vieles in Bewegung war.

*

Die hier vorgelegten Beobachtungen und Überlegungen sind noch sehr vorläufig und unabgeschlossen. Sie sollen aus der laufenden Arbeit an der Erfassung theologischer Zusammenhänge heraus meinen ältesten Doktoranden grüßen, mit dem ich schon seit Göttinger und Berliner Tagen vor mehr als vierzig Jahren verbunden bin.

Bibliographie

Ackroyd, P.R.
    1978   »Isaiah I–XII: Presentation of a Prophet«, in J.A. Emerton *et al.* (eds.), *Congress Volume: Göttingen 1977* (VTSup, 29; Leiden: Brill): 16–48 (= P.R. Ackroyd, *Studies in the Religious Tradition of the Old Testament* [London: SCM Press, 1987]: 79–104).

    1982   »Isaiah 36–39: Structure and Function«, in J.R. Nellis *et al.* (eds.), *Von Kanaan bis Kerale* (Festschrift J.P.M. Van der Ploeg; AOAT, 211; Neukirchen-Vluyn: Neukirchener Verlag): 3–21 (= Ackroyd, *Studies*: 105–20).

Albertz, R.
    1990   »Das Deuterojesaja-Buch als Fortschreibung der Jesaja-Prophetie«, in E. Blum *et al.* (eds.), *Die Hebräische Bibel und ihre zweifache Nachgeschichte* (Festschrift R. Rendtorff; Neukirchen-Vluyn: Neukirchener Verlag): 241–56.

Anderson, B.W.
    1988   »The Apocalyptic Rendering of the Isaiah Tradition«, in J. Neusner *et al.* (eds.), *The Social World of Formative Christianity and Judaism* (Festschrift H.C. Kee; Philadelphia: Fortress Press): 17–38.

Barth, H.
    1977   *Die Jesaja-Worte in der Josiazeit* (WMANT, 48; Neukirchen-Vluyn: Neukirchener Verlag).

Becker, J.
    1968   *Isaias – Der Prophet und sein Buch* (SBS, 30; Stuttgart: Katholisches Bibelwerk).

Beuken, W.A.M.
    1986   »Isa. 56.9–57.13 – An Example of the Isaianic Legacy of Trito-Isaiah«, in J.W. van Henten *et al.* (eds.): *Tradition and Reinterpretation in Jewish and Early Christian Literature* (Festschrift J.C.H. Lebram; Leiden: Brill): 48–64.

    1989   »Servant and Herald of Good Tidings: Isaiah 61 as an Interpretation of Isaiah 40–55«, in J. Vermeylen (ed.), *The Book of Isaiah – Le Livre d'Isaïe* (BETL., 81; Leuven: Peeters): 411–42.

    1990   »The Main Theme of Trito-Isaiah »The Servants of YHWH««, *JSOT* 47: 67–87.

Brueggemann, W.
    1984   »Unity and Dynamic in the Isaiah Tradition«, *JSOT* 29: 89–107.

Carr, D.
    1993   »Reaching for Unity in Isaiah«, *JSOT* 57: 61–80.

Childs, B.S.
    1979   *Introduction to the Old Testament as Scripture* (Philadelphia: Fortress Press).

Clements, R.E.
    1980a   *Isaiah 1-39* (NCB; London: Marshall, Morgan, and Scott).
    1980b   *Isaiah and the Deliverance of Jerusalem* (JSOTSup, 13; Sheffield: JSOT Press).
    1980c   »The Prophecies of Isaiah and the Fall of Jerusalem in 587 BC«, *VT* 30: 421-36.
    1982   »The Unity of the Book of Isaiah«, *Int* 36: 117-29.
    1985   »Beyond Tradition History: Deutero-Isaianic Development of First Isaiah's Themes«, *JSOT* 31: 95-113.

Conrad, B.W.
    1988   »The Royal Narratives and the Structure of the Book of Isaiah«, *JSOT* 41: 67-81.
    1991   *Reading Isaiah* (OBT, 27; Minneapolis: Fortress Press).

Eaton, J.H.
    1959   »The Origin of the Book of Isaiah«, *VT* 9: 138-57.
    1982   »The Isaiah Tradition«, in R. Coggins, A Phipps, and M. Knibb (eds.), *Israel's Prophetic Tradition* (Festschrift P. Ackroyd; Cambridge: Cambridge University Press): 58-76.

Fohrer, G.
    1962   »Jesaja 1 als Zusammenfassung der Verkündigung Jesajas«, *ZAW* 74: 251-68.

Gitay, Y.
    1991   *Isaiah and his Audience: The Structure and Meaning of Isaiah 1-12* (SSN, 30; Assen/Maastricht: Van Gorcum).

Hayes J.H. and S.A. Irvine
    1987   *Isaiah: The Eighth-Century Prophet: His Times and his Preaching* (Nashville: Abingdon Press).

Jones, D.
    1955   »The Tradition of the Oracles of Isaiah of Jerusalem«, *ZAW* 67: 226-46.

Lack, R.
    1973   *La symbolique du livre d'Isaïe* (AnBib, 59; Rome: Biblical Institute Press).

Kiebreich, L.J.
    1955-57   »The Compilation of the Book of Isaiah«, *JQR* 46: 259-77; *JQR* 47: 114-38.

Melugin, R.
    1976   *The Formation of Isaiah 40-55* (BZAW, 141; Berlin: de Gruyter).

Rendtorff, R.
    1984   »Zur Komposition des Buches Jesaja«, *VT* 34: 295-320 (= *Kanon und Theologie: Vorarbeiten zu einer Theologie des Alten Testaments* [Neukirchen-Vluyn: Neukirchener Verlag, 1991]: 141-61 [ET *Canon and Theology* (Minneapolis: Fortress Press, 1993)]: 146-69).

1989	»Jesaja 6 im Rahmen der Komposition des Jesajabuches«, in J. Vermeylen (ed.), *The Book of Isaiah – Le Livre d'Isaïe* (BETL, 81; Leuven: Peeters): 73-82 (= *Kanon und Theologie:* 162-71; ET: 170-80).
1991	»Jesaja 56,1 als Schlüssel für die Komposition des Buches Jesaja«, in *Kanon und Theologie: Vorarbeiten zu einer Theologie des Alten Testaments* (Neukirchen-Vluyn: Neukirchener Verlag): 172-79 (ET: 181-89).

Schreiner, J.

1967	*Das Buch jesajanischer Schule: Wort und Botschaft: Eine theologische und kritische Einführung in die Probleme des Alten Testaments* (Würzburg: Echter).

Seitz, C.

1988	»Isaiah 1-66: Making Sense of the Whole«, in *idem* (ed.), *Reading and Preaching the Book of Isaiah* (Philadelphia: Fortress Press): 105-26.
1990	»The Divine Council: Temporal Transition and New Prophecy in the Books of Isaiah«, *JBL* 109: 229-47.
1991	*Zion's Final Destiny: The Development of the Book of Isaiah – A Reassessment of Isaiah 36-39* (Minneapolis: Fortress Press).

Steck, O.H.

1985	*Bereitete Heimkehr: Jesaja 35 als redaktionelle Brücke zwischen dem Ersten und Zweiten Jesaja* (SBS, 121; Stuttgart: Katholisches Bibelwerk).
1989	»Tritojesaja im Jesajabuch«, in J. Vermeylen (ed.), *The Book of Isaiah – Le Livre d'Isaïe* (BETL, 81; Leuven: Peeters): 361-406.
1990	»Zions Tröstung: Beobachtungen und Fragen zu Jesaja 51,1-11«, in E. Blum *et al.* (eds.), *Die Hebräische Bibel und ihre zweifache Nachgeschichte* (Festschrift R. Rendtorff; Neukirchen-Vluyn: Neukirchener Verlag): 257-76.

Sweeney, M.A.

1988	*Isaiah 1-4 and the Post-Exilic Understanding of the Isaianic Tradition* (BZAW, 171; Berlin: de Gruyter).

Vermeylen, J.

197778	*du prophète Isaïe à l'apocalyptique* (2 vols.; EBib; Paris: Gabalda).
1989	»L'unité du livre d'Isaïe«, in *idem* (ed.), *The Book of Isaiah – Le Livre d'Isaïe* (BETL, 81; Leuven: Peeters): 11-53.

Watts, J.D.W.

1985	*Isaiah 1-33* (WBC, 24; Waco: Word Books).
1987	*Isaiah 34-66* (WBC, 25; Waco: Word Books).

Nachweis der Erstveröffentlichungen

Theologische Vorarbeiten zu einem christlich-jüdischen Dialog
Vortrag im Evangelischen Stift Tübingen am 8. November 1996
(abgedruckt in: Materialdienst. Evangelischer Arbeitskreis Kirche und Israel in Hessen und Nassau, Heppenheim, Nr. 4 /August 1998, 8-15)

Christliche Identität in Israels Gegenwart
Evangelische Theologie 55, 1995, 3-12

Die Bibel Israels als Buch der Christen
C. Dohmen / T. Söding (Hrsg.), Eine Bibel - zwei Testamente. Positionen Biblischer Theologie, UTB 1893, 1995, 97-113

Israel, die Völker und die Kirche
Kirche und Israel 2/94, 126-137

Die Hermeneutik einer kanonischen Theologie des Alten Testaments
Jahrbuch für Biblische Theologie 10, 1995, 35-44

Der Text in seiner Endgestalt. Überlegungen zu Exodus 19
Dwight R. Daniels u.a. (Hrsg.), Ernten, was man sät. Festschrift für Klaus Koch zu seinem 65. Geburtstag, 1991, 459-470

The Paradigm is Changing: Hopes - and Fears
Biblical Interpretation 1, 1993, 34-53

Directions in Pentateuchal Studies
Current Research 5, 1997, 43-65

The Book of Isaiah: A Complex Unity. Synchronic and Diachronic Reading
R.F. Melugin / M. Sweeney (Hrsg.), New Visions of Isaiah, JSOT.S 214, 1996, 32-49

How to Read the Book of the Twelve as a Theological Unity
M. Sweeney / J. Nogalski (Hrsg.), Reading and Hearing the Book of the Twelve, SBL Symposion Series 36, 2000
(Erstabdruck in: SBL Seminar Papers 1997, 420-432)

Noah, Abraham and Moses: God's Covenant Partners
E. Ball (Hrsg.), In Search of True Wisdom. Essays in Old Testament Interpretation in Honour of Ronald E. Clements, JSOT.S 300, 1999, 127–136

Samuel the Prophet: A Link between Moses and the Kings
C.A. Evans / S. Talmon (Hrsg.), The Quest for Context and Meaning. Studies in Biblical Intertextuality in Honor of James A. Sanders, Biblical Interpretation Series 28, 1997, 27–36

Sihon, Og und das israelitische »Credo«
S. Timm u.a. (Hrsg.), Meilenstein, FS H. Donner, ÄAT 30, 1995, 198–203

'El als israelitische Gottesbezeichnung
Mit einem Appendix: Beobachtungen zum Gebrauch von הָאֱלֹהִים, ZAW 106, 1994, 4–21

Was verbietet das alttestamentliche Bilderverbot?
R. Bernhardt / U. Link-Wieczorek (Hrsg.), Metapher und Wirklichkeit. Die Logik der Bildhaftigkeit im Reden von Gott, Mensch und Natur, FS D. Ritschl, Göttingen 1999, 54–65

Priesterliche Opfertora in jüdischer Auslegung
B. Janowski / M. Welker (Hrsg.), Theologische und kulturelle Kontexte, 2000, 178–190

Die Herausführungsformel in ihrem literarischen und theologischen Kontext
M. Vervenne / J. Lust (Hrsg.), Deuteronomy and the Deuteronomic Literature, FS C.H.W. Brekelmans, BEThL CXXXIII, 1997, 501–527

Alas for the Day! The »Day of the Lord« in the Book of the Twelve
T. Linafeldt / T.K. Beal (Hrsg.), God in the Fray. A Tribute to Walter Brueggemann, Minneapolis 1998, 186–197

Nehemiah 9: An Important Witness of Theological Reflection
M. Cogan u.a. (Hrsg.), Tehillah le-Moshe: Biblical and Judaic Studies in Honor of Moshe Greenberg, Winona Lake, Indiana 1997, 111–117

Israels »Rest«. Unabgeschlossene Überlegungen zu einem schwierigen Thema der alttestamentlichen Theologie
A. Graupner u.a. (Hrsg.), Verbindungslinien. Festschrift für Werner H. Schmidt zum 65. Geburtstag, 2000, 265–279